CHRISTEL RÜSTER · ERICH NEU

HETHITISCHES ZEICHENLEXIKON

Studien zu den Boğazköy-Texten

Herausgegeben von der Kommission für den Alten Orient
der Akademie der Wissenschaften und der Literatur

Beiheft 2

Christel Rüster · Erich Neu

Hethitisches Zeichenlexikon

Inventar und Interpretation der Keilschriftzeichen aus den Boğazköy-Texten

1989

OTTO HARRASSOWITZ · WIESBADEN

Gefördert durch
das Bundesministerium für Forschung und Technologie, Bonn,
und das Kultusministerium des Landes Rheinland-Pfalz, Mainz.

CIP-Titelaufnahme der Deutschen Bibliothek

Rüster, Christel:
Hethitisches Zeichenlexikon : Inventar und Interpretation
der Keilschriftzeichen aus den Boğazköy-Texten /
Christel Rüster ; Erich Neu. – Wiesbaden : Harrassowitz, 1989
(Studien zu den Boğazköy-Texten : Beiheft ; 2)
ISBN 3-447-02794-0
NE: Neu, Erich:; HST; Studien zu den Boğazköy-Texten / Beiheft

Gesamtherstellung: Hubert & Co., Göttingen.
Gedruckt auf säurefreiem Papier.
Printed in Germany.

Inhaltsverzeichnis

Vorwort 7

Abkürzungsverzeichnis 9

Einleitung 15

A. Zur Herkunft der hethitischen Keilschrift
B. Zur Struktur der (hethitischen) Keilschrift
C. Zur Zielsetzung des Hethitischen Zeichenlexikons
D. Zum Verhältnis von Zeichenlexikon und Keilschriftpaläographie
E. Zum indogermanischen Hethitischen
F. Zur Anordnung der Lemmata innerhalb des Zeichenlexikons
G. Zur Tabelle der Keilschriftzeichen
H. Zur Konkordanz von Zeichenlisten
I. Zu den Indices
J. Zum Anhang

Tabelle der Keilschriftzeichen 27

Konkordanz von Zeichenlisten 75

HETHITISCHES ZEICHENLEXIKON 87

Indices:

1. Lautwerte 285
2. Sumerogramme / Sumerogrammverbindungen 304
3. Akkadogramme / Akkadogrammverbindungen 362
4. Götternamen 370
5. Personennamen 372
6. Geographische Namen 374
7. Abkürzungen 375
8. Zahlen 376

Anhang:

1. Silbenzeichen der Struktur KV 378
2. Silbenzeichen der Struktur VK 379
3. Silbenzeichen der Struktur KVK 380
4. Determinative 383
5. Keilschriftzeichen nach ihrer typologischen Struktur 385
6. Leicht verwechselbare Keilschriftzeichen 387
7. Zahlentabelle 388

Zum Gedenken an
EMIL FORRER
(19.2.1894–10.1.1986)

Vorwort

Das vorliegende Hethitische Zeichenlexikon (abgekürzt: HZL) enthält das bisher umfangreichste Inventar der in den hethitischen Boğazköy-Texten auftretenden Keilschriftzeichen und deren Varianten. Hinsichtlich der Lesungen wurde der Versuch unternommen, das hethitische Umschriftsystem, in welchem so manche längst überholte Lesung seit Jahrzehnten mitgeschleppt wurde, an das in der Assyriologie gebräuchliche Umschriftverfahren anzupassen. Dies betrifft vor allem die Indizierung der Lautwerte und die Lesung der Sumerogramme. Der Zeitpunkt, ein solches Unternehmen zu starten, erschien uns dadurch besonders günstig, weil kurz zuvor in der Assyriologie durch gemeinsame Bemühungen von R. Borger, M. Civil und F. Ellermeier eine gründliche Revision des bis dahin verwendeten Umschriftsystems erfolgt ist[1]. Von daher lag es auch nahe, daß wir uns im wesentlichen an der auf dem ‚BCE-System' aufbauenden Assyrisch-babylonischen Zeichenliste von R. Borger orientierten.

Herr Prof. Dr. R. Borger selbst war so liebenswürdig, uns während der Erarbeitung dieses Zeichenlexikons mit seinen unschätzbaren Ratschlägen tatkräftig zu unterstützen. Auf alle unsere Fragen ging er geduldig ein, empfahl auch neue Indizierungen von Lautwerten und half bei der Festlegung von Lesungen für Sumerogramme, die in der Boğazköy-Überlieferung mitunter – sowohl vom graphischen Bilde her als auch in ihrer Zusammensetzung – so manche Besonderheit zeigen. Wenn uns die Anpassung des hethitischen Umschriftsystems an das heute in der Assyriologie übliche gelungen sein sollte, verdanken wir dies im wesentlichen R. Borgers Zeichenliste und seiner persönlichen selbstlosen Ratgeberschaft. Für alle Unterstützung und Ermutigung sagen wir ihm unseren herzlichen Dank – wohl wissend, daß wir ihm weit mehr verdanken, als es innerhalb dieses Zeichenlexikons durch Nennung seines Namens im einzelnen zum Ausdruck kommt. Selbstverständlich liegt die Verantwortung für all das, was wir aus seinen Empfehlungen und Hinweisen gemacht haben, bei uns allein.

Eine sehr große Hilfe war uns auch, daß wir zu jeder Zeit Herrn Prof. Dr. H. Otten konsultieren konnten, wofür wir ihm herzlich danken. Von seiner reichen Erfahrung im Umgang mit Boğazköy-Texten ist sehr viel in das Hethitische Zeichenlexikon eingeflossen, ohne daß dies im Einzelfall immer vermerkt worden ist. Ohne die lexikalischen Sammlungen des von H. Otten aufgebauten Boğazköy-Archivs (Akademie der Wissenschaften und der Literatur, Mainz) wäre dieses Zeichenlexikon nicht möglich geworden. Da wir – mit Ausnahme weniger besonders gekennzeichneter Fälle – nur solche Zeichenformen in das Zeichenlexikon aufgenommen haben, die wir am Original oder am Foto verifizieren konnten, erwies sich für uns die laufende Verwendung der Foto-Sammlung des Boğazköy-Archivs als unerläßlich. In diesem Zusammenhang gilt auch Herrn Dr. S. Košak unser Dank für viele wertvolle und weiterführende Hinweise.

---

1 Dazu R. Borger, ABZ S. 218 ff. Dort (S. 220) stellt er auch nachdrücklich fest, daß „ein Umschriftsystem gleichermaßen für das Sumerische und für das Akkadische verwendbar sein ⟨muß⟩". Hinsichtlich F. Ellermeier s. dessen ‚Sumerisches Glossar', Band 1, Teil 1: ‚Sumerische Lautwerte', Lieferung 1, 2. Nörten-Hardenberg 1979, 1980.

Das Hethitische Zeichenlexikon wurde von den beiden Autoren gemeinsam erarbeitet. Sämtliche keilschriftlichen Einträge und Notationen stammen von der Hand Chr. Rüsters, werden aber, da bis ins Detail gemeinsam besprochen, von beiden Autoren in gleicher Weise verantwortet. Dies betrifft auch die Verantwortung für das Gesamtwerk.

Hinsichtlich unserer Bemühungen, eine möglichst vollständige hethitische Zeichenliste zu schaffen, sehen wir uns in der unmittelbaren Tradition Emil Forrers, der schon 1922, also bereits ein Jahrzehnt nach den Grabungen von Hugo Winckler, eine für alle späteren Zeichenlisten grundlegende Sammlung von Keilschriftzeichen aus Boğazköy-Texten vorgelegt hatte[2]. Aus Hochachtung vor dieser bewundernswerten Pionierleistung widmen wir das Hethitische Zeichenlexikon dem Andenken Emil Forrers[3].

Die 1960 erschienene, höchst verdienstvolle ‚Schrifttafel' J. Friedrichs[4] sollte mehr praktischen Zwecken des akademischen Unterrichts dienen und ist entsprechend gestaltet. Der didaktischen Komponente trägt aber nun auch das Hethitische Zeichenlexikon insofern Rechnung, als es einen eigens für den hethitischen Einführungsunterricht gedachten Anhang enthält.

Der Akademiekommission für den Alten Orient danken wir für die Aufnahme des Hethitischen Zeichenlexikons in die Beihefte der Reihe ‚Studien zu den Boğazköy-Texten'. Unser Dank gilt auch Herrn Dr. H. Petzolt vom Verlag Otto Harrassowitz für wertvolle Vorschläge zur formalen Gestaltung des Zeichenlexikons, auch hinsichtlich technischer Machbarkeit, wie überhaupt für die sorgfältige Betreuung der Drucklegung. Der Druckerei Hubert & Co. (Göttingen) gebührt Dank für die gelungene Bewältigung des äußerst schwierigen, infolge der Keilschriftzeichen oft handmontierten Satzes. Bei der Gestaltung der Umschlagseite hat uns Herr P. Rüster beraten und dankenswerterweise auch das Layout entworfen.

Wenn wir nun das Hethitische Zeichenlexikon der wissenschaftlichen Öffentlichkeit übergeben, sind wir uns sehr wohl bewußt und haben dies im Laufe der Jahre nachdrücklich erfahren, daß die Arbeit an einem solchen Werk eigentlich nie ein Ende haben kann. Durch das Auffinden weiterer Zeichen(varianten), auch in Verbindung mit einer erweiterten Materialbasis, nicht zuletzt aber auch durch neue Erkenntnisse im Bereich des bereits Erarbeiteten werden immer wieder Zusätze und Nachträge notwendig werden.

---

2 E. Forrer, Die Keilschrift von Boghazköy (= WVDOG 41). Leipzig 1922.

3 S. auch den von H. G. Güterbock in AfO 33, 1986 [1988], 309–311 verfaßten Nachruf „Emil O. Forrer"; vgl. ferner das persönlich sehr engagiert gehaltene Plädoyer von O. Szemerényi, Eothen 1, 1988, 257 ff.

4 J. Friedrich, Schrifttafel (= Hethitisches Keilschrift-Lesebuch II), Heidelberg 1960.

Abkürzungsverzeichnis

.../a, .../b usw.	Nummern von Boğazköy-Tafeln aus den Grabungen 1931 ff.
Abb.	Abbildung
Abl.	Ablativ
ABoT	Ankara Arkeoloji Müzesinde bulunan Boğazköy Tabletleri. İstanbul 1948.
ABZ	R. Borger, Assyrisch-babylonische Zeichenliste, 2. Auflage (= AOAT 33/33A). Kevelaer/Neukirchen-Vluyn 1981.
Adv.	Adverb
AfO	Archiv für Orientforschung. Berlin, Graz, Horn (N.-Ö.).
ah.	althethitisch
AHw	W. von Soden, Akkadisches Handwörterbuch unter Benutzung des lexikalischen Nachlasses von Bruno Meissner. Wiesbaden, 3 Bände: I 1965, 2. Aufl. 1985; II 1972; III 1981.
akkad.	akkadisch
Akk(us).	Akkusativ
Al. Heth.	H. A. Hoffner, Jr., Alimenta Hethaeorum. Food Production in Hittite Asia Minor. New Haven 1974 (= American Oriental Series, 55).
Alimenta	s. Al. Heth.
Anatolia	Anadolu/Anatolia. Journal of the Institute for Research in Near Eastern and Mediterranean Civilizations of the Faculty of Letters of the University of Ankara. Ankara 1956 ff.
Anm.	Anmerkung(en)
AOAT	Alter Orient und Altes Testament. Kevelaer/Neukirchen-Vluyn 1968 ff.
AoF	Altorientalische Forschungen. Berlin 1974 ff.
ArOr	Archiv Orientální. Prag 1929 ff.
Bh.	Beiheft(e)
Bildbeschreibungen	C. G. von Brandenstein, Hethitische Götter nach Bildbeschreibungen in Keilschrifttexten (MVAeG 46,2). Leipzig 1943.
BiOr	Bibliotheca Orientalis. Leiden 1943 ff.
Bo	Inventarnummer von Tafeln aus Boğazköy.
bzw.	beziehungsweise
c.	Genus commune
CAD	The Assyrian Dictionary of the Oriental Institute of the University of Chicago. Chicago–Glückstadt 1956 ff.
CHD	The Hittite Dictionary of the Oriental Institute of the University of Chicago. Chicago 1980 ff.
ChS	Corpus der hurritischen Sprachdenkmäler. Herausgegeben von V. Haas, M. Salvini et al. Roma 1984 ff.

Corolla Linguistica	Corolla Linguistica. Festschrift Ferdinand Sommer zum 80. Geburtstag. Herausgegeben von Hans Krahe. Wiesbaden 1955.
CRRAI	Compte rendu de la ... Rencontre Assyriologique Internationale.
CTH	E. Laroche, Catalogue des Textes Hittites. Paris 1971.
Dat.	Dativ
Dat.-Lok.	Dativ-Lokativ
DLL	E. Laroche, Dictionnaire de la langue louvite. Paris 1959.
Dupl.	Duplikat
Eothen	Eothen. Collana di studi sulle civiltà dell'Oriente antico. Firenze 1988 ff.
f.	Genus femininum
FsBittel	R. M. Boehmer – H. Hauptmann (Edd.), Beiträge zur Altertumskunde Kleinasiens. Festschrift für Kurt Bittel. Mainz 1983.
FsGüterbock 1974	K. Bittel, Ph. H. J. Houwink ten Cate, E. Reiner (Edd.), Anatolian Studies Presented to Hans Gustav Güterbock on the Occasion of his 65th Birthday (= PIHANSt 35). Istanbul 1974.
FsGüterbock 1986	H. A. Hoffner, Jr. – G. M. Beckman (Edd.), Kaniššuwar. A Tribute to Hans G. Güterbock on his 75th Birthday, May 27, 1983. Chicago 1986 (= Assyriological Studies, 23).
FsKraus	Th. J. H. Krispus, M. Stol, K. R. Veenhof (Edd.), *Zikir šumim.* Assyriological Studies Presented to F. R. Kraus on the Occasion of his 70th Birthday (= Studia Francisci Scholten Memoriae Dicata 15). Leiden 1982.
FsLacheman	M. A. Morrison – D. I. Owen (Edd.), Studies on the Civilization and Culture of Nuzi and the Hurrians in Honor of E. R. Lacheman on his 75th Birthday, April 29, 1981. Winona Lake (Indiana) 1981.
FsNaster	R. Donceel – R. Lebrun (Edd.), Archéologie et Religions de l'Anatolie Ancienne. Mélanges en l'honneur du professeur Paul Naster (= Homo Religiosus, 10). Louvain-La-Neuve 1984.
FsOtten 1973	E. Neu – Chr. Rüster (Edd.), Festschrift Heinrich Otten (27. Dezember 1973). Wiesbaden 1973.
FsOtten 1988	E. Neu – Chr. Rüster (Edd.), Documentum Asiae Minoris Antiquae. Festschrift für Heinrich Otten zum 75. Geburtstag. Wiesbaden 1988.
G-St.	Grundstamm (akkad. Grammatik)
GAG	W. von Soden, Grundriß der akkadischen Grammatik (Analecta Orientalia 33; 2. unveränderte Auflage) samt Ergänzungsheft zum Grundriß der akkadischen Grammatik (Analecta Orientalia 47). Rom 1969.
Gen.	Genitiv
GLH	E. Laroche, Glossaire de la langue hourrite. Paris 1980.
GsMeriggi	Studi micenei ed egeo-anatolici, fascicolo XXIV, in memoria di Piero Meriggi (1899–1982). Roma 1984.
HDA	E. von Schuler, Hethitische Dienstanweisungen für höhere Hof- und Staatsbeamte. Ein Beitrag zum Antiken Recht Kleinasiens (= Archiv für Orientforschung, Beiheft 10). Graz 1957 (Neudruck der Ausgabe 1957: Osnabrück 1967).

HdO	A. Kammenhuber, Hethitisch, Palaisch, Luwisch und Hieroglyphenluwisch. Handbuch der Orientalistik, 1. Abt., II. Bd., 1. und 2. Abschn., Lfg. 2 (Altkleinasiatische Sprachen, S. 119–357). Leiden 1969.
HED	J. Puhvel, Hittite Etymological Dictionary. Vols. 1, 2 (= Trends in Linguistics, Documentation 1). Berlin – New York – Amsterdam 1984.
HEG	J. Tischler, Hethitisches Etymologisches Glossar. Mit Beiträgen von G. Neumann. Teil I (a–k). Innsbruck 1983 (= Innsbrucker Beiträge zur Sprachwissenschaft, Band 20).
heth.	hethitisch
Heth. Verwaltungspraxis	J. Siegelová, Hethitische Verwaltungspraxis im Lichte der Wirtschafts- und Inventardokumente. 3 Teile. Praha 1986.
HG	J. Friedrich, Die hethitischen Gesetze. Transkription, Übersetzung, sprachliche Erläuterungen und vollständiges Wörterverzeichnis. Leiden 1959 (Photomechanischer Nachdruck mit einer Vorbemerkung von A. Kammenhuber, Leiden 1971).
HT	Hittite Texts in Cuneiform Character from Tablets in the British Museum. London 1920.
HTR	H. Otten, Hethitische Totenrituale. Deutsche Akademie der Wissenschaften zu Berlin, Veröffentlichung des Instituts für Orientforschung, 37. Berlin 1958.
HuI	Hethitisch und Indogermanisch. Vergleichende Studien zur historischen Grammatik und zur dialektgeographischen Stellung der indogermanischen Sprachgruppe Altkleinasiens. Herausgegeben von E. Neu und W. Meid. Innsbruck 1979 (= Innsbrucker Beiträge zur Sprachwissenschaft, 25).
hurr.	hurritisch
HW	J. Friedrich, Hethitisches Wörterbuch. Kurzgefaßte kritische Sammlung der Deutungen hethitischer Wörter. Heidelberg 1952.
HW Erg.-Heft	J. Friedrich, Ergänzungsheft 1–3 zu HW. Heidelberg 1957, 1961, 1966.
HW^2	J. Friedrich – A. Kammenhuber, Hethitisches Wörterbuch. Zweite, völlig neubearbeitete Auflage auf der Grundlage der edierten hethitischen Texte. Heidelberg 1975 ff.
HZL	Chr. Rüster – E. Neu, Hethitisches Zeichenlexikon. Inventar und Interpretation der Keilschriftzeichen aus den Boğazköy-Texten (= StBoT, Beiheft 2). Wiesbaden 1989.
IBoT	İstanbul Arkeoloji Müzelerinde bulunan Boğazköy Tabletleri. İstanbul: I 1944, II 1947, III 1954.
IM	Istanbuler Mitteilungen. Deutsches Archäologisches Institut, Abteilung Istanbul. Berlin 1933 ff.
JAOS	Journal of the American Oriental Society. Baltimore, Maryland 1851 ff.
JCS	Journal of Cuneiform Studies. New Haven 1947 ff.
JEOL	Jaarbericht van het Vooraziatisch-Egyptisch Genootschap (vormals: Gezelschap) „Ex Oriente Lux". Leiden 1933/37 ff.
Jh.	Jahrhundert

JNES	Journal of Near Eastern Studies. Chicago 1942 ff.
KBo	Keilschrifttexte aus Boghazköi. Leipzig/Berlin 1916 ff.
Kol.	Tafelkolumne
KUB	Keilschrifturkunden aus Boghazköi. Berlin 1921 ff.
Kumarbi	H. G. Güterbock, Kumarbi. Mythen vom hurritischen Kronos (Istanbuler Schriften, 16). Zürich – New York 1946.
KV	Silbenzeichen der Struktur Konsonant – Vokal
KVK	Silbenzeichen der Struktur Konsonant – Vokal – Konsonant
KZ	Zeitschrift für Vergleichende Sprachforschung auf dem Gebiet der indogermanischen Sprachen. – Begründet von A. Kuhn. Ab Band 41 (1907): Neue Folge vereinigt mit den Beiträgen zur Kunde der indogermanischen Sprachen. Göttingen 1877 ff.
lk. Kol.	linke Tafelkolumne
luw.	luwisch (keilschrift-luwisch)
Lw.	Lautwert
m.	masculinum
MA	E. Laroche, Textes mythologiques hittites en transcription. Première Partie: Mythologie anatolienne. RHA XXIII, fasc. 77, 1965.
Madduwattaš	A. Götze, Madduwattaš (MVAeG 32,1). Leipzig 1928.
männl.	männlich
Mat. heth. Thes.	A. Kammenhuber, Materialien zu einem hethitischen Thesaurus. Heidelberg 1973 ff.
MDOG	Mitteilungen der Deutschen Orient-Gesellschaft. Berlin 1898 ff.
Mestieri	F. Pecchioli Daddi, Mestieri, professioni e dignità nell'Anatolia ittita (= Incunabula Graeca LXXIX). Roma 1982.
mh.	mittelhethitisch
MIO	Mitteilungen des Instituts für Orientforschung. Berlin 1953–1971/72.
MSL	B. Landsberger u. a., Materialien zum sumerischen Lexikon. Rom 1937 ff.
MSS	Münchener Studien zur Sprachwissenschaft. München 1952 ff.
MVA(e)G	Mitteilungen der Vorderasiatischen bzw. (seit 1922) Vorderasiatisch-Aegyptischen Gesellschaft. Leipzig 1896–1944.
N	Nachtrag
n.	Genus neutrum
NH	E. Laroche, Les Noms des Hittites. Paris 1966 (= Études Linguistiques, IV).
Nom.	Nominativ
Nom.-Akk.	Nominativ-Akkusativ
Nr.	Nummer
OA	Oriens Antiquus. Rivista del Centro per l'Antichità e la Storia dell'Arte de Vicino Oriente. Roma 1962 ff.
OLZ	Orientalistische Literaturzeitung. Leipzig 1898 ff.
Or NS	Orientalia. Nova Series. Roma 1931 ff.
Orientalia s. Or NS	
passiv.	passivisch
ph.	protohattisch

PIHANSt	Publications de l'Institut Historique et Archéologique Néerlandais de Stamboul.
Pl.	Plural
PN	Personennamen
Prt.	Präteritum
r. Kol.	rechte Tafelkolumne
RA	Revue d'Assyriologie et d'Archéologie orientale. Paris 1886 ff.
Rech(erches)	E. Laroche, Recherches sur les noms des dieux hittites. RHA VII, fasc. 46. Paris 1946–1947.
RGTC 6	G. F. del Monte – J. Tischler, Die Orts- und Gewässernamen der hethitischen Texte. Répertoire Géographique des Textes Cunéiformes, Band 6 (= Beihefte zum Tübinger Atlas des Vorderen Orients, Reihe B [Geisteswissenschaften] Nr. 7/6). Wiesbaden 1978.
RHA	Revue hittite et asianique. Paris 1930 ff.
RlA	Reallexikon der Assyriologie. Berlin 1928–1938, 1957 ff.
RS	Ras Shamra-Texte.
Rs.	Rückseite einer Tontafel
s.	siehe
S.	Seite
s. v.	sub voce
SAK	Studien zur altägyptischen Kultur. Hamburg 1974 ff.
SCO	Studi Classici e Orientali. Pisa 1951 ff.
Sg.	Singular
ŠL	A. Deimel, Šumerisches Lexikon. Rom 1925–1950.
SMEA	Studi micenei ed egeo-anatolici. Roma 1966 ff.
Sp.	Spalte
Sprache	Die Sprache. Zeitschrift für Sprachwissenschaft. Wien/Wiesbaden 1949 ff.
Stat.	Stativ (akkad. Grammatik)
stat. constr.	status constructus (akkad. Grammatik)
StBoT	Studien zu den Boğazköy-Texten. Wiesbaden 1965 ff.
sum.	sumerisch
SV	J. Friedrich, Staatsverträge des Ḫatti-Reiches in hethitischer Sprache 1–2 (MVAeG 31,1 u. 34,1). Leipzig 1926 u. 1930.
Syll.^{3}	W. von Soden – W. Röllig, Das akkadische Syllabar. 3. Auflage, durchgesehen und verbessert (= Analecta Orientalia 42). Roma 1976.
T	HZL, Zahlentabelle des Anhangs, S. 388
Tel Aviv	Tel Aviv. Journal of the Tel Aviv University, Institute of Archaeology. Tel Aviv 1976 ff.
THeth	Texte der Hethiter. Herausgegeben von A. Kammenhuber. Heidelberg 1971 ff.
Tunnawi	A. Goetze, The Hittite Ritual of Tunnawi (American Oriental Series, Vol. 14). New Haven 1938.
u. B.	unbekannte Bedeutung
UF	Ugarit-Forschungen. Internationales Jahrbuch für die Altertumskunde Syrien-Palästinas. Neukirchen 1969 ff.

Ugaritica 5	Ugaritica 5, Paris 1968 (= Mission de Ras Shamra, 16).
unbek. Bed.	unbekannte Bedeutung
unpubl.	unpubliziert
usw.	und so weiter
V.	Variante(n)
VBoT	Verstreute Boghazköi-Texte. Herausgegeben von A. Götze. Marburg 1930.
vgl.	vergleiche
VK	Silbenzeichen der Struktur Vokal - Konsonant
Vs.	Vorderseite einer Tontafel
weibl.	weiblich
wörtl.	wörtlich
WVDOG	Wissenschaftliche Veröffentlichung der Deutschen Orient-Gesellschaft
WZKM	Wiener Zeitschrift für die Kunde des Morgenlandes. Wien.
YOS	Yale Oriental Series, Babylonian Texts. New Haven.
Z.	Zeile(n)
z. B.	zum Beispiel
ZA	Zeitschrift für Assyriologie und verwandte Gebiete - Vorderasiatische Archäologie. Leipzig/Berlin 1887 ff.

Einleitung

A. Zur Herkunft der hethitischen Keilschrift

1. Die hethitische Keilschrift entstammt einer altbabylonischen Kursive, wie sie im nordsyrischen Raum z. B. von frühen Texten aus Alalaḫ (= Tell Açana; Schicht VII) bekannt ist[1]. Allgemein wird angenommen, daß diese Form der Keilschrift im Zusammenhang mit Kriegszügen des hethitischen Großkönigs Ḫattušili I. nach Nordsyrien (um 1550 v. Chr. gemäß der Kurzchronologie) von dort nach Ḫattuša, Hauptstadt des Hethiterreiches (ca. 150 km östlich von Ankara, bei dem Dorf Boğazkale, vormals Boğazköy), gelangt sei[2]. Die mesopotamische Keilschrift hat sich aus einer ursprünglichen Bilderschrift entwickelt, wie sich aus frühen Schriftzeugnissen z. B. aus Uruk ergibt[3]. Die Keilschrift war im Alten Orient weit verbreitet und wurde von Völkern recht unterschiedlicher Herkunft und Sprache gebraucht. Dabei wurde sie auch in die Randgebiete wie Elam, Nord- und Mittelsyrien, Ägypten oder Kleinasien getragen[4], wo sich teilweise regionale Varianten und Besonderheiten herausbildeten[5]. So wurde z. B. von den hethitischen Schreibern aus dem Sumerogramm GEŠTIN „Wein", dem heth. *u̯i̯ana-* „Wein" entsprach, auf der Grundlage des akrophonischen Prinzips ein Lautwert [*u̯i*] geschaffen, der heute in der wissenschaftlichen Umschrift mit *u̯i*$_5$ bezeichnet wird (s. HZL 131). Die Lautung [*u̯i*] läßt sich sonst nur durch zwei Keilschriftzeichen, in der Regel *ú-i,* graphisch darstellen. Zur schriftlichen Wiedergabe von Lauten des (Proto-)Hattischen oder Hurritischen, die dem hethitischen Ohr und somit auch dem hethitischen Phon(em)inventar fremd waren, wurden mit Hilfe von Zeichenkombinationen neue komplexe Zeichenformen entwikkelt (s. HZL 318–326). Auch die in den hethitischen Boğazköy-Texten verwendeten Sumerogramme zeigen hinsichtlich Schreibung und Zusammensetzung so manche altkleinasiatische

---

1 Vgl. H. Otten, Historia, Einzelschriften, Heft 7, 1964, 13 mit Anm. 9; A. Kempinski, Ägypten und Altes Testament 4, 1983, 33 f. (zu KBo 1.11 s. auch M. Marazzi, Biblioteca di ricerche linguistiche e filologiche 18, 1986, 25 ff.; zum Duktus vgl. E. Neu, StBoT 26, 1983, X Anm. 7). Nach G. Wilhelm (SAK 11, 1984, 649 Anm. 17) steht die althethitische Schrift in ihren Zeichenformen den spät(alt)babylonischen Kursiven nahe.

2 Alternativ wurde erwogen, ob dieser Keilschrifttyp nicht schon von Angehörigen der Kuššara-Dynastie (Pitḫana, Anitta) aus Nordsyrien übernommen worden sein könnte; vgl. A. Goetze, Kleinasien, München ^{2}1957, 81; O. R. Gurney, Die Hethiter, Dresden ^{2}1980, 32; E. Neu, StBoT 18, 1974, 134 f.

3 Vgl. A. Falkenstein, Archaische Texte aus Uruk (= Archaische Texte aus Uruk, Band 1), Berlin 1936; M. W. Green – H. J. Nissen, Zeichenliste der Archaischen Texte aus Uruk (= Ausgrabungen der deutschen Forschungsgemeinschaft in Uruk-Warka, Band 11; Archaische Texte aus Uruk, Band 2), Berlin 1987 (hier ab S. 21 ff. ausführlich zur Datierungsfrage); W. von Soden, Einführung in die Altorientalistik, Darmstadt 1985, 30 ff.

4 Vgl. W. von Soden – W. Röllig, Syll.^{3}, XXXV ff.

5 Zur Paläographie der in Ägypten geschriebenen Keilschrifttexte, auch im Vergleich mit den hethitischen Gegebenheiten, s. G. Wilhelm, a. a. O. 643 ff.; vgl. E. Laroche, Annali della Scuola Normale Superiore di Pisa, Classe di lettere e filosofia, Serie III, Vol. VIII, 3, Pisa 1978, 744 ff.; G. Beckman, JCS 35, 1983, 97 ff. (Ibid. 100 Anm. 17 ablehnend gegenüber E. Laroches Vermutung, wonach Ebla als Quelle für die althethitische Schrift anzusehen sei).

Besonderheit. Beispielhaft herausgegriffen sei das Sumerogramm GUKKAL (= UDU.ḪÚL) für „Fettschwanzschaf", das an der bisher einzigen Belegstelle wohl aus Verdeutlichungsgründen mit dem Sumerogramm KUN „Schwanz" kontaminiert erscheint (s. HZL 252). Trotz allem ist, worauf schon H. Otten (StBoT 20, 1972, XI) hingewiesen hat, die Entwicklung der Keilschrift in Kleinasien „keine innerhethitische Angelegenheit, sondern abhängig von der Wandlung der Zeichenformen im akkadischen Bereich"[6]. Die Überlieferung hethitischer Keilschrifttexte umfaßt einen Zeitraum von gut 350 Jahren (von Ḫattušili I., s. oben, bis Šuppiluliuma II.).

B. Zur Struktur der (hethitischen) Keilschrift

2.1 Für die auf Tontafeln geschriebene, aus Syllabogrammen bestehende hethitische Keilschrift lassen sich nach ihrer Verwendungsweise drei Arten von Keilschriftzeichen unterscheiden: phonetische Zeichen, Wortzeichen (Logogramme) und Determinative (Deutezeichen). Den phonetischen Zeichen sind Lautwerte zuzuordnen, die die Grundlage für die Lesung hethitischer (bzw. keilschrift-luwischer, palaischer, hattischer und hurritischer) Wörter bilden. Die Wortzeichen entstammen dem Sumerischen und Akkadischen und haben Stellvertreterfunktion für hethitisch zu lesende Wortformen; den ihnen zugrundeliegenden Syllabogrammen sind dementsprechend sumerische und akkadische Lautwerte zuzuordnen. Eine größere Anzahl sumerischer Wortzeichen findet auch als Determinative Verwendung. Als bloße graphische Indikatoren für bestimmte semantische Wortgruppen (so J. Krecher, ZA 78, 1988, 243) sind sie in der Umschrift am besten hochzustellen (vgl. ^{GIŠ}TIR, ^{UZU}SA)[7].

2.2 Allen drei Zeichengruppen wurde im Hethitischen Zeichenlexikon Rechnung getragen, wobei hinsichtlich der phonetischen Zeichen auch besondere (proto-)hattische und hurritische Lautwerte Berücksichtigung fanden. In der Umschrift des Hethitischen Zeichenlexikons werden die phonetischen Zeichen des Hethitischen, (Proto-)Hattischen, Hurritischen und Akkadischen klein geschrieben und kursiv gesetzt (für Abweichungen im Index der Lautwerte s. die dortige Vorbemerkung), sind die Sumerogramme durch Kapitälchen, die Akkadogramme durch kursive Kapitälchen dargestellt. Während bei den Sumerogrammen die Syllabogramme jeweils durch einen Punkt voneinander getrennt werden, tritt bei den Akkadogrammen an die Stelle des Punktes ein Bindestrich (vgl. NINDA.GUR$_4$.RA gegenüber *AK-RU-UB*). Abweichend etwa von J. Friedrichs ‚Schrifttafel', aber in Übereinstimmung mit R. Borgers ABZ sind in diesem Zeichenlexikon bei mehrsilbigen Lautwerten Akut und Gravis jeweils auf die erste Silbe gesetzt (also ÉRIN, nicht ERÍN; PÌRIG, nicht PIRÌG).

C. Zur Zielsetzung des Hethitischen Zeichenlexikons

3. Die Autoren des vorliegenden Zeichenlexikons haben es sich zur Aufgabe gemacht, das bisher allgemein in der Hethitologie verwendete Umschriftsystem auf dem Hintergrund des „BCE-Systems" (s. Vorwort) mit dem in der Assyriologie gebräuchlichen Umschriftverfahren

6 Vgl. dazu G. Wilhelm, a. a. O. 644 f.; G. Beckman, a. a. O. 99 Anm. 12.

7 Vgl. R. Borger, ABZ S. 302. – Allgemein zur Struktur wie auch zum Lesen von Keilschrift s. C. B. F. Walker, Cuneiform (Reading the past), London 1987; J. Friedrich, Entzifferung verschollener Schriften und Sprachen, Berlin – Heidelberg – New York ^{2}1966, 27 ff. Zu der dort dargestellten Entzifferungsgeschichte s. auch R. Borger, Grotefends erste „Praevia", in: R. Borger, K. Brethauer et al., Die Welt des Alten Orients. Keilschrift – Grabungen – Gelehrte, Göttingen 1975, 157 ff.

abzustimmen, um auf diese Weise ein durch nichts gerechtfertigtes Sondersystem der kleinasiatischen Randzone zu vermeiden. Wer Akkadisch (bzw. Sumerisch) und Hethitisch lernt, sollte nicht unterschiedlichen Transliterierungssystemen ausgesetzt sein. Will man von hethitologischer Seite eine solche Übereinstimmung im Umschriftsystem, sollten hinfort bei der Transliterierung hethitischer (bzw. keilschrift-luwischer, palaischer, hattischer oder hurritischer) Texte auch die im Rahmen dieses Systems erforderlichen diakritischen Zeichen konsequent gesetzt werden, gerade auch bei der Wiedergabe der phonetischen Zeichen (2.1). Dazu gehört u.a. die Setzung des Hačeks (auch bei Namen!), da nun mal *aš, ša, iš* oder *ši* einerseits, *as, sa, is* oder *si* andererseits völlig verschiedene Keilschriftzeichen meinen[8]. Wir erinnern hier nachdrücklich an die diesbezügliche Forderung E. Forrers: „Was die Zeichen anbetrifft, so muß aus der Umschrift leicht erkennbar sein, welches Keilschriftzeichen gemeint ist.“[9] Hingegen kann die fortlaufende Umschrift (bound transcription) bereits eine Art Interpretation darstellen[10]. Keinesfalls sollte das Umschriftsystem von den Notationsmöglichkeiten des Computers bestimmt werden, sondern umgekehrt hat sich der Computer den Erfordernissen einer wissenschaftlichen Transliterierung zu fügen.

D. Zum Verhältnis von Zeichenlexikon und Keilschriftpaläographie

4.1 Das Zeichenlexikon bezieht in seine Darstellung auch Erkenntnisse aus dem Bereich der hethitischen Keilschriftpaläographie insofern ein, als zumindest auf der Ebene der Leitzeichen nach Möglichkeit zwischen alt-, mittel- und junghethitischen Zeichenformen unterschieden wird (s. unten 6.1). Von unserer anfänglichen Überlegung, für jede Zeichenform auch die entsprechende Belegstelle mit jeweiliger Datierung anzugeben, sind wir rasch abgerückt, da angesichts von weit mehr als 3000 Zeichenformen der äußere Umfang des Bandes erheblich angewachsen wäre. Außerdem hatten wir zu keiner Zeit beabsichtigt, mit dem Hethitischen Zeichenlexikon eine Art Mixtum aus Zeichenliste und Keilschriftpaläographie vorzulegen, dazu hätten auch noch zu viele Vorarbeiten gefehlt. Daher haben wir uns hinsichtlich einer Zeichendatierung ganz bewußt auf diejenigen Keilschriftzeichen beschränkt, die deutlich eine Unterscheidung nach alt- und junghethitischen oder auch mittelhethitischen Zeichenformen zulassen. Das Nebeneinander von zwei Leitzeichen gestattet auch die definitorische Lesart: relativ alt – relativ jung. Mit Blick auf das Spätjunghethitische wären in mehreren Fällen für den gesamten junghethitischen Zeitraum gleich zwei (oder mehrere) Zeichenformen anzuführen gewesen. So ist z.B. in HZL 197 mit dem zweiten Leitzeichen (Nr. 197/B) eine typisch junghethitische Zeichenform von UN angegeben, die für das Spätjunghethitische charakteristische Zeichenform Nr. 197/8 (d.h. die letzte Zeichenvariante) aber wurde von uns gar nicht als sol-

---

8 Ein Buch, in welchem bei der Transliterierung hethitischer Sprachformen konsequent auf die Setzung des Hačeks verzichtet wurde, ist das von A. M. Polvani, La terminologia dei minerali nei testi ittiti I (= Eothen 3), Firenze 1988. Da das Haček bei Akkadogrammen und Sumerogrammen in der Regel gesetzt ist, können keine drucktechnischen Gründe für sein Fehlen bei hethitischen Wörtern ausschlaggebend gewesen sein. Selbst wenn man von der Nichtsetzung des Hačeks absieht, ist leider das gesamte Buch darüber hinaus durch eine Fülle von Transliterierungsfehlern gekennzeichnet.

9 E. Forrer, Die Keilschrift von Boghazköi (= WVDOG 41), Leipzig 1922, 11.

10 Zur Diskussion um die Aussprache des bei der graphischen Wiedergabe hethitischer Wortformen verwendeten ⟨*š*⟩ s. H. Eichner, in: M. Mayrhofer – M. Peters – O. E. Pfeiffer (Edd.), Lautgeschichte und Etymologie, Wiesbaden 1980, 134 mit Anm. 51.

che eigens markiert. Dies betrifft auch andere Keilschriftzeichen. – Zu Zeichenlisten im Rahmen der hethitischen Keilschriftpaläographie s. StBoT 20, 1972; 21, 1975; 30, 1985.

4.2 Um die ältere Zeichenform von LI (HZL 343/A) von der entsprechenden jungen Zeichenform (HZL 343/B) auch in der Umschrift klar unterscheiden zu können, transliteriert jetzt A. Kammenhuber häufiger die ältere Zeichenform mit li_1 und die entsprechend jüngere mit li_2[11]. Auf diese Weise ergeben sich z. B. für das Sprachadverb *ḫur-li-li* „auf hurritisch" Transliterierungen wie *ḫur-*li_1*-*li_1, *ḫur-*li_2*-*li_1 oder *ḫur-*li_2*-*li_2 (Orientalia 55, 1986, 116). So sehr man sich wünscht, daß im Umschriftsystem die unterschiedlichen Ausprägungen eines Keilschriftzeichens durch eine eindeutige Transliterierung erkennbar sind, erweist sich das von A. Kammenhuber angewandte Verfahren schon mit Blick auf ein für alle Keilschriftsprachen verbindliches Umschriftsystem als wenig praktikabel. In jenem Umschriftsystem stellt nämlich li_2 lediglich eine andere Notation für *lí* dar und meint das Keilschriftzeichen NI; vgl. akkadographisch *BE-LÍ* bzw. *BE-*LI_2 oder *BE-LÍ-IA* bzw. *BE-*LI_2*-IA* „mein(es) Herr(n)". Würde man die von A. Kammenhuber für LI vorgenommene Indizierung konsequenterweise auf alle Keilschriftzeichen, für die eindeutig alte und junge Zeichenformen vorhanden sind, anwenden, verlören transliterierte hethitische Texte recht bald ihre Übersichtlichkeit und wären etwa für den dem Hethitischen fernerstehenden Assyriologen, der ganz selbstverständlich mit den Indexnummern 1 und 2 nicht zwei Varianten ein und desselben Keilschriftzeichens, sondern zwei selbständige Keilschriftzeichen verbindet, allzu leicht Anlaß zur Verwirrung, die sich dann noch vergrößert, wenn mit Computersatz hergestellte Transliterierungen statt Akut und Gravis aus Einfachheitsgründen immer häufiger die Indizierungen mit 2 und 3 zeigen (vgl. *né* = ne_2; *tàš* = $taš_3$; usw.). Will man das Belegalter nur für das Zeichen LI kennzeichnen, weil das Auftreten der jungen Zeichenform die betreffende Niederschrift zweifelsfrei ins 13. Jh. v. Chr. datiert, müßte man sich eine andere Art der Markierung ausdenken (zu li_x, li_y s. M. Salvini – I. Wegner, ChS I/2, Teil I, 1986, 19, jedoch wegen Index-„Zahl" x nicht empfehlenswert). Von unserer Seite sei die Indizierung mit römischen Zahlen vorgeschlagen: li_{I} und li_{II}.

E. Zum indogermanischen Hethitischen

5. Noch immer ist die phonetisch-phonologische Interpretation der keilschriftlichen Notationen des indogermanischen Hethitischen mit zahlreichen Problemen belastet. Da die Keilschrift zur Aufzeichnung einer völlig anders strukturierten Sprache geschaffen worden war, bietet ihr Silbencharakter bei der Verschriftlichung hethitischer Sprachstrukturen so manche Schwierigkeit. Methodisch empfiehlt sich der Grundsatz – und dafür gibt es auch überzeugende Anhaltspunkte – daß die Schreiber bei der schriftlichen Fixierung hethitischer Wortformen nicht willkürlich verfuhren. Entsprechend einer früheren Formulierung H. Eichners (a. a. O. 157), der den gesamten Komplex unter verschiedenen Gesichtspunkten beleuchtete, hat man „den graphischen Befund als Ausdruck der Sprachlautung ernst zu nehmen". Bei der Festlegung der hethitischen Lautwerte erschien es uns sinnvoll, nicht allzu restriktiv vorzugehen, da sich nun mal die babylonische Keilschrift durch Polyphonie auszeichnete. Lautwerte, von denen wir meinten, daß sie seltener zur Anwendung gelangten, wurden von uns in runde Klammern gesetzt. Schon aus Zeitgründen, aber auch mit Blick auf unsere primäre Zielsetzung (s. Vorwort sowie oben unter 3) konnte es nicht unsere Aufgabe sein, detaillierte Einzelunter-

---

11 Vgl. Orientalia 54, 1985, 96, 98 et passim; 55, 1986, 114, 115, 393, 395 et passim; FsOberhuber, Innsbruck 1986, 88, 96 et passim; ferner M. Popko, OLZ 84, 1989, Spalte 26 (zu S. 56).

suchungen zur Frage nach der Berechtigung eines bestimmten hethitischen Lautwertes durchzuführen. Dies muß einer innerhethitischen Strukturanalyse vorbehalten bleiben, für die auch plausible Etymologien, bisher erkannte Lautgesetze sowie Korrespondenzregeln, die zwischen den altanatolischen Sprachen oder auch hinsichtlich anderer indogermanischer Sprachzweige gelten, einzubeziehen sind. Das im Zeichenlexikon für das Hethitische in Form von Lautwerten zusammengestellte, grundsätzlich erweiterbare Lautinventar (nicht: Phoneminventar) bildet den Rahmen der möglichen Lesungen und somit zugleich eine solide Ausgangsbasis für eine ins Detail gehende phonetisch-phonologische Interpretation hethitischer Wortformen[12].

F. Zur Anordnung der Lemmata innerhalb des Zeichenlexikons

6. Die einzelnen Lemmata und ihre Interpretamente sind in der Regel nach folgendem Schema, das hier auch kurz kommentiert werden soll, angeordnet:

6.1 Neben der individuellen fortlaufenden *Zeichennummer,* die nicht mit der Zählung in J. Friedrichs ‚Schrifttafel' übereinstimmt (s. unten 8), steht das *Leitzeichen,* das auch die ‚keilschriftalphabetische' Einordnung der betreffenden Zeichenform und ihres Lemmas bestimmt hat. Lassen sich für ein Keilschriftzeichen deutlich (relativ) alte und (relativ) junge Zeichenformen unterscheiden, stellt das eigentliche Leitzeichen die ältere, die rechts daneben stehende Variante die jüngere Zeichenform dar (vgl. HZL 343/A, 343/B). Sind rechts neben dem eigentlichen Leitzeichen noch zwei weitere Zeichenformen angeführt, dann ist das Leitzeichen als althethitisch, das zweite Zeichen als mittelhethitisch und die dritte Zeichenform als junghethitisch zu verstehen (vgl. HZL 7/A, 7/B, 7/C). In diesen Fällen entschied jeweils die althethitische Zeichenform über die Einordnung des betreffenden Keilschriftzeichens in die Gesamtabfolge innerhalb des Zeichenlexikons[13]. Für HZL 220–223 glaubten wir, die Ähnlichkeit bzw. Übereinstimmung der Leitzeichen in Kauf nehmen zu sollen.

6.2 Auf das (bzw. die) Leitzeichen folgen in der jeweils gleichen Reihe, falls belegt und nachgewiesen, die hethitischen *Lautwerte.* Seltenere Lautwerte wurden in runde Klammern gesetzt. Vom Hethitischen abweichende Lautwerte des (Proto-)Hattischen, Hurritischen und Akkadischen sind eigens vermerkt. Unabhängig davon sind für das Sumerische sämtliche in den von uns herangezogenen Boğazköy-Texten belegbare Lautwerte (in Kapitälchen) angeführt. Zwar wurden „x-Werte" möglichst vermieden, doch kamen wir ohne diese in wenigen Ausnahmefällen nicht aus. Für die akkadischen wie auch für die besonderen (proto-)hattischen und hurritischen Lautwerte ist keine Vollständigkeit angestrebt worden. Die hier angegebenen akkadischen Lautwerte beruhen auf akkadographischen Schreibungen, auf Hinweisen in den Sammlungen des Boğazköy-Archivs wie auch auf eigenen Lesefrüchten aus der Primär- und Sekundärliteratur. Dankbar haben wir diesbezügliche Angaben bei W. von Soden – W. Röllig, Syll.[3],

12 Dafür hilfreich sind auch Untersuchungen, wie sie etwa N. Oettinger zur Schreibung der Verschlußlaute im Anlaut durchgeführt hat (Die Stammbildung des hethitischen Verbums, Nürnberg 1979, 551 ff.). Hingewiesen sei auch auf H. C. Melchert, Studies in Hittite Historical Phonology, Göttingen 1984 (zu den Reflexen von idg. *u̯ und *i̯ im Hethitischen sowie zur dortigen Unterscheidung von /e/ und /i/). Zum Grundsätzlichen auch H. Eichner, a. a. O. 120 ff.

13 Über dieses Verfahren, das das Risiko der Inhomogenität in sich birgt, kann man geteilter Auffassung sein. So läßt sich tatsächlich mehrfach feststellen, daß die Verschiedenartigkeit von alter und junger Zeichenform auch zu unterschiedlichen Positionen bei der keilschriftlichen Einordnung der betreffenden Keilschriftzeichen führt.

und auch bei J. W. Durham (Studies in Boğazköy Akkadian, Diss. Phil., Harvard University 1976) für das Hethitische Zeichenlexikon ausgewertet. Da für das (Proto-)Hattische und das Boğazköy-Hurritische systematische Untersuchungen zum Verhältnis von keilschriftlichem Syllabogramm und Lautwert noch ausstehen, sind die von uns dafür angegebenen Lautwerte eher als Zufallsfunde zu verstehen. Für das Hurritische hat mit dem Erscheinen des ‚Corpus der hurritischen Sprachdenkmäler' (= ChS) und dem Auffinden einer über mehrere Tontafeln verteilten hurritisch-hethitischen Bilingue ohnehin ein neues Forschungsstadium begonnen[14]. Die sumerischen Lautwerte beruhen fast ausschließlich auf den Lesungen der Sumerogramme, nur sporadisch wurden sumerische Einträge lexikalischer Listen aus Boğazköy berücksichtigt. Um die sumerischen Spalten dieser Vokabulare angemessen auszuwerten, ist noch manche Vorarbeit von berufenerer Seite notwendig[15]. Da innerhalb des Zeichenlexikons die sumerische Lautung wie auch der Zeichenname in Kapitälchen gesetzt sind, kann vom Schrifttyp her leider nicht zwischen diesen beiden Ebenen unterschieden werden (vgl. unter HZL 256 (1) den Eintrag PAB, wo mangels einer sicheren sumerischen Lautung der Zeichenname angegeben ist; so auch R. Borger, ABZ 60).

6.3 Im Anschluß an Leitzeichen und Lautwerte folgen nach größerem Zeilenabstand die *Zeichenvarianten,* die in der Regel nach äußerer Ähnlichkeit, in bestimmtem Umfang auch nach dem Belegalter angeordnet sind. Nur vereinzelt finden sich darunter auch Zeichenformen aus akkadischen Boğazköy-Texten. Da deren Zeichenformen (und Lautwerte) vielfach von denen in hethitischen Texten abweichen, hätte eine allzu starke Berücksichtigung jener akkadisch verfaßten Textgruppen das Gesamtbild des hethitischen Syllabars beeinträchtigen können. Unser Ziel war ja, ein hethitisches Zeichenlexikon zu erarbeiten. Gelegentlich wurden Sumerogramme aus der akkadischen Version zweisprachig (Akkadisch, Hethitisch) überlieferter Texte (z. B. aus Verträgen und Omina) aufgenommen. Auf die Aufnahme so mancher Zeichenvariante aus den Editionsbänden haben wir verzichten müssen, da die Autopsie des Originals oder die Kollation am Foto die betreffende Zeichenform des Editionsbandes nicht bestätigten[16]. Wie schon im Vorwort vermerkt, haben wir – mit Ausnahme einiger besonders markierten Fälle – nur solche Zeichenformen in das Zeichenlexikon aufgenommen, die wir am Original oder Foto sicher verifizieren konnten.

6.4 Auf die Zusammenstellung der Zeichenvarianten folgen die *lexikalischen Einträge*: Sumerogramme, Akkadogramme, logographisch oder halblogographisch geschriebene Götter- und Personennamen sowie geographische Bezeichnungen, ferner Abkürzungen. In vielen Fällen sind überholte Lesungen von Sumerogrammen in eckigen Klammern den neuen Lesungen hinzugefügt (vgl. HZL 208 sub ^{GIŠ}PÈŠ). Sind mehrere Lesungen für ein Sumerogramm angegeben, haben wir vielfach die in der Hethitologie bereits eingeführte Lesung entgegen der sonstigen alphabetischen Reihenfolge an den Anfang gestellt (vgl. HZL 169: BIL, BAR_7, BIR_9), wie wir

14 Vgl. M. Salvini, in: École Pratique des Hautes Études, Section des Sciences Religieuses, Annuaire, Résumés des Conférences et Travaux, Tome 96, 1987–1988, 179 (mit dem Hinweis auch auf den inzwischen fast vollständig übersetzbaren Mittani-Brief; s. W. L. Moran, Les lettres d'El-Amarna, Paris 1987, 139 ff.).

15 Die Frage sumerischer Sonderphoneme (vgl. J. Krecher, ZA 78, 1988, 243 ff.; M.-L. Thomsen, The Sumerian Language, Copenhagen 1984, 44 f., § 25) glaubten wir für die Belange des Hethitischen Zeichenlexikons ausklammern zu dürfen.

16 Wie die Kollation am Foto von KUB 58.50 IV 17 zeigt, hat sich gelegentlich ein ganzes Keilschriftzeichen irrtümlicherweise in die Autographie eingeschlichen: Statt *pí-i-e-ra-an* ist dort nämlich *pí-e-ra-an* geschrieben.

überhaupt bemüht waren, bisher in der Hethitologie geläufige Lesungen beizubehalten, sofern nicht der übergeordnete Gesichtspunkt einer Vereinheitlichung, d.h. konkret das in der Assyriologie übliche Umschriftsystem ausdrücklich dagegen sprach[17]. Die lexikalischen Einträge sind in der Regel in ‚keilschriftalphabetischer' Reihenfolge angeordnet, wobei die Namen (Götter-, Personennamen, geographische Namen) jeweils am Ende der Eintragungen stehen. Gelegentlich folgt die Gliederung einer Art semantischer Gruppierung, wie etwa bei dem umfangreichen Lemma HZL 369, wo zunächst eine grobe Gliederung nach den Lesungen NÍG, NINDA und GAR vorgenommen wurde. Hinsichtlich der Akkadogramme haben wir für die Aufnahme ins Zeichenlexikon stark ausgewählt, weil davon auszugehen ist, daß, wer Hethitisch treibt, auch über akkadische Sprachkenntnisse verfügt (bzw. verfügen sollte). Insofern können die bei der Lektüre auftretenden Akkadogramme über die einschlägigen akkadischen Wörterbücher (AHw, CAD) erschlossen werden.
Ob man in der Umschrift von Sumerogrammen z.B. LÚ UR.GI$_7$ oder ^{LÚ}UR.GI$_7$ schreibt, d.h. LÚ (oder auch MUNUS) auf die Zeile setzt oder hochstellt, ist vielfach Ermessenssache, auch mit semantischen Spitzfindigkeiten kommt man meist nicht viel weiter. Eine andere nicht immer eindeutig zu beantwortende Frage ist die, wann man zwischen einem Sumerogramm mit substantivischer Geltung und einem dazugehörigen Attribut einen Punkt setzen soll und wann nicht. Schreibt man also ANŠE.NUN.NA.NÍTA (mit Punkt vor NÍTA) oder ANŠE.NUN.NA NÍTA (ohne Punkt vor NÍTA), UDU.NÍTA oder UDU NÍTA usw.? Bei diesen und ähnlichen Sumerogrammverbindungen waren wir immer zu unliebsamen Entscheidungen herausgefordert. Der Leser selbst aber möge darüber befinden, ob wir in dieser Hinsicht aufs Ganze gesehen einen gangbaren Weg beschritten haben.

6.5 Auf die lexikalischen Einträge folgen in kleineren Drucktypen *Anmerkungen,* die die voranstehenden Einträge und Angaben näher erläutern oder auch manch Unsicheres diskutieren. Hinsichtlich des Zitierens von Sekundärliteratur haben wir uns schon aus Raumgründen Zurückhaltung auferlegt. Um das Schriftbild innerhalb der Lemmata nicht zu überladen, wurde auf Anmerkungsziffern verzichtet. Die Reihenfolge der Anmerkungen entspricht aber der inhaltlichen Abfolge im Haupttext.

6.6 Am Ende eines jeden Lemmas wird, falls von der Überlieferung her vorgegeben, auf weitere Logogramme und Logogrammverbindungen des betreffenden Keilschriftzeichens hingewiesen. Diese *Querverweise* sollen vor allem dem Anfänger Zusammenhänge zwischen den einzelnen Zeichenverbindungen erklären helfen und das Identifizieren und Auffinden von Logogrammen erleichtern. Wird auf Namen verwiesen, sind diese jeweils zuletzt angeführt.

6.7 Eine *gestrichelte Linie* zwischen zwei Lemmata zeigt an, daß sich die betreffenden Keilschriftzeichen zwar gleichen, aber unterschiedlicher Herkunft sind; sie erhalten die gleiche Zeichennummer, werden aber intern durch die Zusätze (1) und (2) unterschieden; vgl. HZL 39 (1) NAM, 39 (2) BURU$_5$. Die Zeichenvarianten unter HZL 39 (1) gelten dann auch für 39 (2). So gehört – um ein weiteres Beispiel zu nennen – das Logogramm für GÍN „Schekel" entwicklungsmäßig zum Zeichen TÙN (s. HZL 223), wird aber in den hethitischen Boğazköy-Texten wie ZU geschrieben; s. HZL 209 (2).

---

17 S. auch CHD 3, XVII et passim. – Allerdings können auch in der Assyriologie noch nicht alle Lesungen als abgeklärt und gemeinverbindlich angesehen werden. Davon möge folgendes Beispiel zeugen: Während M. Stol (RlA 7, 5./6. Lfg., 1989, 322b) m ù n u als die richtige Lesung des sumerischen Wortzeichens für „Malz" ansieht, ist dieser Lautwert z.B. bei R. Borger, ABZ in dessen Hauptliste der Lautwerte gar nicht gebucht, doch s. Supplement S. 295 (vgl. HZL 257).

G. Zur Tabelle der Keilschriftzeichen

7.1 In die ‚Tabelle der Keilschriftzeichen' sind alle im eigentlichen Zeichenlexikon enthaltenen Keilschriftzeichen mit ihren Varianten aufgenommen[18]. Im Hinblick auf eine Identifizierung von Zeichenformen erschien uns die Beschränkung auf die Leitzeichen wenig sinnvoll. Die Tabelle ist keilschriftlich in der Reihenfolge ‚waagerechter Keil' (1–6 Waagerechte), ‚schräger Keil', ‚gekreuzte Keile', ‚Winkelhaken' (1–9 Winkelhaken) und ‚senkrechter Keil' (1–3 Senkrechte) angeordnet. Diese Ordnungskriterien sind – Alphabetbuchstaben vergleichbar – in die Tabelle eingefügt, wodurch wir uns eine übersichtlichere Gliederung erhoffen.
Angesichts oft nur minimal voneinander abweichender Zeichenformen fiel die Entscheidung für die endgültige Festlegung der Reihenfolge nicht immer leicht. Denn schon die grundsätzliche Zuordnung zu den oben genannten Ordnungskriterien war vor allem in Bezug auf die mit waagerechten Keilen beginnenden Zeichenformen nicht immer unproblematisch, lassen sich doch die Zeichenstrukturen nicht selten unterschiedlich beurteilen. So kann man sich z. B. fragen, ob vier Waagerechte, von denen die beiden mittleren leicht eingezogen sind, als vier oder nur als zwei Waagerechte bei der Einordnung zu werten sind. Einer subjektiven Beurteilung kann man sich bei solchen und ähnlichen Fragen nicht ganz entziehen, wie wir dies konkret immer wieder erlebt haben. Natürlich waren wir bestrebt, irgendwelche Inkonsequenzen bei der Einordnung möglichst zu vermeiden. Aber es bleibt sicher nicht aus, daß sich der Benutzer im Einzelfall fragen wird, warum diese oder jene Zeichenform nicht an anderer Stelle eingeordnet wurde. Dafür verweisen wir auf die grundsätzlichen Schwierigkeiten, die eine Anordnung der Keilschriftzeichen nach ihrem äußeren Erscheinungsbild mit sich bringt (s. R. Borger, ABZ S. 1, 4).

7.2 Die Ziffern hinter einem Keilschriftzeichen dienen dem Auffinden innerhalb des Zeichenlexikons. Die Zahlen vor dem Schrägstrich beziehen sich auf die fortlaufenden Zeichennummern. Großbuchstaben (A, B, C) hinter dem Schrägstrich sind auf die Leitzeichen der Lemmata bezogen (s. dazu oben 6.1). In Angaben wie 340/A, 340/B und 340/C ist mit A das eigentliche Leitzeichen von HZL 340 gemeint, während B und C auf die unmittelbar rechts daneben stehenden Zeichenformen Bezug nehmen. Für HZL 343 z. B. sind im Bereich der Leitzeichen nur 343/A und 343/B gegeben.
Die Zahl hinter dem Schrägstrich gibt in numerischer Reihenfolge die jeweilige Position einer Zeichenvariante (s. 6.3) an. Dementsprechend bezieht sich z. B. die Angabe 340/4 auf die vierte unterhalb der Zeile des Leitzeichens stehende, von links nach rechts abzuzählende Zeichenvariante. In unserem Beispiel ist mit 340/4 die vorletzte Zeichenvariante gemeint.
Der Benutzer des Zeichenlexikons hat also selbst die Varianten abzuzählen, um die ihn interessierende Zeichenform aufzufinden. Wir hatten auch erwogen, jeder Zeichenvariante die ihr zukommende Nummer hinzudrucken zu lassen, haben aber dann nicht nur mit Blick auf eine wesentliche Erhöhung der Druckkosten, sondern vor allem aus ästhetischen Gründen diese Überlegung schon früh aufgegeben. Nach unserem Empfinden hätte eine Ziffer im unmittelbaren Umfeld eines Keilschriftzeichens dessen Gesamteindruck allzu sehr beeinträchtigt. Der Benutzer wird also gebeten, die geringe Mühe des Abzählens auf sich zu nehmen.

---

18 Es fehlen lediglich die erst in der Schlußkorrektur nachgetragenen Zeichenformen 49/7, 54/10, 271/4, 274/27, 367/9–10 und 375/1, die aus drucktechnischen Gründen nicht mehr in die Tabelle der Keilschriftzeichen aufgenommen und eingeordnet werden konnten. – Die Zeichen HZL 60/A und 60/1 sind miteinander identisch.

Die Angabe ‚Anm.' hinter dem Schrägstrich verweist auf Zeichenformen im Anmerkungsteil (s. 6.5). Mit der Abkürzung ‚Lig.' sind schließlich ligaturähnliche Zeichenverbindungen unter der vor dem Schrägstrich angegebenen Zeichennummer gemeint.

H. Zur Konkordanz von Zeichenlisten

8. Angesichts der Unvollständigkeit der Friedrichschen ‚Schrifttafel', die ja primär für die Belange des akademischen Einführungsunterrichts erstellt worden war, allerdings aber auch dem Fortgeschrittenen bald unentbehrlich wurde, erschien es uns wenig sinnvoll, die Zeichennumerierung der ‚Schrifttafel' für das völlig neu konzipierte, auf weitgehende Vollständigkeit angelegte Zeichenlexikon beizubehalten. Schon die im Zeichenlexikon als Leitzeichen herausgestellten Zeichenformen führten von sich aus zu einer anderen Reihenfolge, die sich auch nicht mit dem Ordnungsschema der Forrerschen Liste deckt. Insofern mußten wir für das Zeichenlexikon eine eigene Zeichenzählung vornehmen. Die Konkordanz von Zeichenlisten soll nun helfen, die Keilschriftzeichen aus dem Zeichenlexikon auch in den Listen von E. Forrer und J. Friedrich leicht auffindbar zu machen. In die Konkordanz haben wir auch R. Borgers ‚Assyrisch-babylonische Zeichenliste' einbezogen, deren Numerierung bekanntlich Zugang auch zu anderen Listen aus dem akkadisch-sumerischen Bereich ermöglicht. Bereits R. Borger selbst führt in der achten Spalte seiner Paläographie (ABZ S. 5–35) die entsprechenden Zeichennummern der Friedrichschen ‚Schrifttafel' an. J. Friedrich hatte in der fünften Spalte seiner ‚Schrifttafel' auch die neuassyrischen Zeichenformen angegeben, nach denen in der Regel akkadische Syllabare geordnet sind. Für die Lemmata des Hethitischen Zeichenlexikons glaubten wir mit Blick auf die in dieser Konkordanz berücksichtigten Zeichenlisten von dem bloßen Zitieren der neuassyrischen Zeichen absehen zu dürfen (s. auch A. Deimel, ŠL I^3, Rom 1947, mit hethitischen Lautwerten).

I. Zu den Indices

9. Die Zahlangaben beziehen sich auf die fortlaufenden Zeichennummern innerhalb des Zeichenlexikons. Die Indices sind vollständig.

9.1 So enthält auch die Liste der *Lautwerte* alle im Zeichenlexikon angeführten Lautwerte. Die dortige Vorbemerkung gibt Aufschluß über die unterschiedlichen Schrifttypen, durch die die hethitischen, (proto-)hattischen, hurritischen, akkadischen und sumerischen Lautwerte jeweils gekennzeichnet sind. Waren bei der Benutzung der Friedrichschen ‚Schrifttafel' noch drei verschiedene Indices der Lautwerte zu konsultieren (1. a. Hethitisch und Akkadisch, b. Nur Akkadisch; 2. Ideographische Lautwerte), glauben wir jetzt, mit einem einzigen Lautwerte-Index auskommen zu sollen, um auf diese Weise auch das Nachschlagen zu erleichtern. Dafür wurde dann die Markierung durch unterschiedliche Schrifttypen notwendig.
Aufgrund eigener Erfahrung erscheint es uns sehr nützlich, die einzelnen Lautwerte jeweils auf den entsprechenden *Zeichennamen* (s. R. Borger, ABZ S. 225 ff., 376 ff.) zu beziehen. Damit ist zugleich auch ein fester Bezugspunkt gegeben, dem mnemotechnische Funktion zukommt. Im Index stehen die Lautwerte jeweils links vom Gleichheitszeichen, während rechts davon in der Regel der Zeichenname angegeben ist. Aus praktischen Gründen – auch mit Blick auf den im Lesen von Keilschrift weniger Geübten – haben wir gelegentlich dieses Prinzip durchbrochen, indem wir z. B. bei Zeichenkombinationen neben dem Lautwert gesondert auch noch die betreffende Zeichenkombination anführen. So findet sich z. B. neben dem Eintrag EME = EME

(KA×ME) 147 gesondert auch der Eintrag KA×ME = EME 147. Grundsätzlich haben wir uns bei der Anlage der Lautwerte-Liste von der mehr praktischen Handhabung leiten lassen, wovon auch die vielen Querverweise zeugen.

9.2 Auch in den vollständigen Indices der *Sumerogramme* und *Akkadogramme* haben wir durch zahlreiche Querverweise das Identifizieren und Auffinden der einzelnen Logogramme zu erleichtern versucht, vor allem auch dann, wenn die bisherige Lesung durch eine neue Lesung zu ersetzen ist. Die Anregung, die Sumerogramme und Akkadogramme auch mit türkischer Übersetzung zu versehen, geht auf Chr. Rüster zurück (s. dazu auch die Asteriskos-Anmerkung zu Beginn der Sumerogrammliste). Die *übrigen Indices* bedürfen keiner weiteren Kommentierung.

J. Zum Anhang

10. Der Anhang will das Erlernen der Keilschrift erleichtern helfen. Die verschiedenen Tabellen und Übersichten können das Lehren und Lernen hethitischer Keilschrift flankierend unterstützen.

10.1 Zunächst werden unter Nr. 1 und Nr. 2 des Anhangs die Lautwerte der Strukturen K(onsonant) V(okal) und V(okal) K(onsonant) jeweils in Form einer *Silbenmatrix,* in welche die entsprechenden Keilschriftzeichen eingetragen sind, dargeboten. Die einzelnen Lautwerte mit den dazugehörigen Keilschriftzeichen ergeben sich jeweils aus der Kombination der senkrecht nach ihrer Artikulationsstelle angeordneten Konsonanten mit den in einer Waagerechten aufgeführten Vokalen (*a, e, i, u*) bzw. in umgekehrter Reihenfolge[19]. Seltenere oder nur in Fremdnamen auftretende Lautwerte wie etwa *dè* (= NE; HZL 169) oder *pà* (= IGI.RU; HZL 292) einerseits, en_6 (= IN; HZL 354) oder *iš̀* (= EŠ; HZL 331) andererseits, sind ebenso wenig in die Silbenmatrix aufgenommen worden wie die von Schreibern in Ḫattuša eigens für die Aufzeichnung (proto-)hattischer und hurritischer Texte neu geschaffenen Silbenzeichen $\underset{^}{u}a_a$, $\underset{^}{u}e_e$ usw. (s. HZL 318–326), für die der phonetisch-phonologische Status des konsonantischen Elements noch nicht als gesichert gelten kann.

10.2 Die wesentlichsten Lautwerte der Struktur K(onsonant) V(okal) K(onsonant) sind zusammen mit den entsprechenden Keilschriftzeichen im 3. Abschnitt des Anhangs zusammengestellt. Auf diese Weise braucht sich der Anfänger die betreffenden KVK-*Zeichen* nicht erst mühsam aus dem Zeichenlexikon herauszusuchen, sondern hat in dieser Auflistung eine erste Grundlage für deren Erlernung.

10.3 Der 4. Abschnitt des Anhangs bietet eine Liste der *Determinative* (samt Keilschriftzeichen) – nach Voranstellung und Nachstellung unterschieden[20]. Für die Hochsetzung der Determinative in der Umschrift s. oben 2.1.

---

19 Vgl. die von H. Eichner (Lautgeschichte und Etymologie, Wiesbaden 1980, 132 ff.) im Anschluß an D.-O. Edzard vorgestellte Silbenmatrix, in welche jedoch nicht die Keilschriftzeichen selbst, sondern nur deren Nummern gemäß der Zählung bei W. von Soden – W. Röllig, Syll.³, eingetragen sind.

20 Das Sumerogramm ŠÀ, das in der Sekundärliteratur gelegentlich als Determinativ verstanden wird (vgl. HZL 294: ŠÀ *TIR* bzw. ^{ŠÀ}*TIR*), ist wegen seines – nach unserem Dafürhalten – unsicheren Determinativcharakters nicht in die für den Anfangsunterricht gedachte Zusammenstellung aufgenommen worden; es findet sich z. B. auch nicht in der Liste der Determinative bei R. Borger, ABZ S. 48.

10.4 Im 5. Abschnitt des Anhangs ist eine größere Anzahl von Keilschriftzeichen nach ihrer *typologischen Struktur* zusammengestellt. Dazu wurden wir zwar von R. Borgers Aufsatz „Wie lernt man die Elemente der Keilschrift?" (BiOr 40, 1983, 294–298) mit angeregt, sind aber dann doch etwas andere Wege gegangen.

10.5 Einige *leicht verwechselbare Keilschriftzeichen* sind im 6. Abschnitt des Anhangs nebeneinandergestellt. Die Liste hätte noch erweitert werden können. Schließlich bietet der 7. und letzte Abschnitt des Anhangs eine Tabelle wesentlicher keilschriftlicher *Zahlzeichen* (Einer, Zehner, Hunderter, Tausender, Zehntausender) und führt mehrere Beispiele für die Bildung kombinierter Zahlen an (s. auch Index 8: Zahlen).

11. Damit hoffen wir, in dieser Einleitung das Wesentlichste zur richtigen (Be-)Nutzung des Hethitischen Zeichenlexikons gesagt zu haben. Abgesehen von den allgemeinen Vorbemerkungen zur Herkunft und Struktur der hethitischen Keilschrift usw., dient die Einleitung aber auch dazu, auf Problematisches hinzuweisen und zumindest einige Beweggründe für diese oder jene Entscheidung hinsichtlich unseres Vorgehens bei der inhaltlichen Gestaltung der einzelnen Teile dieses Bandes aufzuzeigen.

Tabelle der Keilschriftzeichen*

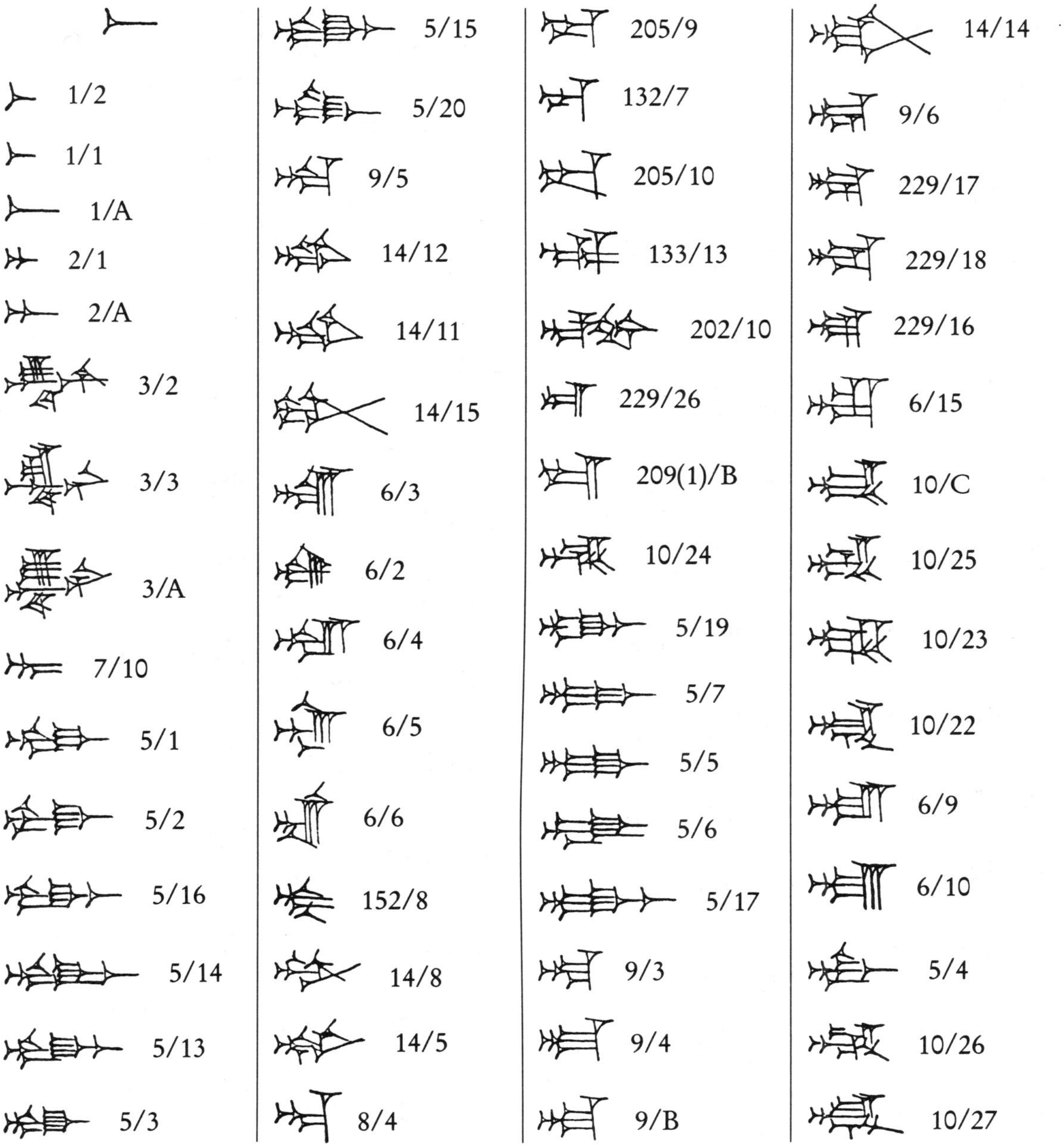
1/2
1/1
1/A
2/1
2/A
3/2
3/3
3/A
7/10
5/1
5/2
5/16
5/14
5/13
5/3
5/15
5/20
9/5
14/12
14/11
14/15
6/3
6/2
6/4
6/5
6/6
152/8
14/8
14/5
8/4
205/9
132/7
205/10
133/13
202/10
229/26
209(1)/B
10/24
5/19
5/7
5/5
5/6
5/17
9/3
9/4
9/B
14/14
9/6
229/17
229/18
229/16
6/15
10/C
10/25
10/23
10/22
6/9
6/10
5/4
10/26
10/27

* ABC = Leitzeichen; Anm. = Anmerkung; Lig. = Ligatur

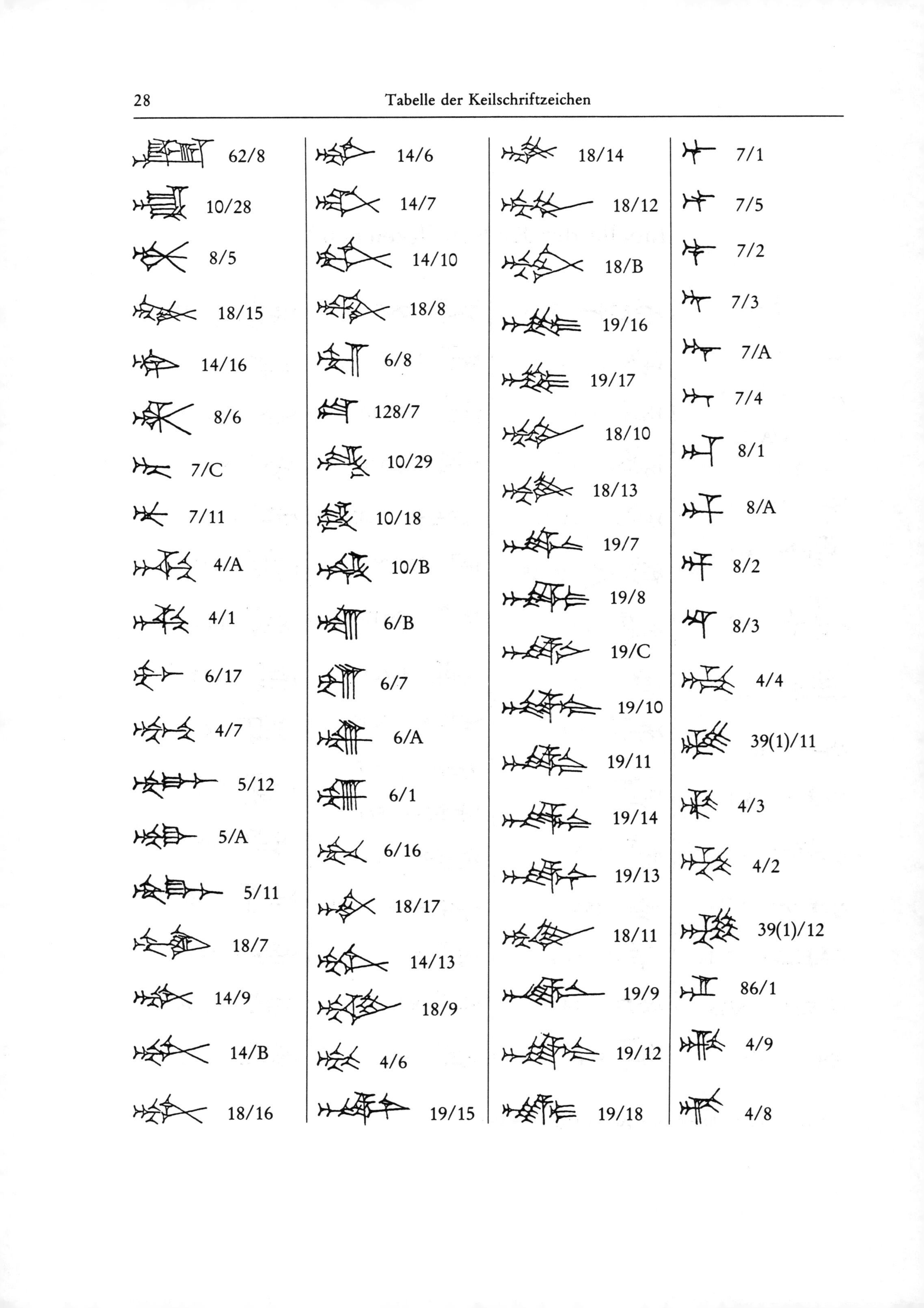

62/8
10/28
8/5
18/15
14/16
8/6
7/C
7/11
4/A
4/1
6/17
4/7
5/12
5/A
5/11
18/7
14/9
14/B
18/16

14/6
14/7
14/10
18/8
6/8
128/7
10/29
10/18
10/B
6/B
6/7
6/A
6/1
6/16
18/17
14/13
18/9
4/6
19/15

18/14
18/12
18/B
19/16
19/17
18/10
18/13
19/7
19/8
19/C
19/10
19/11
19/14
19/13
18/11
19/9
19/12
19/18

7/1
7/5
7/2
7/3
7/A
7/4
8/1
8/A
8/2
8/3
4/4
39(1)/11
4/3
4/2
39(1)/12
86/1
4/9
4/8

4/10	209/7	249/8	250/5
87/7	229/B	249/7	81/8
71/10	231/16	249/6	81/1
331/B	231/5	9/1	83/3
6/13	10/2	9/A	81/7
131/12	10/31	9/2	95/11
83/5	229/20	229/15	81/4
313/17	229/30	213/3	81/3
17/4	229/8	213/5	82/7
205/12	10/21	6/14	83/4
128/8	5/9	230/13	233/25
128/9	5/8	250/6	95/12
128/12	5/18	10/32	83/2
147/3	82/4	10/1	95/14
229/11	81/10	10/A	10/7
81/20	214/12	6/11	10/8
229/12	83/6	6/12	10/6
229/6	109/3	250/4	10/9
229/7	212/5	250/B	

10/12
10/16
10/10
10/13
10/20
10/17
10/19
10/30
11/A
11/3
13/2
72/10
11/2
11/1
13/A
13/1
333/10
249/4
18/6

15/12
37/10
37/9
4/11
37/8
24/8
39(1)/1
39(1)/5
258/5
43/10
43/11
258/8
78/10
205/11
15/7
15/2
15/A
15/3

15/4
15/10
15/9
15/1
15/8
15/5
15/6
15/11
231/25
133/9
133/10
134/1
140/5
14/2
14/1
14/A
14/3
18/5

18/4
18/3
14/17
12/1
12/B
12/A
18/2
74/10
16/A
16/1
16/2
16/3
16/4
16/5
19/5
17/A
17/3
17/5

17/1
17/2
18/1
74/3
74/2
19/1
19/B
19/A
18/A
19/2
19/4
19/6
74/4
19/3
39(1)/10
251/3
251/2
21/2
20/2

20/A
20/3
20/4
357/3
357/2
21/A
21/1
173/B
173/5
21/5
21/4
21/B
288/4
28/30
43/18
86/4
87/3
88/3
254/1

81/19
81/18
81/14
81/13
82/8
82/9
82/B
81/22
210/11
47/9
28/10
28/8
28/9
28/7
28/21
83/10
28/20
23/7

23/6
23/A
23/1
23/2
23/3
23/4
23/5
22/A
22/1
80/3
80/4
80/2
80/5
80/1
80/B
200/B
80/6
32/11

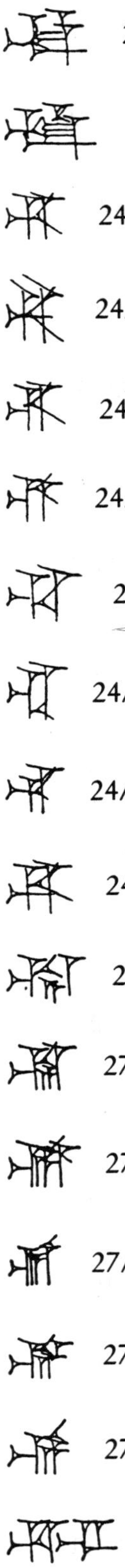

28/13
28/35
24/A
24/1
24/2
24/3
24/4
24/5
24/6
24/7
27/4
27/A
27/1
27/5
27/2
27/3
25/A

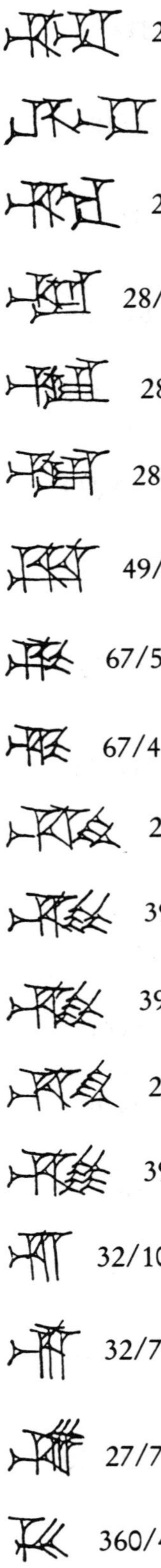

25/1
25/2
25/3
28/24
28/22
28/23
49/6
67/5
67/4
26/A
39(1)/9
39(1)/8
26/1
39(1)/7
32/10
32/7
27/7
360/4

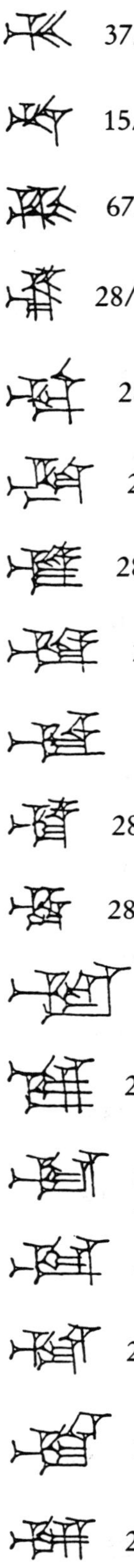

37/2
15/14
67/6
28/38
28/31
28/37
28/12
28/11
28/17
28/14
28/32
28/3
28/27
28/6
28/5
28/4
28/15
28/29

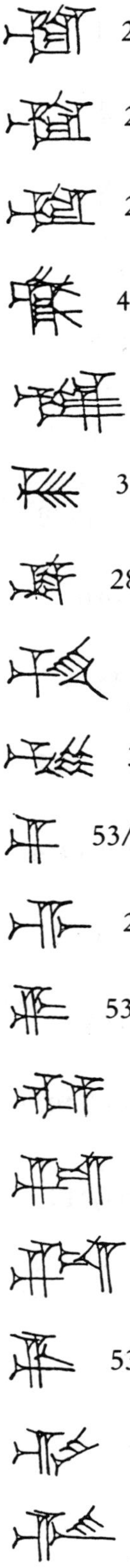

28/A
28/1
28/2
47/14
28/28
360/1
28/16
23/9
39(1)/6
53/16
29/A
53/8
89/13
52/3
52/4
53/2
30/4
30/1

30/A
30/2
31/A
30/3
3/6
32/A
32/3
32/5
32/6
32/4
32/1
32/2
32/9
32/8
30/6
30/B
33/1

33/A
33/2
33/3
30/5
193/10
42/5
43/17
36/2
52/11
34/A
34/1
34/2
34/4
88/4
30/8
35/A
35/2
35/6

35/5
35/B
200/12
36/4
36/5
36/10
36/6
36/8
35/1
35/3
35/4
36/9
36/7
36/A
36/3
36/1
36/B
37/6

37/5
38/4
4/5
14/4
37/A
37/3
37/1
37/7
37/4
38/3
38/6
38/A
38/1
38/2
38/5
39(2)/A
39(1)/A
40/11
40/C

40/A
40/1
40/2
40/3
40/4
40/5
40/7
40/6
40/8
42/6
40/B
40/9
40/10
41/6
41/A
41/1
41/2
42/A
42/1
42/2
42/3
42/4
41/3
41/4
41/5
41/7
10/3
43/4
43/2
43/A
43/1
43/B
43/5
227/1
20/1
53/15
53/13
255/7
44/14
255/4
255/6
255/1
255/5
182/5
290/7
255/11
44/A
51/7
44/4
44/1
44/10
44/2
44/3
44/5
44/7
44/B
44/9
44/8
44/6
44/13
45/A
46/5
47/34
28/36
46/6
46/A
46/4
46/3
47/8
47/4
66/4
70/5

47/30
47/5
47/16
47/6
47/7
47/A
47/3
47/2
47/32
45/1
70/6
47/15
47/28
47/27
47/25
47/24
47/26

67/B
67/7
50/1
47/23
47/22
47/21
47/19
47/20
47/35
46/8
46/9
46/10
48/A
53/7
52/9
49/A
49/1
49/2

50/A
51/A
51/B
51/1
51/5
51/4
51/6
51/8
51/3
51/2
51/10
50/2
52/A
52/1
52/2
53/A
47/29
53/10

53/5
53/6
50/3
50/4
50/5
49/3
49/5
49/4
51/9
223/5
223/6
53/18
47/33

90/2
72/5
77/13

77/17
65/10
133/5
153/2
154/1
163/2
73/2
168/5
173/4
174/6
174/2
179/1
178/2
56/11
185/2
186/B
185/1
185/B
187/13

55/2
55/A
57/4
132/9
132/10
159/4
61/10
61/9
61/8
56/4
56/3
56/5
56/1
56/A
56/2
57/A
57/1
57/2

57/3
54/7
54/9
54/6
54/B
58/3
58/A
58/1
58/2
54/3
54/4
54/2
54/A
54/1
59/A
59/2
59/1

60/1
60/A
61/4
56/9
61/5
61/A
61/2
61/1
61/3
56/6
56/7
61/11
56/8
61/6
61/7
78/1
78/8
65/8

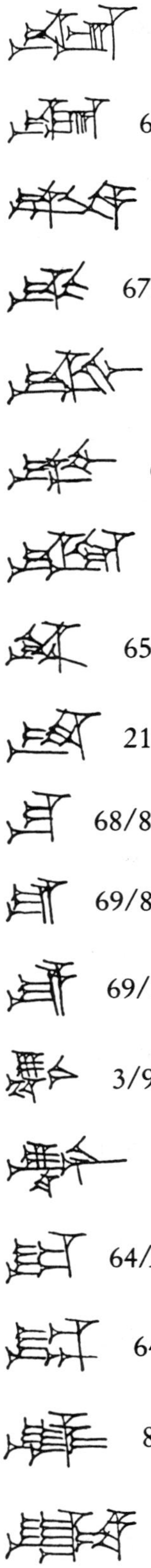

62/A
62/1
225/1
67/3
66/5
66/6
63/A
65/12
215/4
68/8
69/8
69/5
3/9
3/8
64/A
64/2
81/11
82/3

81/12
65/A
65/1
65/2
65/5
65/3
47/11
62/9
62/10
62/2
62/3
62/4
62/5
67/A
66/A
66/1
66/2
68/1

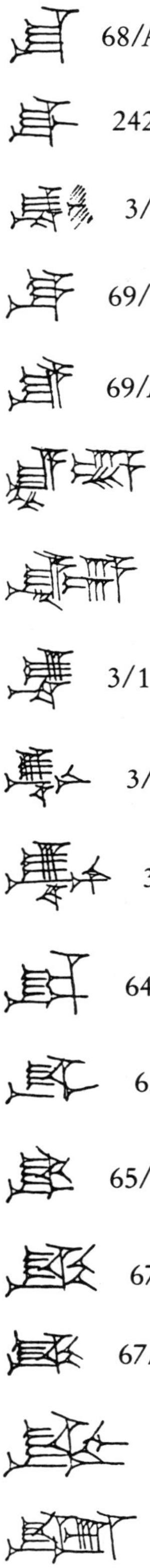

68/A
242/3
3/11
69/7
69/A
70/4
70/3
3/10
3/7
3/1
64/1
65/7
65/6
67/1
67/2
66/3
62/7

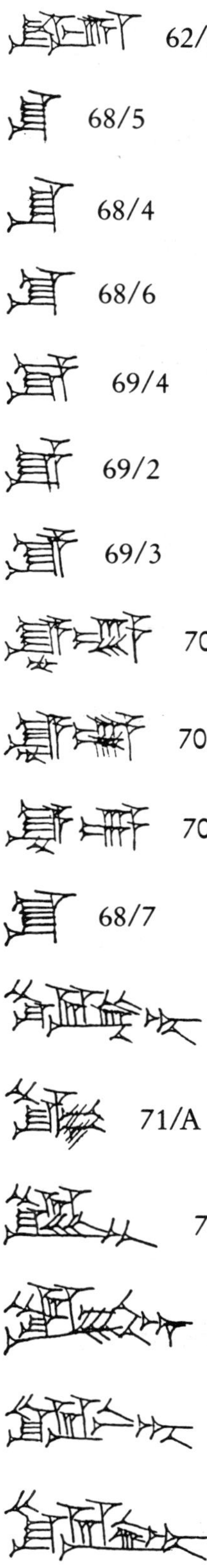

62/6
68/5
68/4
68/6
69/4
69/2
69/3
70/1
70/2
70/A
68/7
71/3
71/A
71/8
71/6
71/1
71/2

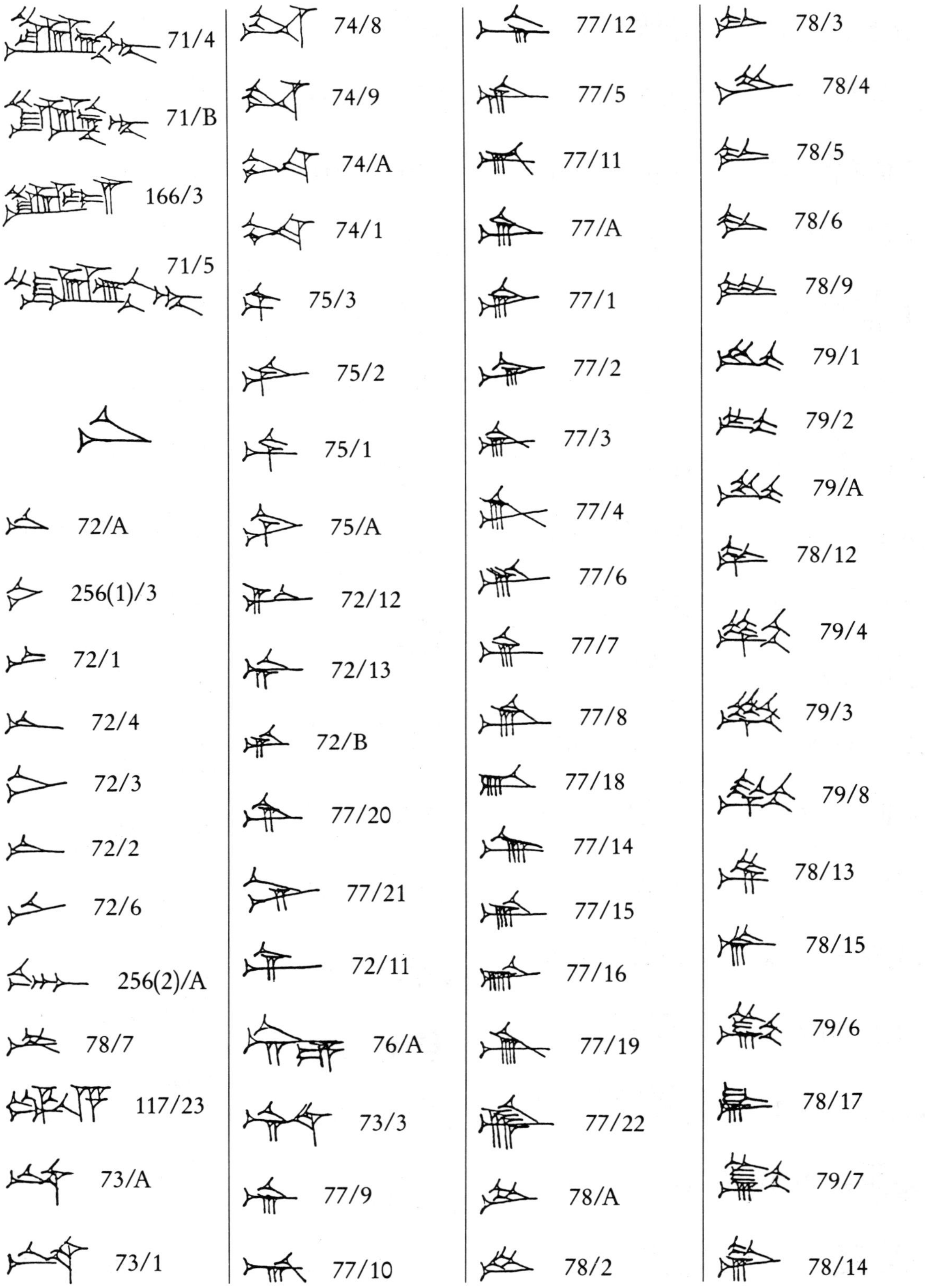
71/4
71/B
166/3
71/5
72/A
256(1)/3
72/1
72/4
72/3
72/2
72/6
256(2)/A
78/7
117/23
73/A
73/1
74/8
74/9
74/A
74/1
75/3
75/2
75/1
75/A
72/12
72/13
72/B
77/20
77/21
72/11
76/A
73/3
77/9
77/10
77/12
77/5
77/11
77/A
77/1
77/2
77/3
77/4
77/6
77/7
77/8
77/18
77/14
77/15
77/16
77/19
77/22
78/A
78/2
78/3
78/4
78/5
78/6
78/9
79/1
79/2
79/A
78/12
79/4
79/3
79/8
78/13
78/15
79/6
78/17
79/7
78/14

79/5
78/16
78/18
80/7
80/A

90/1
92/7
93/11
91/8
133/6
101/3
101/2
81/5
82/5
82/6
211/3

249/10
249/9
167/17
213/B
81/9
82/2
81/6
81/A
82/A
82/1
81/2
83/A
83/1
95/10
211/2
211/B
15/13
97/7

117/25
28/19
153/1
154/2
169/8
84/2
84/A
168/4
84/9
173/2
173/3
173/6
173/10
178/1
179/2
173/9
178/3
173/8
174/1

81/B
81/15
81/21
81/16
81/17
166/12
166/B
23/8
28/34
28/33
28/25
166/10
10/11
85/1
39(1)/2
39(1)/3
39(1)/4
85/A

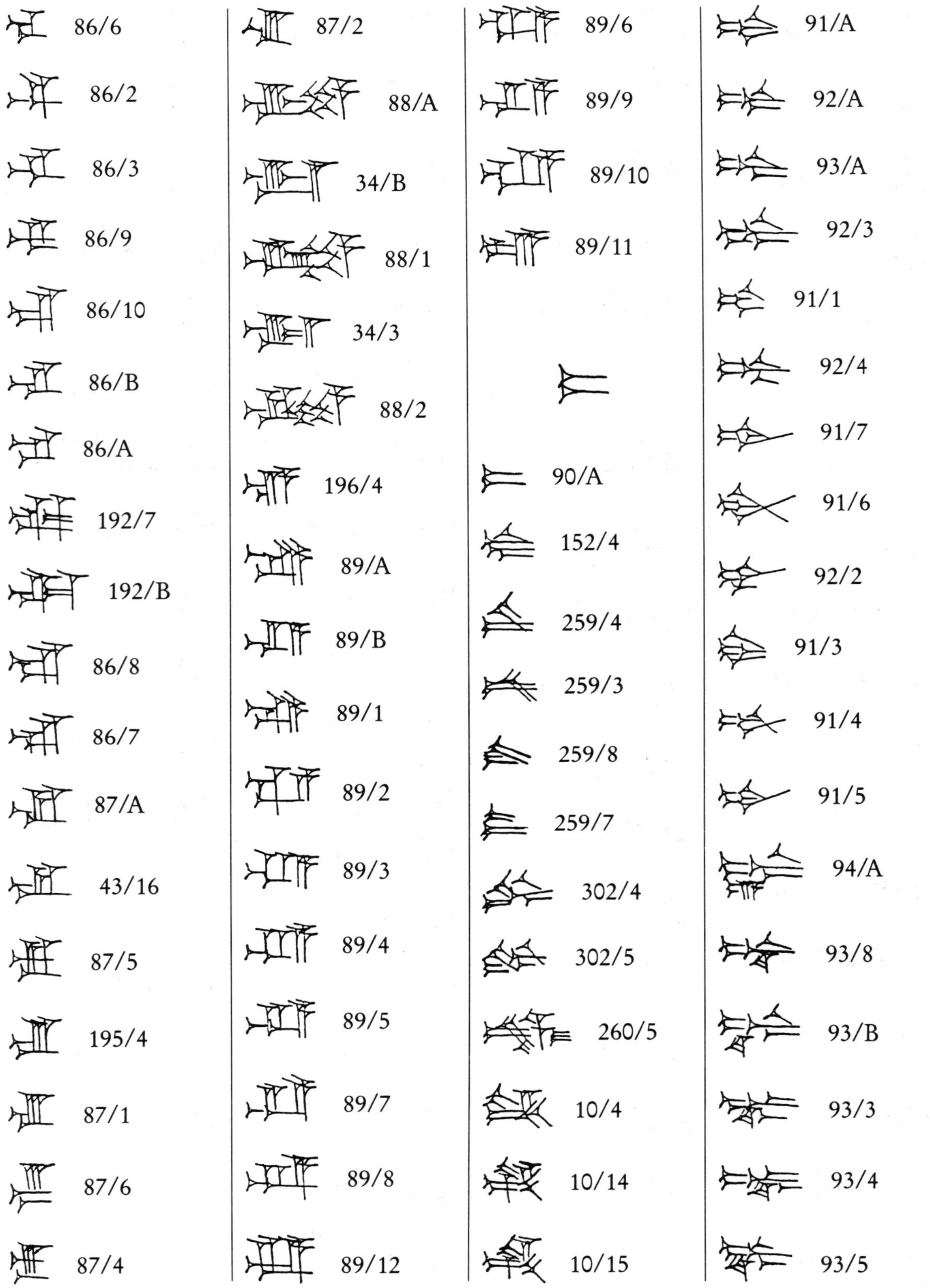
86/6
86/2
86/3
86/9
86/10
86/B
86/A
192/7
192/B
86/8
86/7
87/A
43/16
87/5
195/4
87/1
87/6
87/4
87/2
88/A
34/B
88/1
34/3
88/2
196/4
89/A
89/B
89/1
89/2
89/3
89/4
89/5
89/7
89/8
89/12
89/6
89/9
89/10
89/11
90/A
152/4
259/4
259/3
259/8
259/7
302/4
302/5
260/5
10/4
10/14
10/15
91/A
92/A
93/A
92/3
91/1
92/4
91/7
91/6
92/2
91/3
91/4
91/5
94/A
93/8
93/B
93/3
93/4
93/5

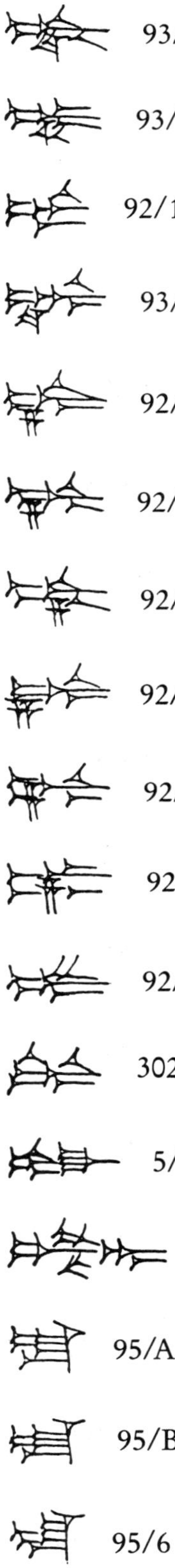

93/6
93/9
92/15
93/10
92/B
92/9
92/12
92/13
92/10
92/11
92/5
302/7
5/10
116/2
95/A
95/B
95/6

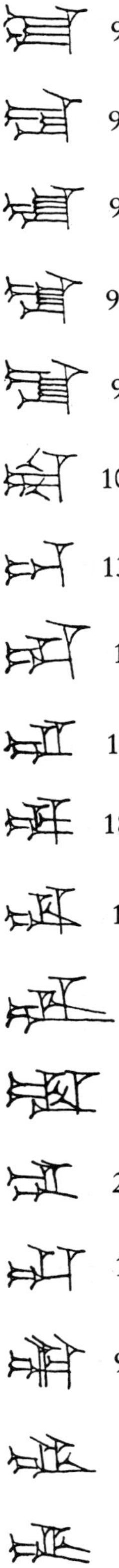

95/13
95/1
95/5
95/2
95/3
102/7
132/8
184/1
183/9
183/10
183/13
183/14
183/15
233/29
183/1
96/A
183/16
183/18

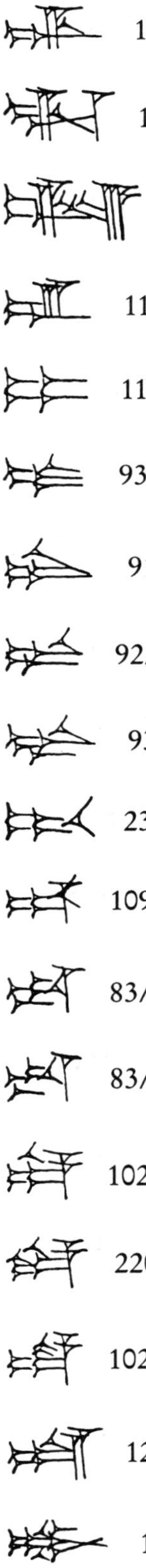

183/19
183/22
117/24
112/4
119/B
93/1
91/2
92/1
93/2
238/9
109/2
83/8
83/7
102/5
220/14
102/6
124/5
131/16

102/1
102/3
102/4
102/A
102/2
167/3
167/4
167/14
167/B
167/10
167/15
167/11
167/13
129/8
215/3
129/6
129/B

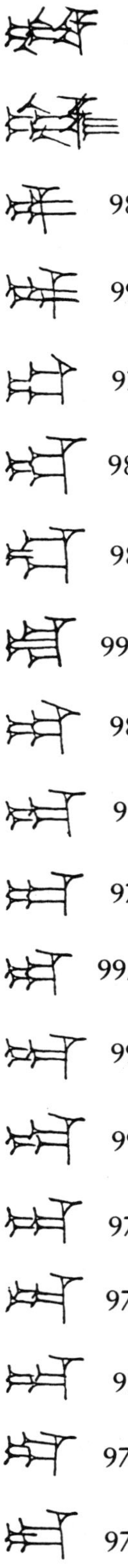

129/7
167/12
98/7
99/5
97/A
98/A
98/3
99/14
98/2
98/4
97/B
99/A
99/3
99/1
97/1
97/2
97/3
97/4
97/5

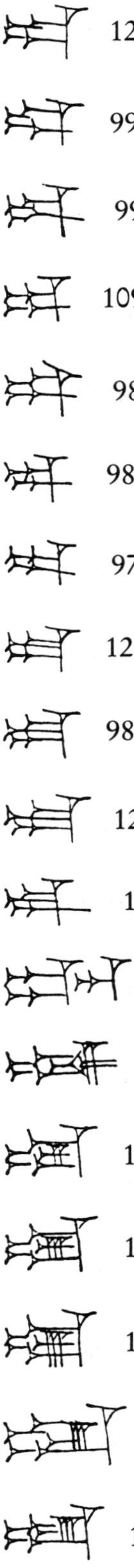

128/6
99/2
99/4
109/4
98/1
98/6
97/6
128/B
98/5
128/4
128/5
101/5
114/6
104/9
104/A
104/1
104/3
104/2

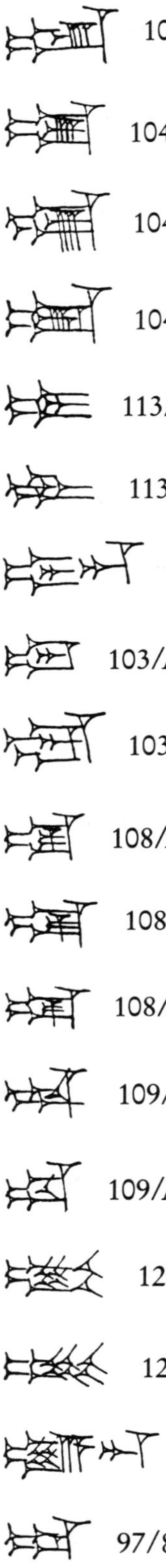

104/8
104/6
104/7
104/10
113/B
113/4
103/2
103/A
103/1
108/A
108/1
108/2
109/1
109/A
122/3
122/4
123/1
97/8

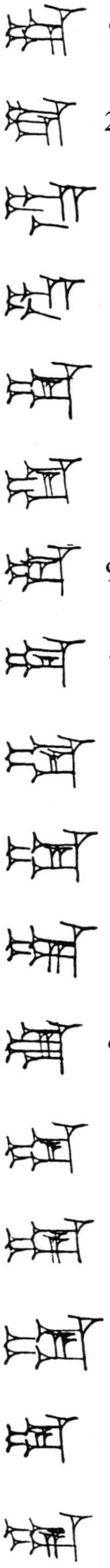

97/9
229/19
233/33
233/32
99/6
109/5
99/8
99/7
98/8
112/3
99/9
98/9
112/1
112/A
104/12
230/11
230/12

98/12

99/11

98/11

99/10

112/2

98/13

100/A

100/1

167/1

260/8

101/A

101/1

101/4

110/3

110/2

111/A

110/A

110/1

110/4

98/10

99/12

231/19

99/13

92/6

113/A

113/1

113/2

113/3

93/7

92/8

92/14

114/4

114/B

114/1

114/2

114/3

105/6

105/7

211/4

106/5

106/2

107/2

104/4

115/13

115/14

114/A

105/4

105/1

105/A

105/B

95/7

105/5

105/8

105/9

106/A

106/1

106/4

106/B

106/3

106/6

108/3

107/1

107/A

107/3

167/5

108/4

104/5

114/5

111/1

95/8

105/3

105/2

107/4
95/15
115/A
115/4
115/1
115/2
115/3
115/5
115/6
115/7
116/A
116/1
115/9
115/10
115/11
115/12
115/15
117/1
117/4

117/20
117/21
117/8
117/A
117/9
117/3
117/7
117/6
117/5
117/2
117/27
117/13
117/12
117/11
117/B
117/10
117/14
117/18

117/15
117/16
117/17
117/19
118/8
128/10
165/8
118/B
118/C
118/2
118/3
118/4
118/5
118/6
118/7
165/A
165/1
165/2

165/3
165/4
165/5
165/6
165/7
165/9
165/10
118/1
118/A
119/A
120/A
120/1
120/2
120/3
120/4
120/5
122/A
122/1

122/2
122/5
123/A
121/2
121/A
121/1
124/A
124/1
124/3
124/2
124/4
124/B
133/12
125/7
125/11
125/6
126/12
126/11

125/A
125/1
125/2
125/3
125/10
126/A
126/1
126/2
126/3
126/4
126/6
125/4
125/5
125/9
126/7
126/8

126/9
126/10
125/8
119/Anm.
127/1
127/A
128/3
128/1
128/2
128/A
131/14
131/7
131/9
131/10
225/8
133/11
225/11

225/12
125/12
225/18
130/A
133/14
131/15
131/A
131/1
131/2
131/3
65/11
131/4
131/5
131/6
131/8
131/18
225/7
225/5

225/9
117/22
231/34
225/6
225/13
225/14
225/15
117/26
231/B
231/24
131/11
225/10
225/16
225/17
129/A
129/5
129/1

129/3
129/2
132/A
132/2
132/3
132/5
231/31
231/30
231/28
231/26
231/29
231/27
231/32
231/33
133/A
133/1
133/2

133/3
133/4
133/B
133/7
133/8
134/A
135/A
135/1
135/2
136/A
137/A
138/A
139/A
139/1
140/4
140/A

140/1
140/2
140/3
141/A
141/1
142/A
143/A
143/1
143/2
144/A
144/1
144/2
144/4
144/5
144/3
145/A

146/A
147/A
147/1
147/2
147/4
148/3
148/4
148/A
148/1
148/2
149/A
149/1
149/2
149/3
150/A
151/A
151/2

151/3
151/1
151/4
151/5
152/7
152/6
90/3
152/1
152/2
152/5
152/A
152/3
169/4
131/13
152/13
152/10
152/11

152/9
153/A
154/A
167/6
164/A
164/2
164/1
170/4
158/11
160/10
165/11
167/8
84/8
102/8
167/A
84/7
84/Anm.
84/1

84/5
167/2
167/7
155/A
155/1
155/2
156/3
156/B
156/6
156/5
156/4
156/2
273/2
273/15
156/7
156/A
156/1
157/A

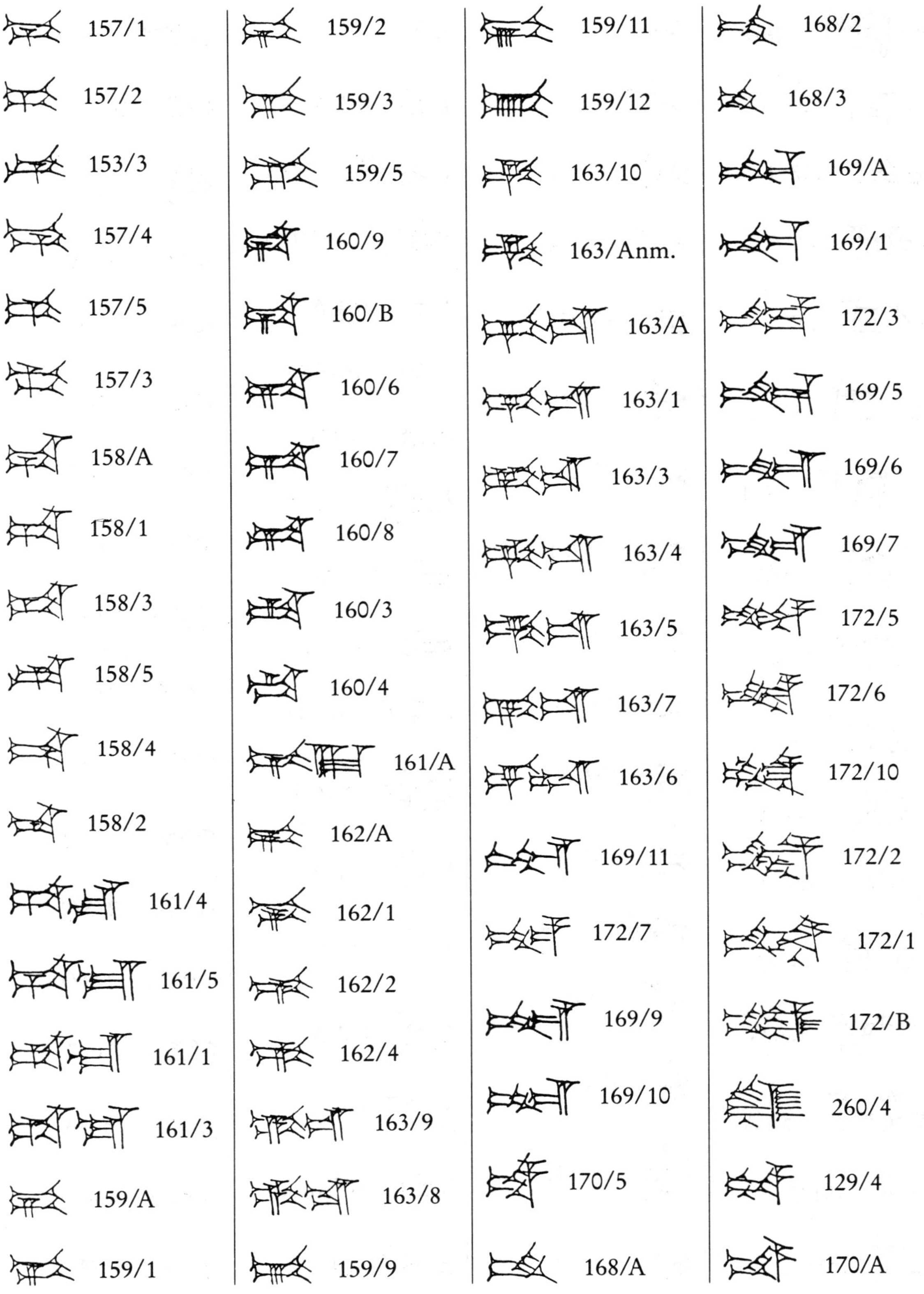
157/1
157/2
153/3
157/4
157/5
157/3
158/A
158/1
158/3
158/5
158/4
158/2
161/4
161/5
161/1
161/3
159/A
159/1
159/2
159/3
159/5
160/9
160/B
160/6
160/7
160/8
160/3
160/4
161/A
162/A
162/1
162/2
162/4
163/9
163/8
159/9
159/11
159/12
163/10
163/Anm.
163/A
163/1
163/3
163/4
163/5
163/7
163/6
169/11
172/7
169/9
169/10
170/5
168/A
168/2
168/3
169/A
169/1
172/3
169/5
169/6
169/7
172/5
172/6
172/10
172/2
172/1
172/B
260/4
129/4
170/A

203/10
170/1
168/6
170/2
168/1
169/Anm.
169/2
169/3
172/4
172/8
172/9
172/A
170/B
170/3
171/11
171/4
171/5
171/8

171/A
171/1
171/10
171/B
171/6
171/2
171/9
171/3
171/7
173/A
174/4
173/1
174/3
178/4
173/7
174/5
174/A
175/A

175/2
175/3
175/1
173/Lig.
176/A
176/1
177/A
177/1
177/2
177/3
177/4
177/5
177/6
177/7
177/8
177/9
177/10

46/7
178/A
174/7
179/3
179/A
208/9
206/9
208/8
242/10
317/7
242/11
91/10
166/8
166/6
232/7
166/7
71/9

166/11
166/A
166/1
215/8
57/7
57/5
57/6
57/8
54/8
54/5
180/A
132/1
180/1
180/2
180/3
180/4
132/4

239/4
181/5
84/Anm.
181/1
181/3
181/A
181/2
181/4
182/A
182/3
182/4
182/1
182/2
182/6
55/1
183/8
184/A

183/5
233/31
184/8
183/6
184/3
184/2
183/A
184/5
184/6
233/30
183/4
183/11
184/4
183/17
43/20
183/20
183/21
183/12

158/10
183/B
230/7
231/23
183/7
183/3
183/2
184/7
184/B
184/9
27/6
152/12
166/9
158/6
158/9
158/8
158/7
161/2

160/11
201/7
202/8
164/3
203/7
327/6
243/10
84/3
84/4
84/6
260/3
86/5
28/26
28/18
185/A
56/10
178/5
186/A

229/25
195/14
185/3
187/10
151/6
193/7
191/A
191/1
191/2
231/22
231/21
231/20
192/1
192/4
192/3
192/5
192/2
192/A

192/6
192/9
192/8
192/10
192/11
192/12
185/4
189/2
159/6
159/8
159/7
193/11
33/4
193/A
193/1
193/2
193/3
193/4

193/5
193/6
193/9
160/1
160/2
160/A
160/5
187/6
187/4
187/5
187/2
187/A
187/3
187/1
187/8
187/7
187/B
187/9

188/A
189/A
189/B
189/1
232/2
232/1
232/3
232/4
232/5
232/6
190/A
162/5
162/3
193/12
194/1
194/A
194/2

194/3
198/1
194/8
195/2
194/7
195/1
195/3
199/17
199/18
194/6
195/A
195/6
43/19
230/10
230/8
198/17
159/10
193/8

196/5
196/3
196/2
196/A
196/B
197/6
197/A
197/B
197/1
197/2
197/3
197/4
197/5
197/7
198/11
198/3
198/A
199/14

194/5
195/7
195/8
195/9
195/10
199/20
199/19
198/9
198/10
230/9
199/15
198/4
198/8
198/12
198/13
198/7
198/5
199/B

199/11
199/12
199/13
199/4
199/5
199/A
199/1
198/15
195/11
199/16
198/6
199/8
199/7
199/6
199/2
198/2
196/1
199/9

199/10
195/12
199/3
195/13
200/9
200/8
200/5
200/10
200/4
200/7
200/1
200/11
200/6
200/A
200/3
200/2
201/A
201/1

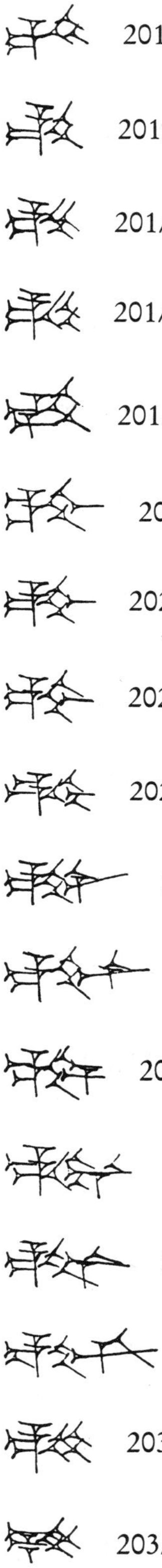

201/2
201/3
201/4
201/5
201/6
202/3
202/2
202/A
202/1
202/B
202/4
202/9
202/5
202/6
202/7
203/9
203/6

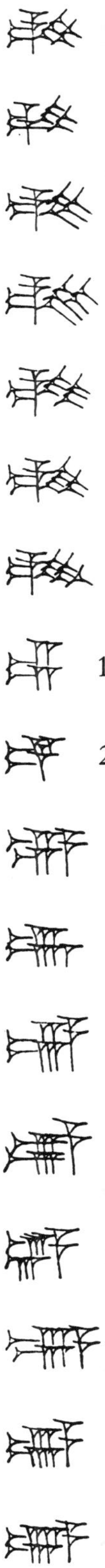

203/A
203/1
203/2
203/3
203/5
203/4
203/8
197/8
245/10
204/4
204/7
204/5
204/3
204/6
204/A
204/2
204/1

208/3
206/1
205/5
205/A
208/A
206/A
205/6
228/4
206/3
212/9
206/2
228/3
205/4
208/2
208/1
205/1
205/2
205/3
205/B
205/7
205/8
207/A
209(1)/1
209(1)/A
209(1)/2
209(1)/3
229/13
213/7
209(1)/4
209(1)/6
209(2)/A
209(1)/5
210/A
210/1
210/4
210/9
210/7

158/13
211/A
213/4
212/6
212/A
212/1
68/3
212/2
68/2
212/3
68/9
242/4
158/14
243/7
213/A
213/1
213/2
68/10
69/1
69/6

239/5
71/7
212/4
242/6
235/5
245/9

78/11
225/A
225/2
225/3
233/19
233/18
233/17
96/6
96/7
131/17
234/1
30/7
234/2
98/14
347/1
217/2
217/1

217/A
217/3
238/7
238/8
95/9
215/24
221/3
124/7
124/6
218/1
218/2
218/A
218/3
235/12
220/8
223/2
220/9
235/10

235/8
235/9
111/2
238/B
238/4
238/5
238/6
83/9
110/5
219/A
219/1
222/2
219/2
221/4
219/3
95/4
235/15
222/1

220/A
221/1
221/A
222/A
221/2
219/5
223/A
220/2
243/Anm.
104/11
220/7
220/5
226/6
238/3
126/5
221/6
235/13
235/14

220/1
115/8
167/9
215/23
110/6
214/C
214/4
224/2
224/B
224/A
214/16
214/17
214/18
214/19
224/1
239/1
239/2
239/3

166/2
227/A
240/B
240/2
240/3
226/A
226/1
226/2
215/15
215/C
215/22
215/20
169/12
226/3
215/16
215/17
241/6
174/Anm.

241/7
241/B
208/B
228/A
180/5
228/6
208/6
208/4
228/5
208/5
128/11
242/9
242/B
242/8
118/9
233/20
233/22
233/16

231/37
96/8
231/15
231/13
231/A
230/5
231/4
231/1
231/2
231/3
231/7
231/8
231/6
231/9
230/A
230/1
231/35
231/36

233/21
214/20
214/22
214/21
158/12
215/19
243/9
243/B
243/8
229/9
229/5
229/29
229/10
229/2
229/A
229/1
229/14
231/14

231/10
231/12
231/11
3/5
10/5
229/27
229/28
187/11
232/A
244/3
210/2
210/3
210/5
210/21
3/4
245/5
245/6
245/7

210/6
210/8
198/B
198/14
198/16
200/13
214/15
214/14
214/9
215/18
214/A
214/13
214/2
214/1
214/10
214/5
214/6
214/7

214/8
214/11
214/3
214/B
214/24
215/13
215/14
215/7
215/2
240/4
226/4
215/A
215/1
215/5
215/6
215/12
215/9
215/21

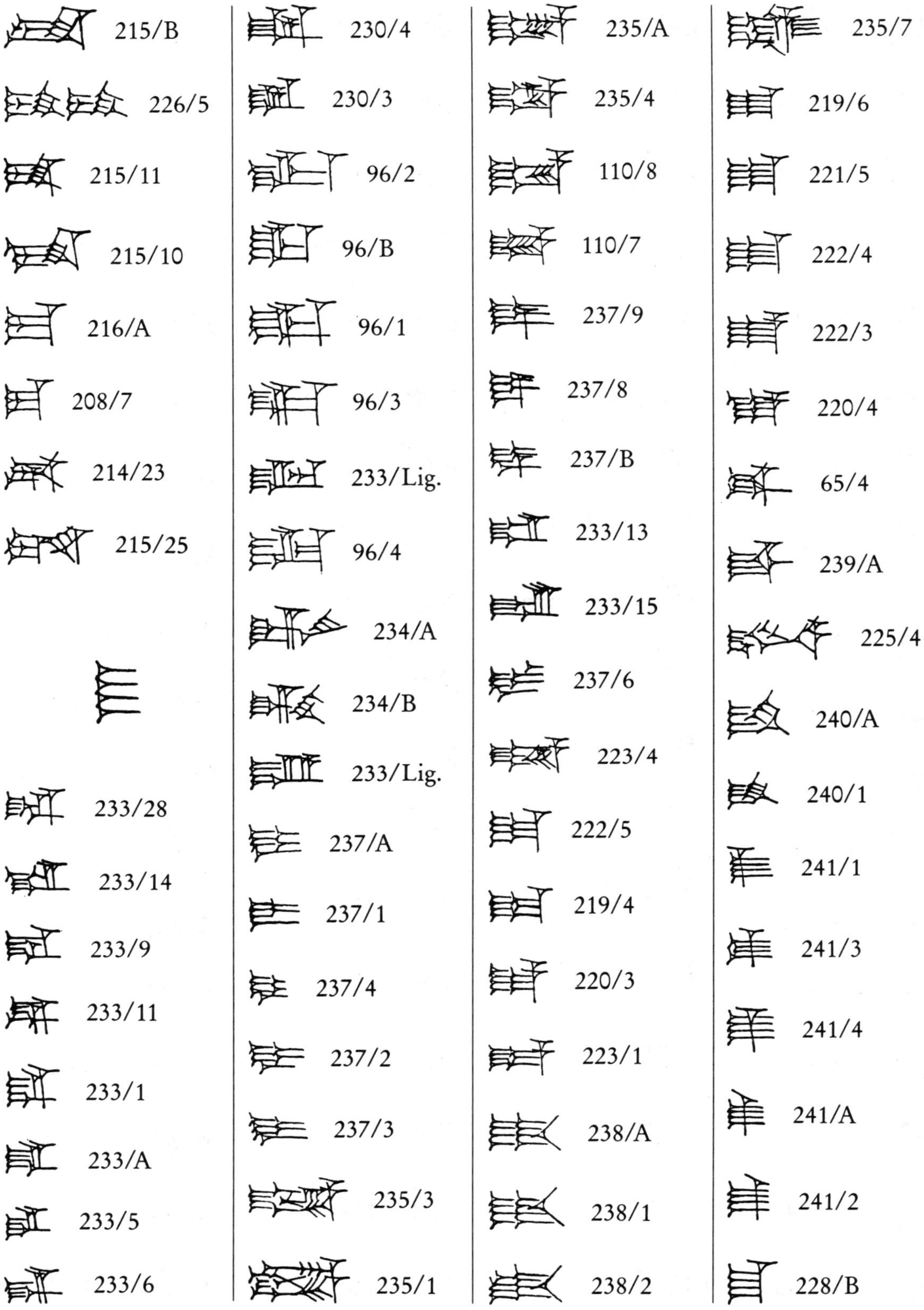
215/B
226/5
215/11
215/10
216/A
208/7
214/23
215/25
233/28
233/14
233/9
233/11
233/1
233/A
233/5
233/6
230/4
230/3
96/2
96/B
96/1
96/3
233/Lig.
96/4
234/A
234/B
233/Lig.
237/A
237/1
237/4
237/2
237/3
235/3
235/1
235/A
235/4
110/8
110/7
237/9
237/8
237/B
233/13
233/15
237/6
223/4
222/5
219/4
220/3
223/1
238/A
238/1
238/2
235/7
219/6
221/5
222/4
222/3
220/4
65/4
239/A
225/4
240/A
240/1
241/1
241/3
241/4
241/A
241/2
228/B

228/1
228/2
242/A
242/1
242/2
233/4
233/2
233/8
233/3
233/10
231/17
166/4
237/11
237/7
237/10
236/A
236/1

223/3
110/9
235/11
220/10
220/11
220/12
220/13
220/6
235/2
158/15
158/16
243/1
243/A
243/4
243/3
243/2
243/6

243/5
246/A
246/1
246/2
241/5
229/4
229/22
229/21
231/18
230/2
96/5
210/10
229/24
244/2
244/A
244/1
245/A

245/1
245/2
245/3
245/4

—

115/16
233/24
233/23
237/5
237/12
235/6
110/10
222/6
242/5
233/7
233/12

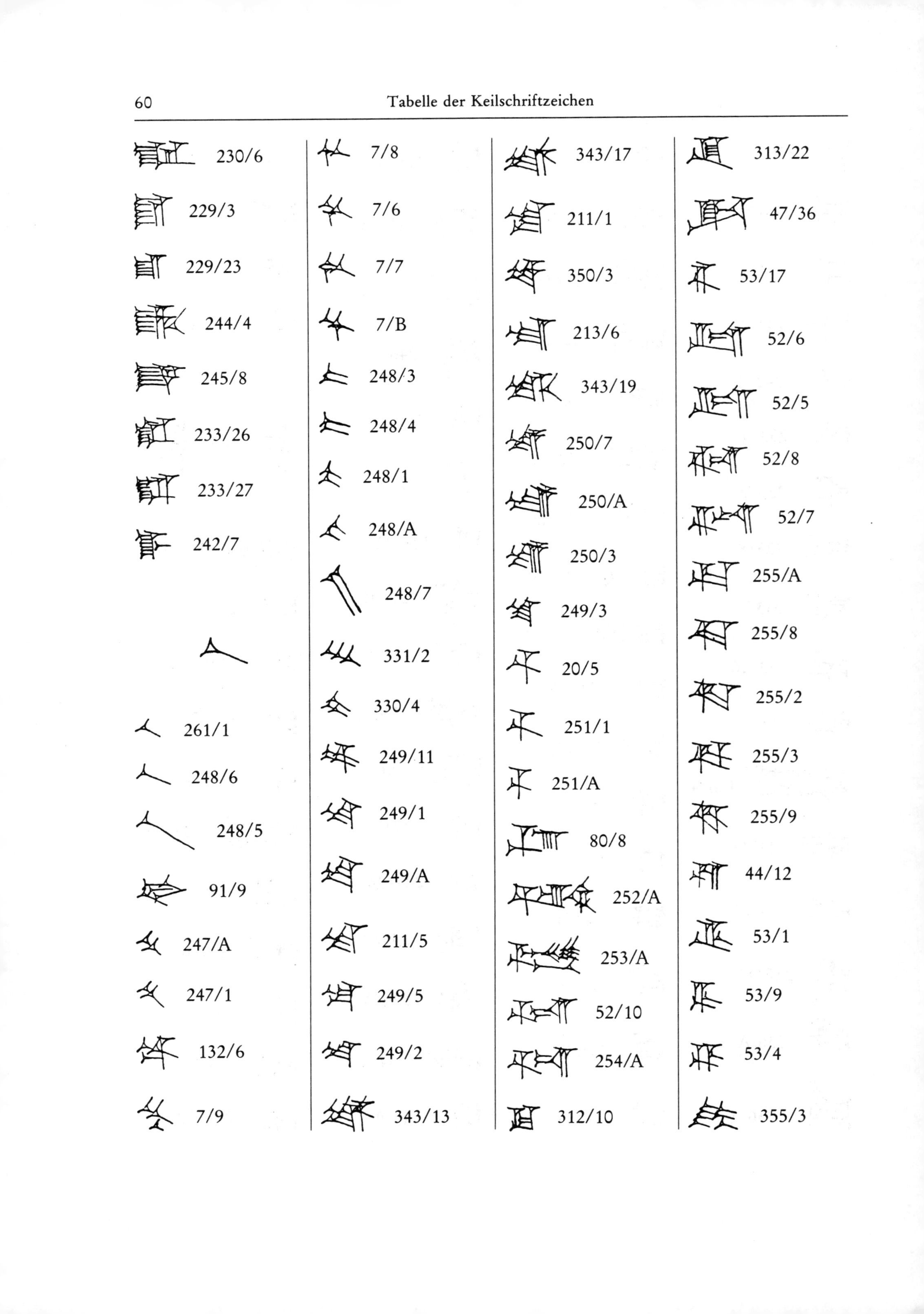

230/6
229/3
229/23
244/4
245/8
233/26
233/27
242/7

261/1
248/6
248/5
91/9
247/A
247/1
132/6
7/9

7/8
7/6
7/7
7/B
248/3
248/4
248/1
248/A
248/7
331/2
330/4
249/11
249/1
249/A
211/5
249/5
249/2
343/13

343/17
211/1
350/3
213/6
343/19
250/7
250/A
250/3
249/3
20/5
251/1
251/A
80/8
252/A
253/A
52/10
254/A
312/10

313/22
47/36
53/17
52/6
52/5
52/8
52/7
255/A
255/8
255/2
255/3
255/9
44/12
53/1
53/9
53/4
355/3

72/8

256(1)/A

256(1)/1

256(1)/2

72/7

72/9

257/A

257/1

257/2

257/3

257/4

257/5

257/6

21/7

21/6

21/9

21/3

21/8

8/7

258/4

258/2

258/1

258/A

258/6

258/3

258/7

259/9

259/A

259/1

259/2

259/6

259/5

260/2

260/A

260/1

260/6

260/7

261/A

248/8

11/4

263/10

265/21

265/22

263/9

266/8

262/3

265/23

263/7

262/10

265/19

265/20

263/6

265/16

265/17

263/8

263/2

265/24

263/3

263/4

262/11

265/14

265/15

265/12

265/13

265/11

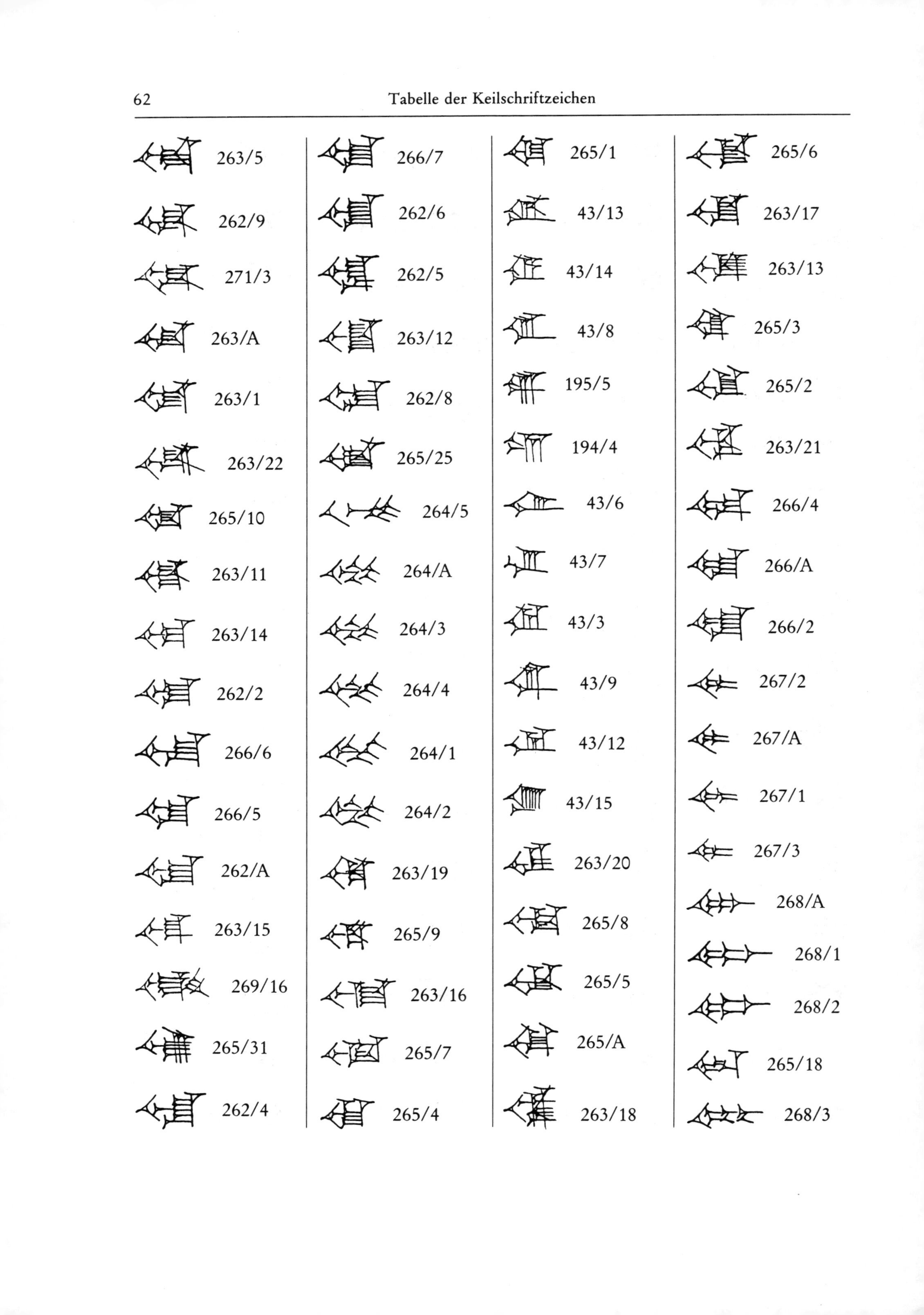

263/5	266/7	265/1	265/6
262/9	262/6	43/13	263/17
271/3	262/5	43/14	263/13
263/A	263/12	43/8	265/3
263/1	262/8	195/5	265/2
263/22	265/25	194/4	263/21
265/10	264/5	43/6	266/4
263/11	264/A	43/7	266/A
263/14	264/3	43/3	266/2
262/2	264/4	43/9	267/2
266/6	264/1	43/12	267/A
266/5	264/2	43/15	267/1
262/A	263/19	263/20	267/3
263/15	265/9	265/8	268/A
269/16	263/16	265/5	268/1
265/31	265/7	265/A	268/2
262/4	265/4	263/18	265/18
			268/3

269/17
269/4
269/7
269/9
269/8
269/10
269/A
269/1
269/2
269/3
269/5
269/6
270/A
274/16
274/15
271/1
271/A
271/2

266/9
262/1
262/7
266/1
266/3
312/1
312/A
312/B
312/3
272/B
272/6
272/7
272/4
272/8
272/5
272/9
272/10

272/1
272/A
272/2
272/3
155/3
65/9
269/13
269/11
269/12
273/A
273/1
274/10
274/18
274/9
274/12
274/13
274/11
274/19

274/5
274/A
274/3
274/4
274/7
274/8
274/17
275/A
275/1
275/5
275/3
275/2
275/4
274/22
274/23
276/A
269/15
269/14

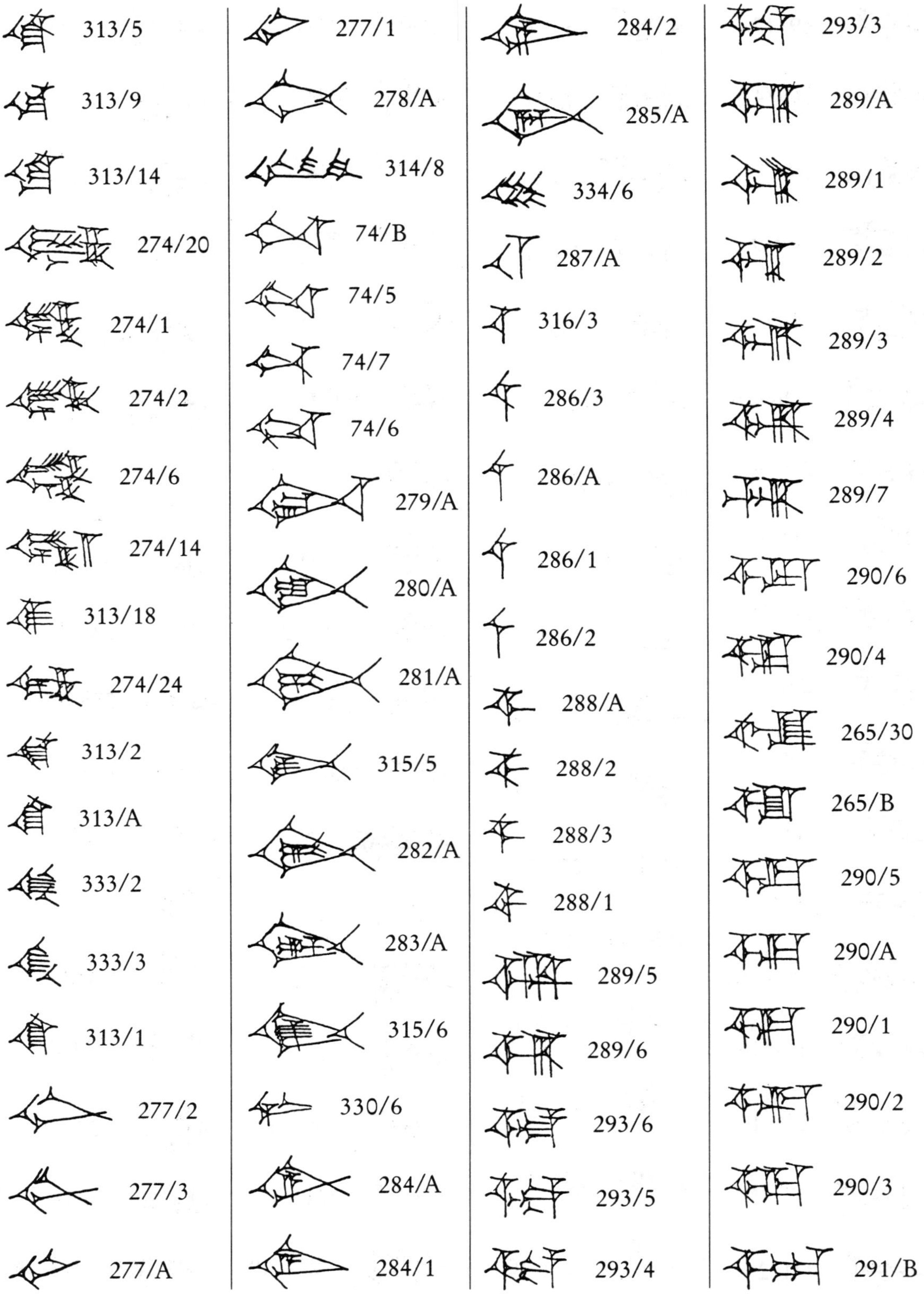

313/5
313/9
313/14
274/20
274/1
274/2
274/6
274/14
313/18
274/24
313/2
313/A
333/2
333/3
313/1
277/2
277/3
277/A

277/1
278/A
314/8
74/B
74/5
74/7
74/6
279/A
280/A
281/A
315/5
282/A
283/A
315/6
330/6
284/A
284/1

284/2
285/A
334/6
287/A
316/3
286/3
286/A
286/1
286/2
288/A
288/2
288/3
288/1
289/5
289/6
293/6
293/5
293/4

293/3
289/A
289/1
289/2
289/3
289/4
289/7
290/6
290/4
265/30
265/B
290/5
290/A
290/1
290/2
290/3
291/B

291/2
291/1
291/A
293/7
293/2
265/26
292/A
293/A
293/1
265/27
265/28
265/29
288/5
312/8
312/9
313/25
313/23
265/32

313/21
313/24
313/20
313/19
313/Anm.
360/7
255/10
294/A
294/1
294/B
294/5
294/3
294/2
294/4
294/7
46/2
46/1
287/2

287/3
287/4
295/A
295/1
296/A
296/1
248/2
297/A
297/2
297/1
301/7
302/11
299/B
299/4
299/7
298/2

298/B
298/3
299/C
298/1
298/A
300/A
300/1
300/2
300/B
299/1
299/5
299/3
299/2
299/A
299/6
301/6
301/B
301/A

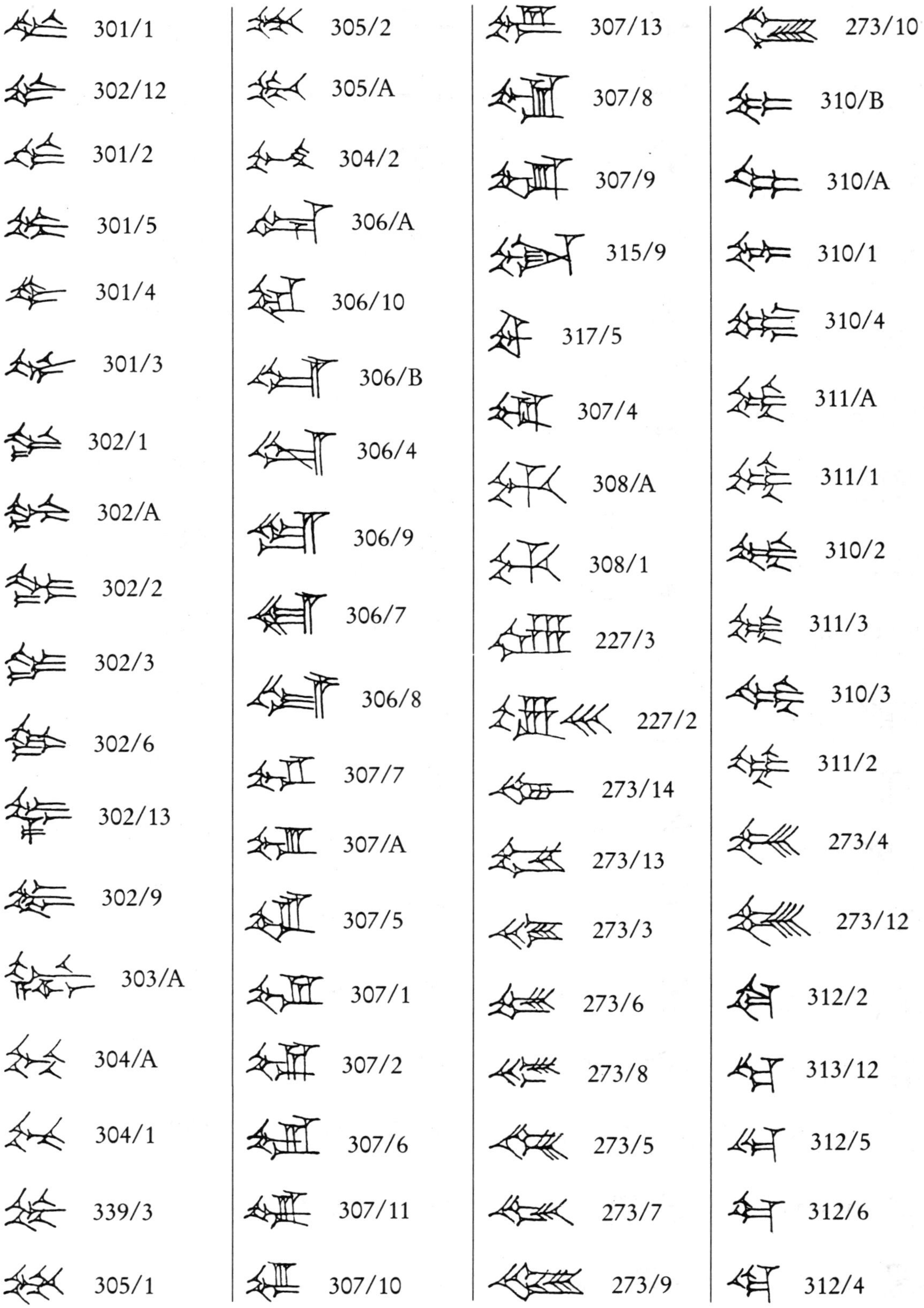
301/1
302/12
301/2
301/5
301/4
301/3
302/1
302/A
302/2
302/3
302/6
302/13
302/9
303/A
304/A
304/1
339/3
305/1
305/2
305/A
304/2
306/A
306/10
306/B
306/4
306/9
306/7
306/8
307/7
307/A
307/5
307/1
307/2
307/6
307/11
307/10
307/13
307/8
307/9
315/9
317/5
307/4
308/A
308/1
227/3
227/2
273/14
273/13
273/3
273/6
273/8
273/5
273/7
273/9
273/10
310/B
310/A
310/1
310/4
311/A
311/1
310/2
311/3
310/3
311/2
273/4
273/12
312/2
313/12
312/5
312/6
312/4

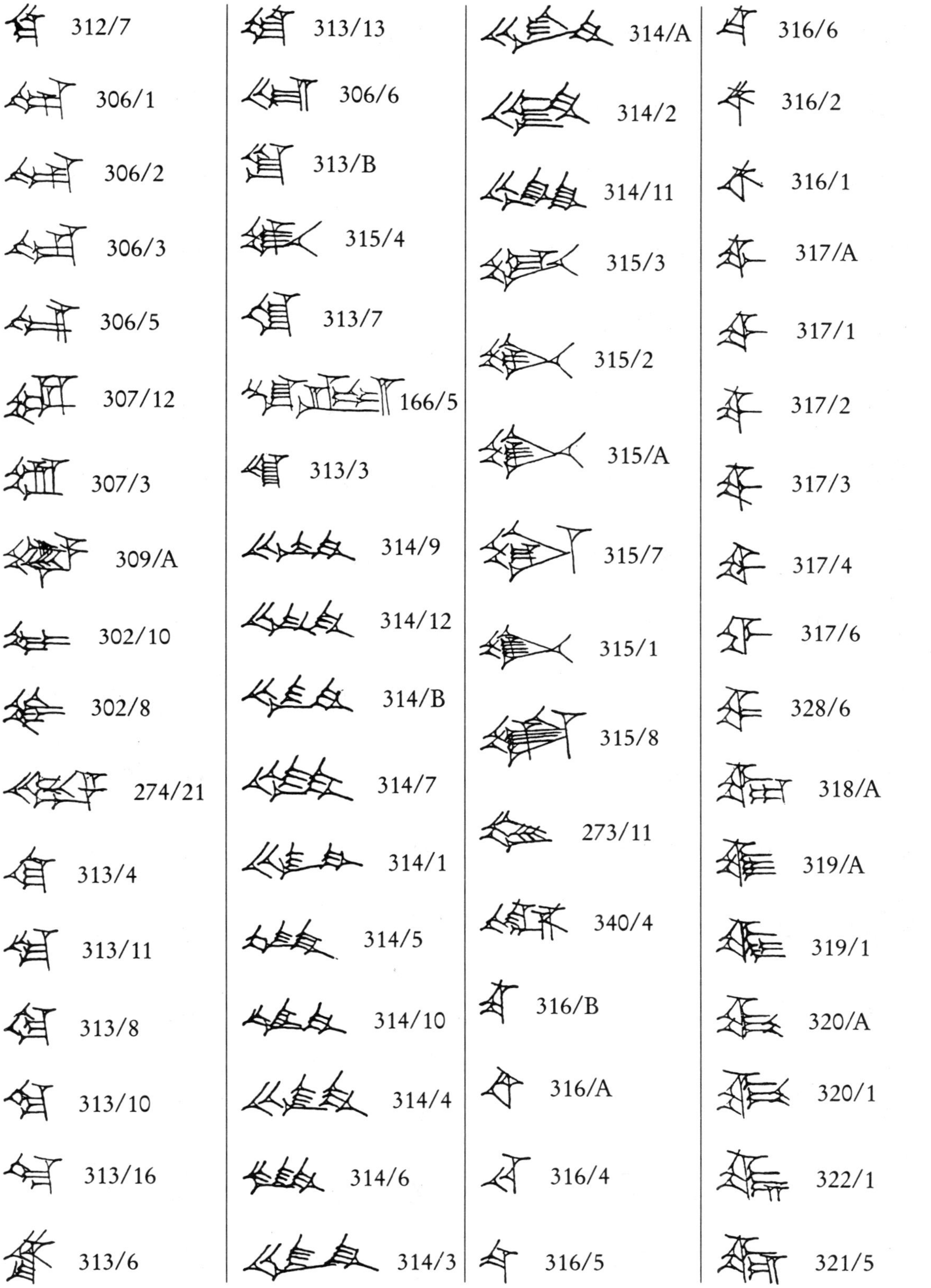
312/7
306/1
306/2
306/3
306/5
307/12
307/3
309/A
302/10
302/8
274/21
313/4
313/11
313/8
313/10
313/16
313/6
313/13
306/6
313/B
315/4
313/7
166/5
313/3
314/9
314/12
314/B
314/7
314/1
314/5
314/10
314/4
314/6
314/3
314/A
314/2
314/11
315/3
315/2
315/A
315/7
315/1
315/8
273/11
340/4
316/B
316/A
316/4
316/5
316/6
316/2
316/1
317/A
317/1
317/2
317/3
317/4
317/6
328/6
318/A
319/A
319/1
320/A
320/1
322/1
321/5

322/A
322/B
322/2
321/A
321/1
321/2
321/4
321/3
323/2
323/A
323/1
324/A
325/A
326/A
326/1
326/2
326/3

326/4
360/6
74/11
294/6
196/6
327/A
327/1
327/2
327/3
327/4
327/5
328/3
328/A
328/2
328/4
328/5
328/1

329/A
330/2
329/1
330/1
330/5
297/3
335/8
330/A
329/2
330/3
337/5
337/6
331/A
332/A
332/1
332/2
332/B

332/3
332/4
332/5
332/6
332/7
332/8
332/9
308/2
333/9
309/8
344/10
333/1
333/A
333/B
333/6
333/4
333/11

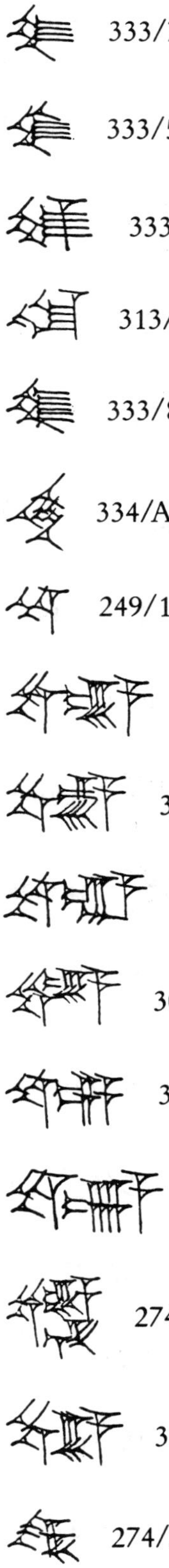

333/7
333/5
333/12
313/15
333/8
334/A
249/13
309/B
309/4
309/7
309/1
309/10
309/9
274/26
309/6
274/25

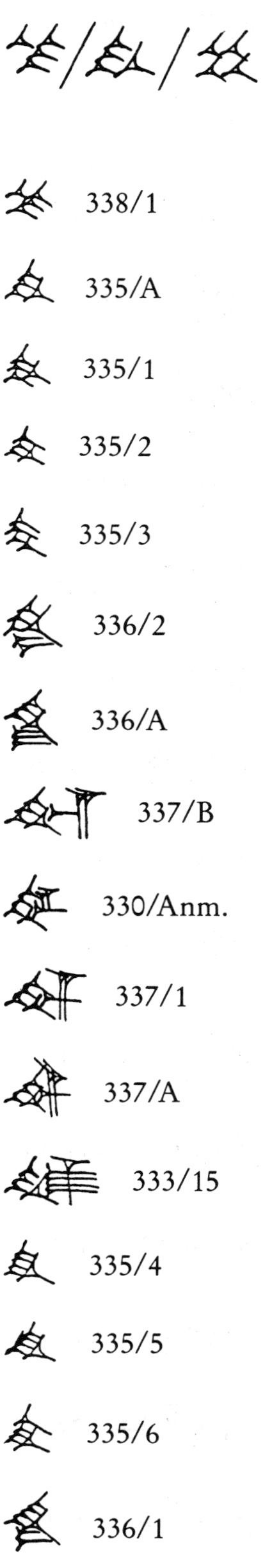

338/1
335/A
335/1
335/2
335/3
336/2
336/A
337/B
330/Anm.
337/1
337/A
333/15
335/4
335/5
335/6
336/1

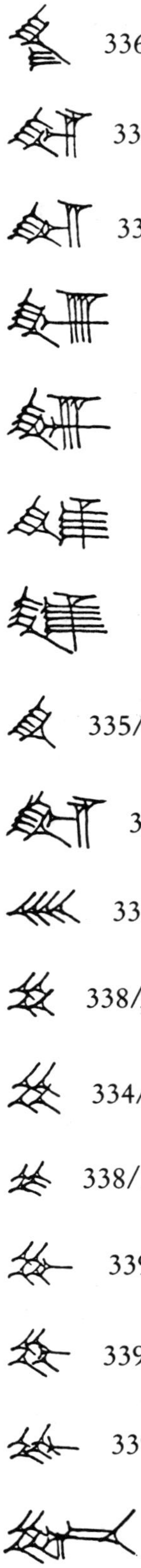

336/3
337/2
337/3
332/10
332/11
333/14
333/13
335/7
337/4
331/1
338/A
334/7
338/2
339/A
339/1
339/2
349/11

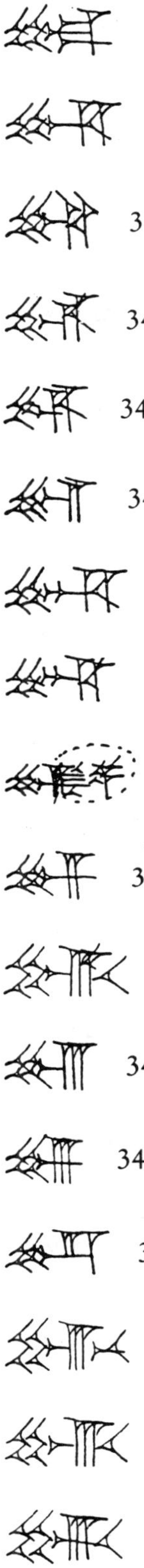

343/9
340/C
340/A
340/1
340/2
340/5
340/B
340/3
84/Anm
341/3
342/4
341/B
341/A
341/4
342/3
342/A
342/1

341/2
341/1
342/2
342/5
309/5
343/7
343/11
343/A
343/2
343/1
343/3
343/8
343/4
343/5
343/6
343/10

346/6
343/22
343/21
344/8
344/9
344/2
344/6
344/5
309/3
344/1
344/4
344/A
344/3
343/23
343/24
345/A

346/3
346/4
346/5
346/A
346/1
346/2
346/10
346/9
343/25
346/7
346/8
346/11
354/13
354/12
345/9
345/7
345/8

345/B
345/1
345/3
345/2
345/4
345/5
345/6
249/12
309/2
343/26
343/14
343/18
350/4
343/20
250/2
250/1
344/7

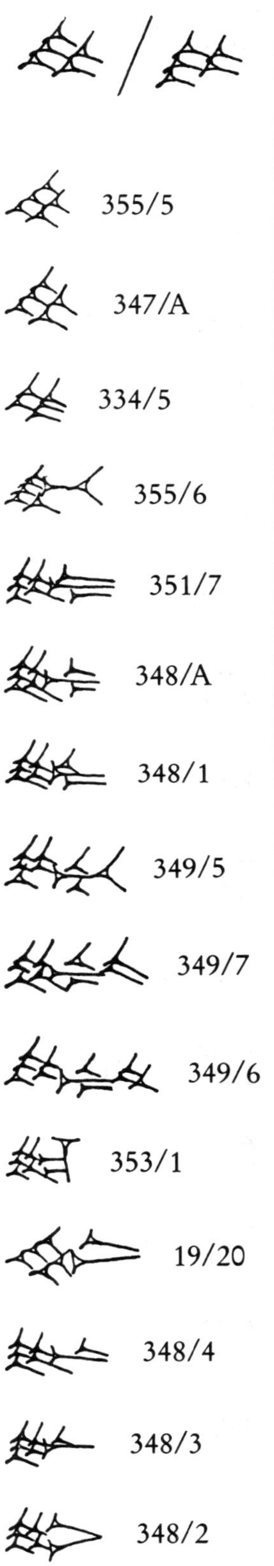
/
355/5
347/A
334/5
355/6
351/7
348/A
348/1
349/5
349/7
349/6
353/1
19/20
348/4
348/3
348/2

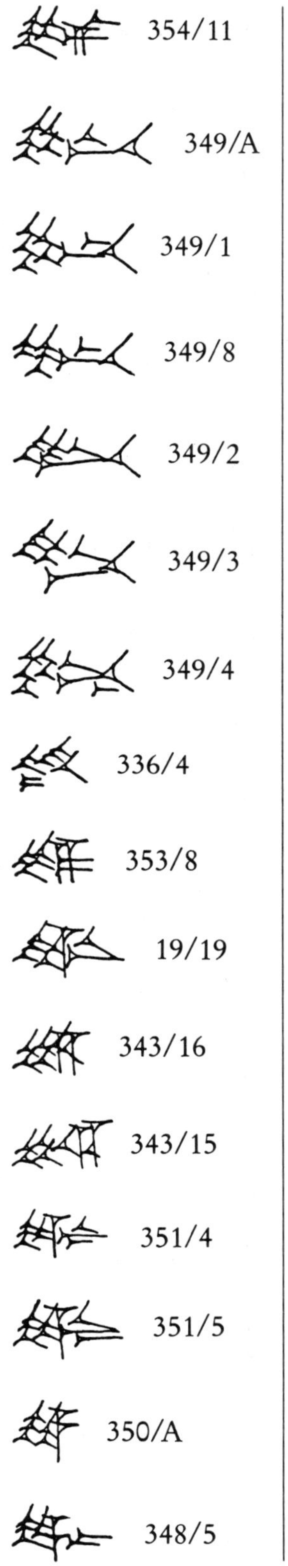
354/11
349/A
349/1
349/8
349/2
349/3
349/4
336/4
353/8
19/19
343/16
343/15
351/4
351/5
350/A
348/5

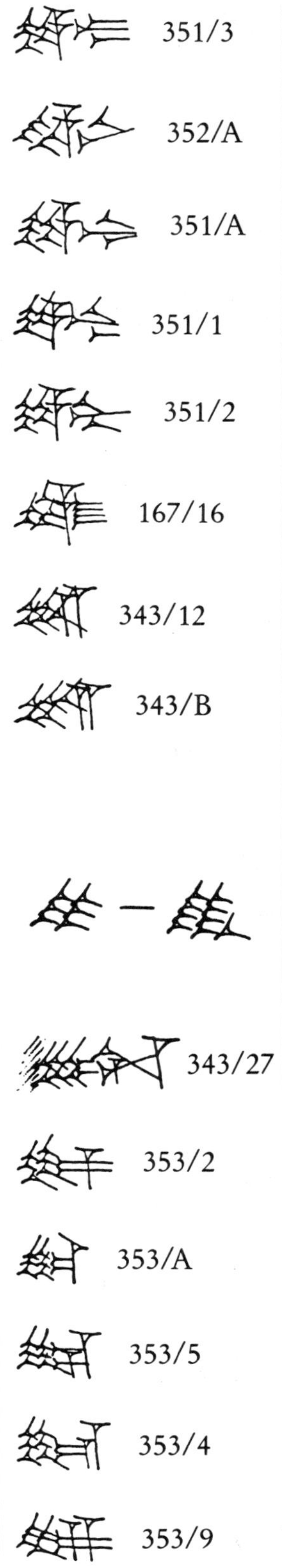
351/3
352/A
351/A
351/1
351/2
167/16
343/12
343/B
—
343/27
353/2
353/A
353/5
353/4
353/9

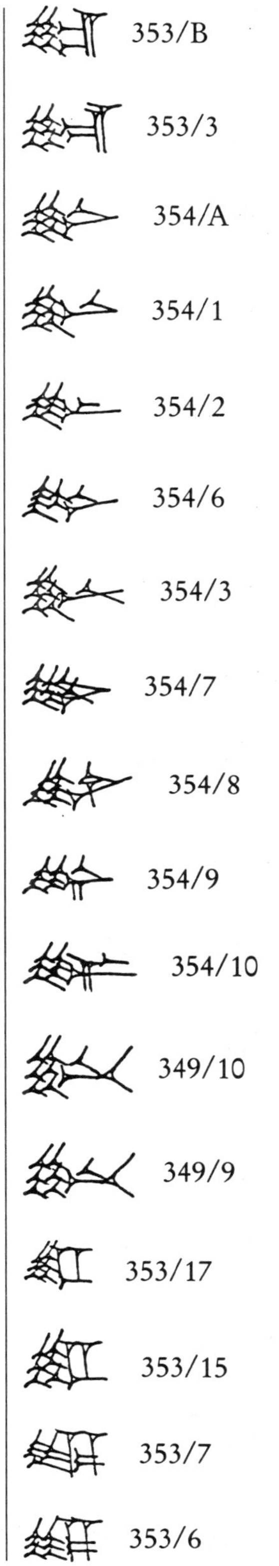
353/B
353/3
354/A
354/1
354/2
354/6
354/3
354/7
354/8
354/9
354/10
349/10
349/9
353/17
353/15
353/7
353/6

353/13
353/12
350/2
350/1
351/6
355/A
355/1
355/2
334/2
334/4
334/B
334/1
334/3
354/5
353/14
353/11
353/10

352/1
355/4
354/4
353/16

356/A
356/1
357/A
357/B
357/1
358/2
358/1
358/A
360/2
360/3
360/8

360/B
360/9
360/10
364/Lig.
364/Lig.
364/Lig.
364/Lig.
358/3
53/14
179/4
210/19
47/17
47/18
206/5
206/4
206/6
210/12
47/10

206/7
212/7
210/15
210/14
47/1
210/18
47/31
210/17
206/8
47/12
210/22
47/13
212/8
210/13
210/16
210/20
256(1)/4

53/12
53/11
44/11
359/A
359/2
297/4
298/4
299/8
359/3
360/13
360/A
360/5
369/5
370/1
362/4
362/3
237/13
361/A
364/4
361/1
361/2
364/Lig.
364/Lig.
360/12
362/A
362/2
362/1
363/A
53/3
360/11
364/A
364/1
364/2
365/2
365/A
365/1
365/3
366/A
366/1
366/2
366/3
69/9
69/11
69/10
69/12
69/B
367/B
367/8
367/A
367/1
367/2
367/3
367/4
367/5
367/6
367/7
258/9
368/A
368/1
364/3
369/7
369/8
370/3

 370/A

 369/A

 369/1

 369/2

 369/3

 369/4

 370/2

 369/6

 371/A

 366/4

 372/A

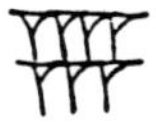 373/1

 373/A

 374/A

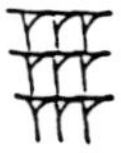 375/A

Konkordanz von Zeichenlisten*

HZL	Friedrich	Forrer	Borger
1	1	21	1
2	2	100	2
3	5	46	596
4	8	27	9
5	6	259	71
6	10	89, 90, 260	10
7	7	271	12
8	13	16	13
9	3	18	56
10	4	173	57
11	49	210	75
12	50	147	72
13	51	25	69
14	9	276	94
15	57	193	70
16	52	20	50
17	53	185	61
18	11	189	95
19	12	200	355
20	54	30, 335	74
21	56	219	62
22	–	–	3
23	58 (V. 2)	179 (V. 2, 3)	76(!)
24	60	107	78
25	–	–	78 a

* HZL: Chr. Rüster – E. Neu, Hethitisches Zeichenlexikon.
Friedrich: J. Friedrich, Schrifttafel (= Hethitisches Keilschrift-Lesebuch II), Heidelberg 1960.
Forrer: E. Forrer, Die Keilschrift von Boghazköi (= WVDOG 41), Leipzig 1922 (die Zeichenzählung erfolgt hier nach Spalte A).
Borger: R. Borger, Assyrisch-babylonische Zeichenliste, 2. Auflage (= AOAT 33/33A), Kevelaer, Neukirchen-Vluyn 1981.
V. = Variante N = Nachtrag S. = Seite

HZL	Friedrich	Forrer	Borger
26	62	186	81
27	61	108	103 a(!)
28	22	233	vgl. 112
29	63	222	83
30	64	80	85
31	–	–	–
32	67	223	86
33	66	323	84
34	68	287	87 a
35	69	149	77
36	72	211	87
37	55	275	73
38	58 (V. 1)	179 (V. 1)	76
39 (1)	59	199	79
39 (2)	59	–	79 a
40	65	65	99
41	70	207	103
42	71	268	101
43	230	225	68
44	292	113	535
45	–	–	494
46	231, 293	266	467
47	294	144	538
48	–	–	571
49	296	136	88
50	298	109	89
51	295	299	575
52	299	81	576(!)
53	297	280	574
54	31	237	252
55	–	–	528
56	29	174	233
57	30	14	237
58	32	301	255
59	33	176	261
60	34	175	278

HZL	Friedrich	Forrer	Borger
61	35	76	105 I
62	39	66	541
63	–	254	544
64	37	265	vgl. 354
65	38	236	539
66	40	95	–
67	41	117	80
68	42	261	354
69	43	23	468
70	–	vgl. 247 (V. 3)	356
71	17	227	100
72	45	203	231
73	190	194	229
74	220	205	433
75	44	73	230
76	–	–	–
77	46	122	232
78	194	166	330
79	195	253	331
80	291	319	104,6
81	14	6	97
82	sub 14	9	98
83	15	42	114
84	48	125	52
85	18	258	93
86	25	232	112
87	23	172	122
88	24	264	348(!), 549(!)
89	28	49	123
90	73	270	124
91	74	267	126
92	76	22	131
93	75	293	130
94	–	204	–
95	83	152	55
96	180 a	183	347

HZL	Friedrich	Forrer	Borger
97	86	2	128
98	99	296	134
99	100	52	138
100	87	195	129
101	88	188	129 a
102	101	43	338
103	–	–	178 aa
104	90	306	181
105	91	4	145
106	92	231	152
107	93	68	–
108	94	322	147
109	95	304	132
110	96	191	337
111	97	298	195
112	98	184	314, 317
113	85	103	143
114	89	26	152[8]
115	130	168	151
116	131	48	150
117	111	118	205
118	151	215	439
119	–	–	176
120	105	148	191
121	–	7	183
122	106	79	192
123	110	250	187
124	107	300	203
125	108	283	207
126	109	61	209
127	–	162	336
128	104	51	206
129	103	141	202
130	–	357 N	352
131	112	311	210
132	113	305	211

HZL	Friedrich	Forrer	Borger
133	115	127	15
134	–	–	17 a
135	115 a	263	18
136	–	–	18 *
137	–	–	–
138	–	–	–
139	–	–	–
140	116	129	–
141	117	134	–
142	–	–	–
143	118	135	–
144	119	131	30
145	–	133	vgl. S. 279
146	–	132	16
147	120	64	32
148	121	197	35
149	122	130	36
150	–	–	–
151	114	123	212
152	123	291	306
153	125	32	214
154	126	257	215
155	127	326	437
156	128	327	438
157	137	94	297
158	138	244	353
159	139	69	319
160	141	269	139
161	–	–	320
162	140	54	309
163	129	29	225
164	135	70	167
165	152	87	440
166	16	8, 53	92 b
167	102	128	133
168	132	13	170

HZL	Friedrich	Forrer	Borger
169	133	201	172
170	136	156	109
171	124	40	169
172	134	33	173
173	21	72	90
174	146	213	295
175	149	245	295 k
176	147	–	295 e
177	148	234	295 m
178	142	126	296
179	143	86	483
180	145	282	511
181	–	321	491
182	–	241	522
183	150	11	298
184	153	–	110
185	36	97	111
186	–	–	458
187	158	58	308
188	–	307 a	vgl. S. 285
189	–	–	291
190	–	355 N	–
191	154	178	307
192	26	228	115
193	155	121	310–311
194	27	161	313
195	159	289	318
196	160	137	322
197	161	297	312
198	19	169	321
199	157	59	324
200	156, 290	226	104
201	162	93	106, 108*
202	163	57	108
203	164	309	171
204	165	208	325

HZL	Friedrich	Forrer	Borger
205	47	24	5
206	78	146	536
207	–	–	vgl. S. 295
208	77	171	342
209 (1)	82	324	6
209 (2)	82	vgl. 324	595
210	79	45, 164	537
211	197	274	459 a
212	81	281	536
213	84	240	7
214	166	38	335
215	167	114	334
216	vgl. 306	vgl. 115	484
217	168	111	142
218	169	112	142 a
219	80	102	146
220	vgl. 180 b	vgl. 165	345
221	172	vgl. 165	vgl. 345
222	vgl. 180 b	vgl. 165	347
223	vgl. 180 b	vgl. 165, 285	595
224	144	84	486
225	184	28	352
226	174	220 b	358
227	–	–	63 d
228	vgl. 77	vgl. 171	249
229	177	303	38
230	179	218	8
231	20	230	314
232	–	307 b, 358 N	vgl. S. 294
233	178	221	328
234	sub 157	82	326
235	170	31, 247 (V. 1,2)	344
236	–	153	206 a
237	183	286	144
238	171	320	332
239	173	229, 354	351

HZL	Friedrich	Forrer	Borger
240	186	220 a	333
241	175	272	339
242	176	74	343
243	181	39	280
244	182	88	346
245	187	37	349
246	–	302	359
247	188	75	362
248	189	328, 329	378
249	196	273	376
250	278	139	376 *
251	198	262	545
252	–	–	sub 537
253	199	116	74, 238 f.
254	–	–	550
255	200	235	592
256 (1)	191	216, 330	60
256 (2)	–	–	60, 24 ff.
257	192	47	60, 33 ff.
258	193	106	67
259	201	140, vgl. 63	166
260	204	143	228
261	205	288, 345, vgl. 294	411
262	vgl. 207	vgl. 56	459
263	206	124	418
264	sub 205	–	415
265	208	290	455
266	vgl. 207	vgl. 56	430
267	214	182	427
268	218	55	445
269	215	83	446
270	216	–	428
271	210	96	429
272	213	187	412
273	211	145	425
274	212	60	54

HZL	Friedrich	Forrer	Borger
275	217	295	441
276	–	–	–
277	219	159	420
278	–	–	396
279	–	284	434
280	–	vgl. 307 b, 358 N	–
281	–	vgl. 307 a	–
282	–	–	vgl. 291
283	–	–	–
284	222	160	–
285	–	355 N	–
286	223	163	377
287	S. 9, IV	345 b	–
288	224	255	449
289	226	19	451
290	228	110	456
291	227	3	452
292	–	–	450
293	225	256	454
294	229	246	384
295	232	214	469
296	233	177, 346	471
297	238	249	554
298	239	41	557
299	240	206	556
300	241	325	555
301	242	91, 217	444
302	202	17	208
303	–	12	421
304	sub 142	92	559
305	243	15	558
306	234	157	435
307	245	62	564
308	244	198	560
309	266	248	53
310	246	170	565

HZL	Friedrich	Forrer	Borger
311	247	190	567
312	236	44	457
313	237	142	461
314	209	196	431
315	248, 249	98, vgl. 307 c	58 (GUR$_8$)
316	235	292	381
317	250	310	383
318	251	5	–
319	254	314	–
320	–	–	–
321	253	316	–
322	252	313	–
323	255	315	–
324	–	–	–
325	–	–	–
326	256	312	–
327	257	318	393
328	258	212	394
329	265	150	366
330	260	277	465
331	259	67, 347	472
332	261	10	397, 398
333	263	101	401
334	264	34	400
335	267	104	396, 473
336	185	78	350
337	262	119	399
338	269	252	367
339	270	35	371
340	271	308	372
341	272	239	373
342	273	192	374
343	274	158	59
344	275	278	375
345	277	209	367
346	276	279	58

HZL	Friedrich	Forrer	Borger
347	279	349	475
348	vgl. 282 (V. 3,4)	vgl. 167 (V. 2,4)	402
349	280	–	403
350	281	243	164
351	vgl. 282 (V. 1,2)	vgl. 167 (V. 1)	355
352	–	vgl. 167 (V. 3)	165
353	284	251	331 e
354	283	120	148
355	285	138	406
356	286	50, 336, 350	480
357	288	180	532
358	287	154	481
359	300	351	–
360	289, 302	181, 353	533
361	303	337	570
362	304	155	482
363	–	–	sub 482
364	305	1	579
365	306	115	sub 579
366	307	317	586
367	308	99	589
368	309	338	593
369	310	77	597
370	vgl. 310	339	597,9
371	311	340	598 a
372	312	341	598 b
373	313	342	598 c
374	314	343	598 d
375	315	344	598 e

Hethitisches Zeichenlexikon

1  *aš*, (*rù*) akkad. *às, àz, dil, del, ina, rù, rum* sum. AŠ, DILI, DIDLI < DILI.DILI (= AŠ.AŠ)

 *INA* „in, an; aus"

 DIDLI Plural-, Kollektivzeichen (⊢ DILI „1")

 DIDLI ḪI.A, DIDLI ḪÁ Pluralzeichen

^{NA_4}  ^{NA_4}AŠ.NU$_{11}$.GAL „Alabaster"

 AŠ.ME „Sonnenscheibe"

() ^{URU} 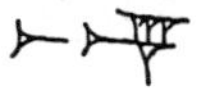 (KUR) ^{URU}*Aš-šur* „Aššur"

 *AŠ-ŠUM* „wegen, um ... willen"

Lautwert *rù* bzw. *rum* auch im Namen ^{m}BU-*Šàr-rù-ma* KUB 7.61, 8 (in heth. Kontext).
Fraglich bleibt AŠ.MU aus KUB 44.60+ III 6.
Zu den unterschiedlichen Schreibungen von Aššur s. G. F. del Monte, RGTC 6, 1978, 51. - Zu ^{NA_4}AŠ.NU$_{11}$.GAL s. A. Polvani, Eothen 3, 1988, 130ff.

Á.AŠ *s. Nr.* 215
^{GIŠ}GU$_4$.SI.AŠ *s. Nr.* 157
^{LÚ}*Ú-BA-RÙ/RUM* *s. Nr.* 195

---

2 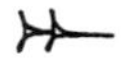 *ḫal* sum. ḪAL (= AŠ.AŠ)

^{LÚ}  ^{LÚ}ḪAL „Opferschauer, Seher"

Die wechselnden Graphien *ḫal-ụa-at-tal-la/ḫe-el-ụa-ta-la* (vgl. *ḫé-el-ụa-an-da-al-la* LÀL KUB 58.51 II 14) könnten für ḪAL einen Lautwert *ḫel* nahelegen, s. E. Laroche, RA 46, 1952, 162.
Fraglich bleibt ein Beleg ^{GIŠ}ḪAL(-) Bo 3531, 5.

$^{(UZU)}$GÚ.ḪAL *s. Nr.* 201
^{GIŠ}LAM.ḪAL *s. Nr.* 306

---

3  sum. PÉŠ, PÍŠ

 PÉŠ, PÍŠ „Maus"

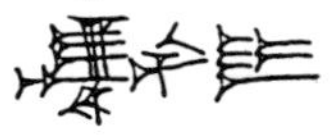 PÉŠ.TUR „kleine Maus" (auch im Namen ^{m}PÉŠ.TUR-*ụa* = ^{m}*Masḫuiluụa*)

4  *bal, pal* sum. BAL

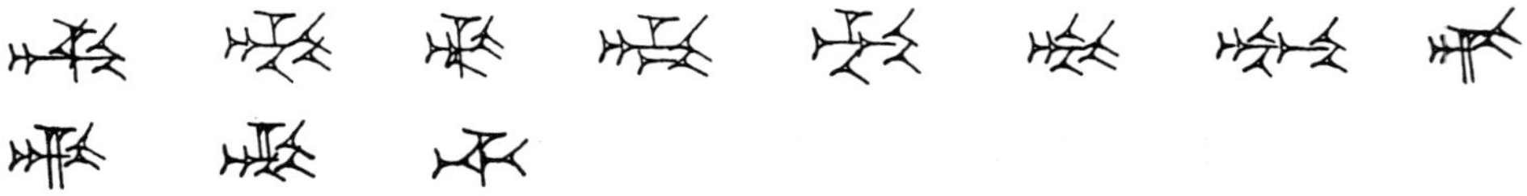

 BAL 1. „opfern, Opfer"; 2. „Aufruhr, sich empören"; 3. „(sich) ändern"

GIŠ  ^{GIŠ}BAL „Spindel"

GIŠ 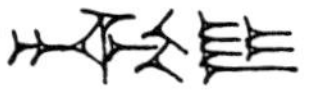 ^{GIŠ}BAL.TUR „kleine Spindel"

 BAL ZABAR „Spindel aus Bronze"

Im Anschluß an G. M. Beckmans Umschrift und Übersetzung von KBo 19.99 b 2 (JCS 35, 1983, 103 f.), wo jedoch statt BAL.BI nach Kollation am Photo BAL zu lesen sein dürfte, wird man für BAL die Bedeutung „Dolmetscher" erwägen können. Doch s. auch W. von Soden, AHw 1329 b sub *ta/urgumannu(m)*; auch bei Å. W. Sjöberg, The Sumerian Dictionary (1984) findet sich kein Lemma BAL „Dolmetscher"; zu INIM.BAL ibid. 54 f.

GÚ.BAL *s. Nr.* 201
^{GIŠ}KA.BAL *s. Nr.* 133
KI.BAL *s. Nr.* 313
ŠÀ.BAL.BAL *s. Nr.* 294
ŠÀ.BAL(.LÁ) *s. Nr.* 294

5  *šir, (šar$_x$)* sum. NU$_{11}$, SIR$_4$, ŠIR

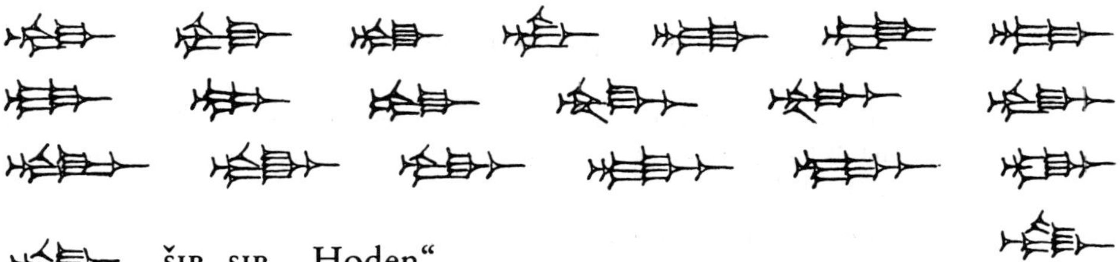

 ŠIR, SIR$_4$ „Hoden"

D

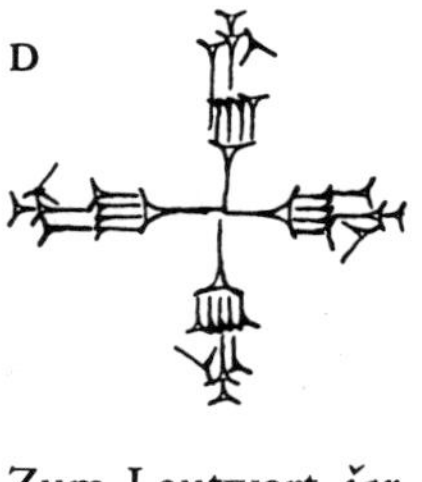 D"ŠIR" (in Kreuzform)

Zum Lautwert *šar$_x$* aufgrund der Schreibung *a-ri-i̯a-še*-ŠIR vgl. auch A. Kammenhuber, HW², 296 a.

^{NA_4}AŠ.NU$_{11}$.GAL *s. Nr.* 1
MÁŠ.(GAL.)ŠIR *s. Nr.* 38
UDU.ŠIR *s. Nr.* 210

6 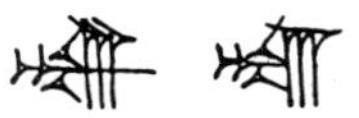 sum. GÍR, UL$_4$

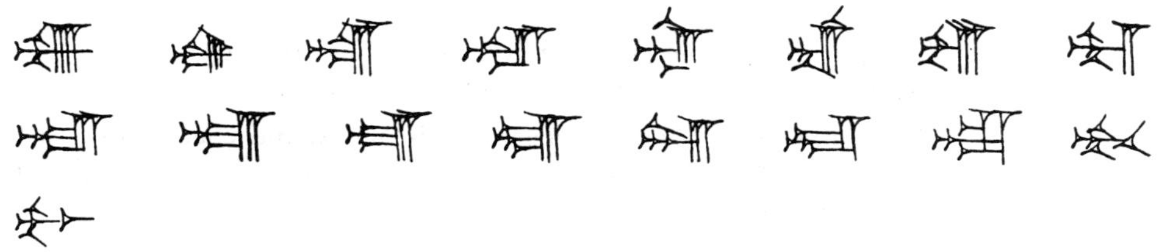

(GIŠ/URUDU)  (GIŠ/URUDU)GÍR „Messer, Dolch"

 GÍR.LÍL „Messer fürs Feld" (vgl. GÍR *gimraš*)

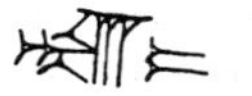 GÍR.TAB „Skorpion"

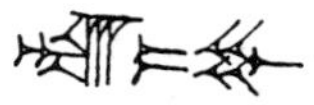 GÍR.TAB^{PU} „Skorpion" (akkad. *zuqaqīpu*)

(URUDU) 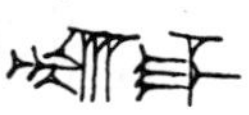 (URUDU)UL$_4$.GAL [GÍR.GAL] „Schwert"

Zu UL$_4$.GAL in der sumerischen Spalte des Vokabulars KBo I 44+ I 8–10 s. CAD Z 170 a; W. von Soden, AHw I, 463 a sub *kâšu*; H. G. Güterbock - M. Civil, MSL 17, 1985, 101.

TÚGE.ÍB.GÍR *s. Nr.* 187
EME.GÍR *s. Nr.* 147
LÚ GÍR *s. Nr.* 78
NA₄MUŠ.GÍR *s. Nr.* 342
GIŠÚ.GÍR.LAGAB *s. Nr.* 195

7  *tar, ḫaš* akkad. *dar*$_6$, *kud/t, qud/t, ṭar, ṭír* sum. KU$_5$, KUD, TAR

 TAR, KUD, KU$_5$ „(ab)schneiden, (ab)trennen"

 *tar*/TAR-*u-an* Orakelterminus

 *tar-liš* Abkürzung für *taruįalliš* →

(7) 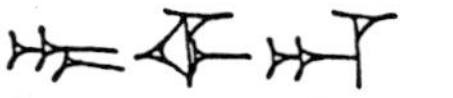 *tar-lì-an* Abkürzung für *tarualli(i)an*

() 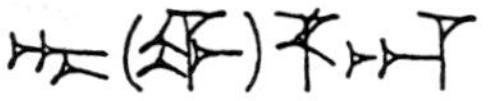 *tar(-ua)-li₁₂-an* Abkürzung für *tarualli(i)an*

Für die akkadischen Lautwerte vgl. ^{MUNUS}*NAP-ṬAR-TI* KUB 21.42 I 16, 21, IV 18, *AS-KUT* KUB 13.35+ II 37 und *AM-QUT* KBo 9.82 Vs. 3 u.ö.

Ein Lautwert *šil* für das Zeichen TAR ist im Hethitischen nicht gesichert. Statt *š*]*il-ia-a-an* KUB 45.79 Rs. 17 (H. Berman, JCS 34, 1982, 97) ist eher mit der Lesung *š*]*i-ia-a-an* zu rechnen.

Zu den Orakeltermini in Abkürzung s. A. Archi, KUB 52 S. IV ad Nr. 75. Problematisch ist der Ausgang °*lian* bei *i*-stämmigem *taruialli-/tarualli-*.

DI.KUD/DI.KU₅ *s. Nr.* 312
^{TÚG}E.ÍB ZAG.TAR *s. Nr.* 187
EN ÈN.TAR *s. Nr.* 40
ÈN.TAR(.RI.A) *s. Nr.* 343
^{LÚ}GAD.TAR *s. Nr.* 173
GÚ.TAR *s. Nr.* 201
MÁŠ.TAR *s. Nr.* 38
$^{(GIŠ)}$NAM.TAR *s. Nr.* 39
^{MUNUS}*NAP-ṬAR-TI* *s. Nr.* 100
^{TÚG}SAR.GADA.TAR *s. Nr.* 353
^{LÚ}ŠE.KIN.KUD *s. Nr.* 338
^{ITU}ŠE.KIN.KUD *s. Nr.* 84
^{GIŠ}TIBULA (= ŠÀ.A.TAR) *s. Nr.* 294
ZAG.TAR *s. Nr.* 238
^{D}NAM.TAR *s. Nr.* 39

---

8 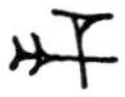 *an* akkad. *il* sum. AN, DINGIR, NAGGA (= AN.NA)

 AN „Himmel"

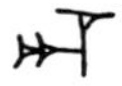 DINGIR „Gott(heit)", auch Determinativ vor Götternamen

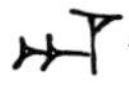*LIM* DINGIR*LIM* „der Gottheit" (Gen.); mit Lesung *ili* in Namensschreibungen wie z. B. *Mur-ši*-DINGIR*LIM* (*Muršili*), *Ḫat-tu-ši*-DINGIR*LIM* (*Ḫattušili*), *Ḫa-aš-šu*-DINGIR*LIM* (*Ḫaššuili*) oder mit Lesung luw. *maššani* in dem Götternamen *A-NA* ^{D}*Ku-iš-ḫa*-DINGIR*LIM-ni* (^{D}*Kuišḫa-maššani*).

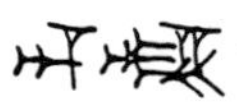 DINGIR.MAḪ Muttergöttin

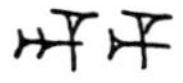 AN.BAR „Eisen"

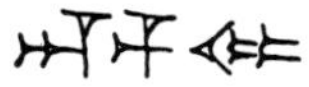 AN.BAR GE₆ „schwarzes Eisen" (wörtl.)

LÚ  ^{LÚ}AN.BAR.DÍM.DÍM „Eisenschmied"

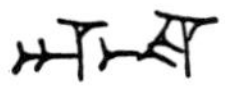 AN.NA, NAGGA „Zinn"

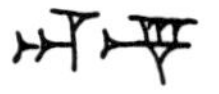 AN.ŠUR „Regen des Himmels" (vgl. auch ŠUR.AN)

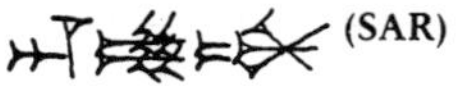 AN.TAḪ.ŠUM$^{(SAR)}$ eine Pflanze

 AN.TA „oben, oben befindlich“

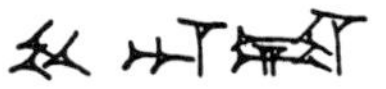 KUR AN.TA „Oberes Land“

 AN.TA.LÙ „Verfinsterung“ (eines Gestirns)

 DINGIR.GAL „große Gottheit“

 AN.GE$_6$ „Verfinsterung“ (eines Gestirns)

 DINGIR.GE$_6$ „Gottheit der Nacht“

 AN KI „Himmel (und) Erde“

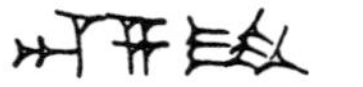 AN.ZA.GÀR „Pfeiler, Turm“

m  ^{m}AN.ŠUR-LÚ

f 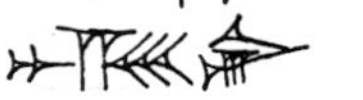 ^{f}DINGIR^{MEŠ}-IR (^{f}*Maššan(a)uzzi*)

m  ^{m}DINGIR^{MEŠ}-GAL (^{m}*Maššan(a)ura*)

m  ^{m}DINGIR^{MEŠ}-SUM

LÚ AN.BAR wie auch LÚ KÙ.BABBAR (KBo 17.46 Vs. 26, 27) sind wohl zu ^{LÚ}AN.BAR.DÍM.DÍM bzw. ^{LÚ}KÙ.BABBAR.DÍM.DÍM zu ergänzen (vgl. $^{LÚ.MEŠ}$URUDU.DÍM.DÍM ibd. 28). Zu den verschiedenen Bezeichnungen für Eisen s. S. Košak, FsGüterbock, 1986, 125 ff., 134 f.

Die Deutung von DINGIR.GE$_6$ als „Gottheit der Nacht“ (statt „schwarze Gottheit“) ergibt sich aus der Verbindung ^{LÚ}SANGA *ŠA* DINGIR^{LIM} *MU-ŠI* KBo 32. 176 Vs. 1, Rs. 7.

Zu ^{D}*Kuišḫa-maššani* s. H. Otten, RlA VI, 301.

ÀM (= A.AN) *s. Nr.* 364
$^{(MUNUS)}$AMA.DINGIR^{LIM} *s. Nr.* 57
AZAG (= KUG.AN) *s. Nr.* 69
DINGIR^{MEŠ} LIBIR.RA *s. Nr.* 265
É.DINGIR$^{LIM/MEŠ}$ *s. Nr.* 199
É.ŠÀ DINGIR^{LIM} *s. Nr.* 199
ÉN (= ŠÚ.AN) *s. Nr.* 251
GARZA (= PA.AN) *s. Nr.* 174
$^{(GIŠ)}$GEŠTIN *KÀ-RA-A-AN* *s. Nr.* 131
^{GIŠ}GIDRU.DINGIR^{LIM} *s. Nr.* 174
^{NA_4}KÁ.DINGIR.RA *s. Nr.* 167
^{URU}KÁ.DINGIR.RA *s. Nr.* 167
^{LÚ}KUŠ$_7$.DINGIR^{LIM} *s. Nr.* 151
^{GIŠ}MU.AN *s. Nr.* 17
NIN.DINGIR *s. Nr.* 298
^{LÚ}SIPA(.GU$_4$/UDU) DINGIR^{LIM} *s. Nr.* 177
^{TÚG}ŠÀ.GA.(AN.)DÙ *s. Nr.* 294
ŠÁM (= NÍNDA×ŠE.A.AN) *s. Nr.* 123
ŠÀM (= NÍNDA.AN) *s. Nr.* 103
ŠU.AN *s. Nr.* 68
ŠU.RI.ÀM *s. Nr.* 68
ŠUR.AN *s. Nr.* 42
-TA.ÀM *s. Nr.* 160
^{D}TIR.AN.NA *s. Nr.* 344
⟨m⟩ ^{D}*A-NU*-LUGAL.DINGIR^{MEŠ} *s. Nr.* 364
$^{f/m}$DINGIR.GE$_6$- *s. Nr.* 267
m ^{GIŠ}GIDRU-DINGIR^{LIM} *s. Nr.* 174
^{m}GIDRU-*ŠI*-DINGIR^{LIM} *s. Nr.* 174
m ^{D}IM-LUGAL.DINGIR^{MEŠ} *s. Nr.* 337
^{m}LAMMA.DINGIR^{LIM} *s. Nr.* 196
^{m}MAḪ-DINGIR^{MEŠ}-*na* *s. Nr.* 10
m ^{D}UTU.AN$^{?}$ *s. Nr.* 316

9 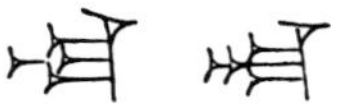 sum. APIN, ENGAR

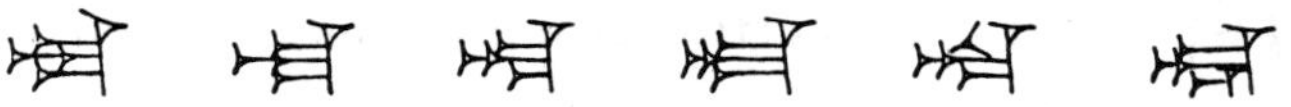

^{GIŠ} ^{GIŠ}APIN „Pflug“
^{LÚ} ^{LÚ}ENGAR „Landmann“
^{LÚ}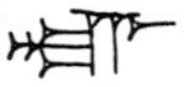 ^{LÚ}APIN.LÁ „Pflüger, Landmann“

AMAR.APIN.LÁ *s. Nr.* 155
GU$_4$.APIN.LÁ *s. Nr.* 157

10  *maḫ* sum. MAḪ

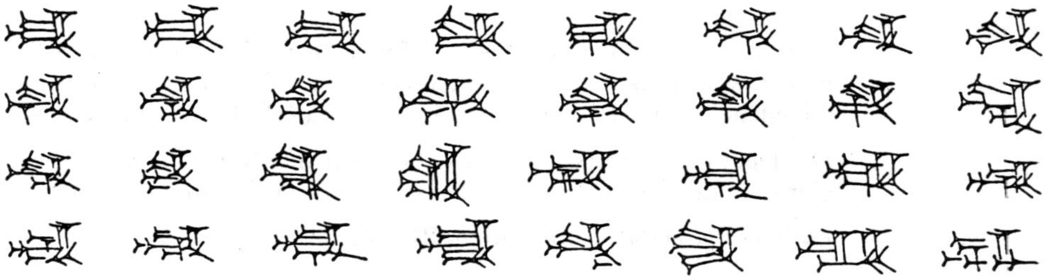

 MAḪ „hervorragend, groß, erhaben“
^{m} ^{m}MAḪ-DINGIR^{MEŠ}-*na*

AMAR.MAḪ *s. Nr.* 155
ANŠE.KUR.RA.MAḪ *s. Nr.* 302
DINGIR.MAḪ *s. Nr.* 8
É.MAḪ *s. Nr.* 199
GIŠ.MAḪ *s. Nr.* 178
GU$_4$.MAḪ *s. Nr.* 157
$^{\text{(LÚ)}}$UR.MAḪ *s. Nr.* 51
^{D}NIN.MAḪ *s. Nr.* 299
^{D}UR.MAḪ *s. Nr.* 51
^{m}DUMU.MAḪ.LÍL *s. Nr.* 237
^{m}GAL-UR.MAḪ *s. Nr.* 242
^{m}GE$_6$-UR.MAḪ *s. Nr.* 267
$^{\text{m D}}$SILIM-UR.MAḪ *s. Nr.* 312
^{m}UR.MAḪ(-LÚ) *s. Nr.* 51

11 *nu* akkad. *là* sum. NU

NU „nicht" (sumerische Negation)

NU.GÁL „nicht (vorhanden)"

NU.Ì.GÁL „ist nicht (vorhanden)"

NU.TIL „ist nicht vollständig, nicht zu Ende" (Schreibervermerk im Kolophon)

NU *QA-TI* „nicht fertig, nicht beendet"

NU.AL.TIL „ist nicht vollständig, nicht zu Ende" (Schreibervermerk im Kolophon)

NU.DUMU „Unsohn, mißratener Sohn"

NU.Ù.TU „nicht gebären, gebiert nicht" (u. a. m.)

NU.SIG$_5$ „nicht günstig, ungünstig"

NU.ŠE „nicht günstig, ungünstig"

NU.KIN „keine Entscheidung"

NU.TUKU „nicht (vorhanden)", vgl. Nr. 53 Anm.

$^{(Ú)}$NU.LUḪ.ḪA$^{(SAR)}$ „Stinkasant"

^{GIŠ}NU.ÚR.MA „Granatapfel(baum)"

^{LÚ}NU.^{GIŠ}KIRI$_6$ „Gärtner"

^{m}NU.^{GIŠ}KIRI$_6$

NU ZU A aus KUB 40.88 III 16 wird man als Verschreibung (Zeichenumstellung) für $^{LÚ!}$A.ZU verstehen wollen, vgl. ibd. III 19 ^{LÚ}ZU.A, doch s. Nr. 209(1) Anm.

Zu NU.Ù.TU KBo 17.92 Vs. 8 s. V. Haas – I. Wegner, ChS I 5, Teil II, 1988, 241.

Á.NU.GÁL *s. Nr.* 215
É.EN.NU.UN *s. Nr.* 199
É.IN.NU.DA *s. Nr.* 199
$^{(LÚ)}$EN.NU.UN (BÀD, ḪUR.SAG, MURUB$_4$) *s. Nr.* 40
GA *DAN-NU s. Nr.* 159
GEŠTU.NU.GÁL *s. Nr.* 317
IGI.NU.DU$_8$ *s. Nr.* 288
$^{(LÚ)}$IGI.NU.GÁL *s. Nr.* 288
IN.NU(.DA) *s. Nr.* 354
^{GIŠ}MA.NU *s. Nr.* 208
$^{(m)}$ ^{D}*A-NU-*LUGAL.DINGIR^{MEŠ} *s. Nr.* 364
^{m}GIŠ.KIRI$_6$.NU *s. Nr.* 178
^{m}GIŠ.NU.KIRI$_6$ *s. Nr.* 178
^{m} ^{D}*ŠÙL-MA-NU-*SAG *s. Nr.* 312

12 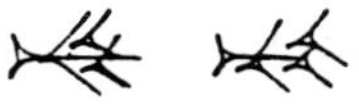 *kul* sum. KUL, NUMUN

 NUMUN „Samen, Saat; Nachkommenschaft"

$^{\text{(GIŠ)}}$SAG.KUL *s. Nr.* 192 ^{ITU}ŠU.NUMUN.NA/A *s. Nr.* 84

13  *pát, pád, pít, píd, pè, pì, (mút, múd)* akkad. *bad/t/ṭ, be,* bi_4, *mid/t/ṭ* sum. BAD, BE, SUMUN, SUN, TIL, ÚŠ

 BAD, BAD-*an* „wenn" (heth. *mān*)

$^{\text{(LÚ)}}$ $^{\text{(LÚ)}}$BAD ($^{\text{(LÚ)}}$BE) „Herr", ^{MUNUS} ^{MUNUS}BAD (^{MUNUS}BE) „Herrin"

 BAD „(sich) entfernen"

 ÚŠ „sterben; Tod, Seuche, Vernichtung"

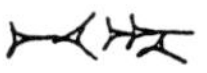 ÚŠ-*tar* „Tod" (mehrfach in der Verbindung SAG.DU-*aš* ÚŠ-*tar* „Todesstrafe")

 TIL „vollständig, zu Ende gehen"

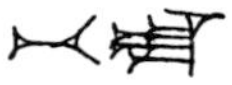 TIL.LA „vollständig"

 SUMUN, SUN, TIL „alt"

^{LÚ}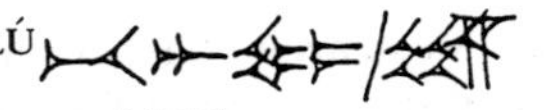 ^{LÚ}*PÉT-ḪAL-LUM/LI* „berittener Bote, Kavallerist"

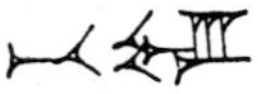 *BE-EL* „Herr" (stat.constr. zu akkad. *bēlum*)

 *BE-EL MAD-*GAL_9*-TI* „Herr der Grenzwache, Provinzgouverneur, Distriktaufseher, -verwalter", vgl. Nr. 40

Die Transliterierung ^{LÚ}*PÉT-ḪAL-LUM/LI* (W. von Soden, AHw II 858 a) weist für BAD auf einen Lautwert *pét.* – Zu BE-*an* (heth. *mān*) statt BAD-*an* s. CHD 3, 143 b.

Zu $^{\text{LÚ.MEŠ}}$*BE* in KUB 45.47 IV 37 s. F. Imparati, Studia Mediterranea I/1, 1979, 302 Anm. 37. – Da ein Nebeneinander von EN und BE „Herr" unwahrscheinlich ist, wäre für KUB 6.45 I 12 BE in der Bedeutung „Quell(e)" (= akkad. *nagbu*) zu erwägen, wie R. Borger (brieflich) vermutet.

Fraglich bleiben Lesung und Bedeutung von BAD.DA.DA in KBo 24.18 Vs. 4.

Für heth. *auriaš išḫa-*, das die wörtliche Übersetzung von akkad. *BĒL MADGALTI* darstellt, ergibt sich aus KBo 32.14 II/I 33 die Gleichsetzung mit hurr. *ḫalzuḫli* (eigentlich „chef de fort“, s. E. Laroche, GLH 91); zu akkad. *ḫalṣuḫlu* vgl. M. P. Maidman, FsLacheman 1981, 235 ff., 244 f.; W. von Soden, AHw I² 314 a („Distriktaufseher“).

Zu ^{MUNUS}BE vgl. *A-NA* BE-*TI-IA* bzw. *PA-NI* … ^{MUNUS}BE-*TI-I-IA* im Maşat-Brief 75/64 Z. 1, 30, falls nicht *BE-⟨EL-⟩TI-IA* zu verstehen ist.

BA.ÚŠ *s. Nr.* 205
(EN) KARAŠ (= KI.KAL.BAD) *s. Nr.* 40, 313
NU.(AL.)TIL *s. Nr.* 11
^{D}*Ḫé-pát s. Nr.* 113
$^{m\,D}$U-*BE-LÍ s. Nr.* 261

---

14 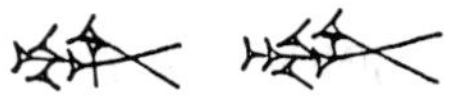 *dim, tim* akkad. *di*$_{11}$, *tì*

---

15  *na* sum. NA

LÚ  ^{LÚ}NA.GAD „Hirt“, vgl. Nr. 242

NA$_4$  ^{NA_4}NA.RÚ „Stele“

LÚ  ^{LÚ}*NA-ŠI ṢÍ-DI-TI*$_4$ „Proviantträger“

ANŠE.(GÌR.)NUN.NA *s. Nr.* 302
$^{(LÚ)}$BAḪAR$_5$ (= DUG.SÌLA.BUR.NA) *s. Nr.* 162
ÉRIN^{MEŠ} *NA-RA-RI*$^{(ḪI.A)}$ *s. Nr.* 327
GAL.NA.GAD *s. Nr.* 242
GIŠ.ÉRIN („NUNUZ“) ZI.BA.NA *s. Nr.* 328
Ì.NUN.NA *s. Nr.* 72
$^{(DUG)}$IM.ŠU.(NÍG.)RIN.NA *s. Nr.* 337
^{NA_4}KA.GI.NA *s. Nr.* 133
^{NA_4}KÁ.GI.NA *s. Nr.* 167
$^{LÚ/MUNUS}$KÚRUN.NA *s. Nr.* 330
LÚ^{MEŠ} *NA-RA-RI s. Nr.* 78
MA.NA *s. Nr.* 208
NAGGA (= AN.NA) *s. Nr.* 8
NAM.NUN.NA *s. Nr.* 39
NÍG.BÚN.NA$^{(KU_6)}$ *s. Nr.* 369
^{DUG}NÍG.NA *s. Nr.* 369
^{ITU}ŠU.NUMUN.NA *s. Nr.* 84
UZU EDIN.NA (= AM.SÌLA.BUR.NA) *s. Nr.* 168, 203
^{D}A.NUN.NA.KE$_4$ *s. Nr.* 364
^{D}*DAM-KI-NA s. Nr.* 298
^{D}LUGAL.TÙR.NA[*s. Nr.* 115
^{D}TIR.AN.NA *s. Nr.* 344
^{ÍD}BURANUN.NA^{KI} (= UD.KIB.NUN.NA) *s. Nr.* 316

16 sum. ARAD, ÌR, NÍTA, NÍTAḪ

ARAD, ÌR „Diener, Knecht, Untertan, Sklave“

NÍTA, NÍTAḪ „männlich“ (in Bezug auf Tiere)

^{m}ÌR-*li* (^{m}*Ḫutarli*)

ANŠE.KUR.RA NÍTA *s. Nr.* 302
ANŠE.NÍTA$^{(\text{ÙR})}$ *s. Nr.* 302
ANŠE.NUN.NA NÍTA *s. Nr.* 302
DÙR$^{(\text{ÙR})}$ (= ANŠE.ARAD) *s. Nr.* 302
^{LÚ}GÌR.ARAD *s. Nr.* 301
GU$_4$.NÍTA *s. Nr.* 157
MÁŠ.GAL.NÍTA *s. Nr.* 38
SAG.GÉME.ARAD$^{(\text{MEŠ})}$ *s. Nr.* 192
SILA$_4$.NÍTA *s. Nr.* 54
ŠAḪ.NIGA.NÍTA *s. Nr.* 309
ŠAḪ(.TUR).NÍTA *s. Nr.* 309
UDU.NÍTA *s. Nr.* 210
^{D}LUGAL.ÌR.RA *s. Nr.* 115

17 *mu* sum. MU, MUḪALDIM

MU$^{(\text{KAM})}$ „Jahr“

MU „Name“

$^{\text{LÚ/MUNUS}}$MUḪALDIM „Koch, Köchin“

^{GIŠ}MU.AN ein Gerät

MU^{KAM} SAG.DU „Jahresanfang“

MU.IM.MA „im vergangenen Jahr“

MU.IM.MA-*an-ni* „im kommenden Jahr“

MU$^{(\text{KAM})}$ ḪI.A GÍD.DA „lange Jahre“

^{GIŠ}MU.AN bisher nur belegt in KBo 13.169 lk. Kol. 3, 7, 11; Lesung ^{GIŠ}MU-*an*?
Zu heth. MU(.IM.MA)-*anni* „im kommenden Jahr“ s. W. v. Soden, AHw I 99 a (vgl. StBoT 18, 1974, 58 f.) gegenüber MU.IM.MA „voriges Jahr“ ibd. III 1123.

A.A.MU *s. Nr.* 364
É $^{(\text{LÚ})}$MUḪALDIM *s. Nr.* 199
^{D}NIN.É.MU.UN.DÙ *s. Nr.* 299

18 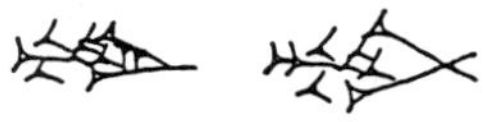 sum. MUN

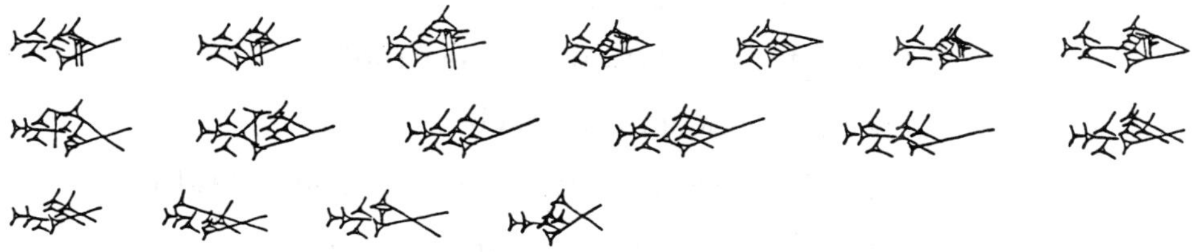

 MUN „Salz, salzen“

---

19  sum. NAR

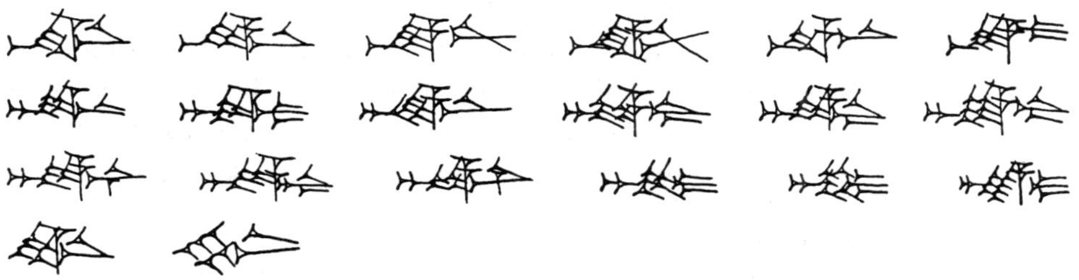

LÚ/MUNUS  LÚ/MUNUSNAR „Musiker(in), Sänger(in)“

LÚ  LÚNAR.GAL „Obermusiker“

Zu den beiden letzten Zeichenvarianten (NAR/LUL) s. StBoT 26, 1983, 257 Anm. 43; H. G. Güterbock, FsKraus 88.

---

20  *pár, bar, maš* akkad. *mas* sum. BÁN, BAR, MAŠ, MÁŠDA (= MAŠ.EN.GAG)

 „½“ bzw. MAŠ („Hälfte“)

 ḪI.A MAŠḪI.A „Hälften“

 BÁN Maßangabe

TÚG 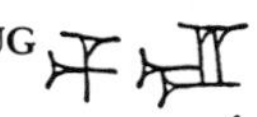 TÚGBAR.SI „Kopfbinde“

LÚ 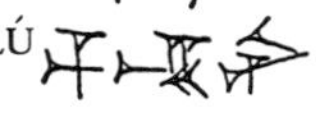 LÚMÁŠDA „Armer“

→

(20)
()

UZU 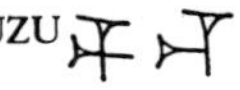 ^{UZU}MAŠ.SÌL, ^{UZU}MAŠ.SÌLA (bzw. ^{UZU}BAR.SÌL/SÌLA) „Hüfte"

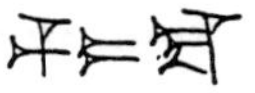 MAŠ.TAB.BA „Zwilling"

 *MAŠ-LU* „besetzt, bestickt"

(TÚG)  $^{(TÚG)}$BAR.DUL$_8$ „Gewand"

LÚ  ^{LÚ}BAR.DUL$_8$ „Weber?"

UZU 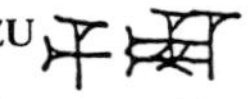 ^{UZU}MAŠ.GIM „Leistengegend?, Hüfte?"

TÚG  ^{TÚG}BAR."TE" ein Gewand

GIŠ  ^{GIŠ}BAR.KÍN „Überzug?, Auflage?"

Die Zeichen BAR, MAŠ und BÁN werden entsprechend der hethitologischen Konvention gemeinsam behandelt, da in den Boğazköy-Texten keine klare Abgrenzung zu erkennen ist. Zum Altbabylonischen s. R. Borger, ABZ S. 9, Sp. 6.

Einen Lautwert *pir*$_x$ erwägt E. Laroche, Ugaritica 5, 1968, 782; vgl. N. Oettinger, MSS 40, 1981, 144, 148 f.

Zum Lautwert *maš* sei noch auf die wechselnde Graphie ^{URU}*Kar-ga-maš*/^{URU}*Kar-ga-miš* hingewiesen, vgl. G. F. del Monte, RGTC 6, 1978, 181, vgl. Nr. 112 Anm.

Zu BÁN (Maßangabe) s. G. F. del Monte, Oriens Antiquus 19, 1980, 219 ff.

Zu ^{UZU}MAŠ.SÌL(A) = akkad. *naglabu* „Hüfte" s. R. Borger, ABZ Nr. 74 S. 75; W. von Soden, AHw II, 711 b. Dagegen wird in CHD 3, 318 a ^{UZU}MAŠ.SÌLA als „shoulder blade" wiedergegeben.

Für $^{LÚ.MEŠ}$BAR.DUL$_8$ KUB 29.1 II 13 wird im Duplikat KUB 29.2 II 5 geschrieben: $^{LÚ.MEŠ}$U[Š.B]AR, was für ^{LÚ}BAR.DUL$_8$ zu dem Bedeutungsansatz „Weber" geführt hat.

Zur provisorischen Lesung ^{TÚG}BAR."TE"^{MEŠ} s. A. Goetze, Corolla Linguistica 57; auch wäre als Umschrift ^{TÚG}BAR.DUL("TE") bzw. ^{TÚG}BAR.DUL($_1$) zu erwägen. Der noch unv. Beleg $^{TÚ]G}$BAR.TE.E bzw. $^{TÚ]G}$BAR.TE^{E} (359/z I? 14) könnte dafür sprechen, daß die heth. Schreiber das Sumerogramm als ^{TÚG}BAR."TE" verstanden haben.

Zur Lesung und Deutung von ^{GIŠ}BAR.KÍN s. H. G. Güterbock, FsOtten, 1973, 79.

Zu einer Verbalform GAM MAŠ-*u̯en* „we investigated" s. CHD 3, 253 a, wohl heth. *katta arii̯au̯en* (zu *katta arii̯a-*) zu lesen (S. Košak mündlich).

Beachtung verdient die singuläre Mischschreibung ^{LÚ}*a-ši*-GAG (heth. *ašiu̯anza*) in KUB 43.8 III 36.

$^{(LÚ)}$AN.BAR(.DÍM.DÍM) *s. Nr.* 8
DÀRA.MAŠ *s. Nr.* 71
^{LÚ}GÚ.BAR *s. Nr.* 201
IGI.BAR *s. Nr.* 288
LÚ ŠUKUR.ZABAR *s. Nr.* 288
ŠEN ZABAR *s. Nr.* 230
UMBIN ZABAR *s. Nr.* 166
$^{(LÚ)}$UR.BAR.RA *s. Nr.* 51
$^{LÚ/MUNUS}$UŠ.BAR *s. Nr.* 132
ZABAR (= UD.KA.BAR) *s. Nr.* 316
^{URUDU}ZI.KIN.BAR *s. Nr.* 33
^{D}GIŠ.GIM.MAŠ *s. Nr.* 178

21   *qa*, *ga*$_5$, *ka*$_4$ sum. SÌL, SÌLA, SAGI (= SÌLA.ŠU.DUḪ)

^{LÚ} ^{LÚ}SÌLA.ŠU.DUḪ, ^{LÚ}SAGI „Mundschenk"

^{LÚ}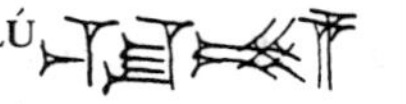 ^{LÚ}SÌLA.ŠU.DUḪ.A, ^{LÚ}SAGI.A „Mundschenk"

^{LÚ} ^{LÚ}SÌLA.ŠU.DUḪ.LIŠ.A, ^{LÚ}SAGI.LIŠ.A „Mundschenk"

 *QA-TI* „fertig, beendet"

 *QA-TI* „der Hand" (Gen. von akkad. *qātu*)

 *QA-AS-SÚ* „seine Hand"

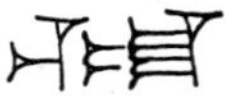 *QA-AT* „Hand" (stat. constr. von akkad. *qātu*)

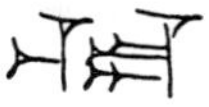 *QA-DU* „zusammen mit"

^{UZU}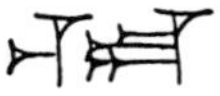 ^{UZU}*QA-TÙ* „Hand"

 *QA-DU*$_4$ „zusammen mit"

 *QA-TUM* „Hand"

 *QA-TAM* „Hand" (Akk. von akkad. *qātu*)

 *QA-TAM-MA* „ebenso"

 *QA-A-TÙ* „Hand"

Für ^{LÚ}SAGI.A bzw. ^{LÚ}SAGI.LIŠ.A wäre auch eine Umschrift ^{LÚ}SAGI^{A} bzw. ^{LÚ}SAGI$^{\mathrm{LIŠ.A}}$ zu erwägen, entsprechend ^{LÚ}SIMUG.A als ^{LÚ}SIMUG^{A}.

$^{\mathrm{(LÚ)}}$BÁḪAR (= DUG.SÌLA.BUR) *s. Nr.* 162
$^{\mathrm{(LÚ)}}$BAḪAR$_5$ (= DUG.SÌLA.BUR.NA) *s. Nr.* 162
EN *QA-TI s. Nr.* 40
GADA (*ŠA*) *QA-TI s. Nr.* 173
^{UZU}MAŠ.SÌL/SÌLA *s. Nr.* 20
NU *QA-TI s. Nr.* 11
UZU EDIN.NA (= AM.SÌLA.BUR.NA) *s. Nr.* 168, 203

22  sum. MUG

 MUG „Werg“

Für MUG erwägt J. Siegelová, Heth. Verwaltungspraxis, 1986, S. 664 auch die spezielle Bedeutung „Kämmling“.

---

23  sum. UZ$_6$

 UZ$_6$ „Ziege“ (auch KUŠ/SÍG.UZ$_6$ BABBAR/GE$_6$)

 UZ$_6$.KUR.RA „Bergziege“

Zur Unterscheidung der Zeichen MÁŠ und UZ$_6$ s. Nr. 38 Anm.

Fraglich bleibt die Zeichenverbindung SI GI aus KUB 33.56 Vs. 4, die möglicherweise aus SI UZ$_6$ verschrieben ist (vgl. KUB 33.52 II 4; E. Laroche, RHA 77, 1965, 148: B II 4).

SI.UZ$_6$ *s. Nr.* 86 LÚSIPA.UZ$_6$ *s. Nr.* 177

---

24  *ḫu* akkad. *bag/k/q* sum. MUŠEN

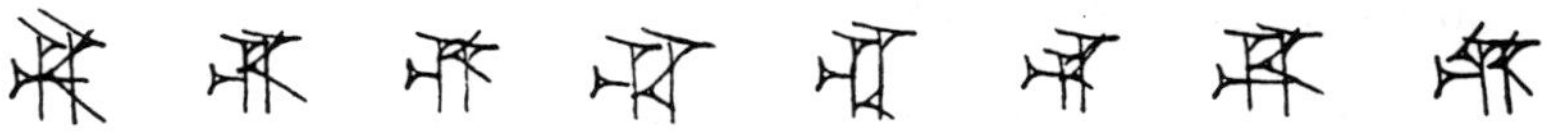

 MUŠEN „Vogel“; auch Determinativ nach/vor Vogelnamen

LÚ LÚMUŠEN.DÙ „Vogelfänger; Vogelflugdeuter, Augur“ (im Plural auch LÚ.MEŠMUŠEN.DÙ.A)

 MUŠEN.GAL „großer Vogel“ (Gans?, Ente?)

 MUŠEN.TUR „kleiner Vogel"

 MUŠEN *ḪUR-RI* „Steinhuhn?, Höhlenente?, Brandente?"

Zum Problem der Bedeutung von MUŠEN *ḪURRI* s. A. Kammenhuber, THeth 7, 1976, 11; G. M. Beckman, StBoT 29, 1983, 314.

AMAR.MUŠEN *s. Nr.* 155 ^{m}AMAR.MUŠEN *s. Nr.* 155
^{LÚ}IGI.MUŠEN *s. Nr.* 288

---

25  akkad. u_5 sum. U_5

^{GIŠ}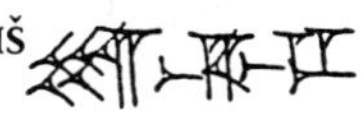 ^{GIŠ}*LE-U*$_5$ (^{GIŠ}*lē'u*) bzw. ^{GIŠ}LE.U_5 (Pseudo-Sumerogramm) „hölzerne Schreibtafel"

---

26  (*mut*) akkad. *mud/t/ṭ* sum. MUD

 MUD „Blut"

Auf einen Lautwert *mut* macht R. Werner, OLZ 1962, Sp. 383 aufmerksam.

TÚG.MUD *s. Nr.* 212

---

27  sum. SE_{24}/SÈD/$ŠE_{12}$/$ŠED_9$ (= "MÙŠ/INANNA" × A)

 SÈD, SE_{24}, $ŠE_{12}$, $ŠED_9$ „Winter; überwintern"

 SÈD „ruhen, zufrieden sein"

 SÈD-*nu-* „befriedigen"

Statt SUD-*u-an-zi* in KUB 21.38 Vs. 30 (W. Helck, JCS 17, 1963, 89) ist SÈD-*u-an-zi* zu lesen.

---

28  sum. SI × SÁ

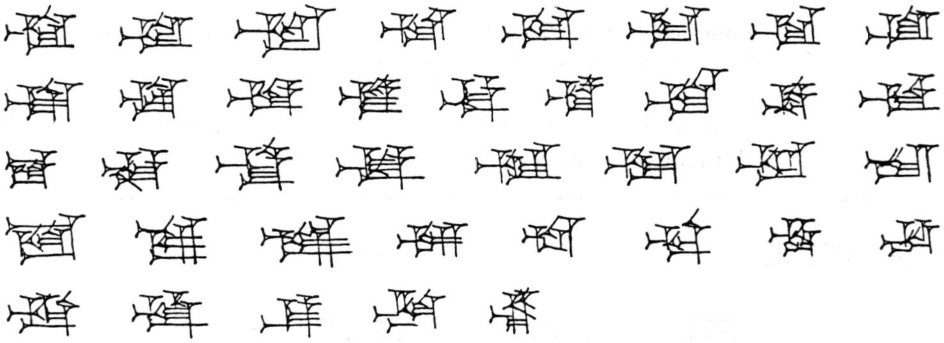

 SI × SÁ „ordnen, fügen, festsetzen, (durch Orakel) feststellen“ (= heth. *ḫandai-*)

Der hethitischen Graphie SI × SÁ entspricht im Akkadischen SI.SÁ; vgl. R. Borger, ABZ Nr. 112.

Zum medio-passiven Gebrauch von *ḫandai-* (SI × SÁ) s. E. Neu, StBoT 5, 1968, 40 ff; zu *ḫandai-* allgemein s. P. Cotticelli, Mat. heth. Thes. 11, 1989, Nr. 8.

---

29  *rad/t* akkad. *raṭ, rít*

Verschreibung liegt vor im Namen Abiradda, wo an allen Stellen stets MAR anstelle von RAD geschrieben ist (vgl. KBo 3.3 I 5, 9, 25, II 4, 5, 8, 14, 15, 20, 24, 28, 30).

---

30 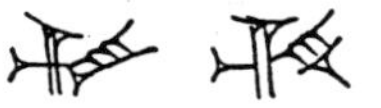 *gi, ge* akkad. *kí, ké, qì, qè* sum. GI, SI_{22}, SIG_{17}

 GI „Rohr“; auch Determinativ vor Gegenständen aus Rohr

 *gi* Abkürzung für heth. *gipeššar*

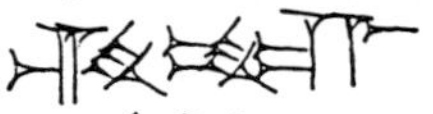 GI.IZI.LÁ „Fackel“

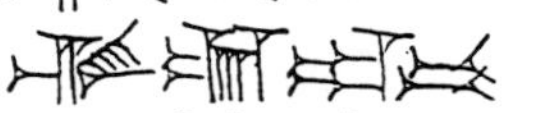 GI É *ṬUP-PÍ* „Schreibrohr, Griffel“

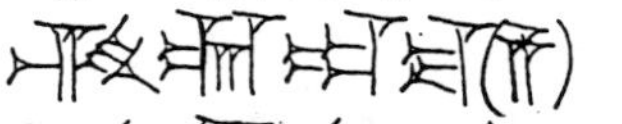 GI É.DUB.BA(.A) „Schreibrohr, Griffel“

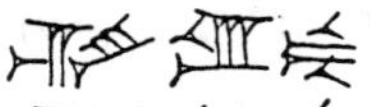 *QÈ-RU-UB* „nahe“

 GI.DÙG.GA „‚Süßrohr‘, Würzrohr“

 GI.GÍD „Flöte“

 GI.DUR$_5$, GI.DURU$_5$ eine Art Schilf(rohr)

Zur Abkürzung für heth. *gipeššar* s. E. Laroche, RHA 54, 1952, 40; zu *gipeššar*/IKU H. C. Melchert, JCS 32, 1980, 50 ff. – Zu einem Längenmaß GI s. R. Borger, ABZ Nr. 85.

GI É *ṬUP-PÍ* (GI É.DUB.BA) wörtlich „Rohr des Tafelhauses“.

Fraglich bleibt GI.GÌR aus KUB 50.52,3. Ob ein Zusammenhang mit GI.GÌR.LÁ, einer Rohrart (W. von Soden, AHw 3, 1140 sub *šakka(n)nu*), gegeben ist, läßt sich angesichts des bruchstückhaften Kontextes nicht entscheiden.

Zu GI.DÙG.GA s. E. von Schuler, Eothen 1, 1988, 243 ff.

GI mit drei Senkrechten wie in GI.DURU$_5$ stammt aus dem Text RS 25.421 Vs. 24, entsprechend der Autographie in Ugaritica V, 1968, 444; vgl. KUB 31.87+ II 11.

Zur Lesung von GI als *ge* s. K. K. Riemschneider, FsOtten, 1973, 276 f., 280 f.

AMA.AR.GI *s. Nr.* 57
GUŠKIN (= KUG.GI) *s. Nr.* 69
$^{\text{NA}_4}$KA.GI.NA *s. Nr.* 133
$^{\text{NA}_4}$KÁ.GI.NA *s. Nr.* 167
ŠAH̯.GIŠ.GI *s. Nr.* 309
$^{\text{LÚ/MUNUS}}$ŠU.GI *s. Nr.* 68
^{UZU}ZI.IN.GI *s. Nr.* 33
^{D}*GIBIL*$_6$ (= NE.GI) *s. Nr.* 169
^{D}ŠU.GI *s. Nr.* 68
^{m}GIŠ.GI-PÌRIG *s. Nr.* 178
^{f}NÍG.GA.GUŠKIN *s. Nr.* 369

---

31  hurr. *ge$_e$*

---

32  *ri, re, tal, (dal)* akkad. *dal*? sum. RI

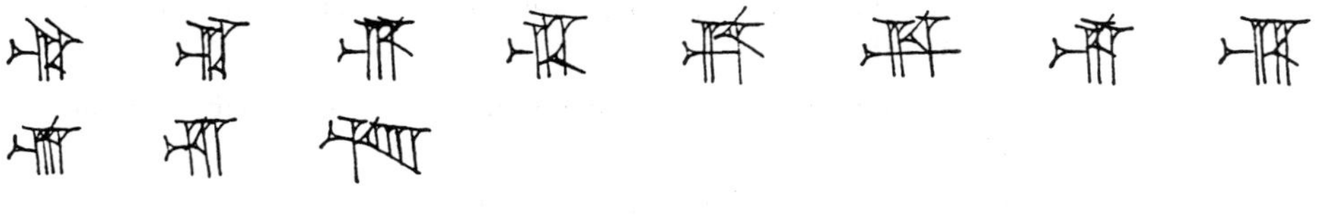

 RI.RI.GA „Sturz“

 *RI-QÚ* „leer“

 *RI-QU(M)* „leer“

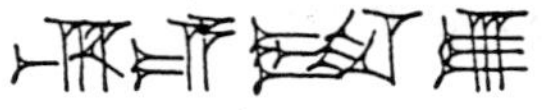 *RE-E-ET* UDU „Schafweide“

 $^{\text{HI.A}}$ *RI-IT* GU$_4$$^{\text{HI.A}}$ „Rinderweide“

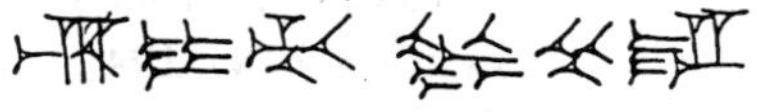 *RI-I-TI* ANŠE.KUR.RA „Pferdeweide“

Zu fraglichem RI-*za* s. C. Kühne, ZA 62, 1973, 239 Anm. 9. Hat man hier RI vielleicht im Sinne von akkad. *adannu* „Termin“ zu verstehen? Vgl. R. Borger, ABZ Nr. 86. →

(32)
()

DUMU *ŠI-IP-RI* s. *Nr.* 237
É *NAP-ṬÁ-RI* s. *Nr.* 199
ÈN.TAR.RI.A s. *Nr.* 343
ÉRIN^MEŠ *NA-RA-RI*^(ḪI.A) s. *Nr.* 327
GAB.A.RI s. *Nr.* 164
GÚ.ŠUB.DA.A.RI s. *Nr.* 157
LÚ^MEŠ *NA-RA-RI* s. *Nr.* 78
MUŠEN *ḪUR-RI* s. *Nr.* 24
NAM.RI s. *Nr.* 39
ŠU.RI.ÀM s. *Nr.* 68
TÚG.GÚ(.È.A) *ḪUR-RI* s. *Nr.* 212
^(LÚ)UGULA *LI-IM ṢE-RI* s. *Nr.* 174
^D*IŠTAR ṢE-(E-)RI* s. *Nr.* 263

---

33  *zi, ze* akkad. *sí, sé, ṣí, ṣé* sum. ZI

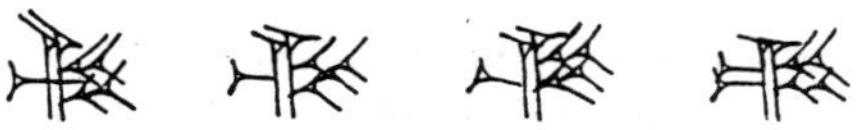

 ZI „Seele, Leben; Selbst" (ZI auch als Gegenstand)

 ZI „Galle(nblase)" (Zeichenvertauschung für zí)

 *zi* Abkürzung für *zizaḫiš*

 *zi-an* Abkürzung für *zilaṷan*

 ZI.GA „Erhebung, Angriff"

^UZU  ^UZU ZI.IN.GI „Knöchel"

^NA4  ^NA4 ZI.KIN (= heth. ^NA4 *ḫuṷaši-*) „Kultmal?, Kultstein?"

^(URUDU)  ^(URUDU) ZI.KIN.BAR „Spange?, Nadel?"

^LÚ  ^LÚ *SÍ-BU-Ú* „Bierbrauer, Schankwirt" (akkad. *sābû*)

^f  ^f *Zi* Abkürzung für ^f *Ziplantaṷiia*

^URU  ^URU *Zi* Abkürzung für ^URU *Zip(pa)landa*

Zur Bedeutung von ZI „Seele, Leben" usw. s. A. Kammenhuber, ZA 56, 1964, 150 ff.; 57, 1965, 177 ff.

Die Schreibung ZI für zí findet sich bereits im Altbabylonischen, F. R. Kraus, JCS 4, 1950, 153.

Zu *zi* = *zizaḫiš* s. E. Laroche, RA 64, 1970, 130, 133.

Fraglich als Logogramm bleibt ^TU7 ZI.MA.KI in KUB 20.11 II 11.

Zum Logogramm ^(URUDU) ZI.KIN.BAR s. Goetze, JCS 11, 1957, 35; Puhvel, HED 221.

Zur Abkürzung ^f *Zi* s. G. Szabó, THeth 1, 1971, 63.

Zur Verschreibung ZI für ‚junges' LI s. F. Starke, StBoT 30, 1985, 144 und A. Kammenhuber, Or NS 54, 1985, 78: *lu-ú-i-li*! (KUB 35. 43 II 28).

^(DUG) BUR.ZI s. *Nr.* 245
GA *ṢÉ-E-TI* s. *Nr.* 159
(GIŠ.)ÉRIN ("NUNUZ") ZI.BA.NA s. *Nr.* 328
^(TÚG) KAR.ZI s. *Nr.* 250
LÚ *ZI-IT-TI/TI₄* s. *Nr.* 78
NINDA.ZI.ḪAR.ḪAR s. *Nr.* 369
ŠÀ.ZI.GA s. *Nr.* 294
^D NIN.GI₅.ZI.DA s. *Nr.* 299

---

34 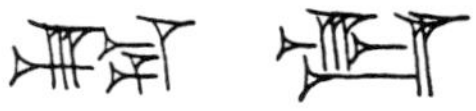 sum. TÙR (= NUN."LAGAR")

 TÙR „Viehhof“

Das Zeichen TÙR wird gewöhnlich als NUN+LAGAR analysiert (s. R. Borger, ABZ S. 382, Nr. 87 a; vgl. M. Krebernik, ZA 76, 1986, 162). Hier ist der Versuch gemacht worden, LAGAR, das in den Boğazköy-Texten selbständig nicht auftritt, aus TÙR zu restituieren. Die auffallende Ähnlichkeit mit dem Zeichen GUR hat uns zur Umschrift "LAGAR" veranlaßt.

MUŠ.ŠÀ.TÙR *s. Nr.* 342 ^{D}LUGAL.TÙR.NA *s. Nr.* 115

35 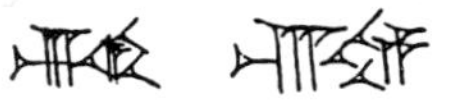 sum. KUN

$^{(UZU)}$ $^{(UZU)}$KUN „Schwanz“

^{TÚG}E.ÍB.KUN *s. Nr.* 187 IM."KUN" *s. Nr.* 337

36  sum. NUN

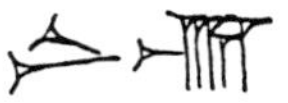 Ì.NUN „Butterschmalz“

 Ì.NUN.NA „Butterschmalz“

 ANŠE.GÌR.NUN.NA „Maulesel“

Unsicher bleibt die Interpretation von alleinstehendem NUN in KUB 15.1 I 15 („Fürst“$^{?}$).
Für KUB 3.110, 21 hat A. Goetze (Tunnawi 61) die Lesung ^{D}NUN vorgeschlagen, die sich aber am Foto nicht verifizieren läßt. →

(36)
()

ANŠE.(GÌR.)NUN.NA *s. Nr.* 302
NAM.NUN.NA *s. Nr.* 39
^{D}A.NUN.NA.KE$_4$ *s. Nr.* 364
^{D}DÌM.NUN.ME *s. Nr.* 116

^{URU}ZIMBIR.ME (= UD.KIB.NUN.ME) *s. Nr.* 316
^{ÍD}BURANUN (= UD.KIB.NUN) *s. Nr.* 316

---

37  *ti, (dì, te₉)* akkad. *dì, ṭì* sum. TI, TÌL

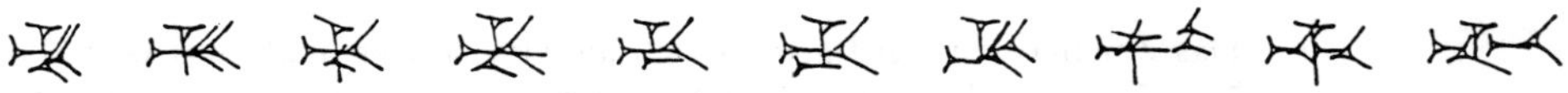

 TI, TÌL „Leben, leben, lebend"

UZU ^{UZU}TI „Rippe"

NA₄ ^{NA_4}TI ein Stein („Lebensstein")

 *TI-BI* IM „Erhebung des Windes" (Gasblase auf der Leber?, Terminus der Leberschau)

Zu *TI-BI* IM s. W. von Soden, AHw III, 1355 b.
Zu ^{NA_4}TI s. A. Polvani, Eothen 3, 1988, 161 ff., 182 f.

É (GIŠ.)KIN.TI *s. Nr.* 199
EN GIŠ.KIN.TI *s. Nr.* 40
EN *MAD-GAL₉-TI* *s. Nr.* 40
EN *QA-TI* *s. Nr.* 40
ÉRIN^{MEŠ} *ŠU-TI*$^{(ḪI.A)}$ *s. Nr.* 327
GA *ṢÉ-E-TI* *s. Nr.* 159

GADA (*ŠA*) *QA-TI* *s. Nr.* 173
GIŠ.KIN.TI *s. Nr.* 178
LÚ *ZI-IT-TI* *s. Nr.* 78
NU *QA-TI* *s. Nr.* 11
U-ṬÌ *s. Nr.* 261
UD^{UM} *ŠI-IM-TI* *s. Nr.* 316

---

38  sum. MÁŠ

 MÁŠ „Familie"

 *ŠA* MÁŠ „Verwandter"

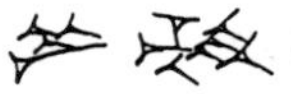 LÚ MÁŠ „Familienangehöriger?, Verwandter?"

 MÁŠ.ŠIR „Ziegenbock"

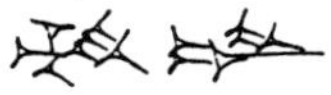 MÁŠ.LUGAL „Königsfamilie"

 MÁŠ.GAL „(Ziegen)bock"

 LÚ MÁŠ.GAL „Kleinviehbesitzer"

 MÁŠ.GAL.ŠIR „Ziegenbock“

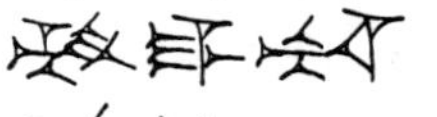 MÁŠ.GAL.NÍTA „Ziegenbock“

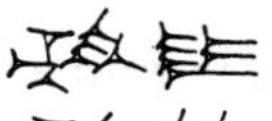 MÁŠ.TUR „Zicklein“

 MÁŠ LÚ „Verwandtschaft männlicherseits“

 MÁŠ.ANŠE „Tier, Tierwelt, Vieh“

 MÁŠ.ḪUL.DÚB.BA „Sündenbock, Sühnezicklein“

 MÁŠ MUNUS^{TI} „Verwandtschaft weiblicherseits“

Im Anschluß an H. G. Güterbock, JCS 16, 1962, 23 werden die beiden bei J. Friedrich, Zeichenliste, unter Nr. 58 aufgeführten Zeichenformen hier nach MÁŠ und UZ$_6$ (s. Nr. 23) unterschieden; den Lesungsvorschlag UZ$_6$ (H. G. Güterbock: ÙZ) verdanken wir R. Borger.

Neben MÁŠ-*tar* (= heth. *ḫaššatar*) „Familie“ (vgl. KUB 8.62 IV 3, J. Friedrich, ZA 39, 1929, 30/31) scheint es auch ein Sumerogramm MÁŠ.TAR noch unbekannter Bedeutung zu geben; vgl. KUB 41.17 I 25: GUD.MAḪ UDU.ŠIR-*aš* MÁŠ.TAR-*ŠU-i̯a* „... Rind und des Schafbockes sein M. ...“ Eine Bedeutung „kastrierter (Ziegen)bock“ scheint hier nicht zu passen.

Zu LÚ MÁŠ.GAL „Kleinviehbesitzer“ s. H. Otten, StBoT, Beih. 1, 46.

MÁŠ („Ziege“) *s.* UZ$_6$ *Nr.* 23 ŠÀ.MÁŠ *s. Nr.* 294

---

39  *nam* sum. NAM, SIM, SÍN
(1)

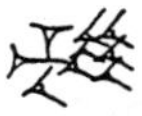 NAM „Distrikt“

LÚ ^{LÚ}NAM „Verwalter, Statthalter“

 MUŠEN SIM^{MUŠEN} „Schwalbe“

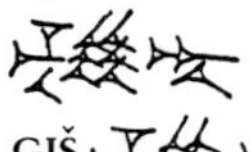 NAM.TAR „Schicksal“

GIŠ ^{GIŠ}NAM.TAR „Mandragora, Alraunwurzel“

 NAM.NUN.NA „Fürstentum“ (in ^{LÚ}NAM.NUN.NA-*iš* 466/s, 8)

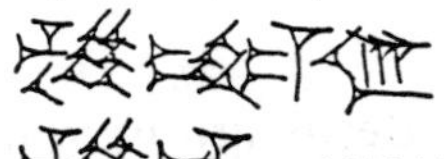 NAM.ÉRIM „Eid“

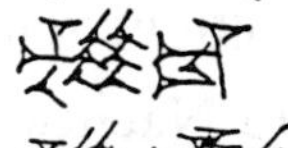 NAM.TÚL (Bekleidungsstück$^{?}$)

 NAM.UTUL$_5$ (NAM.E$^{!}$.KISIM$_5$×GU$_4$) „Oberhirtenstellung“

 NAM.RA „Beute“ →

(39) (LÚ)NAM.RA „Gefangener, Höriger"
(1) NAM.LÚ.U$_{19}$.LU „Menschheit"
NAM.RU, NAM.RI (akkadisierend wohl) „Beute"
DNAM, DNAM.TAR

K.K. Riemschneider (MIO 16, 1970, 143) erwägt im Anschluß an A. Götze auch den Lautwert *nan*$_x$.

NAM zur Bildung von Abstrakta im Sumerischen s. R. Borger, ABZ 79; vgl. KBo I 33, 1 [nam.]á.taḫ und 7 [nam.dub.s]ar; vgl. NAM.NUN.NA zu (LÚ)NUN „Fürst".

Zu NAM.UTUL$_5$ s. W. von Soden, AHw III, 1455 (akkad. *utullūtu*); H. G. Güterbock in FsOtten, 1973, 82.

Auf NAM.RA mit der Bedeutung „Beute" in akkadischen Omina und deren heth. Übersetzungen weist K. K. Riemschneider in einer unpublizierten Untersuchung, Die akkadischen und hethitischen Omentexte aus Boğazköy, Teil III, 552 f. hin (dort auch zu NAM.RU und NAM.RI).

Das in Orakeltexten häufig auftretende DNAM-*aš* (vgl. KUB 5.1 III 21, KUB 52.68 III 39) ist möglicherweise DNAM^{RÙ} (= akkad. *namtaru*; vgl. R. Borger, ABZ Nr. 79 S. 79) zu lesen.

AB.SÍN *s. Nr.* 97 — É.NAM.ḪÉ *s. Nr.* 199
DUMU.NAM.LÚ.U$_{19}$.LU *s. Nr.* 237 — LÚ.NAM.U$_{19}$.LU *s. Nr.* 78

39
(2)

BURU$_5$ „Heuschrecke"

---

40 *en, (in$_4$)* akkad. *in$_4$* sum. EN, ENSI (= EN.ME.LI)

EN „Herr"
EN.NU.UN „Wache"
LÚEN.NU.UN „Wächter"
LÚEN.NU.UN BÀD „Befestigungswache"
EN.NU.UN MURUB$_4$ „mittlere Nachtwache"
EN.NU.UN ḪUR.SAG „Bergwache"

EN *QA-TI* „Handwerker"

^{MUNUS}ENSI „Seherin"

EN SISKUR „Opferherr, Opfermandant"

EN SÍSKUR „Opferherr, Opfermandant"

EN GIŠ.KIN.TI „Handwerker"

EN ^{GIŠ}KUN$_4$ „Herr der Treppe" (wörtl.)

EN UKU.UŠ „Herr der Schwerbewaffneten"

EN *DI-NI* „Gerichtsherr, Prozeßgegner"

EN KARAŠ „Heereskommandant"

EN KUR^{TI} „Landesherr"

EN *MAD-GAL$_9$-TI* „Herr der Grenzwache, Provinzgouverneur, Distriktaufseher, -verwalter", vgl. Nr. 13

EN ÈN.TAR „Beauftragter" (akkad. *bēl piqitti*)

EN TU$_7$ Angehöriger des Küchenpersonals (auch LÚ TU$_7$)

I^{EN} „1" (akkad. *ištēn*)

^{D}EN.LÍL

^{D}ZUEN (^{D}EN.ZU), ^{D}*SÎN* „Mond(gott)"

^{D}EN.GURUN

^{D}EN.KI

^{m}EN.GAL.

^{m}EN-LUGAL-*ma* (Ibri-Šarruma)

^{m}EN-LÚ

^{m}EN-*ur-ta*

^{m}EN-UR.SAG

Zu EN ^{GIŠ}KUN$_4$ vgl. J. Friedrich, HW 271 b.

Der Beleg ^{m}EN.GAL-*iš*[(E. Laroche, NH Nr. 1739) dürfte entfallen, s. StBoT 26, 1983, 123 Anm. 412.

EN TU$_7$ = heth. ^{LÚ}*paršuraš išḫa-*; Plural: $^{\text{(LÚ.MEŠ)}}$EN$^{\text{ḪI.A/MEŠ}}$ TU$_7$$^{\text{ḪI.A}}$ „Küchenpersonal".

É EN.SISKUR *s. Nr.* 199
É.EN.NU.UN *s. Nr.* 199
^{LÚ}MÁŠDA (= MAŠ.EN.GAG) *s. Nr.* 20
$^{\text{m D}}$*SÎN*-EN *s. Nr.* 331

41  sum. INANNA, INNIN

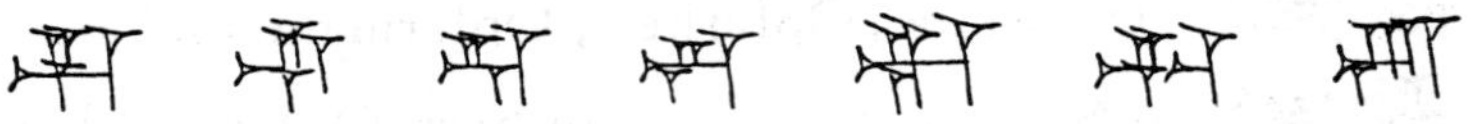

^{D} ^{D}INANNA, ^{D}INNIN (Ištar)
häufig in der Verbindung GIŠ $^{(D)}$INANNA (GAL/TUR) *s. Nr.* 178

Belegt ist auch $^{D\ GIŠ}$INANNA.GAL$^{HI.A}$ GAL (1092/c, 7).

^{ITU}KIN.^{D}INANNA/^{D}INNIN *s. Nr.* 84

---

42  *šur* sum. SUR, ŠUR

 SUR „Sockel“ (der Gallenblase; Orakelterminus, akkad. *maṣrāḫu*)
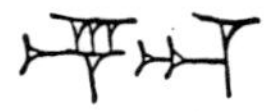 ŠUR.AN „Regen des Himmels“

Zu ŠUR.AN = AN.ŠUR s. E. Laroche, RHA 68, 1961, 44.

AN.ŠUR *s. Nr.* 8
^{m}AN.ŠUR-LÚ *s. Nr.* 8
(KUR) ^{URU}*Aš-šur* *s. Nr.* 1

---

43   *ru* akkad. *šub/p* sum. RU, ŠUB

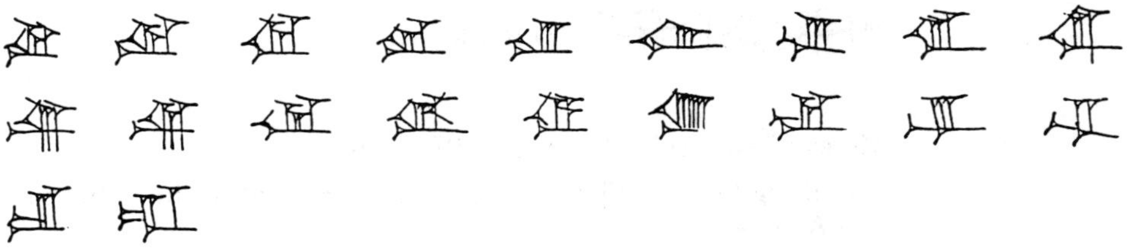

 ŠUB „Sturz, Fall, Niederlage“
 SAHAR.ŠUB.BA „Aussatz“

Unsicher bleibt ^{GIŠ}ŠUB KUB 39.6 III 17, wofür GIŠ-*ru* gelesen werden kann, vgl. H. Otten, HTR 50 mit Anm. a.

GIŠ.ŠUB.BA *s. Nr.* 178
GÚ.ŠUB(.DA.A.RI) *s. Nr.* 201
NAM.ÉRIM (= NE.RU) *s. Nr.* 39
NAM.RU *s. Nr.* 39
^{LÚ}NÍG.ÉRIM *s. Nr.* 369
NINDA *MAR-RU s. Nr.* 369
SÌR^{RU} *s. Nr.* 106

---

44 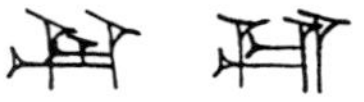 *ib/p, eb/p* sum. IB, URAŠ, URTA

 *IB-NI* „er baute" (zu akkad. *banû*(*m*))
^{D} ^{D}IB (^{D}URAŠ)
^{m} ^{m}*Tù-ku-ul-ti-*^{D}IB (^{m}*Tukulti-Ninurta*), vgl. Nr. 206

In KBo 25.92 lk. Kol. 2 ist statt IB (in *e-ip-zi*) ein Zeichen ähnlich SIG gebraucht, während in KUB 47.36 Vs. 14,15 umgekehrt IB für SIG steht.

Zur Lesung ^{D}IB als ^{D}URAŠ, ^{D}URTA s. R. Borger, ABZ Nr. 535; E. Laroche, Recherches, S. 95 und JCS 2, 1948, 117; H. M. Kümmel, StBoT 3, 1967, S. 68 f.

DUMU *ŠI-IP-RI s. Nr.* 237
^{D}NIN.URTA *s. Nr.* 299
$^{m\,GIŠ}$TUKUL-*ti*-^{D}IB *s. Nr.* 206

---

45  sum. U$_8$, US$_5$, USDUḪA (= U$_8$.LU.ḪI.A)

 USDUḪA (= US$_5$.UDU.ḪÁ) „Schafe und Ziegen"

Zu U$_8$ vgl. K. K. Riemschneider, JCS 28, 1976, 65 ff.

---

46  *zul* akkad. *sul, šul*

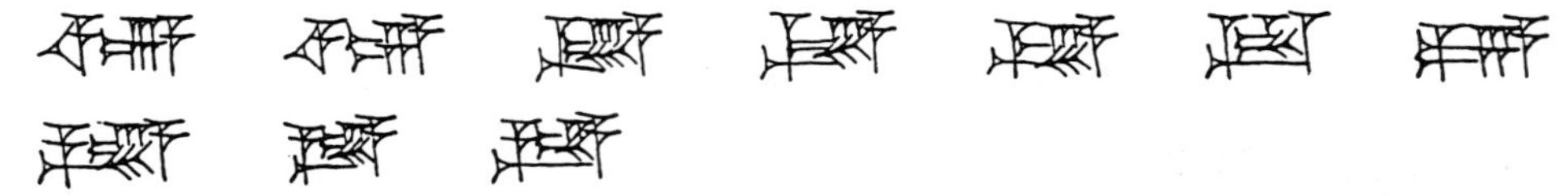

(GI/GIŠ)  (GI/GIŠ)ŠUL-PÁT „(Trink-)Halm, Röhrchen" (akkad. *šulpu*)

 ŠUL-MU „Heil, Wohlergehen, Gesundheit, Unversehrtheit"

Zum Lautwert *zul* vgl. J. Friedrich, HE I², 24 § 7b; z. B. in *zul-kiš* KUB 18.2 II 15, *zul-ki-iš* ibd. 41 Vs. 12 (zu *zulki-* s. E. Laroche, RHA 54, 1952, 37), D*Me-zul-la-aš* KBo 11.32 Z. 33.

---

47  akkad. *qi, qe* sum. GUR_{10}, KIN

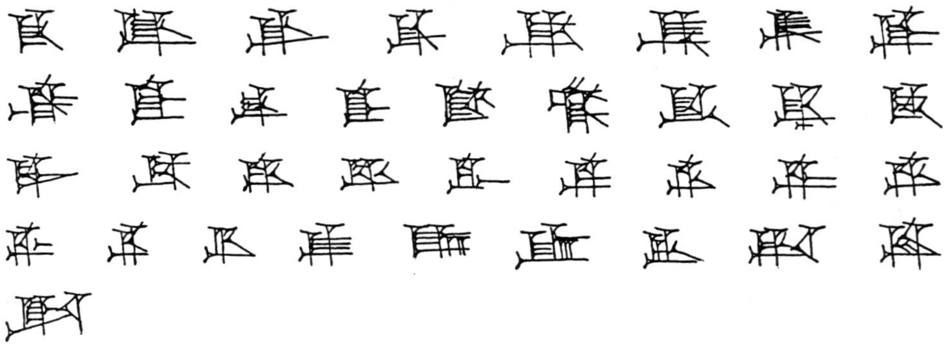

 KIN „Werk, (Arbeits)leistung, Dienstleistung, Opferzurüstung, Ornat, (Los-)Orakel; etwas ausführen, herstellen" (= heth. *aniur, ani̯i̯an, ani̯i̯att-, ani̯i̯a-*)

 (ḪI.A)  KIN(ḪI.A)-*ta* „Ornat, Ausrüstung" (= heth. *ani̯i̯atta* Nom.-Akk. n.)

 KIN-*ti* „Ornat, Ausrüstung" (= heth. *ani̯i̯atti* Nom.-Akk. n.)

LÚ  LÚKIN.GI₄.A „Bote"

(URUDU) 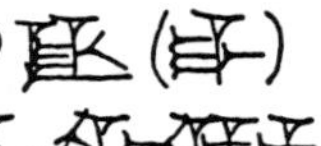 (URUDU)KIN(.GAL) „(große) Sichel"

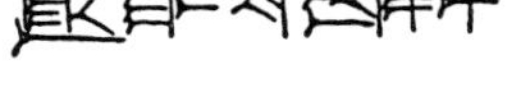 KIN.GAL ZABAR „große Sichel aus Bronze"

Zu KIN-*ti* = heth. *anii̯atti,* das in einem Duplikat mit *anii̯an* wechselt, s. CHD 3, 287 a. R. Borger, ABZ Nr. 538 erwägt für ^{URUDU}KIN die Lesung ^{URUDU}GUR$_{10}$$^{?}$.

Zu möglichem KIN.KA.GA (statt KAB.KA.GA) s. Nr. 49 Anm.

DUMU.KIN *s. Nr.* 237
É (GIŠ.)KIN.TI *s. Nr.* 199
EN GIŠ.KIN.TI *s. Nr.* 40
ÉRIN^{MEŠ} KIN *s. Nr.* 327
GA.KIN.AG *s. Nr.* 159
GA.KIN.DÙ *s. Nr.* 159
GIŠ.KIN.TI *s. Nr.* 178
^{ITU}KIN.^{D}INANNA/INNIN *s. Nr.* 84
LÚ KIN *s. Nr.* 78
NU.KIN *s. Nr.* 11
^{LÚ}ŠE.KIN.KUD *s. Nr.* 338
^{ITU}ŠE.KIN.KUD *s. Nr.* 84
$^{(URUDU)}$ŠU.KIN *s. Nr.* 68
^{NA_4}ZI.KIN *s. Nr.* 33
^{URUDU}ZI.KIN.BAR *s. Nr.* 33

---

48  ŠUŠANA im Sumerogramm GIDIM (Nr. 52)

---

49  *kab/p, gáb/p* akkad. *qáb/p* sum. GÁB, GÙB, ḪÚB, KAB

 GÙB „linke Seite; linker"

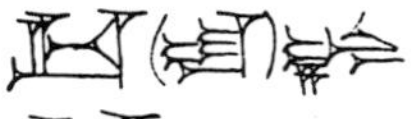 GÙB(-*la*)-*az* „links"

$^{(ḪI.A)}$ ḪÚB$^{(ḪI.A)}$ „(Ohr)ring(e)"

 ḪÚB.BI,  ḪÚB.BÍ „(Ohr)ring"

^{LÚ} ^{LÚ}ḪÚB.BI, ^{LÚ} ^{LÚ}ḪÚB.BÍ „Kulttänzer, Akrobat"

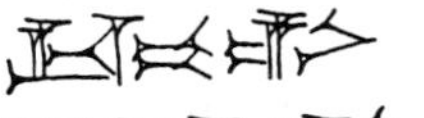 *KAP-PÍ E-NI* „Augenlid" (akkad. *kappi īni*)

^{DUG}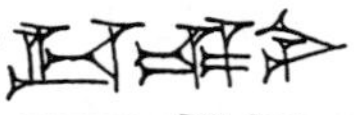 ^{DUG}KAB.KA.DÙ ein Gefäß

$^{(LÚ/MUNUS)}$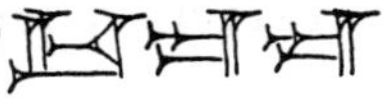 $^{(LÚ/MUNUS)}$GÁB.ZU.ZU „Ausgebildete(r)$^{?}$"

Sehr fraglich bleibt die Lesung KAB$^{?}$.KA.GA KBo 20.33 Vs. 8 (vgl. E. Neu, StBoT 26, 1983, 245 s.v. und I. Singer, StBoT 28, 1984, 201), für die vielleicht jetzt eher KIN.DUG$_4$.GA zu erwägen wäre. – Zu ^{LÚ}GÁB.ZU.ZU s. CAD K 29; AHw III 1565.

GAL Ú.ḪÚB *s. Nr.* 195
ḪUB$^{(ḪI.A)}$ *s. Nr.* 50
^{LÚ}ḪUB.BI/BÍ *s. Nr.* 50
^{LÚ}Ú.ḪUB/ḪÚB *s. Nr.* 195

---

50  *ḫub/p* sum. ḪUB

ḪUB(ḪI.A) „(Ohr)ring(e)"
ḪUB.BI, ḪUB.BÍ „(Ohr)ring"
LÚḪUB.BI, LÚḪUB.BÍ „Kulttänzer, Akrobat"

ḪÚB(ḪI.A) *s. Nr.* 49
(LÚ)ḪÚB.BI/BÍ *s. Nr.* 49
LÚÚ.ḪUB/ḪÚB *s. Nr.* 195

51 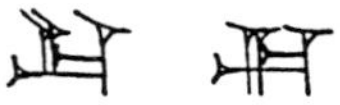 *ur, lig/k/q* hurr. *tiš* akkad. *taš* sum. TÉŠ, UR

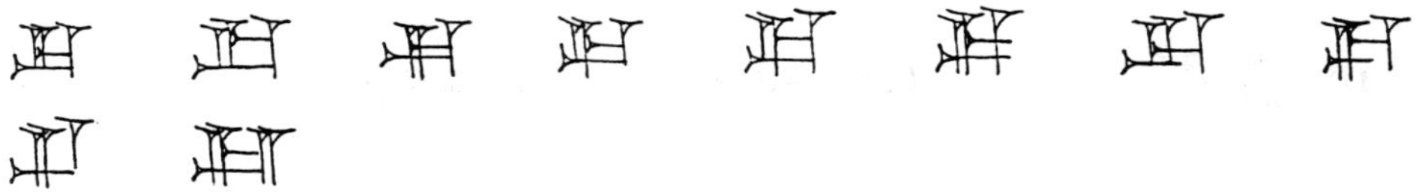

UR „Hund"
LÚUR (LÚ UR) „Hundemann (im Kult); Jäger"
UR.MAḪ „Löwe"
LÚUR.MAḪ „Löwenmann" (im Kult)
UR.SAG „Held"
UR.SAG-*tar* „Heldenhaftigkeit"
UR.BAR.RA „Wolf"
LÚUR.BAR.RA „Wolfsmann" (im Kult)
UR.GI₇ „Hund" (auch in verächtlichem Sinne)
LÚUR.GI₇ (LÚ UR.GI₇) „Hundemann (im Kult); Jäger"
UR-RA-AM ŠE-(E-)RA-AM „in Zukunft"
UR.TUR „junger Hund, Welpe" (auch LÚ.MEŠUR.TUR)
UR.BI „zusammen"
DUR.MAḪ
mUR.MAḪ (auch in m*Ḫapati*-UR.MAḪ, m*Lila*-UR.MAḪ)

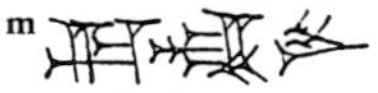 ^{m}UR.MAḪ-LÚ

 ^{m}UR.SAG-*i*-

Der Lautwert *tíš* findet sich bisher wohl nur in den hurritischen Orakeltermini *en-tíš*, vgl. KUB 22.31 Vs. 9, KUB 46.37 Rs. 1, und *ta-ú-tíš* KUB 5.24 I 65.

A.A.TÉŠ *s. Nr.* 364
$^{LÚ.MEŠ}$KÁ(.GAL) UR.GI$_7$ *s. Nr.* 167
^{m}EN-UR.SAG *s. Nr.* 40
^{m}GAL-UR.MAḪ *s. Nr.* 242
^{m}GE$_6$-UR.MAḪ *s. Nr.* 267
$^{m\,D}$SILIM-UR.MAḪ *s. Nr.* 312

---

52  sum. GIDIM (= ŠUŠANA.IŠ)

 GIDIM „Toter, Totengeist“

Zu NINDA.GIDIM s. KBo 21.1 I 4.

---

53  sum. TUK, TUKU

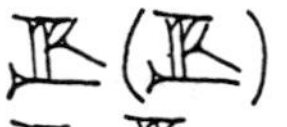 TUKU(.TUKU), TUK(.TUK) „Zorn, zürnen, zornig“
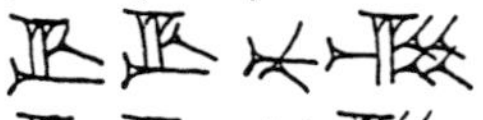 TUKU.TUKU-*nu-zi* „er erzürnt“
 TUKU.TUKU-*eš-zi* „wird zornig“
 NU.TUKU „nicht (vorhanden)“

Zu NU.TUKU im Sinne von NU.GÁL s. 178/o, 6 (1 NINDA.GUR$_4$.RA NU.TUKU) und KBo 4.13 V 25 (... NINDA.GUR$_4$.RA] NU.TUKU); vgl. A. Deimel, ŠL Nr. 574.4 und H. M. Kümmel, FsOtten, 1973, 171.

NÍG.TUKU *s. Nr.* 369

54  sum. SILA$_4$ (= GÁ×PA)

 SILA$_4$ „Lamm"

 SILA$_4$.NÍTA „Lamm" (männl.)

SILA$_4$."SÍG+MUNUS" *s. Nr.* 66

55  sum. BÚGIN/BÚNIN (= LAGAB×NÍG)

GIŠ  ^{GIŠ}BÚGIN, ^{GIŠ}BÚNIN Gefäß für Trockensubstanz, Kasten, Trog u. ä.

GIŠ 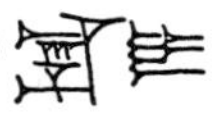 ^{GIŠ}BÚGIN.TUR kleines Gefäß für Trockensubstanz usw.

^{GIŠ}BÚGIN.TUR KBo 19.129 Vs. 21, 22 wechselt im Dupl. Bo 5238 mit ^{GIŠ}BUGIN.TUR. – Zu ^{GIŠ}BUGIN und ^{GIŠ}BÚGIN vgl. H. G. Güterbock, FsOtten, 1973, 79 f.

^{GIŠ}BUGIN/BUNIN *s. Nr.* 182

56  akkad. *ba$_4$*, *mà* sum. GÁ, MAL, PISAN

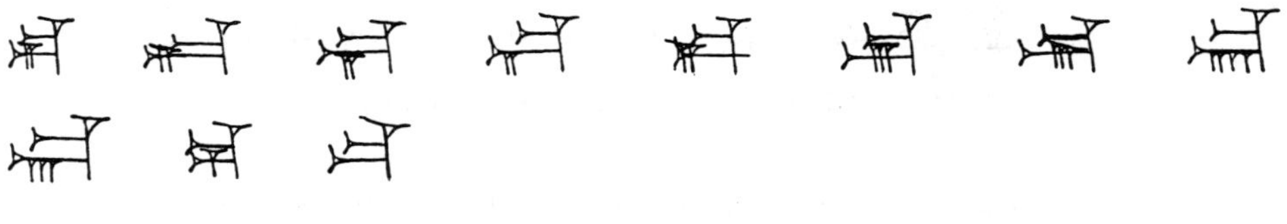

GIŠ  ^{GIŠ}PISAN „Kasten, Kiste, Behälter"

GI  ^{GI}PISAN „Korb, Behälter"

GI 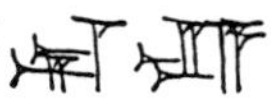 ^{GI}PISAN SA$_5$ „roter Korb"

GI/GIŠ (ḪI.A) GI/GIŠPISAN.TÚG(ḪI.A) „Kleiderkorb, Kleiderkasten"

GIŠ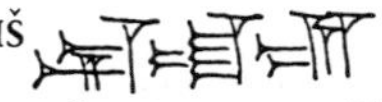 GIŠPISAN AD.KID „Kasten aus Rohrgeflecht"

GI/GIŠ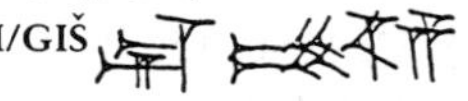 GI/GIŠPISAN DUḪ.ŠÚ.A „lederner Behälter"

 GÁ.E „ich"

GI/GIŠ GI/GIŠPISAN.NINDA „Brotkasten, Brotbehälter"

D DA.MAL (Marduk); vgl. Nr. 155 und Nr. 364 Anm.

D D*ZA-BA₄-BA₄*

Bei GIŠPISAN und GIPISAN handelt es sich möglicherweise um die gleichen Gegenstände. S. Košak, THeth 10, 1982, 249 deutet GIŠPISAN DUḪ.ŠÚ.A als „orange-yellow chest".

KUŠA.GÁ.LA *s. Nr.* 364 Á.ÁG.GÁ *s. Nr.* 215

---

57  sum. AMA / DAGAL (= GÁ × AN)

 DAGAL „Breite, breit; weit"

(MUNUS) (MUNUS)AMA „Mutter"

(MUNUS)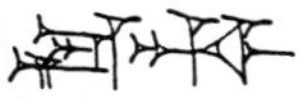 (MUNUS)AMA.DINGIR*LIM* „Gottesmutter" (eine Priesterin), auch Inversion (MUNUS)DINGIR*(LIM)*.AMA

 AMA.AMA „Großmutter"

 AMA.AR.GI „(Abgaben-)Befreiung, Freilassung" (akkad. *andurāru*)

(MUNUS) (MUNUS)AMA.MUNUS „Mutter"

 AMA.DÙG.GA-*I̯A* „meine liebe Mutter"

LÚ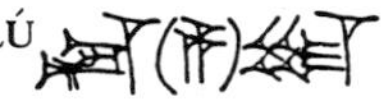 LÚAMA.(A.)TU „Hausgenosse"

Zu *andurāru* im akkad. Kontext s. KBo 1.5 I 37; vgl. E. F. Weidner, Politische Dokumente aus Kleinasien, Leipzig 1923, 92/93; R. Labat, L'Akkadien de Boghaz-Köi, Bordeaux 1932, 103; zu hurr. *kirenzi* = heth. *para tarnumar* = akkad. *andurāru* s. E. Neu, Das Hurritische: Eine altorientalische Sprache in neuem Licht. Akademie der Wissenschaften und der Literatur (Mainz). Abhandlungen der Geistes- und Sozialwissenschaftlichen Klasse, Jahrgang 1988, Nr. 3, 10 ff. Vgl. D. Charpin, AfO 34, 36 ff.

AMA.MUNUS „Mutter" z. B. im Ägypter-Brief KBo 28.50 Vs. 1 (vgl. E. Edel, SAK I, 1974, 112, 126).

→

(57) ()

Zur Graphie AMA.A.AT und zur Bedeutung von ^{LÚ}AMA.(A.)TU s. J. Friedrich, SV I, 79; ferner W. von Soden, AHw I, 371 sub *ilittu*.

Unklar bleiben die Ideogrammverbindungen AMA.UZU.E$^{!}$.KISIM$_5$ × Ú.MAŠ und AMA.UZU.Ú.MAŠ in IBoT I 33 passim. Vgl. E. Laroche, RA 52, 1958, 152 ff., der jedoch die erstgenannte Ideogrammverbindung als AMA.UZU.SI.NIM × Ú liest.

Fraglich bleibt die Lesung im Götternamen ^{D}AMA-*ma-ma-li-li* (E. Laroche, Recherches, 93).

---

58  sum. ÙR (= GÁ × NIR)

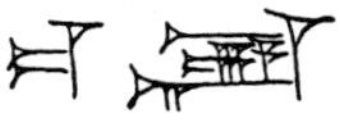 GIŠ.ÙR „Balken, Dachbalken"

 É GIŠ.ÙR.RA „Dachgeschoß"

DÙR$^{\text{(ÙR)}}$ *s. Nr.* 302

---

59  sum. ÀRAḪ/ÉSAG (= GÁ × ŠE)

 ÉSAG [ÀRAḪ] „Scheune, Speicher; speichern, lagern"

---

60  sum. GALGA (= GÁ × NÍG)

 GALGA „Verstand"

Auch in einer Verbindung wie]ŠU.GAR.GALGA KUB 18.57 II 66.

---

61  *gán, kán* sum. GÁN, IKU

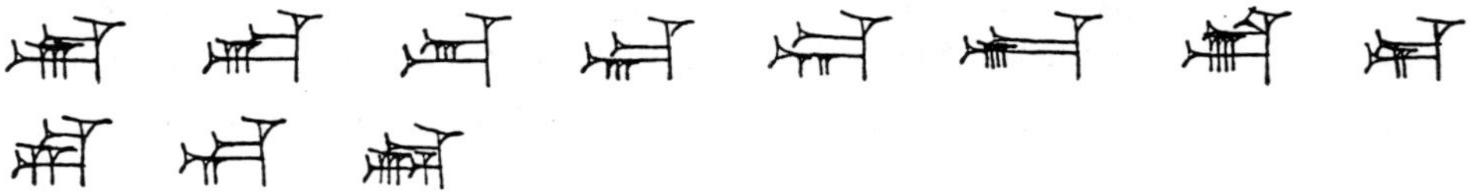

 IKU „Feld", auch Flächen- und Längenmaß

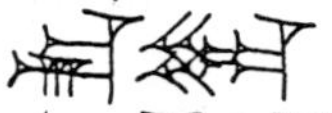 IKU-*li* „im Umfang von einem IKU"

LÚ 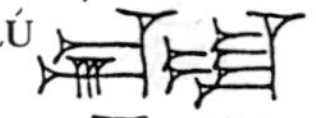 LÚ*kán-la* Abkürzung für LÚ*kanqatitalla*

m 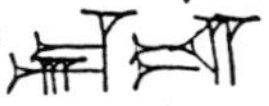 m*Kán-iš* Abkürzung für m*Kantuzziliš*

m  m*Kán-li* Abkürzung für m*Kantuzzili*

Zu IKU/*gipeššar* s. H. C. Melchert, JCS 32, 1980, 50ff.

Unklar bleibt die Zeichenverbindung GÁN.DU.NA in KUB 42.81, 4; vgl. J. Siegelová, Heth. Verwaltungspraxis 1986, S. 491 mit Anm. 4.

(DUG)GÌR.GÁN *s. Nr.* 301 ŠU.GÁNSAR *s. Nr.* 68

---

62  sum. ERIN/EREN (= SÍK.NUN)

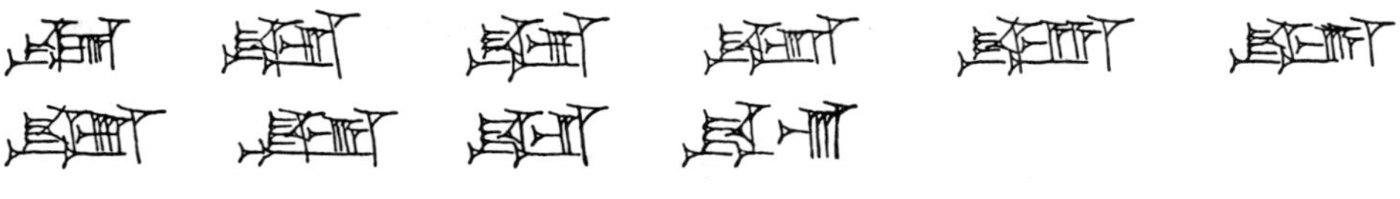

GIŠ  GIŠERIN, GIŠEREN „Zeder"

---

63  sum. ŠÉŠ (= SÍK.LAM)

GIŠ  GIŠŠÉŠ „Süßholz, Lakritze"

URU  URUÁ.ŠÉŠ

---

64 

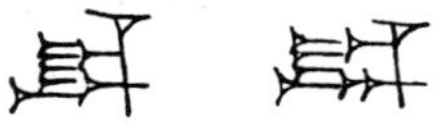

 (Ligatur von) ŠU.NÍGIN „Summe; insgesamt"

ŠU.NÍGIN.GAL *s. Nr.* 68

---

65  sum. SÍG, SÍK, SIKI

 SÍG, SÍK, SIKI „Wolle", auch Determinativ vor Wollstoffen bzw. -fäden

 SÍG.SÁ (= SÍG.SA$_5$?) „rote? Wolle"

ÍD ÍDSÍG (= Ḫulana)

Unter den angeführten Lautwerten stellt SIKI die vollständige Form dar und sollte deshalb als Hauptlesung gelten. Dafür haben wir hier die in der Hethitologie bisher übliche Lesung SÍG vorangestellt.

Für SÍG.SÁ darf man wohl mit einer Ideogrammvertauschung für SÍG.SA$_5$ rechnen.

Zum Fluß ÍDSÍG (ÍD*Ḫulana*) s. A. Ünal, RlA 4, 1975, 489f.; J. Tischler, RGTC 6, 1978, 548.

UDU."SÍG+MUNUS" *s. Nr.* 66, 210

66  sum. "SÍG+MUNUS"

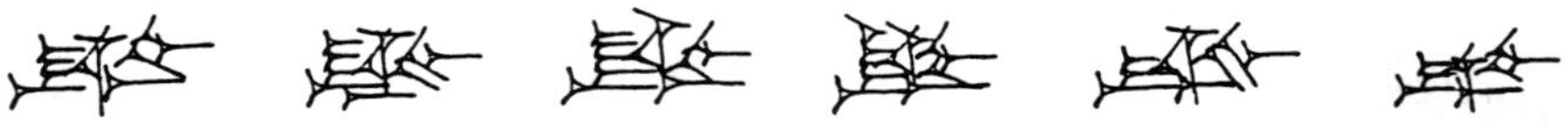

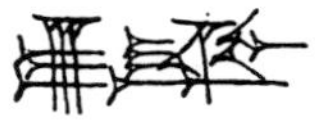 UDU."SÍG+MUNUS" „(weibliches) Schaf"

 SILA$_4$."SÍG+MUNUS" „(weibliches) Lamm"

Zur Lesung UDU."SÍG+MUNUS" *s. Nr.* 210.

67   *ig/k/q, eg/k/q* sum. GÁL, IG

GIŠ GIŠ GIŠIG „Tür"

LÚ GIŠ LÚ GIŠIG „Türsteher"

,  *IQ-BI* „er sprach“; zu akkad. *qabû(m)*
,  *IK-RU-UB* „er gelobte“; zu akkad. *karābu(m)*

Á(.NU).GÁL *s. Nr.* 215
GEŠTU.NU.GÁL *s. Nr.* 317
Ì.GÁL *s. Nr.* 72
(LÚ)IGI(.NU).GÁL *s. Nr.* 288
NIR.GÁL *s. Nr.* 204
NU.GÁL *s. Nr.* 11
NU.Ì.GÁL *s. Nr.* 11
LÚŠU.GÁL *s. Nr.* 68
mNIR.GÁL *s. Nr.* 204

---

68  *šu* akkad. *kat₇*?, *su*ₓ sum. ŠU, GÉŠBU bzw. GÉŠPU (= ŠU.BÙLUG)

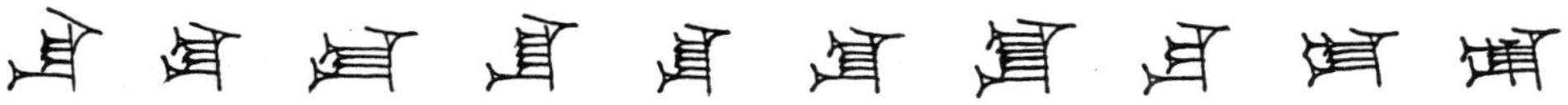

 -*ŠU* „sein, ihr“; auch zur Bildung von Zahladverbien (I-*ŠU*, II-*ŠU* usw.)
 ŠU „Hand“
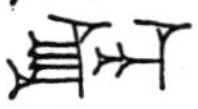 ŠU.AN „Siegesdenkmal?“
GIŠ GIŠŠU.ŠÙDUN „Joch“ (s. auch Nr. 88)
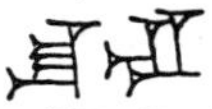 ŠU.SI „Finger, Fingerbreite“
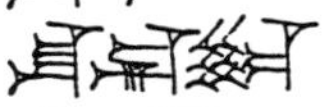 ŠU.GÁNSAR eine (Garten-)Pflanze
 ŠU.GUR „Ring“
LÚ LÚŠU.GÁL „Befehlshaber?“
 -*ŠU-NU* „ihr“ (3. Pl.), vgl. Nr. 251
LÚ LÚŠU.GI „Greis, Ältester“
MUNUS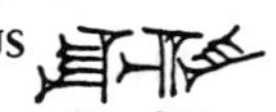 MUNUSŠU.GI „Greisin, Magierin“
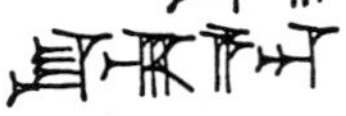 ŠU.RI.ÀM „Hälfte“
   1/2 ŠU.RI.ÀM *ṬUP-PÍ* „Halbtafel“
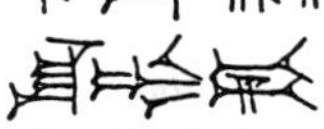 ŠU.TAG.GA „schmücken?“
LÚ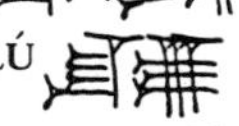 LÚŠU.DAB, LÚŠU.DIB „Kriegsgefangener“
 ŠU.DAB.BU „Kriegsgefangener“
(URUDU)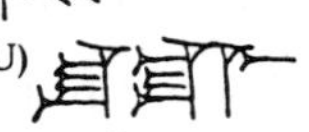 (URUDU)ŠU.TÚG.LÁ Gegenstand (Gefäß?) aus Metall
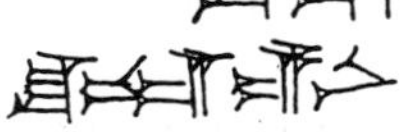 *ŠU-ÚR E-NI* „Augenbraue“ (akkad. *šūr īni*)
GIŠ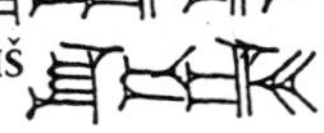 GIŠŠU.ÚR.MÌN „Zypresse?“

→

(68)

()

(GIŠ)  $^{(\text{GIŠ})}$ŠU.NAG(.NAG)

GIŠ 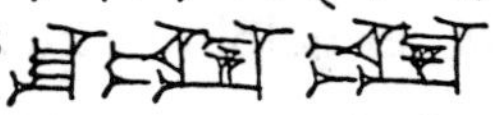 ^{GIŠ}ŠU.NAG.GU$_7$

GIŠ 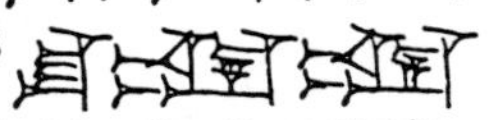 ^{GIŠ}ŠU.GU$_7$.NAG

GIŠ 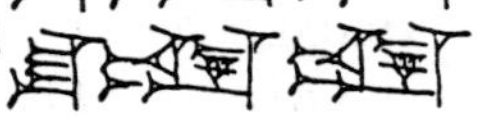 ^{GIŠ}ŠU.GU$_7$.GU$_7$

} Gefäße für Speise und/oder Trank

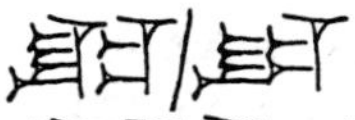 ŠU.NÍGIN „Summe; insgesamt", vgl. Nr. 64

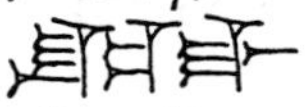 ŠU.NÍGIN.GAL „Gesamtsumme"

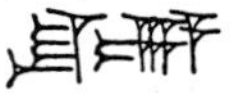 ŠU.NIR „Emblem"

LÚ  ^{LÚ}ŠU.I „Reiniger, Barbier"

(GIŠ)  $^{(\text{GIŠ})}$ŠU.I „Speer?, Speerspitze?"

LÚ  ^{LÚ}ŠU.ḪA$_6$ „Fischer, Jäger"

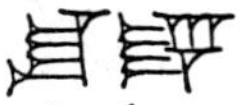 *ŠU-PUR* „schreibe!, sende!" (zu akkad. *šapāru*)

 GÉŠPU/GÉŠBU „Gewalt, Ringkampf, Unterarm?, Faust?"

GIŠ  ^{GIŠ}GÉŠPU Nachbildung eines Körperteils; „Faust?, Unterarm?"

 LÚ GÉŠPU „Kämpfer, Athlet, Ringer"

(NA$_4$)  $^{(\text{NA}_4)}$ŠU.U ein Stein, „Basalt?" (heth. *kunkunuzzi-*)

 ŠU.KIŠ^{SAR} eine (Garten-)Pflanze, „Brennessel?"

 *ŠU-ŠI* „60", auch 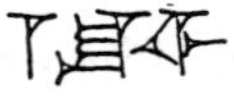 I *ŠU-ŠI*, vgl. Nr. 356

 ŠU.SAR „Strick, Schnur"

(URUDU)  $^{(\text{URUDU})}$ŠU.KIN „Sichel"

D 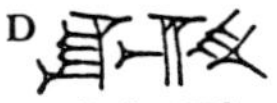 ^{D}ŠU.GI

m  ^{m}GIŠ.ŠU-TUR

Zu ŠU^{TUM} und *ŠU-TU/ŠU-TI* s. H. A. Hoffner, Studia Mediterranea I/1, 1979, 261 ff.; CHD III/1, 1980, 47 ff. sub *latti-*.

Zur behelfsmäßigen Umschrift ŠU.AN vgl. H. Otten, StBoT 24, 1981, 11, 111.

Zur Problematik um ^{LÚ}ŠU.GÁL s. J. Friedrich, SV II 162.

Zum Verbum ^{LÚ}ŠU.GI-*aḫḫ-* s. CHD 3, 227 sub **miyaḫuwantaḫḫ-*.

Fraglich bleibt, ob GIŠ ŠU.TAG.GA oder ^{GIŠ}ŠU.TAG.GA zu lesen ist (vgl. S. Košak, THeth 10, 1982, 276).

Zu akkadisiertem ŠU.DAB.BU s. H. M. Kümmel, StBoT 3, 1967, 161.

Zu ^{GIŠ}ŠU.NAG.NAG „handförmiges Libationsgefäß" s. S. Alp, Beiträge zur Erforschung des hethitischen Tempels, 1983, 42, Anm. 46.

Zu ^{LÚ}ŠU.I in der Bedeutung „nettoyeur", „spazzare il terreno" s. N. van Brock, RHA 71, 127 bzw. A. M. Jasink, Mesopotamia 13–14, 1978–79, 213 ff.

Zu ^{GIŠ}ŠU.I/^{GIŠ}*šiiatal* in der Bedeutung „Speer?" s. H. G. Güterbock, Hethitische Literatur, in: Neues Handbuch der Literaturwissenschaft 238, 240; vgl. CHD 3, 61 (sub *liliwaḫḫ-*): „blade?".

Zur Bedeutung von GÉŠPU s. H. G. Güterbock in FsBittel, Beiträge zur Altertumskunde Kleinasiens I, 1983, 213 f.

Zur Lesung ŠU.KIŠ^{SAR} vgl. [š]U.GIŠ^{SAR} KBo 29.141, 13 (gegenüber KBo 29.142, 9). Für die Deutung „Brennessel" s. M. Vitti, SMEA 24, 1984, 149 f.

^{m}GIŠ.ŠU-TUR wohl nur belegt in KUB 26.32 + II 3.

In KBo 13.27 + VBoT 12 Z. 11 liegt möglicherweise ^{LÚ}ŠU.[BAR.RA? vor, das in der heth. Übersetzung KUB 29.9 IV 12 einem LÚ KUR *ḫur-la-aš* zu entsprechen scheint. – Fraglich bleibt ŠU.BAR-*ša*[in bruchstückhaftem Kontext KBo 24.26 II 6.

ŠU.UG in KUB 44.63 II 14 wird man wohl in ŠU-*az* zu emendieren haben.

Zu $^{(NA_4)}$ŠU.U s. A. Polvani, Eothen 3, 1988, 160 f.

EGIR-*ŠU*(-*NU*) *s. Nr.* 126
ÉRIN^{MEŠ} *ŠU-TI*$^{(ḪI.A)}$ *s. Nr.* 327
GADA.ŠU *s. Nr.* 173
$^{(DUG)}$ḪAR.ŠU(.ŠA) *s. Nr.* 333
$^{(DUG)}$IM.ŠU.(NÍG.)RIN.NA *s. Nr.* 337
MUŠ.ŠU.LÚ *s. Nr.* 342
$^{(URUDU)}$NÍG.ŠU.LUḪ(.ḪA) *s. Nr.* 369
^{LÚ}SÌLA.ŠU.DUḪ(.LIŠ.A) *s. Nr.* 21
^{ITU}ŠU.NUMUN.NA/A *s. Nr.* 84

---

69  sum. KÙ, KUG, AZAG (= KUG.AN), GUŠKIN (= KUG.GI)

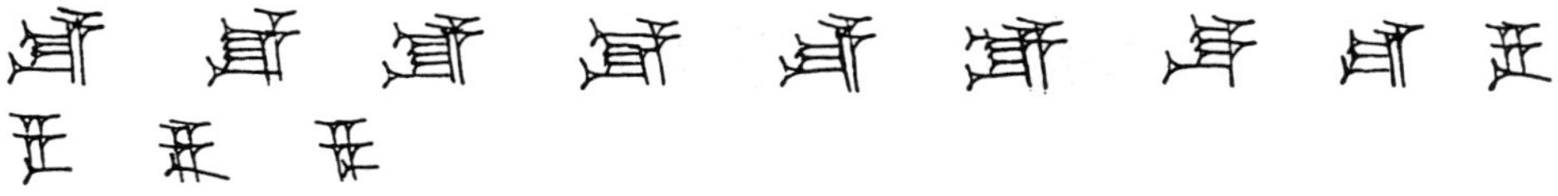

 KÙ, KUG „rein, glänzend; reinigen"

 KÙ.GA „rein"

 AZAG „Tabu, Dämon"

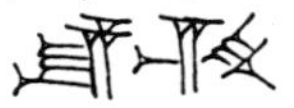 GUŠKIN (KÙ.GI, KÙ.SI$_{22}$, KÙ.SIG$_{17}$) „Gold"

LÚ.MEŠ 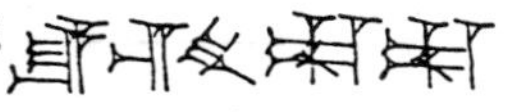 $^{LÚ.MEŠ}$GUŠKIN.DÍM.DÍM „Goldschmiede"

LÚ  ^{LÚ}KÙ.DÍM „Gold-/Silberschmied"

 KÙ.BABBAR „Silber" (auch ligaturartig: )

LÚ.MEŠ 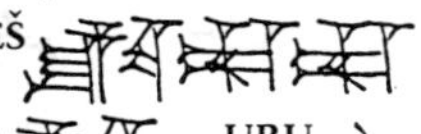 $^{LÚ.MEŠ}$KÙ.BABBAR.DÍM.DÍM „Silberschmiede"

URU  ^{URU}KÙ.BABBAR (^{URU}*Ḫattuša*), vgl. Nr. 174

URU 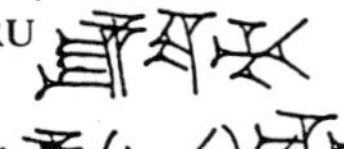 ^{URU}KÙ.BABBAR-*ti* (^{URU}*Ḫatti* bzw. ^{URU}*ḪATTI*), vgl. Nr. 174

m 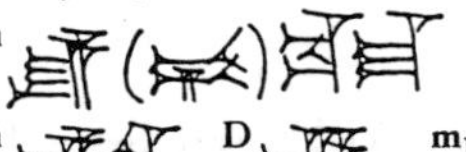 ^{m}KÙ.(GA.)PÚ-*ma* (^{m}*Šuppiluliuma*)

m 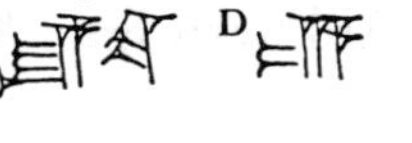 ^{m}KÙ.BABBAR-^{D}LAMMA (^{m}*Ḫattuša-Inara*)

→

(69)
()

ITUDU$_6$.KÙ *s. Nr.* 84
É.ŠÀ KÙ.GA *s. Nr.* 199
GIŠGUB ŠEN KÙ.BABBAR *s. Nr.* 128
LÚKUŠ$_7$.GUŠKIN *s. Nr.* 151
LÚ (GIŠ)ŠUKUR.GUŠKIN *s. Nr.* 288
SI.GAR KÙ.BABBAR *s. Nr.* 86
GIŠŠEN KÙ.BABBAR *s. Nr.* 230
fNÍG.GA.GUŠKIN *s. Nr.* 369

---

70  sum. GIŠIMMAR

(GIŠ)  (GIŠ)GIŠIMMAR „Dattelpalme"

---

71  akkad. *tàra* sum. DÀRA

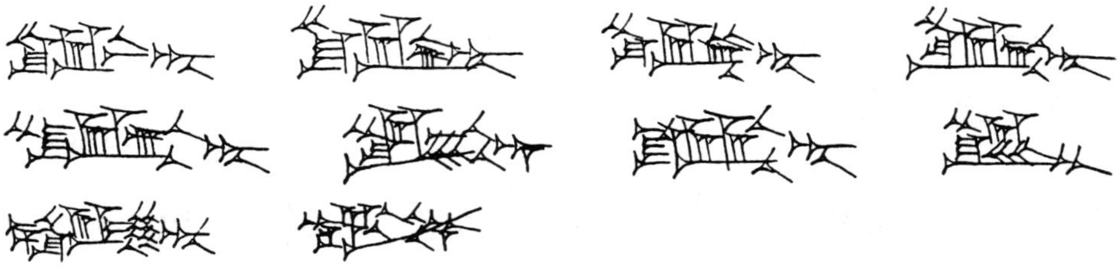

 DÀRA „Steinbock"
 DÀRA.MAŠ „Hirsch"

Zu DÀRA, DÀRA.MAŠ s. H. G. Güterbock, FsOtten, 1973, 82 f.

---

72  *ni, né, (lí)* akkad. *lí, ṣal* sum. Ì, IÀ, NI, ZAL

 *-NI* „unser"
 *ni, ni-iš, ni-eš* Abkürzungen für *nipašuri/eš*

 Ì, IÀ „Öl, ölen, salben; Fett“

(UZU) (UZU)Ì, (UZU)IÀ „Fett“

 Ì.SAG DÙG.GA „bestes Feinöl“

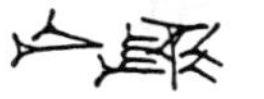 Ì.GÁL „er existiert, ist vorhanden“

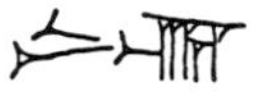 Ì.NUN „Butterschmalz“

 Ì.NUN.NA „Butterschmalz“

(UZU) (UZU)Ì.UDU „(Schaf)fett, Talg“

 *NI-IL-QÉ* „wir nahmen“; zu akkad. *leqû(m)*

 *NI-IŠ-KU-UN* „wir legten“; zu akkad. *šakānu(m)*

 *NI-IŠ-ME* „wir hörten“; zu akkad. *šemû(m)*

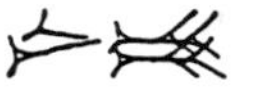 Ì.GAB u. B. (Flüssigkeit)

 Ì.GAB ŠE u. B. (ŠE „Gerste, Getreide“)

LÚ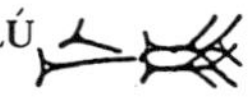 LÚNI.DUḪ „Pförtner, Türhüter“

UZU UZUÌ.GU₄ „Rinderfett“

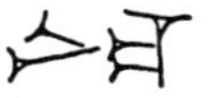 Ì.GIŠ „(Sesam)öl, Fett“

 *NI-ID-DI-IN* „wir gaben“; zu akkad. *nadānu(m)*

 *NI-MUR* „wir sahen“; zu akkad. *amāru(m)*

 Ì.ŠAḪ „Schweineschmalz“

 Ì.DÙG.GA „Feinöl“

Unklar bleibt die Zeichenverbindung NI.NI.ŠU.DA in KUB 36.52, 5.

EN *DI-NI* *s. Nr.* 40
GÚ.ZAL *s. Nr.* 201
NINDA.Ì(.E.DÉ.A) *s. Nr.* 369
NINDA.ŠE.GIŠ.Ì *s. Nr.* 369
NU.Ì.GÁL *s. Nr.* 11
ŠE.GIŠ.Ì *s. Nr.* 338
TU₇ Ì *s. Nr.* 355
(MUL)UD.ZAL.LE *s. Nr.* 316
DKA.ZAL *s. Nr.* 133
m DU-*BE-LÍ* *s. Nr.* 261

---

73  sum. IA₄/NA₄/ZÁ (= NI.UD)

 NA₄, IA₄, ZÁ „Stein“; auch Determinativ vor Steinnamen

Zu NA₄ mit gebrochenem Senkrechten s. G. Wilhelm, FsOtten 1988, 362.

É.NA₄ *s. Nr.* 199
KI.LÁ NA₄ *s. Nr.* 313

74  hurr. *nim* akkad. *nim, nem, num* sum. DÌḪ, ELAM, NIM

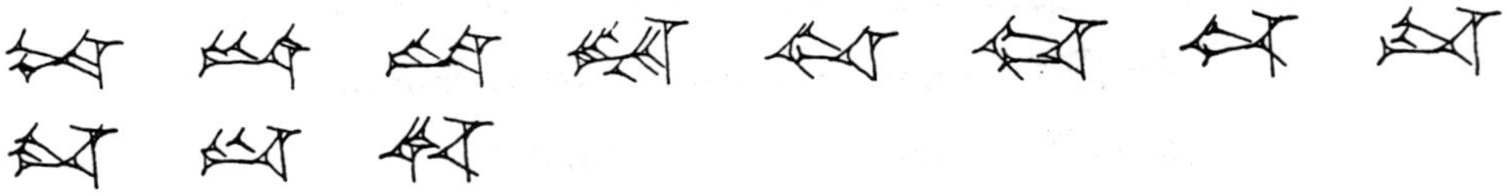

GIŠ  ^{GIŠ}DÌḪ eine Dornpflanze

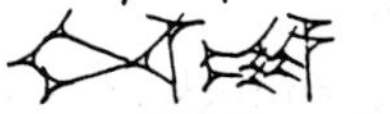 NIM.LÀL „Biene"

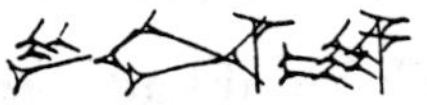 LÚ NIM.LÀL „Imker"

 KI KUR ELAM^{KI} „Elam", vgl. Nr. 169

KUR $^{(URU)}$ELAM.MA$^{(KI)}$ „Elam", vgl. Nr. 169

Zu KUR NIM.MI, KUR NIM^{KI} s. G.F. del Monte, RGTC 6, 138.

É.NIM.LÀL *s. Nr.* 199

75  akkad. *qaq* sum. DÙ, GAG, RÚ

 DÙ „machen" (heth. *i̯i̯a-, ešša-*); „werden" (heth. *kiš-*)

 DÙ.A.BI „insgesamt, alles"

GIŠ/URUDU  $^{GIŠ/URUDU}$GAG „Pflock"

GI/GIŠ 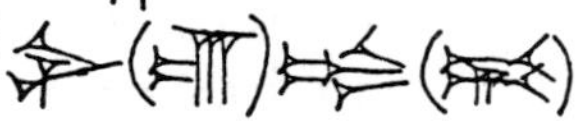 $^{GI/GIŠ}$GAG.(Ú.)TAG(.GA) „Pfeil"

Im Tafelkatalog KUB 30.65+ II 4 steht DÙ-*an-zi* für *mu-ga*[*-an-zi*] im Duplikat 58/g+ Vs. 1. Oder ist DÙ für MUG verschrieben?

Die Determinierung von GAG „Pflock" unterbleibt in der Regel bei darauffolgender Materialangabe, z. B. GAG AN.BAR, GAG KÙ.BABBAR, GAG ZABAR; doch auch ^{GIŠ}GAG URUDU (KUB 12.49 I 4).

Ideogrammvertauschung liegt vor bei DÙ-*at-ta-ri* für DU-*at-ta-ri* (= heth. *i̯attari*); vgl. H.M. Kümmel, StBoT 3, 1967, 106 f.

(DUG.)KA.GAG(.A) *s. Nr.* 162
É $^{(LÚ)}$NINDA.DÙ.DÙ *s. Nr.* 199
GA.KIN.DÙ *s. Nr.* 159
^{GIŠ}GAG ŠENNUR *s. Nr.* 260
^{LÚ}IGI.DÙ.A *s. Nr.* 288
^{DUG}KAB.KA.DÙ *s. Nr.* 49
LÚ $^{(GIŠ)}$ŠUKUR (= IGI.GAG) *s. Nr.* 288
^{LÚ}MÁŠDA (= MAŠ.EN.GAG) *s. Nr.* 20
^{DUG}MUD$_4$ (= KU$^!$.U.GAG) *s. Nr.* 207
$^{LÚ(.MEŠ)}$MUŠEN.DÙ(.A) *s. Nr.* 24

^{NA_4}NA.RÚ *s. Nr.* 15
^{LÚ}NINDA.DÙ.DÙ *s. Nr.* 369
SUR$_7$ (= KI.GAG) *s. Nr.* 313
SUR$_{14}$.DÙ.A^{MUŠEN} *s. Nr.* 192
^{TÚG}ŠÀ.GA.(AN.)DÙ *s. Nr.* 294
^{TÚG}ŠÀ.KA.DÙ *s. Nr.* 294
^{D}NIN.É.MU.UN.DÙ *s. Nr.* 299

---

76  hurr. *né$_e$*

---

77  *ir, er* sum. IR

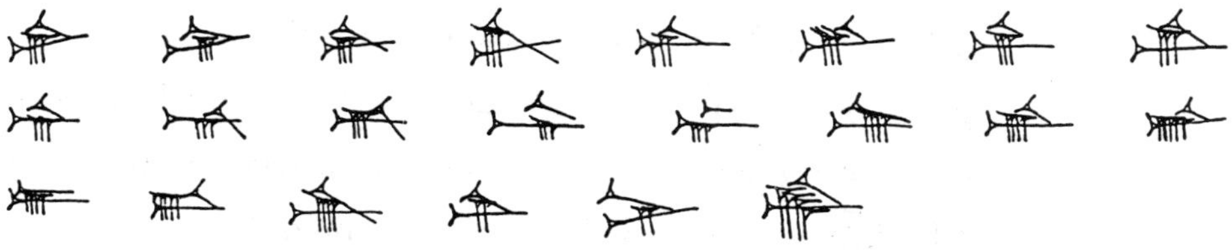

 IR „bitten, verlangen; durch Orakel ermitteln"
 IR *TUM/TAM* „Orakel(anfrage)"
 *ir-liš* Abkürzung für *irkipelliš*
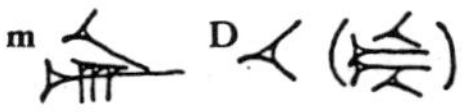 ^{m}*Ir-* ^{D}U(-*ub*) (^{m}*Ir-* ^{D}*Teššub*)
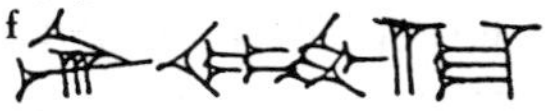 ^{f}IR-*mi-im-ma*

^{GIŠ}KIRI$_6$ ^{GIŠ}*SE$_{20}$-ER-DUM* *s. Nr.* 353
^{f}DINGIR^{MEŠ}-IR *s. Nr.* 8
$^{f\,D}$*SÎN*-IR *s. Nr.* 331
$^{f\,D}$U-IR *s. Nr.* 261

---

78  akkad. *lú* sum. LÚ

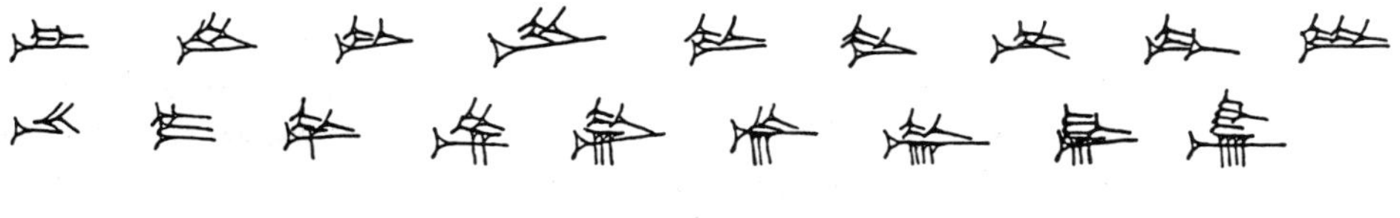

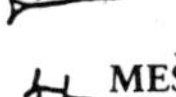 LÚ „Mann"; Determinativ vor Berufsbezeichnungen
 LÚ^{MEŠ} „Leute" (z. B. vor Orts- und Ländernamen)
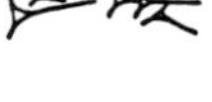 LÚ-*tar*,  LÚ-*na-tar* „Mannheit, Männlichkeit, Heldentat" →

(78)
()

 LÚ GÍR (wörtlich: Mann des Messers/Dolches) „Messerschlucker"

 LÚ-*ni-li* „nach Art eines Mannes"

 LÚ^{MEŠ} *NA-RA-RI* „Hilfstruppen", vgl. Nr. 327

 LÚ.NAM.U$_{19}$.LU „Mensch(enkind)"

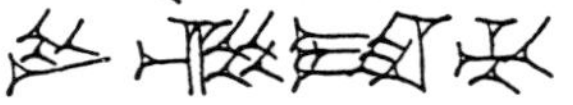 LÚ *ZI-IT-TI*, 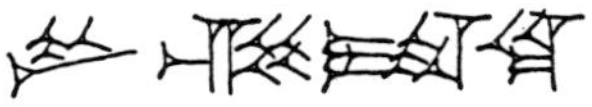 LÚ *ZI-IT-TI*$_4$ „Teilhaber"

 LÚ *IL-KI*,  LÚ *IL*$_5$*-KI* „Lehensmann"

 LÚ É.ŠÀ „Kammerherr"

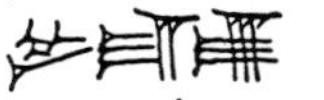 LÚ.U$_{19}$.LU „Mensch"

 LÚ PA$_5$ „Kanalinspektor"

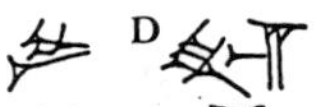 LÚ ^{D}IM,  LÚ ^{D}U „Mann/Priester des Wettergottes"

 LÚ NÍG.GAL.GAL „Übertreiber, Aufschneider"

 LÚ KIN „Handwerker, Arbeiter"

 ^{m}LÚ

Die Bedeutung „Messerschlucker" für LÚ GÍR ergibt sich aus KBo 32.106 Rs. 12 (freundlicher Hinweis von S. Košak).

Zu LÚ^{MEŠ} KIN „Pioniere" s. E. von Schuler, HDA 52.

DUMU.(NAM.)LÚ.U$_{19}$.LU *s. Nr.* 237
É LÚ NINDA.ŠE *s. Nr.* 199
LÚ $^{\text{NA}_4}$ARA$_5$ *s. Nr.* 333
LÚ ^{GIŠ}BANŠUR *s. Nr.* 229
LÚ GÉŠPU *s. Nr.* 68
LÚ ^{GIŠ}GIDRU *s. Nr.* 174
LÚ ^{GIŠ}IG *s. Nr.* 67
LÚ KASKAL *s. Nr.* 259
LÚ^{MEŠ} KI.LAM *s. Nr.* 313
LÚ ^{GIŠ}MÁ *s. Nr.* 87
LÚ MÁŠ(.GAL) *s. Nr.* 38
LÚ NIM.LÀL *s. Nr.* 74
LÚ ^{GIŠ}PAN *s. Nr.* 118
(LÚ) SAG *s. Nr.* 192
LÚ $^{\text{(GIŠ)}}$ŠUKUR(.GUŠKIN/ZABAR) *s. Nr.* 288
LÚ ^{GIŠ}TUKUL GÍD.DA *s. Nr.* 206
LÚ UR(.GI$_7$) *s. Nr.* 51
MÁŠ LÚ *s. Nr.* 38
MUŠ.ŠU.LÚ *s. Nr.* 342
NAM.LÚ.U$_{19}$.LU *s. Nr.* 39
LÚ^{MEŠ} ZA.LAM.GAR *s. Nr.* 366
$^{\text{(Ú)}}$ŠE.LÚ^{SAR} *s. Nr.* 338
$^{\text{m D}}$AMAR.UTU-LÚ *s. Nr.* 155
^{m}AN.ŠUR-LÚ *s. Nr.* 8
^{m}DINGIR.GE$_6$-(*ia*-)LÚ *s. Nr.* 267
^{m}DUGUD-LÚ *s. Nr.* 268
^{m}EN-LÚ *s. Nr.* 40
^{m}GAL-LÚ *s. Nr.* 242
$^{\text{m GIŠ}}$GIDRU-LÚ *s. Nr.* 174
^{m}ḪUR.SAG-LÚ *s. Nr.* 333
$^{\text{m D}}$*IŠTAR*-LÚ *s. Nr.* 263
^{m}KARAŠ-LÚ *s. Nr.* 313
^{m}KISLAḪ-LÚ *s. Nr.* 313
$^{\text{m D}}$LAMMA-LÚ *s. Nr.* 196
^{m}TI$_8$^{MUŠEN}-LÚ *s. Nr.* 215
$^{\text{m D}}$U-LÚ *s. Nr.* 261
^{m}UR.MAḪ-LÚ *s. Nr.* 51
$^{\text{m D}}$UTU-LÚ *s. Nr.* 316
$^{\text{m D}}$*SÎN*-LÚ *s. Nr.* 331

79  sum. SES, ŠEŠ

 ŠEŠ „Bruder"

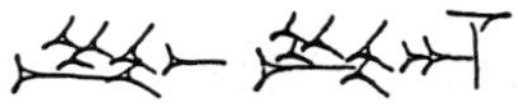 ŠEŠ-*aš* ŠEŠ-*an* „der eine (Bruder) den anderen (Bruder)"

 ŠEŠ-*tar* „Bruderschaft"

 ŠEŠ.DÙG.GA-*IA* „mein lieber Bruder"

 SES, ŠEŠ „bitter"

m  mŠEŠ-*an-za*

m  mŠEŠ-*zi-iš* (m*Nanizis*)

m  mŠEŠ.DU

m  m*Te-ḫub*-ŠEŠ

DUMU.ŠEŠ *s. Nr.* 237
GÚ.SES/ŠEŠ *s. Nr.* 201
mMI-ŠEŠ *s. Nr.* 267
m DU-ŠEŠ *s. Nr.* 261
mZAG.ŠEŠ *s. Nr.* 238

80 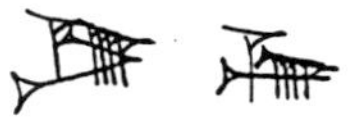 sum. AŠGAB

LÚ  LÚAŠGAB „Lederarbeiter, Schuster"

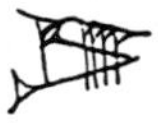 AŠGAB „Lederwerk?"

AŠGAB ZABAR[KBo 20.13 Rs. 15.

81 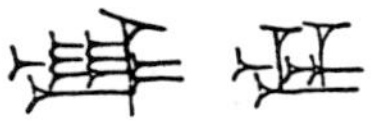 *ag/k/q* sum. AG, AK

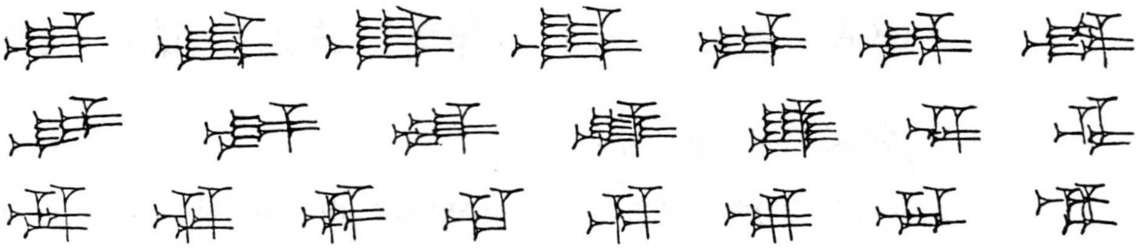

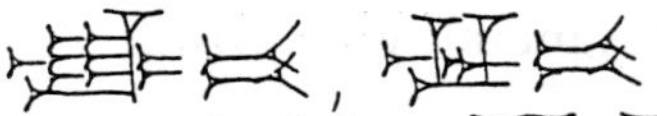 *AQ-BI* „ich sprach“; zu akkad. *qabû(m)*

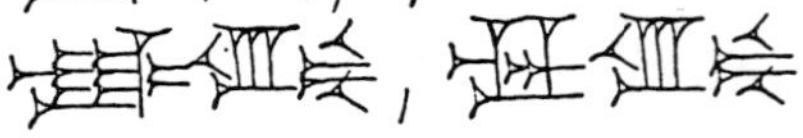 *AK-RU-UB* „ich gelobte“; zu akkad. *karābu(m)*

GA.KIN.AG *s. Nr.* 159 MÈ (= AG.ERIM) *s. Nr.* 82

82  sum. MÈ (= AG.ERIM)

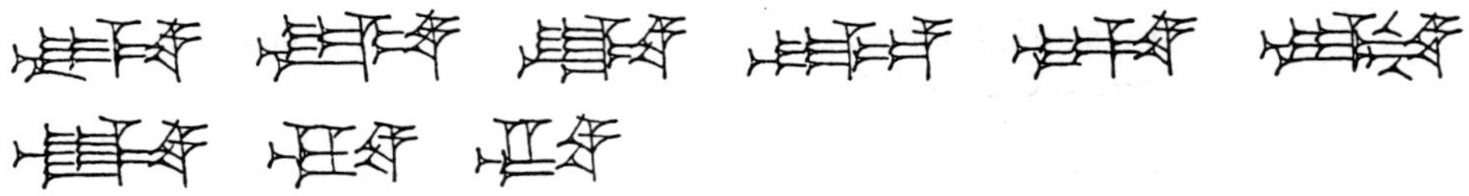

 MÈ „Schlacht“

83  akkad. *tár, ṭár* sum. GÙN

 GÙN [DAR],  GÙN.A [DAR.A] „bunt“

Eine wohl fehlerhafte Schreibung für GÙN liegt vor in KBo 13.78 Vs. 2 (am Foto überprüft).

UZUÉLLAG.GÙN.A *s. Nr.* 334 DIŠTAR (= U.DAR) *s. Nr.* 263

84    sum. ITI, ITU

(KAM) ITU(KAM), ITI(KAM) „Monat (Mond)", auch Determinativ vor Monatsnamen

(KAM) (KAM) ITU I(KAM), ITU II(KAM) „1., 2. Monat" usw.

ITU GIBIL „Neulicht, Neumond, Monatserster"

s. Anm.

Babylonische Monatsnamen (vgl. R. Borger, ABZ Nr. 52):

1. Monat ^{ITU} ^{ITU}BÁR.ZAG.GAR (*nisannu*)
2. Monat ^{ITU} ^{ITU}GU$_4$.SI.SÁ (*aj(j)aru*)
3. Monat ^{ITU} ^{ITU}SIG$_4$.A (*simanu*)
4. Monat ^{ITU} ^{ITU}ŠU.NUMUN.NA/A (*Du'ūzu*)
5. Monat ^{ITU} ^{ITU}NE.NE.GAR (*abu*)
6. Monat ^{ITU} ^{ITU}KIN.^{D}INANNA/^{D}INNIN (*elūnu*)
7. Monat ^{ITU} ^{ITU}DU$_6$.KÙ (*tašrītu*)
8. Monat ^{ITU} ^{ITU}APIN.DU$_8$.A (*araḫsamna*)
9. Monat ^{ITU} ^{ITU}GAN.GAN.È.A (*kislīmu*)
10. Monat ^{ITU} ^{ITU}AB.È.A (*ṭebētu, kinūnu*)
11. Monat ^{ITU} ^{ITU}ZÍZ.A (*šabaṭu*)
12. Monat ^{ITU} ^{ITU}ŠE.KIN.KUD (*addaru*)

Der 12. Monatsname liegt in der Schreibung ^{ITU}ŠE.KIN! in KUB 34.14+, 9 vor: ^{ITU}

Zum Wechsel ITU-*mi-aš*/ITU-*aš* s. KUB 30.49+ IV 14 mit Duplikat KUB 30.48, 17.

Von ITU ist zu unterscheiden das im Vokabular (sum. Spalte) KBo 1.44+ I 25, 26 auftretende Zeichen BUL (= LAGAB×EŠ) mit den Varianten / ; vgl. E. F. Weidner, Studien zur heth. Sprachwissenschaft, Leipzig 1917, 74, 78 f.; W. von Soden, AHw III, 1400 sub *ubbulu(m)*. Zu NENNI (BUL.BUL) „NN, so und so" s. akkad. KUB 29.58 IV 24, zu NÉNNI (LAGAB × EŠ) ibd. III 35.

85  sum. ŠINIG (= GAD.ŠE.NAGA)

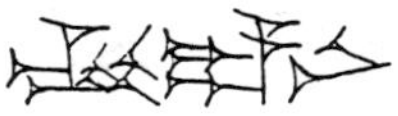

GIŠ  GIŠ  GIŠŠINIG „Tamariske“

86   *ší, šé* ph. *si* akkad. *si, se, ṣi, ší, šé* sum. SI

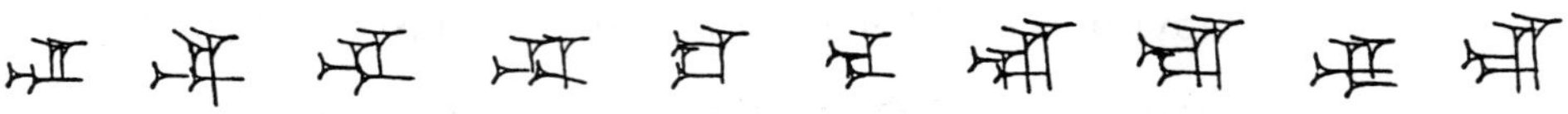

 SI „Horn“, auch als Determinativ verwendet

GIŠ  GIŠSI.GAR „(Hals)band, Kette“

 SI.GAR KÙ.BABBAR „(Hals)band, Kette aus Silber“

 SI.NAG „Trinkhorn?“

 SI.UZ$_6$ „Ziegenhorn“, vgl. Nr. 23

Zur Ansetzung des Lautwertes *ší* (*šé*) s. die wechselnde Graphie URU*Ḫa-aš-ši*/URU*Ḫa-aš-si* (KUB 31.5 II 5 gegenüber Dupl. KBo 19.91, 5), ferner ph. *la-ku-ú-ši-im*/*le-e-ku-ú-si-im* KUB 28.18 Vs. 7 bzw. Rs. 6 (vgl. A. Kammenhuber, MSS 17, 1964, 23).

Die genaue Bedeutung von (GIŠ)SI.GAR bleibt vorerst noch unsicher; zu (GIŠ)SI.GAR = akkad. *šigaru*(*m*) s. W. von Soden, AHw III, 1230 b s. v.

Zeichenumstellung dürfte vorliegen bei SI.AM (KUB 38.33, 4) für AM.SI.

Fraglich bleibt, ob der Name mSI-*it-ra* in KBo 18.107, 3 als m*Šau̯itra* zu verstehen ist; zu *šau̯itra-* „Horn“ s. N. Oettinger, HuI, 197 ff.

Nicht sicher entscheiden läßt sich, ob aus LÚ SI-*u̯i*$_5$-*it-ra-aš* 883/z, 6 die Ansetzung eines LÚSI „Hornist“ berechtigt ist oder ob man mit Blick auf SI*ša-u̯i*$_5$-*it-ra* ibd. Z. 8 zu emendieren hat: LÚ SI⟨*ša-*⟩*u̯i*$_5$-*it-ra-aš*.

AM.SI *s. Nr.* 168
TÚGBAR.SI *s. Nr.* 20
GIŠGU$_4$.SI.AŠ *s. Nr.* 157
IM.SI.SÁ *s. Nr.* 337
ITUGU$_4$.SI.SÁ *s. Nr.* 84
(LÚ)NÍG.SI.SÁ *s. Nr.* 369
ŠU.SI *s. Nr.* 68
ZU$_9$ (AM.)SI *s. Nr.* 143

87  sum. MÁ

(GIŠ)  $^{\text{(GIŠ)}}$MÁ „Schiff“

GIŠ  ^{GIŠ}MÁ.TUR „kleines Boot“

 GIŠ  [LÚ ^{GIŠ}MÁ[„Schiffer“

(KUŠ/GIŠ)  $^{\text{(KUŠ/GIŠ)}}$MÁ.URU.URU$_5$ „Köcher“

 MÁ.URU$_5$.TUR „kleiner Köcher“

KUŠ  ^{KUŠ}É.MÁ.URU$_5$ „Köcher“

KUŠ  ^{KUŠ}É.MÁ.URU$^!$.URU$_5$ „Köcher“

KUŠ/GIŠ  $^{\text{KUŠ/GIŠ}}$É.MÁ.URU$_5$ „Köcher“

KUŠ  ^{KUŠ}É.MÁ.URU$_5$.URU „Köcher“

KUŠ  ^{KUŠ}É.MÁ.URU$_5$^{RU} „Köcher“

88  sum. ŠÙDUL, ŠÙDUN

GIŠ  ^{GIŠ}ŠÙDUN, ^{GIŠ}ŠÙDUL „Joch“

GIŠ  ^{GIŠ}ŠU.ŠÙDUN, ^{GIŠ}ŠU.ŠÙDUL „Joch“

Anstelle von ^{GIŠ}ŠÙDUN/ŠÙDUL wäre auch die Umschrift ^{GIŠ}DUN$_4$/DUL$_4$ zu erwägen, entsprechend für ^{GIŠ}ŠU.ŠÙDUN/ŠÙDUL dann ^{GIŠ}ŠUDUN/ŠUDUL.

Zu ŠU.DUL$_9$ (ŠUDUN) KBo 1.44+ II 10 s. H. G. Güterbock - M. Civil, MSL 17, 1985, 106.

89 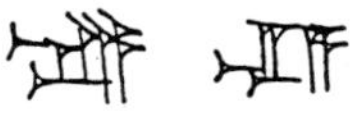 akkad. *dir* sum. DIRI / SA_5 (= SI.A)

 SA_5 „rot“

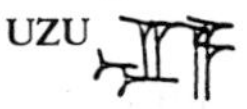 ^{UZU}*DIR* Abkürzung für akkad. *tīrānu* „Darmwindung(en)“, vgl. Nr. 344

 DIRI „übrig bleiben“

Fraglich ist die Ansetzung eines heth. Lautwertes *dir*, vgl. K. K. Riemschneider, MIO 16, 1970, 143, der allein auf der Lesung des Schreibernamens ^{m}*Dir-pa-la* (KUB 17.28 IV 59, Kolophon; E. Laroche, NH Nr. 1335) beruht, da auch eine Lesung $^{m}SA_5$*-pa-la* (**Maru-wapala* o. ä.) möglich ist.

Zu ^{UZU}*DIR* vgl. E. Laroche, RA 64, 1970, 133.

DUR SA_5 *s. Nr.* 202
GEŠTIN SA_5 *s. Nr.* 131
ÍD.SA_5 *s. Nr.* 365
^{GI}PISAN SA_5 *s. Nr.* 56
ŠÀ *DIR* bzw. ^{ŠÀ}*DIR* *s. Nr.* 294
ŠÀ *TIR* bzw. ^{ŠÀ}*TIR* *s. Nr.* 294
^{UZU}*TIR* *s. Nr.* 344

90  *tap/b*, (*dáp/b*) hurr. *tau̯* akkad. *dáb/p*, *ṭab/p* sum. TAB, LÍMMU (= TAB.TAB)

DUR_{10}.TAB.BA *s. Nr.* 230
GÍR.TAB$^{(PU)}$ *s. Nr.* 6
^{KUŠ}IGI.TAB.ANŠE *s. Nr.* 288
$^{(KUŠ)}KIR_4$.TAB(.ANŠE) *s. Nr.* 133
MAŠ.TAB.BA *s. Nr.* 20
NÍG.ÚR.LÍMMU *s. Nr.* 369

91  *šum* akkad. *tà* sum. ŠUM, TAG

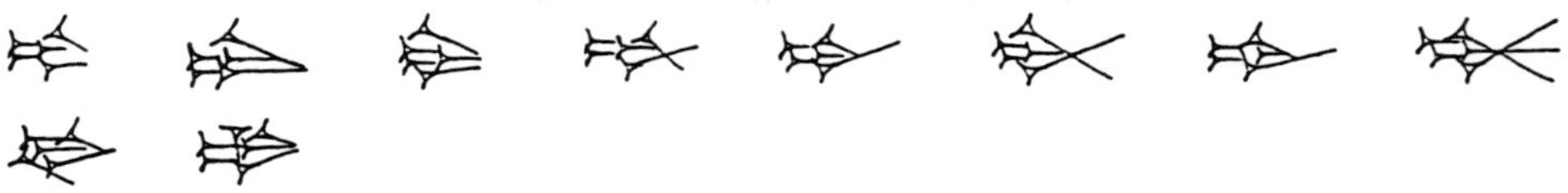

 *ŠUM* „Name (stat. constr.); nennen, befehlen“

 *ŠUM-MI* „Name“ (stat. constr.)

 *ŠUM-ŠU* „sein/ihr Name“

Zu *lamniia-/ŠUM* vgl. CHD 3, 37 b.

AN.TAḪ.ŠUM(SAR) *s. Nr.* 8
AŠ-ŠUM s. Nr. 1
GI/GIŠGAG.(Ú.)TAG(.GA) *s. Nr.* 75
MUŠ *ŠUM* LUGAL *s. Nr.* 342
ŠU.TAG.GA *s. Nr.* 68
GI/GIŠÚ.TAG.GA *s. Nr.* 195

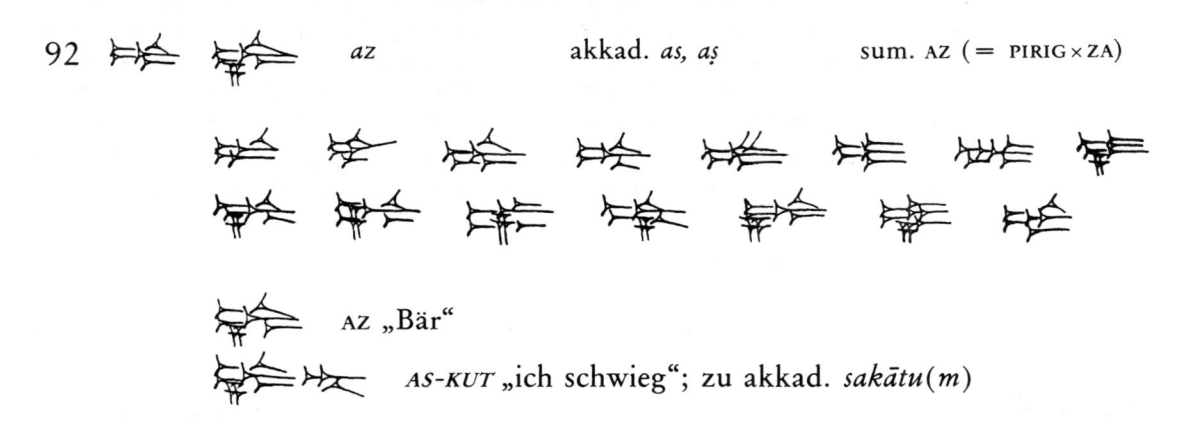

92 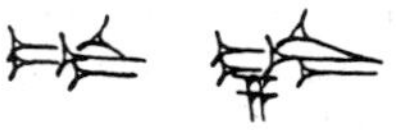 *az* akkad. *as, aṣ* sum. AZ (= PIRIG×ZA)

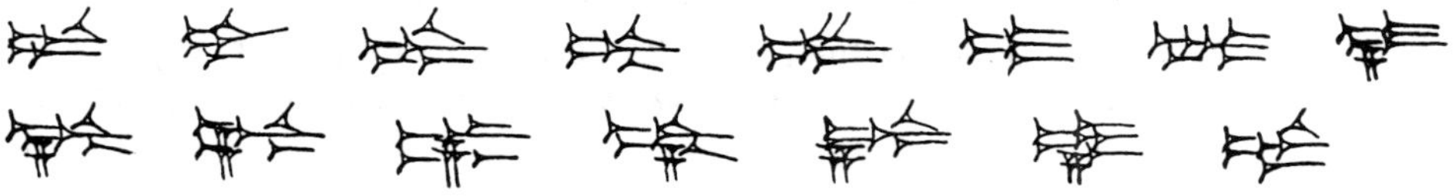

 AZ „Bär“

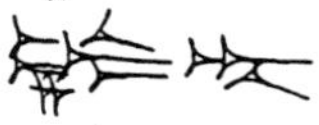 *AS-KUT* „ich schwieg“; zu akkad. *sakātu(m)*

Das Zeichen AZ findet sich vor allem in den althethitischen Texten ohne untergeschriebenes ZA; vgl. StBoT 18, 1974, 31.

Das Logogramm AZ des Anitta-Textes (Z. 61; zur Schreibung s. StBoT 20, 1972, S. IX Anm. 3) wird man nicht als „Bär“, sondern eher allgemein als „Wild(tier)“ zu verstehen haben (s. E. Neu, StBoT 18, 1974, 31 f.) und beruht möglicherweise auf Ideogrammvertauschung für UG = akkad. *umāmu(m)* „Tiere, Getier“ (vgl. V. Haas, Hethitische Berggötter, 1982, 215 Anm. 15).

URU*Az(-ia)* KBo 5.3 III 62 wohl Verschreibung (nicht Abkürzung) für URU*Az-zi(-ia)*.

Zu *AS-KUT* in KUB 13.35 II 37 s. H. G. Güterbock in FsOtten, 1973, 87 f. und H. Eichner, Sprache 21, 1975, 164.

---

93 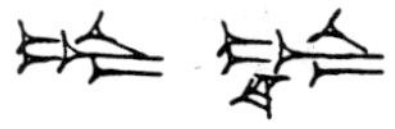 *ug/k/q* sum. PÌRIG / UG (= PIRIG×UD)

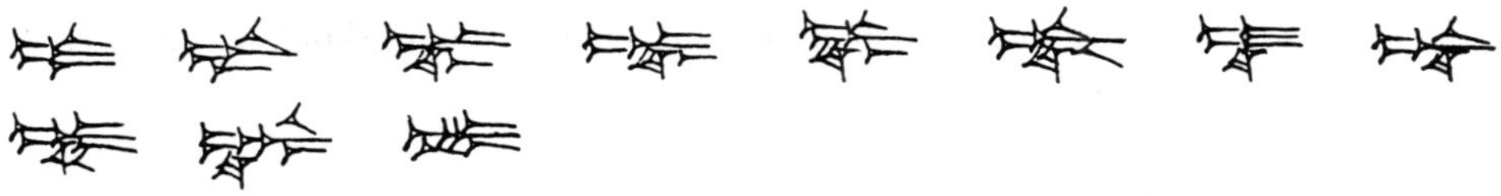

 UG „Tiger?“

 PÌRIG.TUR „Leopard, Panther“

→

(93) ()

LÚ LÚPÌRIG.TUR „Leoparden-Mann“ (im Kult)
m mLi-la-PÌRIG, vgl. Nr. 51
m mḪa-pa-ti-PÌRIG, vgl. Nr. 51

Das Zeichen UG findet sich vor allem in den althethitischen Texten ohne untergeschriebenes UD.

Die Vokabulargleichung UG = akkad. *mi-in-te-mu* KBo 1.52 I 6 ergibt für UG die Bedeutung „Tiger“, doch wäre für akkad. *mindinu(m)*, *midinu(m)*, mit dem man den Vokabulareintrag *mi-in-te-mu* identifizieren möchte, UR.GUG$_4$ zu erwarten gewesen (vgl. W. von Soden, AHw II, 655 a), eine Zeichenverbindung, die sonst in den Boğazköy-Texten nicht aufzutreten scheint. Unsicher sind Lesung und Bedeutung von UG/PÌRIG in PN; vgl. das Nebeneinander von m*Ḫapati*-PÌRIG / m*Ḫapati*-UR.MAḪ (KBo 21.42 VI? 4 f.; KUB 20.8 VI 7 f.) und m*Lila*-PÌRIG / m*Lila*-UR.MAḪ (KUB 25.23 lk. Rd. b 5; 7.20 Rs. 6).

Verschreibung AZ für UK in D*Zu-uk-ki* (StBoT 21, 1975, 10) und in *am-mu-uk*! KUB 34.58 r. Kol. 1 sowie *am-mu-uk*!*-ma-za-kán* KUB 8.53 IV 10 (13. Jh. v. Chr.).

mGIŠ.GI-PÌRIG *s. Nr.* 178

---

94  sum. NIB (= PIRIG × KAL)

 NIB „Leopard“

---

95 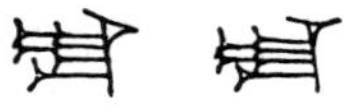 *la* sum. LA

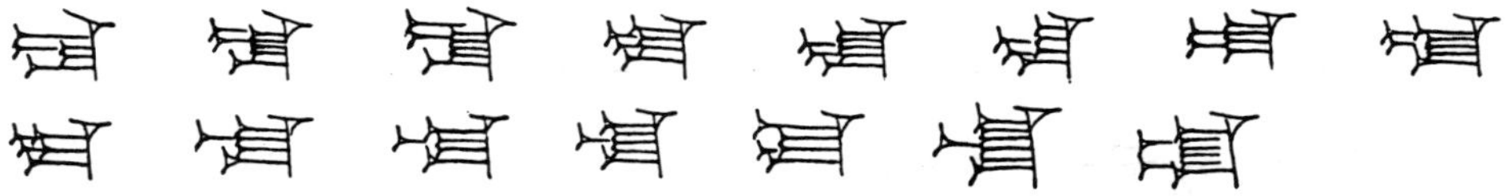

Zu LA in der Schreibung AT s. F. Sommer, Boghazköi-Studien 7 (Hethitisches II) 1922, 6 m. Anm. 1.

ÉRINMEŠ IGI.GAL(.LA) *s. Nr.* 327
(LÚ/UZU)ḪA.LA *s. Nr.* 367
NINDA *LA-AB-KU* *s. Nr.* 369
TIL.LA *s. Nr.* 13
DNIN.LÍL(.LA) *s. Nr.* 299

---

96 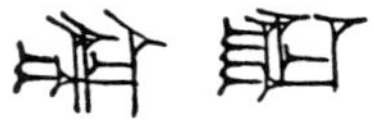 sum. UKU

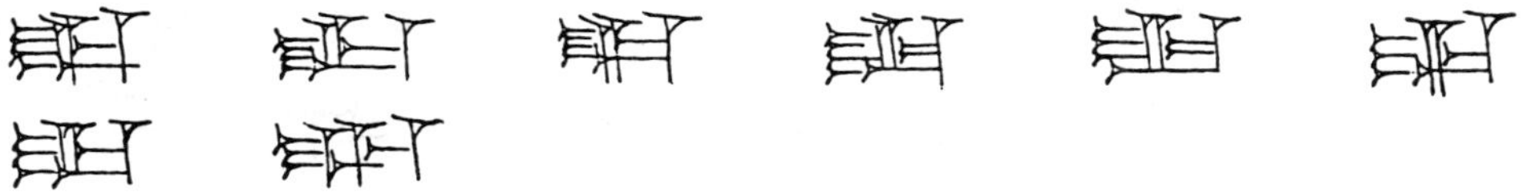

(LÚ)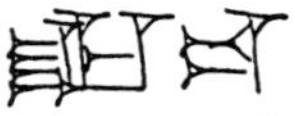 (LÚ)UKU.UŠ „Soldat, Schwerbewaffneter“

 UKU.UŠ.(SÁ.)E.NE, Plural zu UKU.UŠ

EN UKU.UŠ *s. Nr.* 40
ÉRIN^MEŠ (LÚ.MEŠ)UKU.UŠ *s. Nr.* 327
GAL (LÚ.MEŠ)UKU.UŠ *s. Nr.* 242
UGULA UKU.UŠ.(SÁ.)E.NE *s. Nr.* 174

---

97 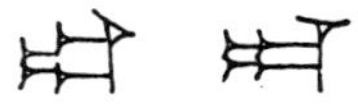 *ap/b* sum. AB

GIŠ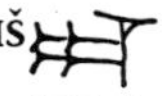 GIŠAB „Fenster“

 *AB-NI* „ich baute“; zu akkad. *banû(m)*

 AB.SÍN „Saatfurche“

 AB.BA „Vorfahr, Ahn“ (auch AB.BA^ḪI.A und AB.BA AB.BA^ḪI.A)

D DAB

D DAB.BA.A

Die beiden letzten Zeichenformen sind bezeugt in: mh. KUB 54.85 Vs. 14 und mh. KBo 32.11 Vs. 10.

A.AB.BA *s. Nr.* 364
ITUAB.È.A *s. Nr.* 84
É *NA-AP-ṬÁ-RI* *s. Nr.* 199
GI/GIŠMA.SÁ.AB *s. Nr.* 208
NINDA *LA-AB-KU* *s. Nr.* 369
MUNUSŠÀ.AB.ZU *s. Nr.* 294
DA.AB.BA *s. Nr.* 364

---

98 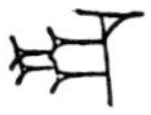 *um* hurr. ub_x sum. UM

 UM-MA „folgendermaßen“

Inwieweit *m* in VK-Zeichen auch nach anderen Vokalen (außer *u*) die Lesung *b* haben kann, bedarf noch weiterer Untersuchung.

Zu akkad. *umma* s. W. von Soden, AHw III, 1413 s. v. – Beachtung verdient die Briefeinleitungsformel UMMA ... QIBI-MA „Folgendermaßen ... sprich!“

Die Schreibung GIŠ'UM.MIŠ' (H. G. Güterbock, Anatolia 15, 1971, 6 mit Anm. 11) wird man jetzt GIŠDUB.ŠEN zu lesen haben.

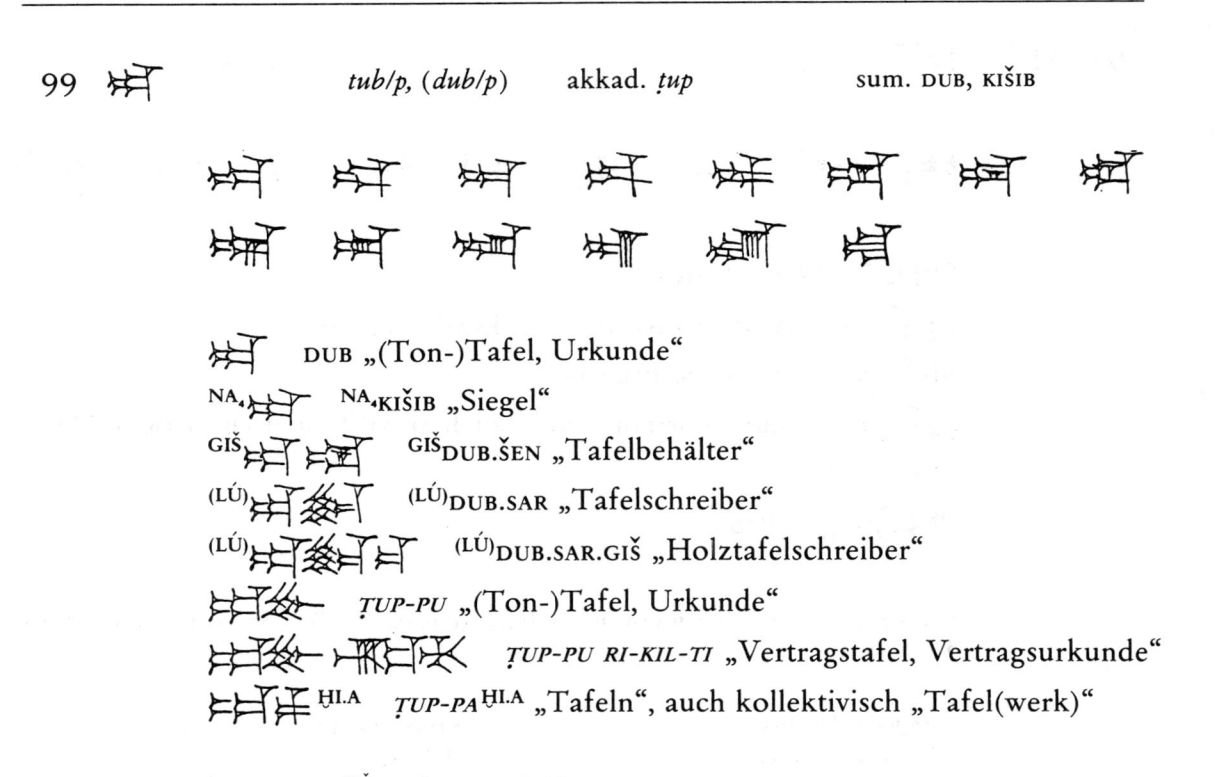

99  *tub/p*, (*dub/p*) akkad. *ṭup* sum. DUB, KIŠIB

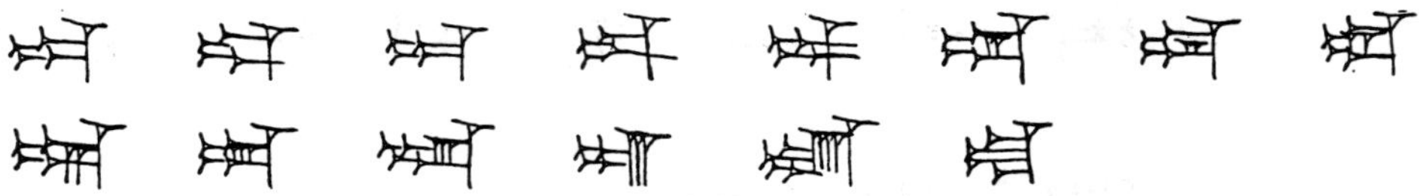

 DUB „(Ton-)Tafel, Urkunde“

NA₄ NA₄KIŠIB „Siegel“

GIŠ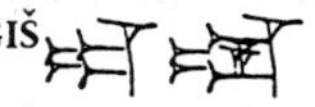 GIŠDUB.ŠEN „Tafelbehälter“

(LÚ)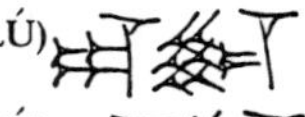 (LÚ)DUB.SAR „Tafelschreiber“

(LÚ) (LÚ)DUB.SAR.GIŠ „Holztafelschreiber“

 ṬUP-PU „(Ton-)Tafel, Urkunde“

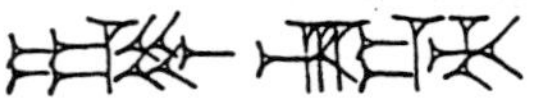 ṬUP-PU RI-KIL-TI „Vertragstafel, Vertragsurkunde“

 ḪI.A ṬUP-PA ḪI.A „Tafeln“, auch kollektivisch „Tafel(werk)“

Zur Lesung GIŠDUB.ŠEN s. auch Nr. 98.

Der paläographische Befund rechtfertigt eine gemeinsame Behandlung der Zeichen DUB und KIŠIB unter einer Nummer. Zur Entwicklung der beiden Zeichen im Akkadischen s. R. Borger, ABZ S. 14 Nr. 134 bzw. S. 20 Nr. 314. Vgl. M. W. Green – H. J. Nissen, Zeichenliste der archaischen Texte aus Uruk, Berlin 1987, S. 188 Nr. 86.

É DUB.BA.A *s. Nr.* 199
É $^{(LÚ.MEŠ)}$DUB.SAR *s. Nr.* 199
É ^{NA_4}KIŠIB *s. Nr.* 199

GI É.DUB.BA(.A) *s. Nr.* 30
GI É *ṬUP-PÍ s. Nr.* 30
1/2 ŠU.RI.ÀM *ṬUP-PÍ s. Nr.* 68

---

100  *nab/p* Zeichen: $\frac{AN}{AN}$

MUNUS  ^{MUNUS}*NAP-ṬAR-TI* „Nebenfrau"
MUNUS  ^{MUNUS}*NAP-ṬIR₅-TI* „Nebenfrau"

Verschreibung: MUL für NAP in ^{É}*ši-nap-ši* (KBo 17.71, 3).

É *NAP-ṬÁ-RI s. Nr.* 199

---

101  akkad. *mul* sum. MUL (= $\frac{AN}{AN}$.AN)

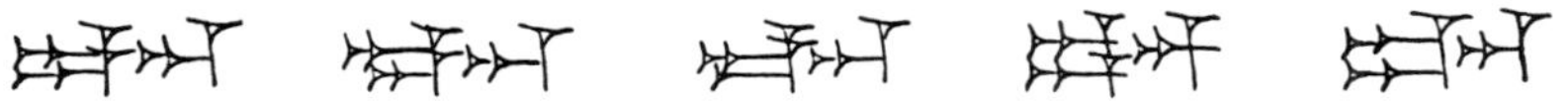

(D)  $^{(D)}$MUL „Stern"; auch als Determinativ vor Sternnamen
NA₄ 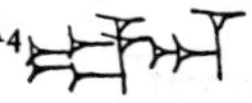 ^{NA_4}MUL sternförmiger Stein?
MUL  MUŠEN ^{MUL}TI₈^{MUŠEN} „Aquila" (Sternbild)
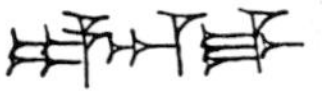 MUL.GAL „großer Stern"
(MUL)  $^{(MUL)}$UD.ZAL.LE „Morgenstern", auch ein Gegenstand aus Metall

Zur letzten Zeichenvariante s. KUB 43.68 III 15; vgl. JCS 37, 49: Nr. 84 Z. 6.

In KUB 42.56 Z. 8 könnte MUL in der Bedeutung „Reifen?" vorliegen; vgl. J. Siegelová, Heth. Verwaltungspraxis 1986, S. 522/523, 665.

Zur Verwendung von MUL.GAL s. grundsätzlich P. F. Gössmann, Planetarium Babylonicum, 1950, Nr. 62.

Verschreibung: MUL für NAP in ^{É}*ši-nap-ši* KBo 17.71, 3, NAP für MUL in MUL-*aš* Bo 3077 II 10. Ferner $^{M]UL}$UD.DA.ZAL.I.L[E in KUB 57.72, 7.

---

102  sum. DÉ

 DÉ „gießen“ in ^{LÚ}E.DÉ(.A) bzw. ^{LÚ}SIMUG(.A)

LÚ  ^{LÚ}DÉ.A (= ^{LÚ}E.DÉ.A, Nr. 187)

Zu E im Wortzeichen ^{LÚ}E.DÉ(.A) s. Anm. unter Nr. 187.

NINDA.Ì.E.DÉ.A *s. Nr.* 369

---

103  *šàm* sum. ŠÀM (= NÍNDA×AN bzw. NÍNDA.AN)

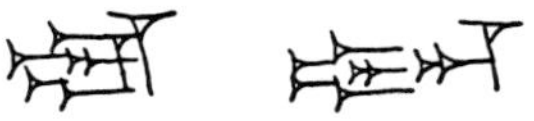

 ŠÀM „Kaufpreis; kaufen“

Zum Zeichen NÍNDA s. Nr. 119.

---

104  sum. AZU/ÚZU (= NÍNDA×NUN)

LÚ  ^{LÚ}AZU, ^{LÚ}ÚZU „Opferschauer, Seher, Magier“, vgl. Nr. 112A

---

105 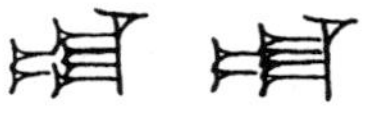 *ad/t* akkad. *aṭ* sum. AD

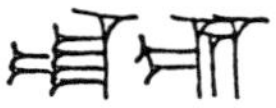 AD.KID „Rohrgeflecht“

LÚ ^{LÚ}AD.KID „Rohrarbeiter, Rohrmattenflechter, Korbflechter“

 *AD-DIN* „ich gab“; zu akkad. *nadānu(m)*

URU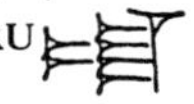 ^{URU}*At* Abkürzung für ^{URU}*Atri̯i̯a*

Zu ^{LÚ}AD.KID „basket-weaver“ s. Ph. H. J. Houwink ten Cate, JEOL 28, 1983/84, S. 39/40 (Z. 33).

^{GIŠ}PISAN AD.KID *s. Nr.* 56

---

106  akkad. *sìr, šìr* sum. KÉŠ, KEŠDA, SÌR, ŠÈR, ŠÌR

 SÌR, ŠÌR „singen; Lied, Gesang(sstück), Epos“

 SÌR^{RU} „sie singen“ (akkad. *izammaru*)

LÚ/MUNUS $^{LÚ/MUNUS}$SÌR „Sänger(in)“

 KEŠDA, KÉŠ „binden, knüpfen“ (akkad. *rakāsu*)

(URUDU)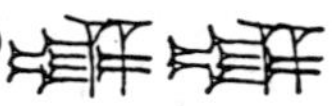 $^{(URUDU)}$ŠÈR.ŠÈR „Kette; Knoten, Band“

Zur Bedeutung von SÌR vgl. H. M. Kümmel, FsOtten 1973, 173 ff.; H. Roszkowska, Orientalia Varsoviensia 1, 1987, 28 f. (auch „musizieren“).

---

107 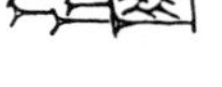 sum. EZEN$_4$ (= EZEN × ŠE)

 EZEN$_4$ „Fest“

Statt EZEN findet sich in den Boğazköy-Texten stets EZEN × ŠE, das – einem Vorschlag R. Borgers folgend – hier mit EZEN$_4$ umschrieben wird.

Zur vermeintlichen Verschreibung KA × ŠE für EZEN × ŠE s. E. Forrer, Die Keilschrift von Boghazköi, Nr. 133 mit S. 19.

EZEN$_4$ *DI$_{12}$-ŠI s. Nr.* 249 EZEN$_4$ Ú.BAR$_8$ *s. Nr.* 195

---

108  *zé*, (*zí*) akkad. *si*$_{20}$, *se*$_{20}$, *ṣi*, *ṣe*, *zí* sum. ZÍ (= AB×PA)

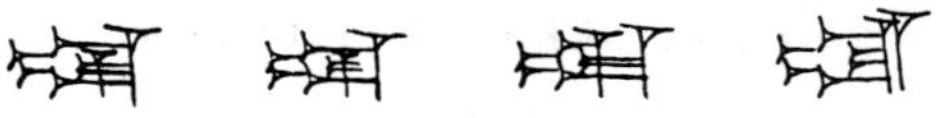

(UZU) (UZU)ZÍ [(UZU)ZÉ] „Galle(nblase)"

GIŠ GIŠ*SE*$_{20}$*-ER-DUM* bzw. GIŠ*SI*$_{20}$*-IR-DUM* „Ölbaum"

 *ṢE-*(*E-*)*RI* „des Feldes" (vgl. D*IŠTAR ṢĒRI*, DLAMMA *ṢĒRI*)

 *ṢE-E-ET* DUTU(*-aš*) „Sonnenaufgang, Osten"

GIŠKIRI$_6$ GIŠ*SE*$_{20}$*-ER-DUM* *s. Nr.* 353 (LÚ)UGULA *LI-IM ṢE-RI* *s. Nr.* 174

109  sum. URUDU, TABIRA bzw. TIBIRA (= URUDU.NAGAR), ÙMMEDA (= URUDU.DA)

 URUDU „Kupfer" (bzw. eine Kupferlegierung); auch Determinativ vor Gegenständen aus Metall

LÚ.MEŠ LÚ.MEŠURUDU.DÍM.DÍM „Kupferschmiede"

 URUDU.NAG (URUDUNAG) (Trink)gefäß

 URUDU.PAD (URUDUPAD) „Kupferbarren"

LÚ LÚTIBIRA, LÚTABIRA [LÚURUDU.NAGAR] „Metallarbeiter"

LÚ/MUNUS LÚ/MUNUSÙMMEDA „Wärter(in)"

LÚ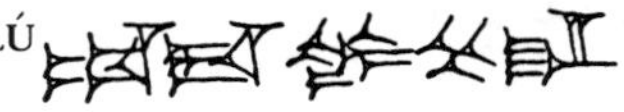ḪI.A LÚÙMMEDA ANŠE.KUR.RAḪI.A „Pferdewärter"

Zu dem URUDU ähnlichen Zeichen SÌMIG (= UM×U) s. KBo 1.36 II 7,8; vgl. E. Forrer, Zeichenliste Nr. 238; E. F. Weidner, Studien zur heth. Sprachwissenschaft, Leipzig 1917, 51 f.

GIŠBANŠUR (= URU.URUDU bzw. E.URUDU) *s. Nr.* 187, 229 ŠEN URUDU *s. Nr.* 230

110  sum. MÚRU, MURUB$_4$

 MURUB$_4$, MÚRU „Mitte, mittlerer"

In KUB 54.65 (+) 56.59 III 25 ist statt NINDA.MÚRUB (H. Klengel, AoF 11, 1984, 175) zu lesen: NINDA.GÚG.

EN.NU.UN MURUB$_4$ *s. Nr.* 40

111  sum. ERI$_{11}$, UNU, UNUG

 (KI) UNU$^{(KI)}$, UNUG$^{(KI)}$ „Uruk"

D ^{D}NÈ.ERI$_{11}$.GAL (Nergal), vgl. Nr. 261

ERI$_{11}$ in ^{D}NÈ.ERI$_{11}$.GAL (Nergal) KUB 4.7 Vs. 3,6 (s. R. Borger, ABZ Nr. 444 u. S. 403).

112  *miš* akkad. *mis/š*

URU ^{URU}*Kar-ga-miš*

Da *miš* und KIŠIB in den Boğazköy-Texten sehr unterschiedlich geschrieben werden, sind in der vorliegenden Liste diese Zeichenformen (entgegen den akkadischen Syllabaren, vgl. R. Borger, ABZ Nr. 314) mit jeweils eigener Nummer angeführt. Zur Entwicklung der Zeichenformen MIŠ und SANGA/ŠID s. E. Forrer, Die Keilschrift von Boghazköi, 2. – Zu ^{LÚ}MIŠ = ^{LÚ}AZU s. KBo 19.136 I 2.

Der Ortsname Kargamiš, gewöhnlich *Kar-ga-miš* geschrieben, erscheint in zwei sehr jungen Texten als *Kar-ga-maš* bzw. *Kar-qa-maš* (KBo 18.25 Rs. 6, 9; KBo 13.76 Vs. 7). Zur Schreibung *Kar-ka-mi-is* s. akkad. KBo 1.11 Vs.[!] 21,27; vgl. RGTC 6,181.

113  *ḫé*, (*ḫí*) akkad. *ḫí*, *kan* sum. GAN, ḪÉ

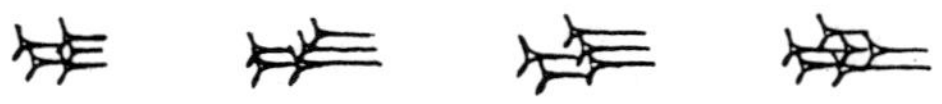

GIŠ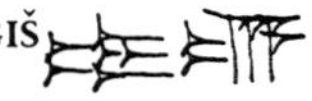 GIŠGAN.KAL „Opfertisch?, Ständer?“

D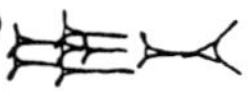 D*Ḫé-pát*

GIŠ/KUŠDÙG.GAN *s. Nr.* 335

É.NAM.ḪÉ *s. Nr.* 199

(LÚ)ŠAGAN/ŠÁMAN (= U.GAN).LÁ *s. Nr.* 270

---

114  sum. BÀD

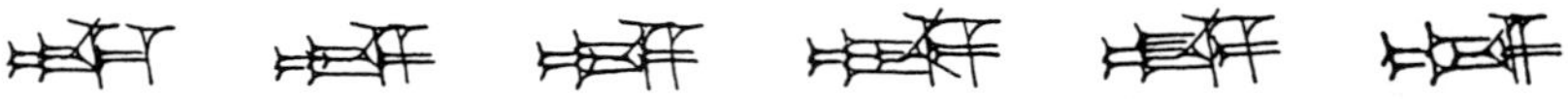

 BÀD „Mauer, Befestigung“

BÀD-*ant-* „ummauert, befestigt“

BÀD-*eššar* „Mauer, Befestigung“

BÀD-(*eš*)*nai-* „befestigen“

 BÀD.KARAŠ „befestigtes Lager“

Á.BÀD *s. Nr.* 215

LÚEN.NU.UN BÀD *s. Nr.* 40

URU.BÀD *s. Nr.* 229

---

115  akkad. *šàr* sum. LUGAL

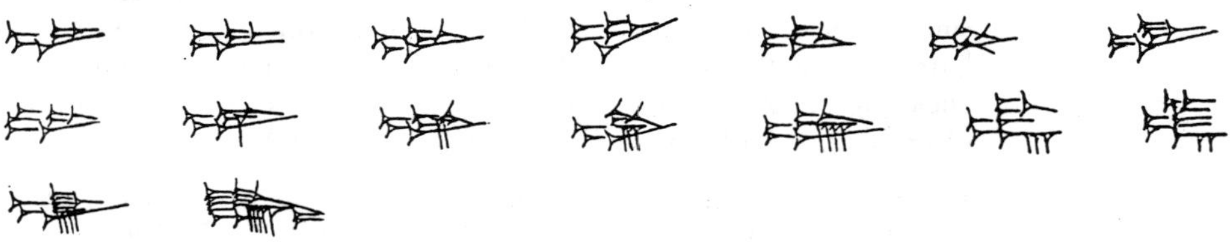

 LUGAL „König“

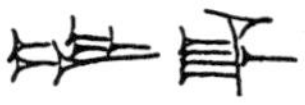 LUGAL.GAL „Großkönig"

D 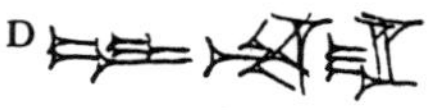 ^{D}LUGAL.ÌR.RA

D  ^{D}LUGAL.TÙR.NA[

D 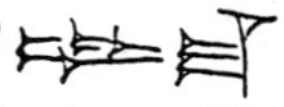 ^{D}LUGAL-*ma* (^{D}*Šarruma*)

D 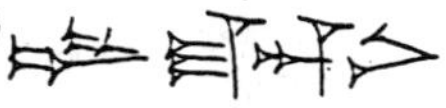 ^{D}LUGAL-*ma-an-ni* (^{D}*Šarrumanni*)

m  ^{m}LUGAL-*gi-na-* (^{m}*Šarrugina-*, Sargon)

m 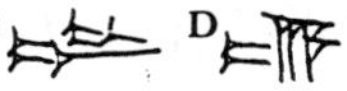 ^{m}LUGAL-^{D}LAMMA

m 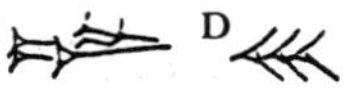 ^{m}LUGAL-^{D}*SÎN* (^{m}*Šarru/i-Kušuḫ*)

Wegen der im Hethitischen bezeugten Nominativ- und Dativ-Form ^{m}LUGAL-*gi-na-aš* bzw. ^{m}LUGAL-*gi-ni* haben wir uns für die halbphonetische Umschrift entschieden (statt ^{m}LUGAL-GI.NA-).

DUMU.LUGAL *s. Nr.* 237
(É) MUNUS.LUGAL *s. Nr.* 199, 297
MÁŠ.LUGAL *s. Nr.* 38
MUŠ *ŠUM* LUGAL *s. Nr.* 342
^{D}MUNUS.LUGAL *s. Nr.* 297
⟨m⟩ ^{D}*A-NU*-LUGAL.DINGIR^{MEŠ} *s. Nr.* 364
^{m}BU-LUGAL(-*ma*)/BU-*Šàr-rù-ma* *s. Nr.* 339
^{m} ^{D}*É-A*-LUGAL *s. Nr.* 199
^{m}EN-LUGAL-*ma* *s. Nr.* 40
^{m}GUR-$^{(D)}$LUGAL-*ma* *s. Nr.* 185
^{m} ^{D}IM-LUGAL.DINGIR^{MEŠ} *s. Nr.* 337
^{m}PAB-^{D}LUGAL-*ma* *s. Nr.* 256
^{m} ^{D}*SÎN*-LUGAL *s. Nr.* 331

---

116  akkad. *dìm* sum. DÌM

GIŠ  ^{GIŠ}DÌM „Pfeiler, Pfosten"

D 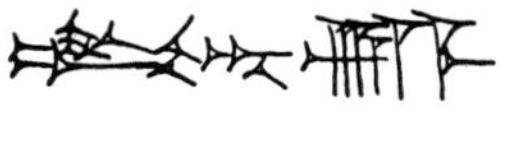 ^{D}DÌM.NUN.ME (Lamaštu)

---

117  *il*, (*él*) akkad. *él*

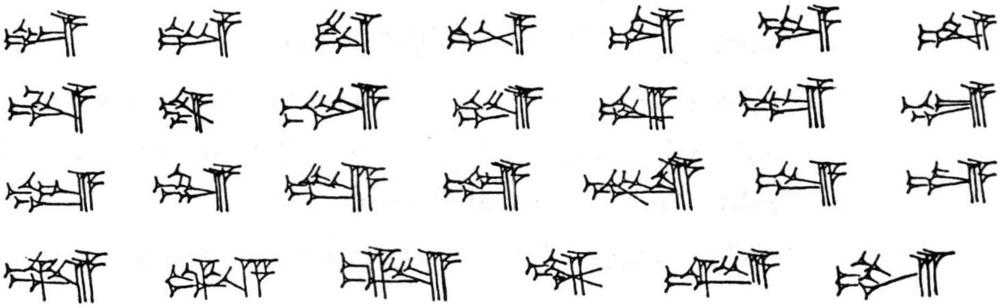

 IL-QÉ-E „er nahm"; zu akkad. *leqû*(*m*), vgl. Nr. 307

 IL-QÈ „er nahm"

118  sum. PAN

GIŠ  GIŠPAN [GIŠBAN] „Bogen"

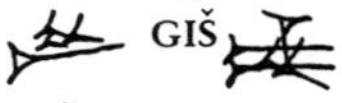 LÚ GIŠPAN „Bogenschütze"

 MUNUS GIŠPAN „Bogenschützin"

É (GIŠ)PAN *s. Nr.* 199

119 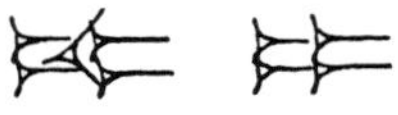 NÍNDA in den Sumerogrammen ÁG/ÁGA (Nr. 121), LÚAZU/ÚZU (Nr. 104), ŠÁM (Nr. 123), ŠÀM (Nr. 103)

Nicht aufgenommen unter die laufenden Nummern des Zeichenlexikons wurde das im Bruchstück eines vierseitigen Prismas zweifach auftretende Zeichen GALAM: 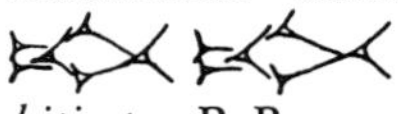 GALAM.GALAM „Geheimnis" (KUB 4.39 I 9); vgl. CAD K 465 sub *kitimtu*; R. Borger, ABZ 190k.

120 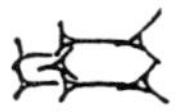 *kum, (gum)* akkad. *gum*, ku_{13}, *qu(m)*

121  sum. ÁG/ÁGA (= NÍNDA × NE)

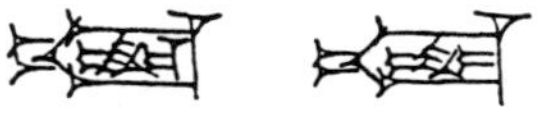

 ÁG, ÁGA „Liebling"

 Á.ÁG.GÁ „Anweisung, Botschaft, Befehl" (= heth. *ḫatreššar*)

Zu Á.ÁG.GÁ = akkad. *têrtu(m)* vgl. W. von Soden, AHw III, 1350 a.

122  *gaz* akkad. *gas, gaṣ, kaṣ* (= *kàṣ*) sum. GAZ (= KUM × ŠE)

 GAZ „töten, schlagen, schlachten"

D DGAZ.BA(.A), D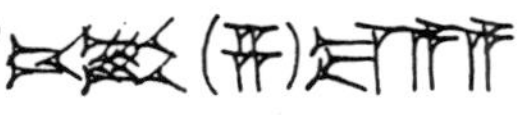 DGAZ(.ZA).BA.A.A

Bemerkenswert ist die wechselhafte Schreibung von GAD*gaz-za-ar-nu-ul* / GAD*ka-az-za-ar-nu-ul*, was einen Lautwert *kaz* nahelegen könnte. – Für die Ansetzung eines Lautwertes kiz_x s. H. M. Kümmel, BiOr 36, 1979, 337 Anm. 11; vgl. auch das Nebeneinander der Schreibungen von É *Gaz-zi-ma-ra* / É URU*Ki-iz-ma-ra* (A. Archi – H. Klengel, AoF VII, 1980, 150 f.).

(DIM₄) AL.GAZ *s. Nr.* 183, 257
ÉRINMEŠ SA.GAZ *s. Nr.* 327
GU₄.GAZ *s. Nr.* 157
LÚSA.GAZ *s. Nr.* 200

---

123  sum. ŠÁM (= NÍNDA×ŠE.A.AN)

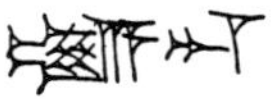

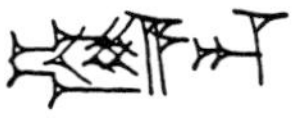 ŠÁM „Kaufpreis, kaufen“

Zum Zeichen NÍNDA s. Nr. 119 sowie R. Borger, ABZ Nr. 176.

---

124 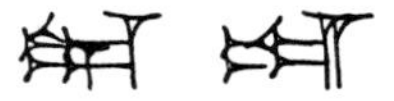 *úr* sum. ÚR

(UZU)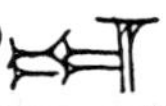 (UZU)ÚR „Glied, Penis, Schoß, Lende, Oberschenkel“

 *ÚR-RA-AM ŠE-RA-AM* „in Zukunft“

UZU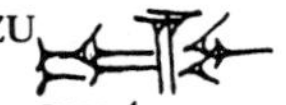 UZUÚR.MUNUS „weiblicher Geschlechtsteil“

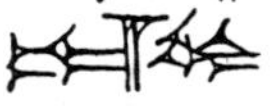]ÚR.GÌR „Fußballen?“

m mÚR-DU

Der bisher einzige fragmentarische Beleg]ÚR.GÌR in KUB 36.37 III 3 läßt nicht erkennen, ob das Sumerogramm mit UZU determiniert war.

NÍG.ÚR.LÍMMU *s. Nr.* 369
GIŠNU.ÚR.MA *s. Nr.* 11
GIŠŠU.ÚR.MÌN *s. Nr.* 68

---

125 *tum, (dum), tu*$_4$ akkad. *du*$_4$*, dum, íb/p, éb/p, ṭu*$_4$*, ṭum* sum. ÍB, TU$_4$

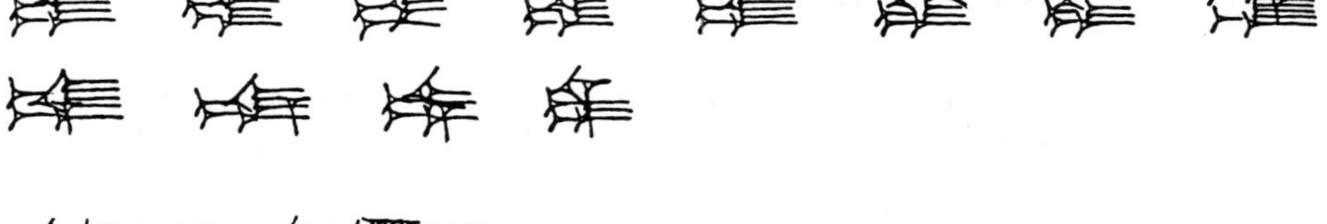

 ÍB.TAG/K$_4$ „Rest“, vgl. Nr. 227

TÚG TÚGÍB.LÁ „Gürtel, leichtes Gewand“ (vgl. akkad. *nēbeḫu*)

(KUŠ/TÚG)E.ÍB *s. Nr.* 187
GIŠKIRI₆ GIŠ*SE*₂₀-*ER-DUM s. Nr.* 353
*QA-DU*₄ *s. Nr.* 21
TÚGŠÀ.GA.TU₄ *s. Nr.* 294

---

126  sum. EGIR

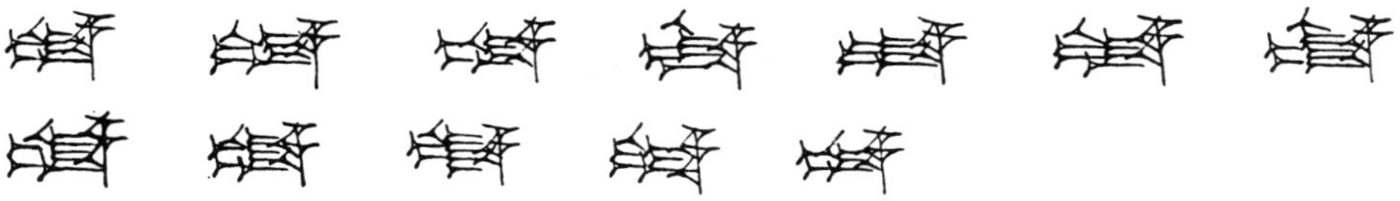

 EGIR „wieder, zurück, hinter(her), hinten, nach, danach; Rückseite" (heth. *appa, appan*)

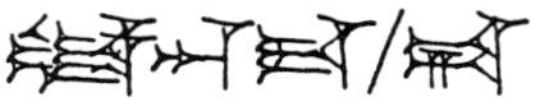 EGIR-*an-da/ta* „danach, hinterher" (heth. *appanda*)

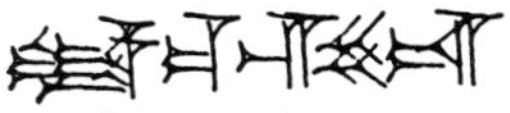 EGIR-*iz-zi-iš* „letzter" (heth. *appizziš*)

 EGIR-*ŠU/ŠÚ* „danach, hinter(her)" (heth. *app(an)anda*)

 EGIR-*ŠU/ŠÚ-NU* „hinter ihnen"

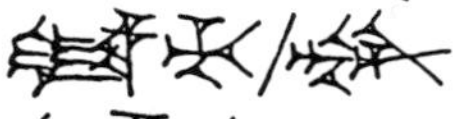 EGIR*TI/TIM* „niederen Ranges" (akkad. *arkûti(m)*)

 EGIR*TUM* „Rückseite" (akkad. *arkatum*)

 EGIR.KASKAL*(NI)* „(auf dem) Rückweg"

 EGIR.UD(KAM) „Zukunft"

 EGIR.UDKAM *MI*, EGIR *U*₄KAM-*MI* „Zukunft"

 EGIR.UD*MI*, EGIR *U*₄-*MI* „Zukunft"

Fraglich bleiben EGIR.SUM-*za* IBoT I 33, 19, 38 und EGIR!-*ŠÚ* KUB 38.37 III 7 (vgl. III 3). Zu EGIR.KASKAL*(NI)* „hinter dem Weg" s. HW² 157.

---

127  akkad. *lil* sum. LIL

LÚ LÚLIL „Narr, Idiot"

Die Zeichenvariante, für die keine Belegstelle auszumachen war, wurde ausnahmsweise aus Forrers Zeichenliste Nr. 162 übernommen.

---

128  *du, (tù)* akkad. *tù, ṭù* sum. DU, GIN, GUB, RÁ, RI$_6$, ŠA$_4$ ("UŠ")

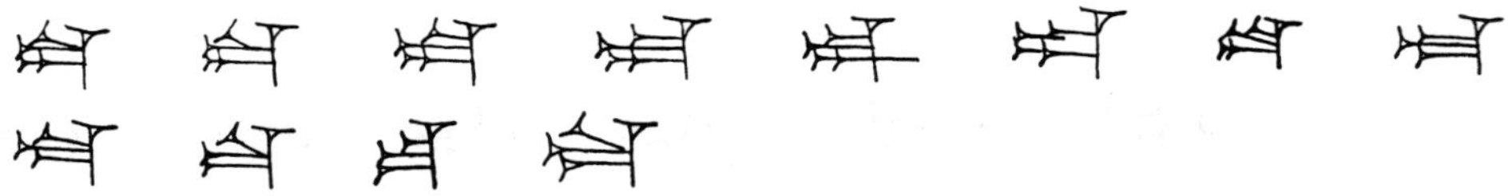

 DU, GIN, RI$_6$, RÁ „gehen"

 GUB „stehen, aufstehen"

 GUB-*aš* „im Stehen"

 GUB.BA „stehend"

^{GIŠ} ^{GIŠ}GUB ŠEN KÙ.BABBAR „Ständer? für einen Silberkessel"

^{m} ^{m}DU-^{D}U

^{m} ^{m}DU-^{D}U-*ub* (Duppi-Teššub)

^{m}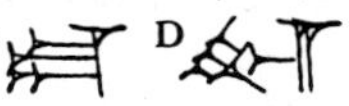 ^{m}DU-^{D}IM

Zu ŠA$_4$ ("UŠ") *s. Nr.* 294 Anm.

Zu einer Ideogrammvertauschung DÙ für DU s. H. M. Kümmel, StBoT 3, 1967, 106 f.; zu DU-*zi* = heth. *ti̯i̯[azi]* „tritt hin, stellt sich hin" s. KUB 11.18 + III 17 bzw. 20.42 II 16.

Zu ^{GIŠ}GUB ŠEN (^{GIŠ}GUB ALAL) s. A. Goetze, JCS 10, 1956, 34.

Zu GIN in der Bedeutung „festsetzen, festigen" s. H. G. Güterbock in: M. J. Mellink (Ed.), Troy and the Trojan War, Bryn Mawr 1986, 38 Anm. 17.

É.GÚ.È(= UD.DU).A *s. Nr.* 199
^{ITU}GAN.GAN.È.A *s. Nr.* 84
$^{\text{(GIŠ)}}$GEŠTIN ḪÁD.DU.A *s. Nr.* 131
^{GIŠ}GÌR.GUB *s. Nr.* 301
$^{\text{(UZU)}}$GÌR.PAD.DU *s. Nr.* 301
^{UZU}GU.DU *s. Nr.* 304
GÚ.È(.A) *s. Nr.* 201
^{URUDU}GUNNI.DU.DU *s. Nr.* 313
ḪÁD.DU(.A) *s. Nr.* 316
^{LÚ}IGI.DU[*s. Nr.* 288
^{UZU}KA.DU *s. Nr.* 133
KI.GUB *s. Nr.* 313
MU^{KAM} SAG.DU *s. Nr.* 17
NÍG.DU *s. Nr.* 369
^{UZU}SA.DU *s. Nr.* 200
$^{\text{(UZU)}}$SAG.DU *s. Nr.* 192
SAG.DU.KI *s. Nr.* 192
$^{\text{(GAD)}}$TÚG.GÚ.È(.A) *s. Nr.* 212
ZÀ.AḪ.LI ḪÁD.DU.A$^{\text{(SAR)}}$ *s. Nr.* 238
ZÌ.DA ḪÁD.DU.A *s. Nr.* 212
^{m}ŠEŠ.DU *s. Nr.* 79

129 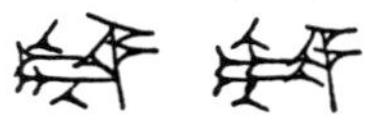 akkad. *kas*$_4$ sum. KAŠ$_4$

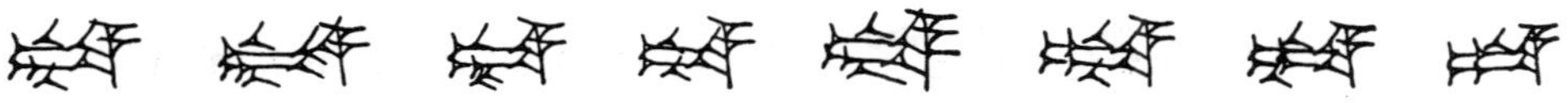

 KAŠ$_4$ „laufen"

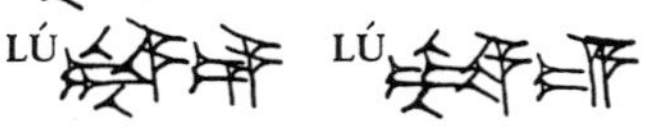 ^{LÚ}KAŠ$_4$.E „Läufer, Kurier"

In der jungen Abschrift KBo 3.36 (CTH 8C) Vs. 7 dürfte ^{LÚ}KÁ.E für ^{LÚ}KAŠ$_4$.E verschrieben sein. Möglicherweise Zeichenumstellung ^{LÚ}E.KAŠ$_4$ in KUB 31.68 Rs. 29.

^{LÚ}MAŠKIM (= PA.KAŠ$_4$) *s. Nr.* 176 $^{(LÚ)}$MAŠKIM.URU *s. Nr.* 176

---

130  sum. DÚB

 MÁŠ.ḪUL.DÚB.BA „Sündenbock, Sühnezicklein"

Zu einer möglichen Identifikation von DÚB mit dem Zeichen BALAG s. H. M. Kümmel, StBoT 3, 1967, 103; R. Borger, ABZ Nr. 352.

---

131  *ṷi*$_5$ sum. GEŠTIN

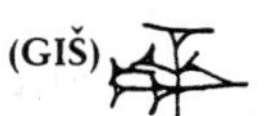 $^{(GIŠ)}$GEŠTIN „Weinstock, Wein"

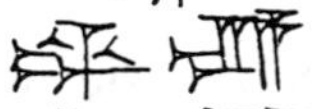 GEŠTIN SA$_5$ „roter Wein, Rotwein"

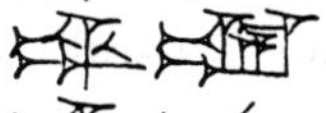 GEŠTIN.NAG eine Weinsorte

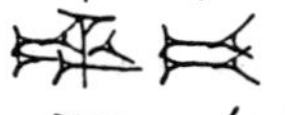 GEŠTIN.KAŠ „Wein (und) Bier"

 GEŠTIN GIBIL „neuer Wein"

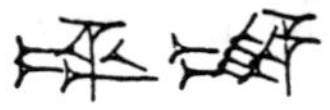 GEŠTIN.LÀL honighaltiger Wein →

(131) 

(GIŠ) (GIŠ)GEŠTIN *KÀ-RA-A-AN* „Weintraube“

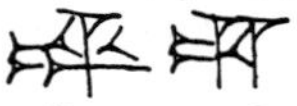 GEŠTIN KU$_7$ „süßer Wein“

 GEŠTIN LIBIR.RA „alter Wein“

(GIŠ)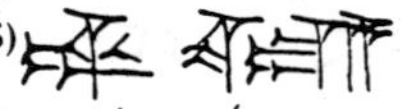 (GIŠ)GEŠTIN ḪÁD.DU.A „Rosine(n)“

 GEŠTIN DÙG.GA „feiner, lieblicher Wein“

 GEŠTIN *EM-ṢÚ* „saurer, herber Wein“

Fraglich bleibt, ob das Nebeneinander von GEŠTIN und KAŠ als „Wein (und) Bier“, als eine Art Wein oder gar als Zeichenumstellung für KAŠ.GEŠTIN (s. Nr. 153) zu verstehen ist.

GEŠTIN.KIRI$_6$$^{\text{ḪI.A}}$ ABoT 34 Z. 10 beruht möglicherweise auf Zeichenumstellung für KIRI$_6$.GEŠTIN$^{\text{ḪI.A}}$ „Weingärten“.

Die vorletzte Zeichenform beruht vielleicht auf einer fehlerhaften Kontamination aus UB und GEŠTIN (KUB 54.85 Vs. 11, dahinter Rasur).

GAL (LÚ)GEŠTIN *s. Nr.* 242 GIŠKIRI$_6$.GEŠTIN *s. Nr.* 353
KAŠ.GEŠTIN *s. Nr.* 153

---

132  *uš* akkad. *ús* sum. NITA, NITAḪ, ÚS, UŠ, GALA (= UŠ.KU)

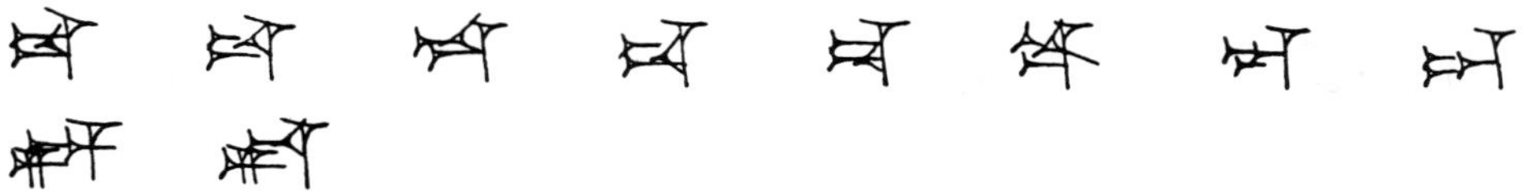

 NITA, NITAḪ „Mann, männlich“

LÚ/MUNUS LÚ/MUNUSUŠ.BAR „Weber(in)“

LÚ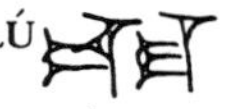 LÚGALA „Kultsänger“ (ein bestimmter Priester)

 (*ŠA*) *UŠ-PA-AḪ-ḪU* „(wer) vertauscht“; zu akkad. *puḫḫu(m)*

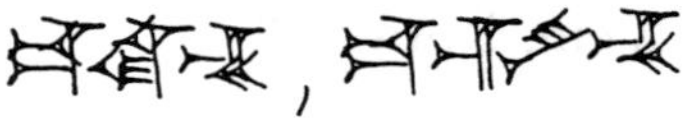 *UŠ-KI-EN, UŠ-GI-EN* „er/sie wirft sich nieder“; zu akkad. *šukênu(m)*

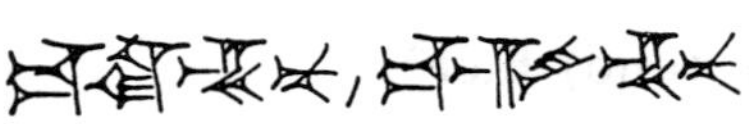 *UŠ-KI-EN-NU, UŠ-GI-EN-NU* „sie werfen sich nieder“

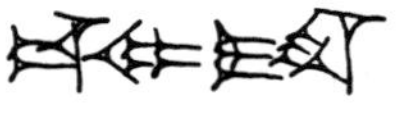 *UŠ-MI-IT* „er/sie tötete“ (zu akkad. *mâtu*)

Das Sumerogramm NITA, das zur Bezeichnung männlicher Personen dient, wird vereinzelt auch in Verbindung mit Tieren verwendet (statt sonst üblichem NÍTA).

Den von *šukênu* abgeleiteten Akkadogrammen wurde hier die akkad. Wortbedeutung „sich prosternieren, sich niederwerfen" (s. W. von Soden, AHw III, 1263) zugeordnet. Die Logogramme werden für das heth. Verbum *aruu̯ai-* verwendet, das J. Friedrich (HW 34) und E. Laroche (RA 62, 1968, 88; Revue de Philologie, III. série 42, 1968, 243 f.) gleichfalls als „sich prosternieren" bestimmt haben, während A. Kammenhuber (HW² 355 ff.) sich nachdrücklich für die Bedeutung „sich verneigen" ausspricht.

UŠ SAR in KUB 44.63 II 13 dürfte in *IŠ-TU* zu emendieren sein, vgl. ibd. II 14 ŠU UG für ŠU-*az*.

BA.UŠ *s. Nr.* 205
DUG.DU$_{10}$.ÚS.SA *s. Nr.* 162
DUMU.NITA *s. Nr.* 237
É.DU$_{10}$.ÚS.SA *s. Nr.* 199
EN UKU.UŠ *s. Nr.* 40
ÉRIN^{MEŠ} $^{(LÚ.MEŠ)}$UKU.UŠ *s. Nr.* 327
GAL $^{(LÚ.MEŠ)}$UKU.UŠ *s. Nr.* 242
NÍG.MUNUS/MÍ.ÚS(.SÁ) *s. Nr.* 369
NÌTA (= SAL.UŠ) *s. Nr.* 297
SAG.UŠ *s. Nr.* 192
$^{LÚ.MEŠ}$ŠÀ.NE.ŠA$_4$ *s. Nr.* 294
UDU.NITA *s. Nr.* 210
UGULA UKU.UŠ.(SÁ.)E.NE *s. Nr.* 174
$^{(LÚ)}$UKU.UŠ *s. Nr.* 96
UKU.UŠ.(SÁ.)E.NE *s. Nr.* 96
^{URU}*Ús-sa* *s. Nr.* 200

---

133 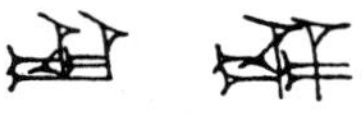 *ka* akkad. *ga*$_{14}$, *qà* sum. DU$_{11}$, DUG$_4$, GÙ, INIM, KA, KIR$_4$, ZÚ

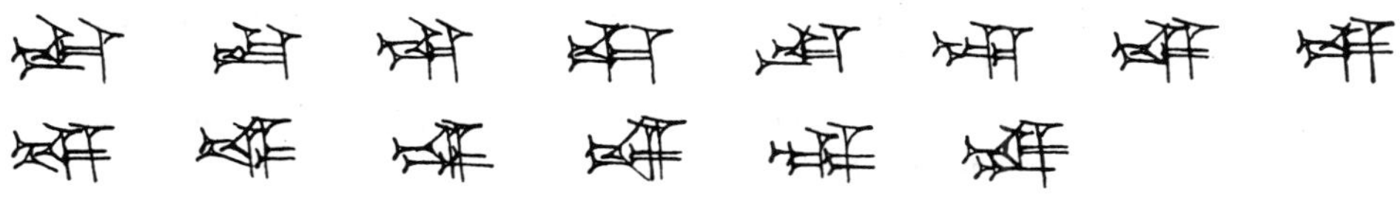

 *ka* Abkürzung für *kapunu*

 INIM „Wort, Sache, Ding"

 DU$_{11}$, DUG$_4$ „sprechen"

 ZÚ „Zahn"

^{UZU} ^{UZU}KA „Mund"

^{UZU} ^{UZU}KIR$_4$ „Nase"

^{NA_4}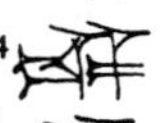 ^{NA_4}ZÚ „Obsidian, Feuerstein"

^{GIŠ}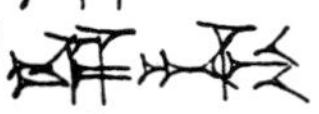 ^{GIŠ}KA.BAL „Luftloch, Luke"

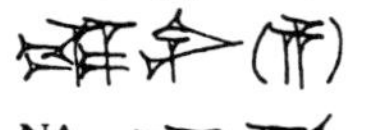 KA.GAG(.A) (Gefäß mit) geringe(r) Bierart (akkad. *pīḫu*)

^{NA_4} ^{NA_4}KA.GI.NA „Hämatit"

→

(133)
()

$^{\text{(KUŠ)}}$ $^{\text{(KUŠ)}}$KIR$_4$.TAB „Halfter, Zügel“

^{KUŠ}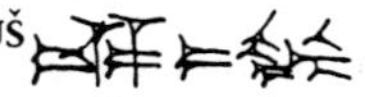 ^{KUŠ}KIR$_4$.TAB.ANŠE „Eselhalfter“

^{UZU}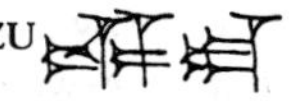 ^{UZU}KA.DU Körperteilbezeichnung (etwa ^{UZU}GÙ.DU „After“?)

^{UZU}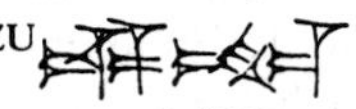 ^{UZU}KA.NE, ^{UZU}KA.ŠEG$_6$ „gebratenes Fleisch“

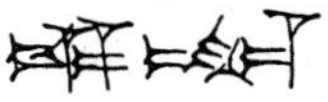 INIM.IZI (wörtl.:) „Angelegenheit des Feuers“

 KA.GÌR „Weg, Pfad“

$^{\text{(GIŠ)}}$ $^{\text{(GIŠ)}}$ZÚ.LUM „Dattel“

^{D}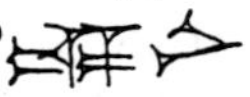 ^{D}KA.ZAL

$^{\text{m D}}$ $^{\text{m D}}$KA.DI-*a-a*, $^{\text{m D}}$ $^{\text{m D}}$KA.DI-*i̯a* ($^{\text{m D}}$*Ištaran(a)i̯a*)

Zum Sumerogramm INIM und seiner heth. Lesung s. CHD 3, 269 a.

Zur heth. Lesung von DU$_{11}$ wie auch zu den phonetischen Komplementen s. CHD 3, 254 ff.

Bruchstückhaftes $^{\text{LÚ.MEŠ}}$KA.TA[B(-) findet sich in 378/p, 4. – In hurr. Texten auftretendes LÚ.KA.TAB (vgl. KBo 27.179 Vs. 24, Rs. 4; 208, 4, 7) wird man als LÚ-*ka-tab* zu verstehen haben; vgl. zuletzt I. Wegner, Xenia 21, 1988, 150.

Zur Lesung ^{UZU}KA.ŠEG$_6$ für ^{UZU}KA.NE s. W. von Soden, AHw III, 1275 b sub *šumû*.

Die hier versuchsweise mit INIM.IZI wiedergegebene Graphie ist hinsichtlich ihrer Bedeutung unsicher. In seiner Untersuchung deutet J. Catsanicos, GsDumézil II, 1988, 63 ff. die Ideogrammverbindung als INIM.BIL (= heth. **u̯aran uttar*). Zu KUB 13.4 III 48 s. auch A. Süel, Hitit kaynaklarında tapınak görevlileri ile ilgili bir direktif metni, Ankara 1985, 143.

Mit akkad. Komplement findet sich ZÚ.LUM „Dattel“ in RS 25.421 Rs. 48: ZÚ.LUM^{PÍ} (= akkad. *suluppi*).

^{GIŠ}KA.A.BU.ÚR (L. Jakob-Rost, MIO 11, 1966, 196: IBoT 1.36 III 58) wird man wegen *ka-a-pu-u-ra* KÙ[in KBo 21.87 + Vs. 6 eher hethitisch interpretieren wollen: ^{GIŠ}*ka-a-pu-úr.*

Zu ^{D}KA.ZAL s. H. G. Güterbock, Kumarbi, 1946, 8, *3 (KUB 33.120 II 38); CHD 3,317 a.

Zum PN $^{\text{m D}}$KA.DI-*a-a* vgl. die abweichenden Transliterierungen bei E. Laroche, Hethitica IV, 1981, 54 (Nr. 1745 b); J. Tischler, FsNeumann 444.

In KUB 2.13 I 13 ist SÌR für KA geschrieben: *ka*!*-ru-ú.*

Zu $^{\text{NA}_4}$ZÚ (nicht $^{\text{NA}_4}$KÀ) s. A. Polvani, Eothen 3, 1988, 142 ff., 182.

^{DUG}KAB.KA.DÙ *s. Nr.* 49
LÚ ŠUKUR.ZABAR *s. Nr.* 288
^{TÚG}ŠÀ.KA.DÙ *s. Nr.* 294
ŠEN ZABAR *s. Nr.* 230
UMBIN ZABAR *s. Nr.* 166
ZABAR (= UD.KA.BAR) *s. Nr.* 316

---

134  sum. UKKIN bzw. UNKIN (= KA×BAR)

 UKKIN, UNKIN „Versammlung"

---

135  sum. NUNDUM bzw. NUNDUN (= KA×NUN)

 NUNDUM, NUNDUN „Lippe, Rand, Ufer"

---

136  sum. SU$_6$ (= KA×SA)

 SU$_6$ „Bart"

GADA.SU$_6$ *s. Nr.* 173

---

137  sum. KA×ÚR

GIŠ GIŠKA×ÚR u. B. (Gegenstand aus Holz)

Zu diesem Beleg s. StBoT 26, 1983, 245 s. v.

---

138  sum. KA×PA

URUDU URUDUKA×PA Gerät?, Behälter? aus Kupfer

URUDUKA×PA KBo 10.45 IV 43 (vgl. H. Otten, ZA 54, 1961, 138) scheint im Dupl. KUB 7.41 IV 10 durch GIŠKA×GIŠ ersetzt zu werden. Zur Problematik s. R. Werner, FsOtten, 1973, 330. – Handelt es sich bei KA×GIŠ und KA×PA etwa um das gleiche Sumerogramm und liegt somit fehlerhafte Schreibung vor?

139  sum. KA×GIŠ

GIŠ GIŠKA×GIŠ ein Behälter aus Holz

Zu GIŠKA×GIŠ s. Deutungsvorschlag und Diskussion der Lesung bei R. Werner, FsOtten, 1973, 330.

140  sum. KIR_{14} (= KA×GAG)

(UZU) (UZU)KIR_{14} „Nase“

141  sum. KA×U

(UZU) (UZU)KA×U „Mund“

142  sum. KA×LUM

 KA×LUM u.B.

Bisher nur einmal belegtes KA×LUM entstammt dem kleinen Tafelbruchstück 505/u. Der engere Kontext ist weggebrochen, so daß sich nicht ausmachen läßt, ob möglicherweise KA×LUM im Sinne von KA.LUM = ZÚ.GUZ = akkad. *g/kaṣāsu* „Zähne wetzen" zu verstehen ist.

---

143  sum. ZU$_9$ (= KA×UD)

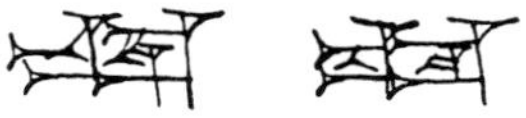

$^{\text{(UZU)}}$ $^{\text{(UZU)}}$ZU$_9$ „Zahn"

^{GIŠ} ^{GIŠ}ZU$_9$ „Zahn" (als Nachbildung)

 ZU$_9$ SI Abkürzung für ZU$_9$ AM.SI

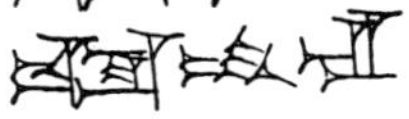 ZU$_9$ AM.SI „Elfenbein" (auch AM.SI ZU$_9$)

Zu ZU$_9$ SI = ZU$_9$ AM.SI s. den Wechsel in den Duplikaten KUB 42.43 Vs. 13 und KBo 18.170 Vs. 9. Vgl. auch ⟨AM.⟩SI ZU$_9$ KUB 36.41, 16.

Zu KA×UD.È.A.DI s. H.A.Hoffner, BiOr 37, 1980, 202; A.Kammenhuber, HW^2, 221b.

^{LÚ}ALAM/ALAN.ZU$_9$ *s. Nr.* 226 NINDA.ZU$_9$ *s. Nr.* 369
^{TÚG}GÌR.ZU$_9$ *s. Nr.* 301

---

144  sum. BÚN (= KA×IM)

 BÚN „Gewitter, Donner"

Fraglich bleibt die Bedeutung von KA×IM in den Verbindungen SI KA×IM KBo 2.16, 10 und ^{LÚ}GAD.KA×IM IBoT 2.103 IV 12.

^{LÚ}GAD.KA×IM *s. Nr.* 173 NÍG.BÚN.NA$^{\text{(KU}_6\text{)}}$ *s. Nr.* 369

---

145  sum. TÚKUR (= KA×ŠE)

 TÚKUR „Stille, Ruhe"

Zu TÚKUR = akkad. *šaqummatu* s. W. von Soden, AHw III, 1182a; R. Labat, Manuel d'épigraphie akkadienne, Paris ^{6}1988, Nr. 27; R. Borger, ABZ S. 279.

146  sum. MU$_7$ / TU$_6$ (= KA×LI)

^{LÚ} ^{LÚ}MU$_7$ „Beschwörer" (heth. ^{LÚ}*ḫukmatalla-*)

KA×LI findet sich bisher nur in KUB 12.61 II 9 (vgl. E. Forrer, Die Keilschrift von Boghazköi Nr. 132), jedoch ist das Zeichen leicht beschädigt. Statt ^{LÚ}MU$_7$ wäre ^{LÚ}MU$_7$.MU$_7$ zu erwarten gewesen, vgl. R. Borger, ABZ Nr. 16. Oder ist LÚ TU$_6$ (wörtl.) „Mann der Beschwörung" (= „Beschwörer") zu transliterieren?

147  sum. EME (= KA×ME)

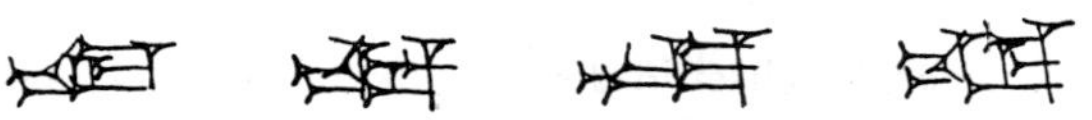

$^{\text{(UZU)}}$ $^{\text{(UZU)}}$EME „Zunge"

^{GIŠ} ^{GIŠ}EME „Zunge" (als Nachbildung)

 EME.GÍR „Messer-, Dolchklinge"

Für EME ist hier nur die Grundbedeutung „Zunge" angegeben; für das gesamte Bedeutungsspektrum sei auf CHD 3,21 ff. (sub *lala-*) und W. von Soden, AHw I, 556 (sub *lišānu*) verwiesen.

Als „Zunge" bezeichnet werden auch „(Metall-)Barren" und „(Dolch-)Klingen". – Zu ^{GIŠ}EME vgl. W. von Soden, AHw I, 556b sub 6.

Für KUB 42.64 Z. 9 erwägt J. Siegelová (Heth. Verwaltungspraxis, 426 m. Anm. 44) die Lesung EME.DIR „Eidechse". Eine Kollation am Foto war uns nicht möglich. Vgl. EME.DIR.GÙN.A KUB 4.48 II 5.

148  sum. NAG (= KA×A)

 NAG „trinken; Getränk"

(URUDU) (URUDU)NAG „(Trink)gefäß"

GIŠ GIŠNAG.NAG ein Behälter

Zu NAG als Gefäß s. KUB 34.88, 3 (NAG.URUDU); KUB 27.67 II 58 (URUDUNAG).

Für GIŠNAG.NAG erwog C.G. von Brandenstein, Bildbeschreibungen S.21 (KUB 38.3 II 14, 17) die Bedeutung „Zuber?".

GEŠTIN.NAG *s. Nr.* 131
SI.NAG *s. Nr.* 86
GIŠŠU.GU$_7$.NAG *s. Nr.* 68
GIŠŠU.NAG.GU$_7$ *s. Nr.* 68
(GIŠ)ŠU.NAG(.NAG) *s. Nr.* 68

149  sum. GU$_7$ (= KA×NÍG)

 GU$_7$ „essen"

Bei zweimaligem NAG-*zi* KUB 38.25 I' 24 liegt Verschreibung vor für GU$_7$-*zi* NAG-*zi*.

Zu sum. ÚŠ.KÚ(.KÚ) bzw. ÚŠ.GU$_7$(.GU$_7$) KBo 1.44+ I 18, 19 s. H.G. Güterbock - M. Civil, MSL 17, 1985, 102.

GIŠNÍG.GU$_7$ *s. Nr.* 369
GIŠŠU.GU$_7$.GU$_7$ *s. Nr.* 68
GIŠŠU.GU$_7$.NAG *s. Nr.* 68
GIŠŠU.NAG.GU$_7$ *s. Nr.* 68

150  sum. KA×ÀŠ

UZU UZUKA×ÀŠ Körperteilbezeichnung?

151  *iš, (eš$_{15}$, mil, mel)* akkad. *eš$_{15}$, ís, iṣ, íz* sum. KUŠ$_7$, SAḪAR

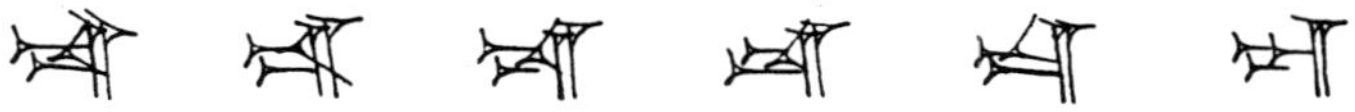

 SAḪAR „Erde, Staub, Schmutz, Asche"

 SAḪAR.ŠUB.BA „Aussatz"

^{LÚ} ^{LÚ}KUŠ$_7$ [^{LÚ}IŠ] „Wagenlenker, Knappe, Diener"

 $^{(LÚ)}$ GAL $^{(LÚ)}$KUŠ$_7$ „Oberwagenlenker"

^{LÚ}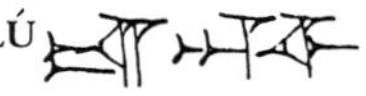 ^{LÚ}KUŠ$_7$.DINGIR^{LIM} „Diener der Gottheit"

^{LÚ} ^{LÚ}KUŠ$_7$.GUŠKIN „Goldknappe"

^{LÚ} ^{LÚ}KUŠ$_7$.ANŠE.KUR.RA „Pferdeknecht?"

 *IŠ-ṬUR* „er schrieb" (zu akkad. *šaṭāru*)

 *IŠ-PUR* „er sandte, schickte, schrieb" (zu akkad. *šapāru*)

 *IŠ-TU* „mit, aus, von"

 *IŠ-ṬÚ-UR* „er schrieb" (zu akkad. *šaṭāru*)

 *IŠ-ME* „er hörte" (zu akkad. *šemû*)

Lw. *mil* in ^{D}*Mil-ku-uš.*

^{LÚ}IŠ möglicherweise auch Abkürzung für ^{LÚ}*išmerija-* (^{LÚ}*iš*)?

Zum Alter der Graphien *IŠ-ṬÚ-UR/IŠ-ṬUR* s. H. Otten, MDOG 103, 1971, 62; Anzeiger d. phil.-hist. Kl., ÖAW, 123. Jahrg., 1986, So. 2, Abb. 7. Auch die altheth. Schenkungsurkunde von Inandık gebraucht die ältere Graphie *IŠ-ṬÚ-UR*; vgl. K. Balkan, „Eine Schenkungsurkunde aus der altheth. Zeit", 1973, 3 (Rs. 27); H. Otten, a. a. O. 28 Anm. 27.

IM.SAḪAR.KUR.RA *s. Nr.* 337

152  *up/b* akkad. *ár*

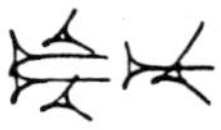 *UP-NU* (Nom.), 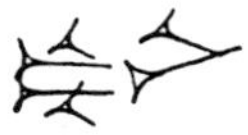 *UP-NI* (Gen.) „Handvoll" (Maßangabe)

Zu *UPNU* vgl. G.F. del Monte, OA 19, 1980, 219ff.

---

153  *pí, pé, bi, bé, kaš, gaš* sum. BI, KAŠ

 *pí* Abkürzung für heth. *piran*

 KAŠ „Bier"

 KAŠ.GEŠTIN eine besondere Art Bier

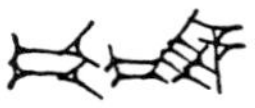 KAŠ.LÀL honighaltiges Bier

 BI-*aš* „jene(r)" (heth. *apaš,* Nom. Sg. c.)

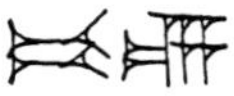 BI-*un* „jene(n)" (heth. *apun,* Akkus. Sg. c.)

URU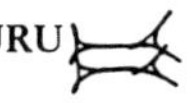 URU*Pí* Abkürzung für URU*Pina*

Zu KAŠ.GEŠTIN s. StBoT 26, 1983, 246 mit Anm. 32b; zu KAŠ.LÀL wohl = *ualḫi* ibid. 366. Zu BI = akkad. *šū* vgl. W. von Soden, AHw III, 1254b.

DÙ.A.BI *s. Nr.* 75
GEŠTIN.KAŠ *s. Nr.* 131
GI É *ṬUP-PÍ s. Nr.* 30
(LÚ)ḪUB.BI *s. Nr.* 50
(LÚ)ḪÚB.BI *s. Nr.* 49
KI.LÁ.BI *s. Nr.* 313
NINDA.KAŠ *s. Nr.* 369
SILIM.BI *s. Nr.* 312
1/2 ŠU.RI.ÀM *ṬUP-PÍ s. Nr.* 68
UR.BI *s. Nr.* 51
DIMIN.IMIN.BI *s. Nr.* 373

---

154  sum. LUNGA, ŠEM, ŠIM

 ŠIM, ŠEM „wohlriechende Pflanze, Duft"

LÚ LÚLUNGA „(Bier-)Brauer"

Zu LÚLUNGA s. S. Košak, ZA 76, 1986, 131.

---

155  akkad. *ṣár, ṣur* sum. AMAR

(GU4)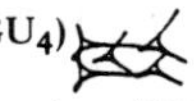 (GU4)AMAR „Kalb, junges Tier"

 AMAR.APIN.LÁ „Pflugkalb"

 AMAR.MAḪ „Jungstier, Rassekalb?"

 AMAR.MUŠEN „Vogeljunges, Kücken"

 AMAR.ÁB „Färse, junge Kuh"

D DAMAR.UTU (= Marduk), vgl. Nr. 56

m mAMAR-ti (**Ḫubiti*)

m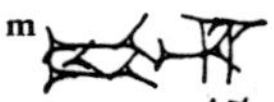 mAMAR.MUŠEN

m (D) m (D)AMAR.UTU

m D m DAMAR.UTU-DLAMMA

m D m DAMAR.UTU-LÚ

156  sum. SISKUR (= AMAR × ŠE),
SÍSKUR (= SISKUR.SISKUR)

 SISKUR „Opfer, Ritual"

 SÍSKUR „Opfer, Ritual"

Die letzte Zeichenvariante wurde dem Editionsband KUB 49.54 Vs. 3 entnommen, konnte jedoch nicht am Foto überprüft werden.

Statt SISKUR ist in dem von Å. W. Sjöberg herausgegebenen Sumerian Dictionary, Vol. 2: B, Philadelphia 1984, SIZKUR umschrieben (vgl. S. 59). Einem Vorschlage R. Borgers folgend, bleiben wir jedoch bei konventionellem SISKUR.

É EN.SISKUR *s. Nr.* 199
EN SISKUR *s. Nr.* 40
EN SÍSKUR *s. Nr.* 40

157  hurr. *gu*$_4$ sum. GU$_4$, GUD

 GU$_4$, GUD „Rind“; auch Determinativ vor Boviden

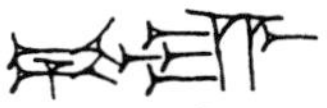 GU$_4$.APIN.LÁ „Pflugrind“

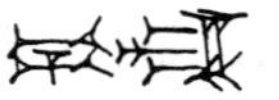 GU$_4$.MAḪ „Stier, Zuchtstier“

GIŠ 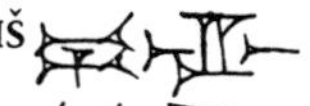 ^{GIŠ}GU$_4$.SI.AŠ „Rammbock, Mauerbrecher“

 GU$_4$.NÍTA „Rind, Bulle“

 GU$_4$.GAZ „Rind zum Schlachten?“

 GU$_4$.NIGA „fettes Rind, Mastrind“

D  ^{D}GU$_4$

Hinsichtlich der Interpretation von GU$_4$.GAZ bleibt unsicher, ob von GAZ „töten“ im Sinne von „schlachten“ (vgl. H. Otten - Vl. Souček, StBoT 1, 1965, 20) oder von GAZ „zerstoßen, zerschlagen“ im Sinne von „dreschen“ (vgl. E. Laroche, RA 43, 1949, 68) auszugehen ist.

A.UZU(.GU$_4$) *s. Nr.* 364
É.GU$_4$ *s. Nr.* 199
^{ITU}GU$_4$.SI.SÁ *s. Nr.* 84
^{UZU}Ì.GU$_4$ *s. Nr.* 72
^{LÚ}SIPA.GU$_4$ (DINGIR^{LIM}) *s. Nr.* 117

158  *ša* akkad. *sa*$_x$ sum. ŠA

 *ŠA* ( *ŠA-A*) Zeichen des Genetivs, vgl. Nr. 369

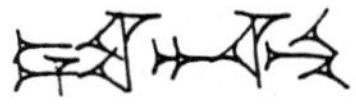 *ŠA-PAL* „Unterseite, unter“ (stat. constr. von akkad. *šaplu*)

^{DUG}ḪAR.ŠU.ŠA *s. Nr.* 333

159  *ga* akkad. *kà, qá* sum. GA, KÀ

 GA „Milch“

 GA *ṢÉ-E-TI* eine besondere Art Milch(?)

 GA.KU$_7$ „süße Milch“

 GA *DAN-NU* „Dickmilch“

 GA.KALA.GA „Dickmilch“

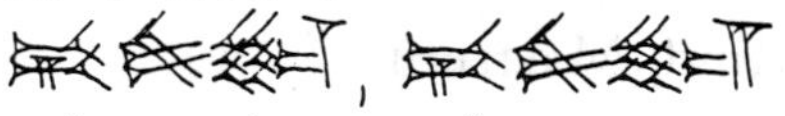 GA.RAŠ^{SAR} „Porree“

$^{(GIŠ)}$ $^{(GIŠ)}$GA.ZUM „Kamm“

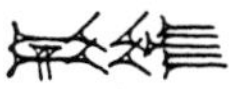 KÀ.SÚM „Becher“

 KÀ.GÌR.KASKAL „Wegabzweigung“

 GA *EM-ṢÚ* „saure Milch“

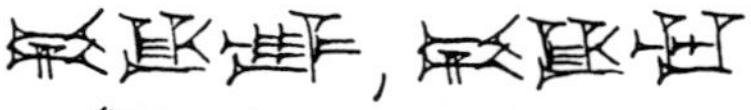 GA.KIN.AG „Käse“

 GA.KIN.DÙ „Käse“

KÀ.SÚM „Becher“ wird man wohl als Pseudo-Sumerogramm nach akkadisch *KÀ-SÚM* verstehen dürfen.

Unklar bleiben folgende nicht sicher einzuordnende Graphien: GA AQ QA HT 57,4; GA.ḪA KUB 42.99 I 9 (s. dazu H. Otten – Chr. Rüster, ZA 67, 1977, 63 m. Anm. 4).

AL.DI.RÍ.GA^{MUŠEN} *s. Nr.* 183
DÙG.GA *s. Nr.* 335
DUMU.DÙG.GA-*I̯A* *s. Nr.* 237
É.ŠÀ KÙ.GA *s. Nr.* 199
$^{GI/GIŠ}$GAG.(Ú.)TAG(.GA) *s. Nr.* 75
GEŠTIN DÙG.GA *s. Nr.* 131
$^{(GIŠ)}$GEŠTIN *KÀ-RA-A-AN* *s. Nr.* 131
GI.DÙG.GA *s. Nr.* 30
^{LÚ}GÌR.SÌ.GA *s. Nr.* 301
Ì.DÙG.GA *s. Nr.* 72
Ì.SAG DÙG.GA *s. Nr.* 72
$^{(LÚ)}$KALA.GA *s. Nr.* 196
KÙ.GA *s. Nr.* 69
NÍG.GA *s. Nr.* 369
RI.RI.GA *s. Nr.* 32
^{TÚG}ŠÀ.GA.(AN.)DÙ *s. Nr.* 294
^{TÚG}ŠÀ.GA.TU$_4$ *s. Nr.* 294
ŠÀ.ZI.GA *s. Nr.* 294
ŠEŠ.DÙG.GA-*I̯A* *s. Nr.* 79
ŠU.TAG.GA *s. Nr.* 68
TU$_7$ GA *s. Nr.* 355
TU$_7$ *ME*(-*E*) GA *s. Nr.* 355
$^{GI/GIŠ}$Ú.TAG.GA *s. Nr.* 195
UGA^{MUŠEN} (= Ú.^{TE}TÈ.GA) *s. Nr.* 195
$^{(D)}$UD.SIG$_5$(.GA) *s. Nr.* 316
ZALAG.GA *s. Nr.* 316
ZÁLAG.GA *s. Nr.* 327
ZI.GA *s. Nr.* 33
^{D}SAG.GA.RA *s. Nr.* 192
^{m}KÙ(.GA).PÚ-*ma* *s. Nr.* 69
^{m}NÍG.GA.GUŠKIN *s. Nr.* 369

160 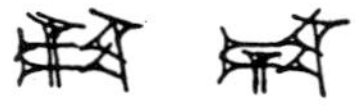 *ta*, (*dá*) akkad. *dá*, *ṭá* sum. TA

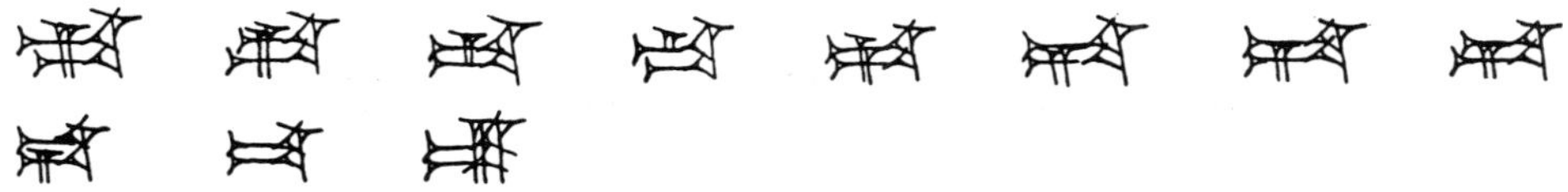

 TA „aus, von, mit"

 *ta* Abkürzung für *tananiš* (vgl. Nr. 214)

 -TA.ÀM „je" (zur Bezeichnung von Distributivzahlen)

URU URU*Ta-ni* Abkürzung für URU*Tanizila*

AN.TA.LÙ *s. Nr.* 8 (KUR) AN.TA *s. Nr.* 8, 329
É *NAP-ṬÁ-RI s. Nr.* 199

161  sum. ÍL (= GA.GÍN)

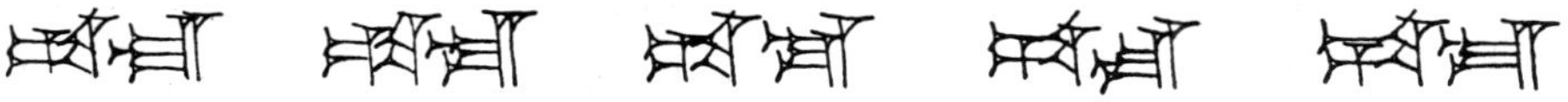

 ÍL u. B.

Für die scheinbare Zeichenverbindung GA LU (KUB 22.28 Rs. 7), die sich einzelsprachlich nicht deuten läßt, wird hier versuchsweise ÍL gelesen (vgl. R. Borger, ABZ Nr. 320 und A. Deimel, ŠL II/2 Nr. 320), jedoch ergibt sich auch dann für ÍL keine überzeugende Kontextbedeutung.

Bezüglich der Lesungen LÚA.ÍL(.LÁ) und SAG!.ÍL.LÁ sind wir der Argumentation von H. G. Güterbock (FsOtten, 1973, S. 85 f. mit Abb. 2 auf S. 78) gefolgt; jedoch ergab die Kollation der betreffenden Belegstellen (KUB 13.3 III 21; 18.16 II 1; KBo 1.44 Rs. 5), daß für vermeintliches ÍL deutlich *ŠA* KUŠ geschrieben ist, was die Vermutung nahelegt, daß der heth. Schreiber in dem vorliegenden graphischen Ausdruck doch eine Genetivverbindung gesehen hat. Zu den Varianten vgl. ABZ S. 20, Nr. 320.

LÚA.ÍL(.LÁ) *s. Nr.* 364 SAG.ÍL.LÁ *s. Nr.* 192

162  akkad. *dug/k/q, tùk/q* sum. DUG (= BI×A), BÁḪAR (= DUG.SÌLA.BUR), BAḪAR$_5$ (= DUG.SÌLA.BUR.NA)

 DUG „Gefäß“, auch Determinativ von Gefäßnamen

(LÚ)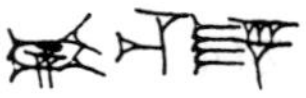 (LÚ)BÁḪAR „Töpfer“

(LÚ) (LÚ)BAḪAR$_5$ „Töpfer“

 *Ú-NU-UT* BÁḪAR „Töpferware“

 (DUG.)KA.GAG(.A) (Gefäß mit) geringe(r) Bierart

 DUG.DU$_{10}$.ÚS.SA „Waschkrug“

Für DUG.QA(= SÌLA).BUR (BÁḪAR) findet sich Zeichenumstellung in DUG.BUR.QA (KBo 17.78 II 21) bzw. DUG.BUR.GA (KUB 41.6 r. Kol. 9).

In 1080/u Z. 4 kommt die Ideogrammverbindung DU]G.SÌLA.BUR.NA.LÁ vor.

In KUB 42.105 III 16 ist DUG KA (wohl für DUG KA.GAG) geschrieben.

Zu DUG (LÚ)SÌLA.ŠU.DUḪ(.A) in der Bedeutung „Kelle“ s. J. Siegelová, Heth. Verwaltungspraxis, 1986, S. 112/113 und 636.

163 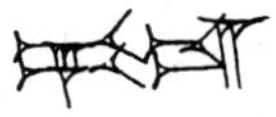 sum. BAPPIR (= ŠIM×NÍG)

 BAPPIR „Bierwürze, Bierbrot“

In 107/x, 7 ist BAPPIR lediglich  geschrieben.

DIM$_4$ BAPPIR *s. Nr.* 257

164  akkad. *gab/p, qab/p* sum. DU$_8$, DUḪ, GAB, GABA

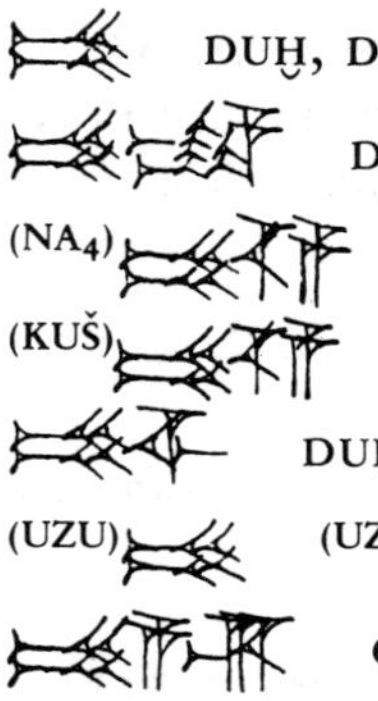

DUḪ, DU$_8$ „lösen", in Omina auch „gespalten"

DUḪ.LÀL „Wachs"

$^{(NA_4)}$DUḪ.ŠÚ.A „Quarz?, Bergkristall?, Diorit?"

$^{(KUŠ)}$DUḪ.ŠÚ.A eine Art Leder („Rohleder?")

DUḪ-*ši*- „ungehemmt, unumwunden"

$^{(UZU)}$GABA „Brust"

GAB.A.RI „gleichgestellt"

DUḪ.ŠÚ.A ist die in den Boğazköy-Texten übliche Graphie statt sonstigem DUḪ.ŠI.A. Zu DUḪ.ŠI.A „Leder" und „Steinart" vgl. A. Salonen, Die Fußbekleidung der alten Mesopotamier nach sumerisch-akkadischen Quellen. Helsinki 1969, 72 f.

Zu ^{NA_4}DUḪ.ŠÚ.A in heth. Texten s. A. M. Polvani, Studi Classici e Orientali 31, 1981, 245 ff.; Eothen 3, 1988, 132 ff., 181.

^{ITU}APIN.DU$_8$.A *s. Nr.* 84
DUMU.NITA.GABA *s. Nr.* 237
DUMU.MUNUS.GABA *s. Nr.* 237
Ì.GAB (ŠE) *s. Nr.* 72
IGI.DU$_8$$^{ḪI.A}$ *s. Nr.* 288
^{LÚ}IGI.DU$_8$(.A) *s. Nr.* 288
IGI.DU$_8$.(LIŠ.)A *s. Nr.* 288
IGI.NU.DU$_8$ *s. Nr.* 288
^{LÚ}NI.DUḪ *s. Nr.* 72
NIN.GABA^{MEŠ} *s. Nr.* 299
$^{GI/GIŠ}$PISAN.DUḪ.ŠÚ.A *s. Nr.* 56
MUNUS.GABA *s. Nr.* 297
^{LÚ}SÌLA.ŠU.DUḪ(.LIŠ.A) *s. Nr.* 21
TÚG.GABA *s. Nr.* 212
^{URU}GÚ.(DU$_8$.)ŠÚ.A *s. Nr.* 201

165  akkad. *kim* sum. DÍM, GIM

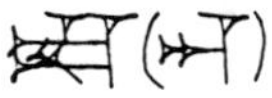 GIM(-*an*) „wie, als; sowie, sobald" (= heth. *maḫḫan, mān?*) →

(165)
()

Der in KBo 22.27, 6 genannte Ortsname ^{URU}*Ḫa-ak-miš* findet sich ibd. 7 in der Schreibung ^{URU}*Ḫa-ag-gim-ša-aš-pát,* was aber nicht zur Ansetzung eines heth. Lautwertes *gim* berechtigt. Zu unterschiedlichen Graphien des Ortsnamens *Ḫakm/piš* s. G.F. del Monte, RGTC 6, 65f.

Zur halblogographischen Schreibung von heth. *mān* als BE-*an* und „possibly" GIM-*an* s. CHD 3, 143b; zu GIM-*an* = heth. *maḫḫan,* ibid. 100a.

^{LÚ}AN.BAR.DÍM.DÍM *s. Nr.* 8
$^{LÚ.MEŠ}$GUŠKIN.DÍM.DÍM *s. Nr.* 69
$^{LÚ.MEŠ}$KÙ.BABBAR.DÍM.DÍM *s. Nr.* 69
^{LÚ}KÙ.DÍM *s. Nr.* 69
^{UZU}MAŠ.GIM *s. Nr.* 20
MUŠ.DÍM.KUR.RA *s. Nr.* 342
UR_5.GIM *s. Nr.* 333
$^{LÚ.MEŠ}$URUDU.DÍM.DÍM *s. Nr.* 109
^{D}GIŠ.GIM.MAŠ *s. Nr.* 178

---

166  sum. UMBIN

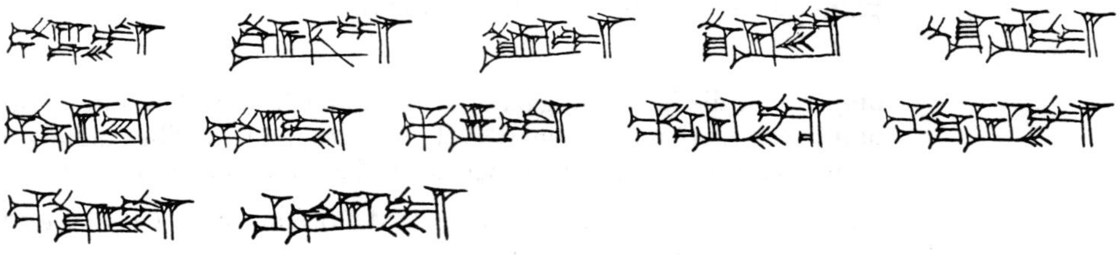

 UMBIN „Fingernagel"

GIŠ ^{GIŠ}UMBIN „Rad"

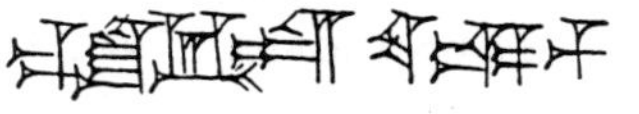 UMBIN ZABAR „Stift, Haarspange (o.ä.) aus Bronze"

D ^{D}UMBIN

Zu ^{D}UMBIN vgl. StBoT 24, 112, 117.

NINDA.UMBIN *s. Nr.* 369

---

167 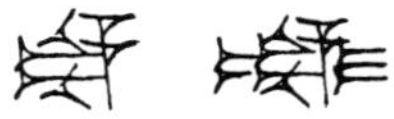 sum. KÁ, ABUL (= KÁ.GAL)

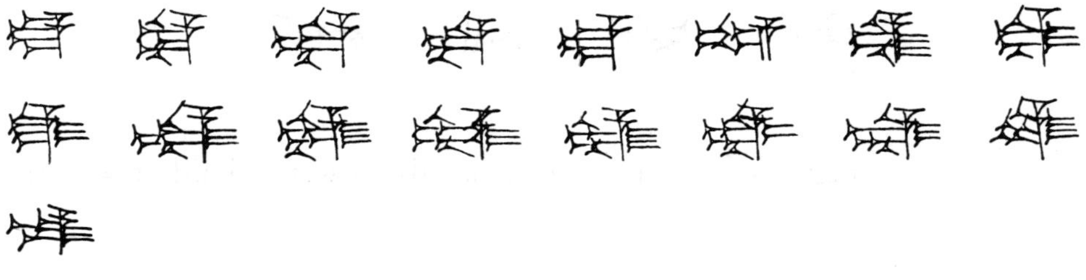

KÁ „Tor, Tür"

$^{\mathrm{NA}_4}$KÁ.DINGIR.RA „Babylonstein"

^{URU}KÁ.DINGIR.RA „Babylon"

^{URU}KÁ.DINGIR.RA-*li* „in babylonischer Sprache" (= heth. ^{URU}*pabilili*)

$^{\mathrm{NA}_4}$KÁ.GI.NA „Hämatit" (für $^{\mathrm{NA}_4}$KA.GI.NA)

^{GIŠ}KÁ.GIŠ „Mörser"

$^{\mathrm{(GIŠ)}}$KÁ.GAL, $^{\mathrm{(GIŠ)}}$ABUL „(großes) Tor, Stadttor"

KÁ.GAL, ABUL „porta hepatis" (in Leberomina)

$^{\mathrm{LÚ.MEŠ}}$KÁ(.GAL) UR.GI$_7$ „Hundetor-Leute"

Zu $^{\mathrm{NA}_4}$KÁ.DINGIR.RA s. A. M. Polvani, Eothen 3, 1988, 145 ff.; zu ^{LÚ}KÁ.E s. Nr. 129 Anm.

---

168 *am* sum. AM, EDIN (= "AM".SÌLA.BUR)

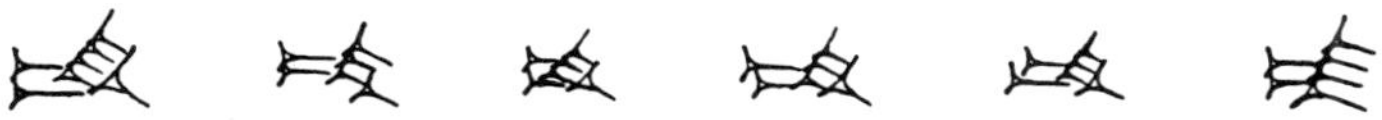

$^{\mathrm{GU}_4}$AM „Wildstier"

^{UDU}AM „Widder"

am, am-ši, am-ši-in Abkürzungen für *ambašši(n)*

AM-*QUT* „ich fiel nieder" (zu akkad. *maqātum*)

AM.SI „Elefant"

ZU$_9$ AM.SI „Elfenbein" (auch AM.SI ZU$_9$), vgl. Nr. 143 A

AM.SÌLA.BUR.NA (= EDIN.NA) in UZU EDIN.NA s. Nr. 203

Zur Lesung UZU.EDIN.NA s. H. Berman – H. A. Hoffner, JCS 32, 1980, 49; I. Singer, StBoT 28, 1984, 192 s. v.

Zeichenumstellung SI.AM für AM.SI in KUB 38.33, 4.

^{GIŠ}ÍLDAG (= A.AM) *s. Nr.* 364

169  *ne*, (*ni*$_5$) akkad. *bí*, *dè*, *ṭè*, *gibil*$_6$/*gìra* (= NE.GI) sum. BAR$_7$, BÍ, BIL, BIR$_9$, IZI, LÁM, NE, ŠEG$_6$, ÉRIM (= NE.RU)

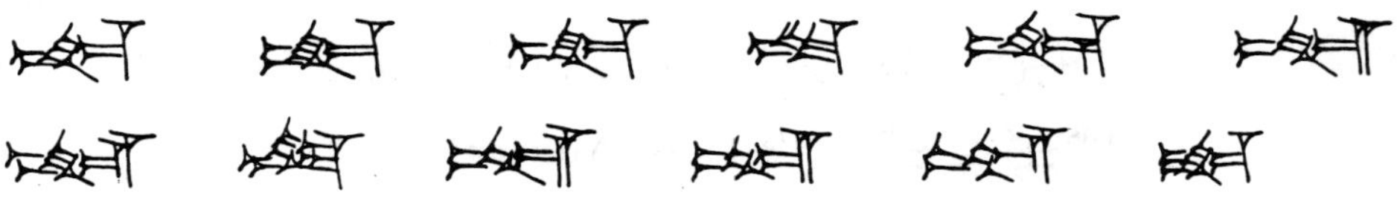

 IZI „Feuer"

 BIL, BAR$_7$, BIR$_9$ „(ver)brennen, rösten"

 NE Orakelterminus (Lesung?)

 BIL.ZA.ZA [NE.ZA.ZA] „Frosch"

$^{(DUG)}$ $^{(DUG)}$IZI.GAR „Lampe"

^{D}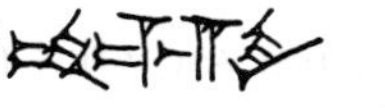 ^{D}*GIBIL*$_6$, ^{D}*GÌRA*

^{URU} ^{URU}NE.MA^{KI} (Elam), vgl. Nr. 74

Lw. *dè* nur im Namen ^{URU}*Akkade* (s. G. F. del Monte, RGTC 6, 3 f.).

Lw. *lám* in ^{TÚG}NÍG.LÁM.

Zeichenform 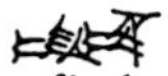 in KBo 3.14 Z. 8 vielleicht IZI-*it*; im Dupl. KUB 41.48 IV 24 fehlt IZI-*it*, dort findet sich zusätzliches ^{UZU}ÚR-*it*. Vgl. KBo 8.93 I 16.

Unklar bleibt die Bedeutung von ^{UZU}NE bzw. UZU NE in KUB 12.10 IV 2. Oder etwa NE = akkad. *baḫru* „gar, siedend heiß"?

Zu ^{URU}NE.MA^{KI} s. A. Kammenhuber, THeth 7, 1976, 99.

In KBo 33.69 I 1 (hurr.) wird man den Wortauslaut wohl -*ne*$_e$ zu transliterieren haben; vgl. Nr. 76 *né*$_e$.

-E.NE *s. Nr.* 187
GI.IZI.LÁ *s. Nr.* 30
GUNNI (= KI.NE) *s. Nr.* 313
$^{(LÚ)}$ḪUB.BÍ *s. Nr.* 50
$^{(LÚ)}$ḪÚB.BÍ *s. Nr.* 49
INIM.IZI *s. Nr.* 133
^{UZU}KA.NE *s. Nr.* 133
ME.LÁM *s. Nr.* 357
NAM.ÉRIM *s. Nr.* 39
^{ITU}NE.NE.GAR *s. Nr.* 84
^{LÚ}NÍG.ÉRIM *s. Nr.* 369
^{TÚG}NÍG.LÁM *s. Nr.* 369
$^{LÚ.MEŠ}$ŠÀ.NE.ŠA$_4$ *s. Nr.* 294
(UGULA) UKU.UŠ.(SÁ.)E.NE *s. Nr.* 96, 174
^{D}*BU-NE-NE* *s. Nr.* 339

170 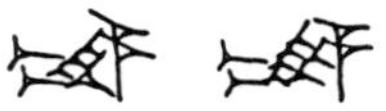 sum. LÀL

 LÀL „Honig“

DUḪ.LÀL *s. Nr.* 164
É.NIM.LÀL *s. Nr.* 199
GEŠTIN.LÀL *s. Nr.* 131
KAŠ.LÀL *s. Nr.* 153
(LÚ) NIM.LÀL *s. Nr.* 74
NINDA.LÀL *s. Nr.* 369

---

171 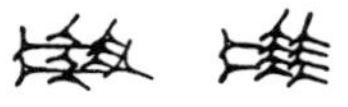 *taḫ*, (*daḫ*), *túḫ* sum. TAḪ (= MU over MU)

Zum Lautwert *taḫ* s. StBoT 18, 1974, 44 Anm. 34.

Á.TAḪ *s. Nr.* 215
AN.TAḪ.ŠUM[(SAR)] *s. Nr.* 8
ÉRIN[MEŠ] TAḪ *s. Nr.* 327
[D]U Á.TAḪ *s. Nr.* 261
[m D]IM-ÉRIN.TAḪ *s. Nr.* 337
[m D]U-*ub*-Á.TAḪ *s. Nr.* 261

---

172 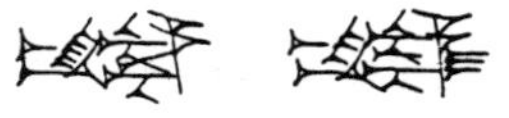 *píl, bíl,* (*pél*) hurr. *li*$_{13}$ akkad. *pél* sum. GIBIL (= "NE" × PAB)

 GIBIL „neu; erneuern“

 *ḫi-li*$_{13}$ Abkürzung für hurr. *ḫilipšiman*, vgl. Nr. 335

GEŠTIN GIBIL *s. Nr.* 131
ITU GIBIL *s. Nr.* 84
NINDA GIBIL *s. Nr.* 369
[LÚ]SANGA GIBIL *s. Nr.* 231

173  *gad/t, kad/t, (kid/t_9)* akkad. *qàd/t* sum. GAD, GADA

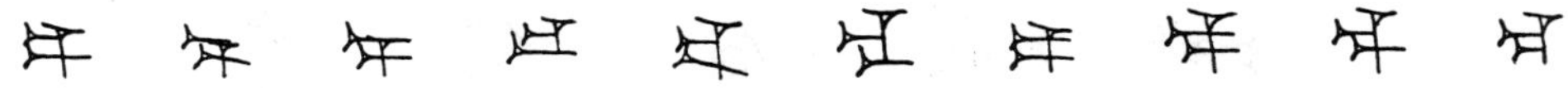

 GADA „Leinen(kleid), Tuch“; auch Determinativ vor Leinengewändern

^{TÚG} ^{TÚG}GADA „Leinenkleid“

^{LÚ}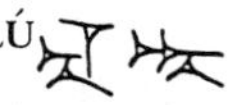 ^{LÚ}GAD.TAR ein Funktionär?

 GADA.ŠU „Handtuch“

^{LÚ} ^{LÚ}GAD.KA×IM u. B.

 GADA.SU$_6$ „Serviette“ (wörtlich: Barttuch)

 GADA.IGI „Schleier?“

$^{\text{(TÚG)}}$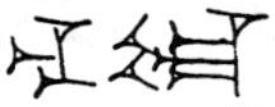 $^{\text{(TÚG)}}$GADA.DAM „Gamasche“

 GADA (*ŠA*) *QA-TI* „Handtuch“

In der älteren Schrift tritt heth. *kat-ta* häufig ligaturartig auf: 

In der Literatur sind für ^{LÚ}GAD.TAR verschiedene Bedeutungsansätze vorgeschlagen worden. Vgl. A. Kammenhuber, MSS 14, 1959, 72; HdO 443 Anm. 3 (eine Art „Zeptermann“); A. Archi, Oriens Antiquus 12, 1973, 221 („profano“); S. Košak, THeth 10, 1982, 254 („barbarian“); J. Siegelová, Heth. Verwaltungspraxis, 1986, S. 643 („Einheimischer“); F. Pecchioli Daddi, Mestieri 53 („sarto???“).

^{LÚ}NA.GAD *s. Nr.* 15 ^{TÚG}SAR.GADA.TAR *s. Nr.* 353

174  *pa, ḫad/t* akkad. *bá, ḫaṭ, sàk* sum. GIDRU, PA, UGULA, GARZA (= PA.AN), NUSKA (= PA.TÚG)

 *PA* Abkürzung für *PARĪSU/I* (W. von Soden, AHw II, 833 b, sub *parīsu* II)

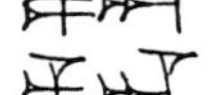 GARZA „Amt, Kultbrauch“

 *PA-AN* „vor“ (stat. constr. von *PĀNU* „Vorderseite“)

 *pa-an* Abkürzung für heth. *pariịan*

 *PA-NI* „vor“

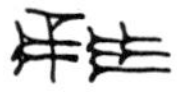 *pa-i* Abkürzung für heth. *pangau̯i*

 *pa-za* Abkürzung für heth. *pankuš-za*

 UGULA „Aufseher, Anführer"

 UGULA UKU.UŠ.(SÁ.)E.NE „Aufseher der Schwerbewaffneten"

(LÚ)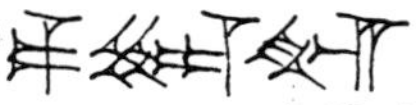 $^{(\text{LÚ})}$UGULA *LI-IM* „Anführer von Tausend (Mann)"

(LÚ) $^{(\text{LÚ})}$UGULA *LI-IM-TI* „Anführer von Tausend"

(LÚ) $^{(\text{LÚ})}$UGULA *LI-IM-TIM* „Anführer von Tausend"

(LÚ) $^{(\text{LÚ})}$UGULA *LI-IM ṢE-RI* „Anführer der Tausend des Feldes"

GIŠ/URUDU $^{\text{GIŠ/URUDU}}$GIDRU „Stab, Zepter"

 GIŠ LÚ ^{GIŠ}GIDRU „Stabträger, Herold"

GIŠ ^{GIŠ}GIDRU.DINGIR^{LIM} „Stab der Gottheit"

D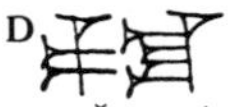 ^{D}NUSKA

m GIŠ $^{\text{m GIŠ}}$GIDRU-DINGIR^{LIM} (^{m}*Ḫattušili*)

m ^{m}GIDRU-*ši*-DINGIR^{LIM} (^{m}*Ḫattušili*)

m GIŠ  $^{\text{m GIŠ}}$GIDRU-LÚ (^{m}*Ḫattušaziti*)

(URU) $^{(\text{URU})}$GIDRU-*ti*, $^{(\text{URU})}$*Ḫat-ti* (bzw. *ḪAT-TI*), vgl. Nr. 69

URU ^{URU}GIDRU-*ši* (^{URU}*Ḫattuši*), vgl. Nr. 69

In KUB 24.2 Vs. 9 findet sich für zu erwartendes PA die Zeichenform .
H. Berman (JCS 34, 1982, 125) erwägt für *pangau̯i* auch die Abkürzung *pa-u-i*.
Zu unsicherem PA.GAM, PA.ḪAL s. StBoT 18, 1974, 36.
Für die Wortverbindung PA *IṢ-ṢÍ* vgl. H. A. Hoffner, JCS 23, 1970, 21 (PA „Laub").
In KUB 58.60 I 13 ist für ^{D}NUSKA irrtümlich ^{GIŠ}NUSKA geschrieben: EGIR-*ŠÚ* ^{GIŠ}NUSKA TUŠ-*aš* 1 NINDA.GUR$_4$.RA *pár-ši-i̯a*.

$^{(\text{LÚ})}$MAŠKIM (= PA.KAŠ$_4$) *s. Nr.* 176
ZARAḪ (= SAG.PA.LAGAB) *s. Nr.* 192
UGULA $^{(\text{LÚ.MEŠ})}$NIMGIR.ÉRIN^{MEŠ} *s. Nr.* 222

---

175  *šab/p, šip* akkad. *sab/p* sum. ŠAB (= PA.IB)

  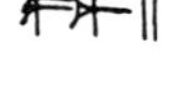

 ŠAB „Napf"

  KUR *ŠAP* Abkürzung für KUR *ŠAP-LI-TI* „Unteres Land"

176 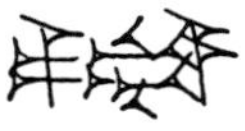 sum. MAŠKIM (= PA.KAŠ$_4$)

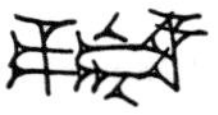

LÚ ^{LÚ}MAŠKIM „Kommissär, Beauftragter"

(LÚ) $^{(LÚ)}$MAŠKIM.URU^{KI} „Stadtkommissär"

LÚ ^{LÚ}MAŠKIM.URU^{LIM} „Stadtkommissär"

177  sum. SIPA, SIPAD

(LÚ) $^{(LÚ)}$SIPA, $^{(LÚ)}$SIPAD „Hirt"

LÚ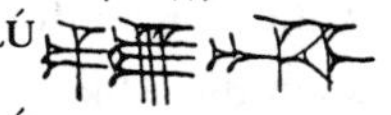 ^{LÚ}SIPA DINGIR^{LIM} „Hirt der Gottheit"

LÚ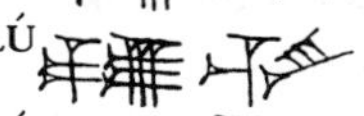 ^{LÚ}SIPA.UZ$_6$ „Ziegenhirt"

LÚ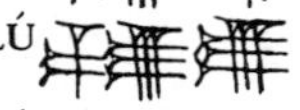 ^{LÚ}SIPA.UDU „Schafhirt"

LÚ ^{LÚ}SIPA.UDU DINGIR^{LIM} „Schafhirt der Gottheit"

LÚ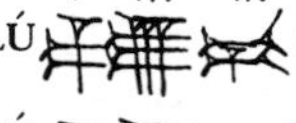(ḪI.A) ^{LÚ}SIPA.GU$_4$$^{(ḪI.A)}$ „Rinderhirt"

LÚ ^{LÚ}SIPA.GU$_4$ DINGIR^{LIM} „Rinderhirt der Gottheit"

LÚ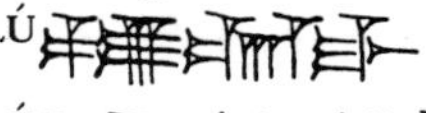 ^{LÚ}SIPA É.GAL „Hirt des Palastes"

LÚ ^{LÚ}SIPA.ANŠE.KUR.RA „Pferdehirt"

LÚ ^{LÚ}SIPA.ŠAḪ „Schweinehirt"

Neben SIPA, SIPAD sind auch die Lesungen SIBA, SIBAD (vgl. R. Borger, ABZ Nr. 295 m) möglich.

178  *ez, iz,* (*niš*) akkad. *is, es, iṣ, eṣ, iš₆, niš* sum. GIŠ, GISSU (= GIŠ.MI)

 GIŠ „Holz, Baum“; auch Determinativ vor Holz-, Baum- und Gerätenamen

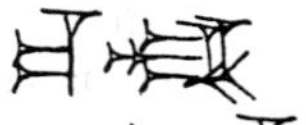 GIŠ.MAḪ „Balken“

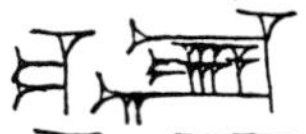 GIŠ.ÙR „Balken, Dachbalken“

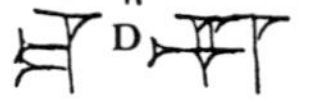 GIŠ (D)INANNA, GIŠ (D)INNIN Saiteninstrument

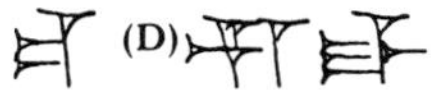 GIŠ (D)INANNA.GAL großes Saiteninstrument

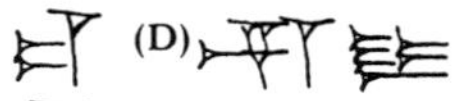 GIŠ (D)INANNA.TUR kleines Saiteninstrument

 GISSU „Schatten“

 GIŠ.ŠUB.BA „Los, Anteil“

 GIŠ.ÉRIN, GIŠ.RÍN „Waage“

 GIŠ.ÉRIN ZI.BA.NA, GIŠ.RÍN ZI.BA.NA „Waage“

 GIŠ.ÉRIN ("NUNUZ"), GIŠ.RÍN ("NUNUZ") „Waage“

 (GIŠ.)ÉRIN/RÍN ("NUNUZ") ZI.BA.NA „Waage“

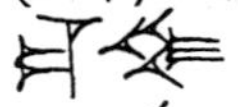 GIŠ.ḪUR „Holztafel; Vorlage?, Plan?, Entwurf?“

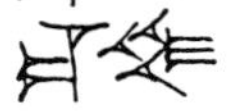 GIŠ.KÍN Baum(frucht)

 GIŠ.KIN.TI „Handwerk, Werkzeug“

 DGIŠ.GIM.MAŠ (Gilgamesch)

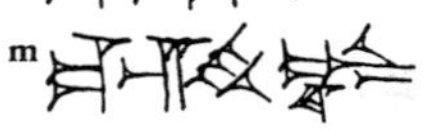 mGIŠ.GI-PÌRIG

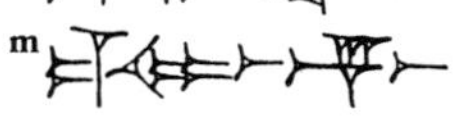 mGISSU-*Aš-šur-aš* (Nom.)

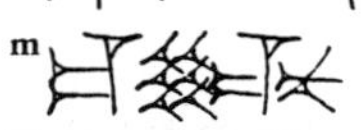 mGIŠ.KIRI₆.NU

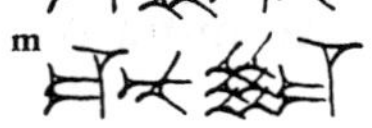 mGIŠ.NU.KIRI₆

Zur spielerischen Schreibung GIŠ-*ru-an-zi* = **taru(w)anzi,* GIŠ-*ru-an-da-an* = **taru(w)andan* s. E. Laroche, OLZ 66, 1971, 148; G. M. Beckman, StBoT 29, 1983, 299 sub *tarwai-*. – Zu GIŠ (D)INANNA „Lyra“ s. T. Özgüç, Inandıktepe, 1988, 99; anders St. de Martino, OA 26, 1987 [1988], 171 ff. („Zither“).

Zur Bedeutung von GIŠ.KÍN vgl. H. G. Güterbock, FsOtten, 1973, 84.

Zu einem Beleg GIŠ.Ú.SAR in einem mehrsprachigen Text aus Ugarit s. CHD 3, 15b sub *laḫḫurnuzzi-*.

→

(178)
()

(LÚ)DUB.SAR.GIŠ *s. Nr.* 99
É (LÚ.MEŠ)DUB.SAR.GIŠ *s. Nr.* 199
É (GIŠ.)KIN.TI *s. Nr.* 199
É GIŠ.ÙR.RA *s. Nr.* 199
EN GIŠ.KIN.TI *s. Nr.* 40
GIŠ.NÁ/NÚ *s. Nr.* 314
Ì.GIŠ *s. Nr.* 72
GIŠKÁ.GIŠ *s. Nr.* 167
NINDA.ŠE.GIŠ.Ì *s. Nr.* 369
ŠAḪ.GIŠ.GI *s. Nr.* 309
ŠE.GIŠ.Ì *s. Nr.* 338
mGIŠ.ŠU-TUR *s. Nr.* 68

---

179  *ḫab/p* akkad. *kil, kel* sum. GUD$_8$, GUR$_4$, ḪAB, LAGAB, LÚGUD, NÍGIN, RIN

 DUGḪAB.ḪAB „Kanne"
 LÚGUD.DA, GUD$_8$.DA „kurz"
 GUR$_4$.RA „dick" in NINDA.GUR$_4$.RA „dickes Brot" (bisher NINDA. KUR$_4$.RA, s. Nr. 369)
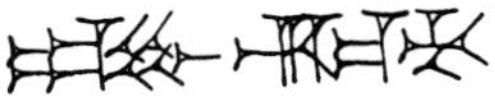 *ṬUP-PU RI-KIL-TI* „Vertragstafel, Vertragsurkunde"

(DUG)IM.ŠU.(NÍG.)RIN.NA *s. Nr.* 337
ŠU.NÍGIN(.GAL) *s. Nr.* 68
GIŠÚ.GÍR.LAGAB *s. Nr.* 195
ZARAḪ (= SAG.PA.LAGAB) *s. Nr.* 192

---

180  *túl* sum. GÍGIR / PÚ/TÚL (= LAGAB × U)

 PÚ, (TÚL) „Quelle, Brunnen"; auch Determinativ vor Namen von Quellen

 GIŠGÍGIR „Wagen"
 URUPÚ-*na* (= URU*Arinna*)
 DUTU URUPÚ-*na*
 DPÚ
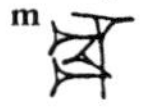 mPÚ

Für akkad. *būrtu* ist, wie uns freundlicherweise R. Borger mitteilt, neben *pú* auch die Aussprache *túl* bezeugt. Die hier gewählte Lesung PÚ steht in Übereinstimmung mit AHw und CAD.

Der Lesungsvorschlag GIŠGÍGIR beruht auf KBo 19.81 Z. 4, 6.

NAM.TÚL *s. Nr.* 39 mKÙ.(GA.)PÚ-*ma s. Nr.* 69

---

181  akkad. *ṣar, zar* Zeichen: LAGAB×SUM

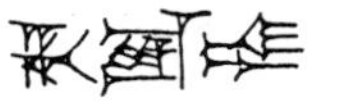 *ḪA-ṢAR-TUM* „grün", vgl. Nr. 367

Zu akkad. *ḫaṣa/ertu(m)* vgl. W. von Soden, AHw I, 331 b.

---

182  sum. AMBAR / BUGIN/BUNIN / SUG (= LAGAB×A)

GIŠ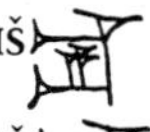 GIŠBUGIN, GIŠBUNIN Gefäß für Flüssigkeiten, Trog u. ä.

GIŠ GIŠBUGIN.TUR kleines Gefäß für Flüssigkeiten

GIŠ GIŠBUGIN.GÍD.DA langes (großes) Gefäß für Flüssigkeiten

 AMBAR, SUG „Röhricht, Sumpf"

GIŠBÚGIN/BÚNIN *s. Nr.* 55

---

183 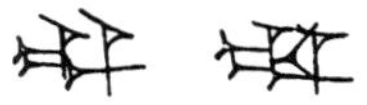 *al* *sum.* AL

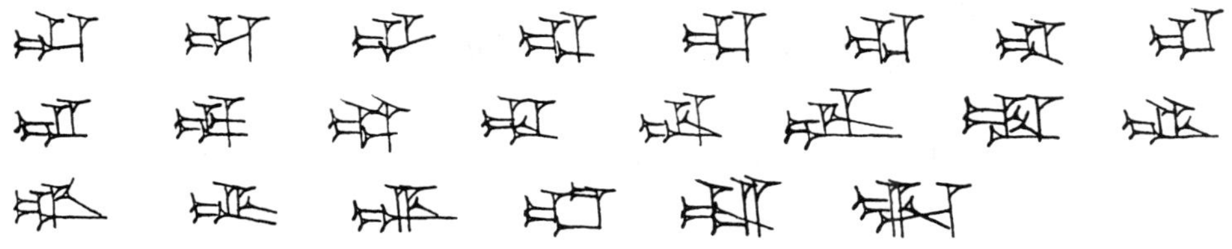 →

(183)

GIŠ/URUDU AL „Hacke“

AL.URUDU „Hacke aus Kupfer“ (bzw. einer Kupferlegierung)

AL.GAZ „zerquetscht, zerstoßen“ (z. B. mit Bezug auf DIM$_4$ „Malz“)

AL.DI.RÍ.GA^{MUŠEN} „Zaunkönig?“

AL.LUL.A „Krebs“

DIM$_4$ AL.GAZ *s. Nr.* 257
NU.AL.TIL *s. Nr.* 11
MUNUS.AL.LÁ *s. Nr.* 297

---

184 sum. KU$_7$

KU$_7$ „süß“

KU$_7$.KU$_7$ „süß“

Zu KU$_7$.KU$_7$ als möglichem Plural s. E. Neu, StBoT 26, 1983, 248 s. v.

GA.KU$_7$ *s. Nr.* 159
GEŠTIN KU$_7$ *s. Nr.* 131
NINDA.KU$_7$ *s. Nr.* 369

---

185 *gur, kùr* akkad. *qur* sum. GUR

GUR „anderer“

GUR „Kor“ (Hohlmaß; akkad. *kurru(m)*)

^{m}GUR-$^{(D)}$LUGAL-*ma*

$^{DUG/GI}$A.DA.GUR *s. Nr.* 364
ŠU.GUR *s. Nr.* 68
^{D}U.GUR *s. Nr.* 261

---

186  "LAGAR" im Sumerogramm TÙR (Nr. 34)

187  *e* akkad. i_{15} sum. E, GURU$_{21}$ (= E.TUM), SIMUG (= E.DÉ)

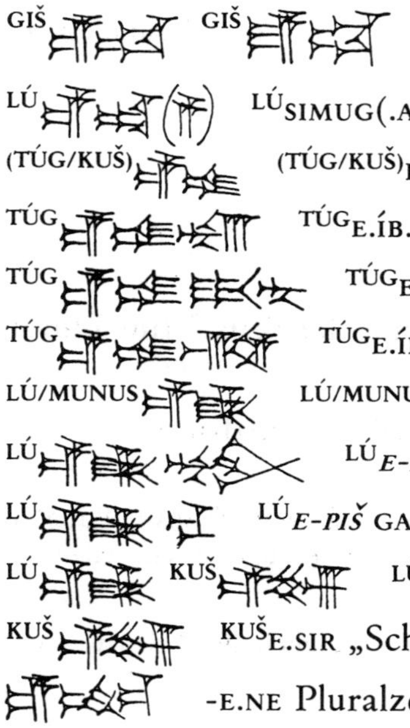

^{GIŠ}E.URUDU, gelegentliche Schreibungen für ^{GIŠ}BANŠUR
^{LÚ}SIMUG(.A) [^{LÚ}E.DÉ(.A)] „Schmied"
$^{(TÚG/KUŠ)}$E.ÍB (oder GURU$_{21}$) „Gürtel, leichte Tunika?"
^{TÚG}E.ÍB.GÍR „Gürtel zum Einstecken eines Dolches"
^{TÚG}E.ÍB ZAG.TAR eine Gürtelart
^{TÚG}E.ÍB.KUN „Gürtelanhänger"
$^{LÚ/MUNUS}$*E-PÍŠ* „Verfertiger(in)"
^{LÚ}*E-PÍŠ* MUN „Salzhersteller"
^{LÚ}*E-PÍŠ* GADA „Tuchmacher, Weber"
^{LÚ}*E-PÍŠ* ^{KUŠ}E.SIR „Schuhmacher"
^{KUŠ}E.SIR „Schuh"
-E.NE Pluralzeichen (vgl. UKU.UŠ.E.NE)

Zu ^{GIŠ}BANŠUR in der Schreibung ^{GIŠ}E.URUDU vgl. KBo 30.87 Vs. 7, KBo 30.120 lk. Kol. 11. Wegen der verhältnismäßig seltenen Schreibung ^{GIŠ}BANŠUR ("E.URUDU") wurde hier auf ein eigenes Lemma verzichtet. Vgl. auch Nr. 229.

Um der im Hethitischen wechselhaften Schreibung ^{LÚ}E.DÉ/^{LÚ}E.DÉ.A Rechnung zu tragen, wurde hier die Umschrift ^{LÚ}SIMUG bzw. ^{LÚ}SIMUG(.A) gewählt; vgl. CHD 3,38 b: ^{LÚ}SIMUG + A. Zur Genese der heth. Zeichenkombination s. J. D. Hawkins bei St. Dalley (et al.), The Old Babylonian Tablets from Tell el Rimah, 1976, 43.

Zu ^{TÚG}E.ÍB.GÍR, ^{TÚG}E.ÍB ZAG.TAR und ^{TÚG}E.ÍB.KUN in den angegebenen Bedeutungen s. J. Siegelová, Heth. Verwaltungspraxis 637 f.

→

(187)
()

E$^{!}$.KISIM$_5$ × A.MAŠ *s. Nr.* 190
GA *ṢÉ-E-TI* *s. Nr.* 159
GÁ.E *s. Nr.* 56
$^{(LÚ.MEŠ)}$GÉME.E$^{(MEŠ)}$ *s. Nr.* 305
^{LÚ}KAŠ$_4$.E *s. Nr.* 129
$^{(DUG/URUDU)}$LAḪTA (= E$^{!}$.KISIM$_5$ × LA) *s. Nr.* 232
LÚ PA$_5$ (= PAB.E) *s. Nr.* 78
NAM.UTUL$_5$ (= E$^{!}$.KISIM$_5$ × GU$_4$) *s. Nr.* 39
NINDA.Ì.E.DÉ.A *s. Nr.* 369
PA$_5$ (= PAB.E) *s. Nr.* 256
TU$_7$ *ME*(-*E*) (GA/UZU) *s. Nr.* 355
UBUR (= E$^{!}$.KISIM$_5$ × GA) *s. Nr.* 189
(UGULA) UKU.UŠ.(SÁ.)E.NE *s. Nr.* 96, 174
^{D}*IŠTAR* *ṢE*-(*E*-)*RI* *s. Nr.* 263

---

188  sum. UTUL$_5$ (= E$^{!}$.KISIM$_5$ × GU$_4$)

 E$^{!}$.KISIM$_5$ × GU$_4$ in NAM.UTUL$_5$ Nr. 39 (UTUL$_5$ „Rinderhirt")

---

189   sum. UBUR (= E$^{!}$.KISIM$_5$ × GA)

$^{(UZU)}$ $^{(UZU)}$UBUR „weibliche Brust" (im Plural auch „Brustwarzen")

^{DUG} ^{DUG}UBUR Gefäß in Brustform

Zur Gleichsetzung von ^{UZU}UBUR (akkad. *tulû*) mit ^{UZU}AKAN „Euter" (akkad. *ṣertu*), das in den Boğazköy-Texten bisher noch nicht bezeugt zu sein scheint, s. H. G. Güterbock in FsOtten, 1973, 81 f.

In KUB 22.42 Vs. 5, 10 scheint ^{UZU}UBUR lediglich als ^{UZU}KISIM$_5$×GA geschrieben zu sein (freundl. Hinweis von S. Košak).

---

190  sum. E$^{!}$.KISIM$_5$ × A.MAŠ

 E$^{!}$.KISIM$_5$ × A.MAŠ „Hürde"

B. Landsberger, MSL II, 1951, 103 deutet die heth. Übersetzung *ašauuar* als auf Verwechslung mit AMAŠ = akkad. *supūru* beruhend. Vgl. H. G. Güterbock in FsOtten, 1973, 81.

Weitere Verbindungen der Zeichengruppe E!.KISIM$_5$ in KUB 3.94 Vs. 18 ff. (vgl. H.A. Hoffner, Alimenta Hethaeorum, 87) wurden wegen des schlechten Erhaltungszustandes hier nicht aufgenommen; zu DAG (= E!).K[ISIM$_5$ × TAK$_4$] s. CHD 3, 334 sub *mušgalla-*.

---

191  *mar* sum. MAR

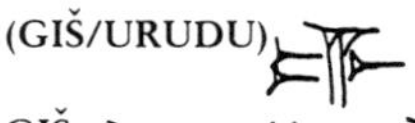 (GIŠ/URUDU)MAR „Spaten“

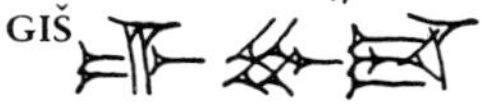 GIŠMAR.GÍD.DA „Lastwagen“ (auch als Sternbild des Großen Wagens)

 KUR (URU)MAR.TU „Amurru, Westland“

 KUR MAR.TU^{KI} „Amurru, Westland“

 ^{m}MAR.TU-*a-ša-ri-š*(*a*) (^{m}*Amurru-ašarid*)

IM.MAR.TU *s. Nr.* 337 NINDA *MAR-RU s. Nr.* 369

---

192 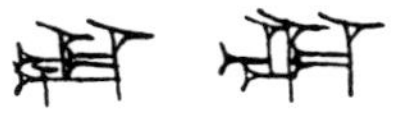 *šag/k/q, riš* sum. SAG, SUR$_{14}$, ZARAḪ (= SAG.PA.LAGAB)

 SAG „Kopf“

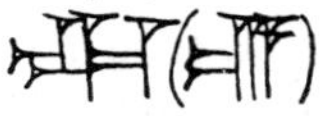 SAG(.KAL) „erster“ (akkad. *ašarēdu*, im Namen *Šulmānu-ašarid s. Nr.* 312)

 (LÚ)SAG oder (LÚ) SAG Palastbeamter, „Vorsteher?, Eunuch“

 SUR$_{14}$.DÙ.A^{MUŠEN} „Falke“

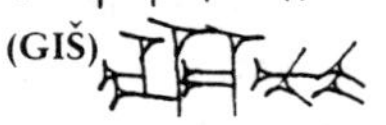 (GIŠ)SAG.KUL „Riegel“

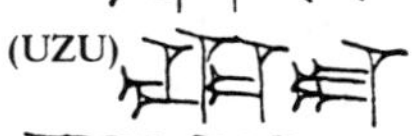 (UZU)SAG.DU „Kopf“

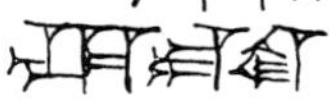 SAG.DU.KI (möglicherweise mit SAG.KI bedeutungsmäßig identisch) →

(192)  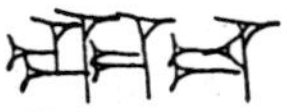 SAG.UŠ „regelmäßig, beständig“

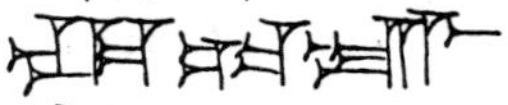 SAG.ÍL.LÁ „Wasserträger“, vgl. Nr. 161

 ZARAḪ „Wehklage, Unruhe“

(TÚG) (TÚG)SAG.DUL eine Kopfbedeckung

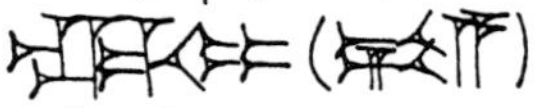 SAG.GE$_6$(.GA.A) „Dunkelköpfige, Menschen“

(GIŠ) (GIŠ)SAG.GUL eine Keule

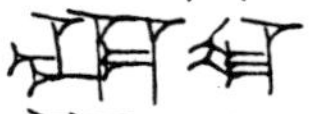 SAG.KI „Vorderseite, Stirn, Gesicht“ u. ä.

 (MEŠ) SAG.GÉME.ARAD(MEŠ) „Gesinde“

 SAG.ME Teil der Orakelleber

D D*Ia-riš*

D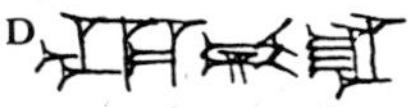 DSAG.GA.RA

m mSAG

Für SAG und SAG.DU ist nur die Grundbedeutung „Kopf“ angegeben; für weitere Bedeutungen wie „Person, Leben, Diener“ usw. s. die einschlägigen Lexika sowie A. Kammenhuber, ZA 56, 1964, 150 ff.; 57, 1965, 177 ff. (passim).

Zur Umschrift LÚSAG bzw. LÚ SAG s. W. von Soden, AHw II, 974 sub 9c bzw. R. Borger, ABZ Nr. 115 (S. 91) mit Ergänzungsheft S. 421.

In der graphischen Wiedergabe der sumerischen Vogelbezeichnung für „Falke“ wird in den Boğazköy-Texten statt SÚR (R. Borger, ABZ Nr. 329) das Zeichen SAG verwendet, das wir, einem Vorschlag R. Borgers folgend, hier mit SUR$_{14}$ wiedergeben. Man könnte sich auch mit der Lesung SÚR(“SAG”).DÙ.A^{MUŠEN} behelfen. – In KBo 20.107 + II 21 steht SUR$_{14}$.DÙ.A ohne Determinativ; für SUR$_{14}$.DÙ.A^{MUŠEN} ist in KUB 50.1 III 6 SUR$_{14}$.DÙ^{MUŠEN} geschrieben, doch s. ibd. III 15 et passim.

Zu SAG.DU.KI s. KUB 12.1 IV 44.

Zur Problematik um die Lesung von SAG.ÍL.LÁ s. Nr. 161.

Zu SAG.GE$_6$(.GA.A) vgl. H. Eichner, Die Sprache 26, 1980, 213; R. Borger, ABZ Nr. 427.

Fraglich bleibt der Beleg TÚGSAG.KI[in KUB 12.1 III 43.

Unsicher ist die Lesung des Personennamens mSAG.KA.BI (E. Laroche, NH Nr. 1755), da sich hinsichtlich m*Šaq-qa-pí* (KUB 40.88 III 12) auch die Lesung m*Šak-ka-pí* erwägen läßt; vgl. L. M. Mascheroni, Studia Mediterranea I/2, 1979, 358 Anm. 24.

EN.NU.UN ḪUR.SAG *s. Nr.* 40
ḪUR.SAG *s. Nr.* 333
Ì.SAG DÙG.GA *s. Nr.* 72
LÚIŠIB.SAG *s. Nr.* 357
MU^{KAM} SAG.DU *s. Nr.* 17
UR.SAG *s. Nr.* 51
mEN-UR.SAG *s. Nr.* 40
mḪUR.SAG-LÚ *s. Nr.* 333
m DSILIM-SAG.KAL *s. Nr.* 312
m D*ŠÚL-MA-NU*-SAG *s. Nr.* 312
mUR.SAG-*i*- *s. Nr.* 51

193  sum. GURUN

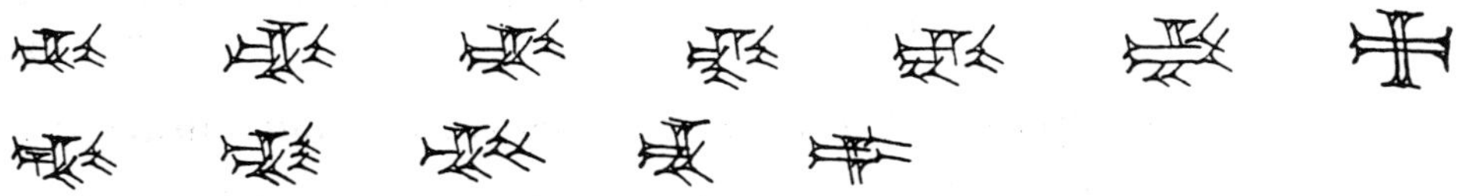

 GURUN „Frucht, Obst“

^{D} ^{D}GURUN-*ši-iš* (Nom.)

GILIM.GURUN *s. Nr.* 258 ^{D}EN.GURUN *s. Nr.* 40

194  akkad. *kid/t/ṭ* sum. GÉ, KE$_4$, KID, LÍL

 LÍL „Feld, Flur, Steppe“

Auf einen Lautwert *kit* weist E. Laroches Lesung $^{HUR.SAG}$*Da-ar-kit-te-na* IBoT I 33 Vs. 45 (RA 52, 1958, 153), doch s. G. F. del Monte, RGTC 6, 409, der ḪUR.SAG *da-ar-ú-te-na* liest.

Verschreibung É-*ri* für LÍL-*ri* liegt vor in KBo 10.45 IV 44, vgl. Dupl. *gi-im-r*[*a*]: H. Otten, ZA 54, 1961, 139 Anm. 251.

$^{(LÚ)}$AD.KID *s. Nr.* 105
GÍR.LÍL *s. Nr.* 6
^{MUNUS}KAR.KID *s. Nr.* 250
^{GIŠ}PISAN AD.KID *s. Nr.* 56
^{D}A.NUN.NA.KE$_4$ *s. Nr.* 364
^{D}EN.LÍL *s. Nr.* 40
^{D}*IŠTAR* LÍL *s. Nr.* 263
^{D}NIN.LÍL(.LA) *s. Nr.* 299
^{D}LAMMA LÍL *s. Nr.* 196
^{m}DUMU.MAḪ.LÍL *s. Nr.* 237

195  *ú*, (*šam*) akkad. *'u$_x$*, *šam* sum. KÙŠ, Ú, KIŠI$_{16}$ (= Ú.GÍR), UGA (= Ú.^{TE}TÈ.GA)

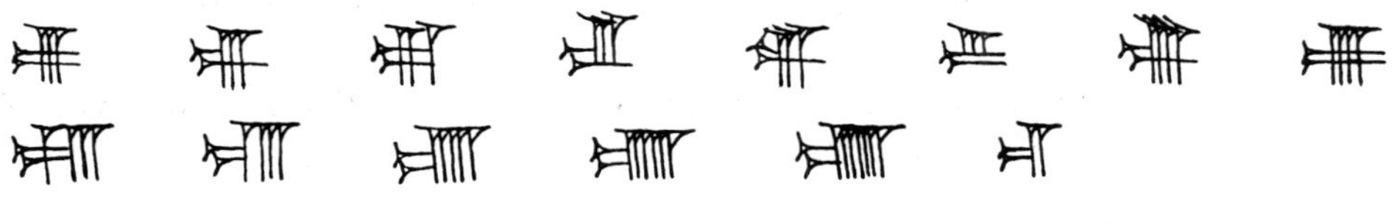

→

(195)
()

 Ú „Pflanze; Gras, Kraut“; auch Determinativ vor Pflanzennamen

 KÙŠ „Elle“

^{GIŠ} ^{GIŠ}Ú.GÍR.LAGAB (= KIŠI$_{16}$.ḪAB?) eine Akazienart (auch ^{GIŠ}Ú.GÍR.LAGAB.KUR.RA)

^{LÚ} ^{LÚ}*Ú-BA-RÙ* / ^{LÚ}*Ú-BA-RUM* „Schutzbürger?, Gast?, Fremder?“

^{LÚ} ^{LÚ}*Ú-BA-RU* „Schutzbürger?, Gast?, Fremder?“

 *Ú-NU-UT* „Gerät“; stat. constr. zu *unūtu(m)*

$^{\text{GI/GIŠ}}$ $^{\text{GI/GIŠ}}$Ú.TAG.GA „Pfeil“

 *Ú-RA-KI* „Barren“

 ^{MUŠEN} UGA^{MUŠEN} „Rabe, Krähe“

 Ú.BAR$_8$ „Frühling, Frühjahr“ (auch EZEN Ú.BAR$_8$), vgl. Nr. 249

 *Ú-UL* „nicht“, vgl. Nr. 275

^{LÚ} ^{LÚ}Ú.SIG$_5$ u. B.

 Ú.SAL „Wiese“

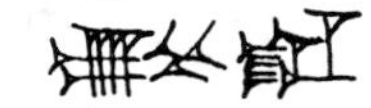 Ú.KUR.RA (= ŠIMBIRIDA?) „Ammi, Zahnstocherdolde“

^{LÚ} ^{LÚ}Ú.ḪÚB „tauber Mann, Tauber, taub“

^{LÚ} ^{LÚ}Ú.ḪUB „tauber Mann, Tauber, taub“

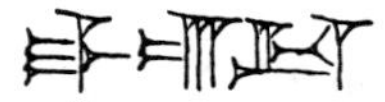 GAL Ú.ḪÚB „Oberster der Tauben“

 *Ú-ZÁḪ* (= akkad. *uḫallaq*) „er richtet zugrunde“; zu akkad. *ḫalāqu(m)*

Zum akkad. Lautwert *'u$_x$* s. J. W. Durham, Studies in Boğazköy Akkadian. Diss. Phil., Harvard University 1976, 109.

Für den Ortsnamen ^{URU}*Ú-lu-uš-na* wurde die Lesung ^{URU}*Šam-lu-uš-na* erwogen (vgl. G. F. del Monte, RGTC 6, 454), der jedoch die Graphie ^{URU}*U-lu-uš-na* KBo 13. 219 Z. 4 widersprechen dürfte.

Zu *URĀKI* (Gen. zu akkad. *urāku*, AHw III, 1427 b) vgl. II *Ú-RA-KI* GUŠKIN „2 Goldbarren“ KUB 31.76 Vs. 11.

Zur Transliterierung von UGA als Ú.^{TE}TÈ.GA^{MUŠEN} vgl. W. von Soden, AHw I^2, 68 a sub *āribu*: TÈ-ga$^{\text{ú-ga mušen}}$ (zu NAGA = TÈ = ŠE.NAGA s. Nr. 345).

Der Eintrag ^{LÚ}Ú.ḪUB beruht allein auf der fragmentarischen Textstelle KUB 13.34 + 40.84 I 21; an allen anderen Belegstellen ist ^{LÚ}Ú.ḪÚB geschrieben.

Zu ^{Ú}NÚMUN „Halfa-Gras“ s. akkad. KUB 29.58 IV 28. – Zu $^{\text{LÚ.MEŠ}}$*UB-RU* s. KBo 23.91 I 15′, zu ^{MUNUS}*Ú-BAR-TUM/TI* „(Orts-)Fremde“ vgl. AHw III, 1399 b.

$^{\text{GI/GIŠ}}$GAG.(Ú.)TAG.GA *s. Nr.* 75
SIG.KÙŠ *s. Nr.* 255
$^{\text{m D}}$IM-*ŠAM-ŠI* *s. Nr.* 337

196 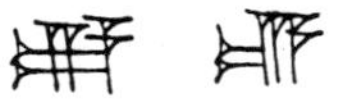 *kal, (gal_9), d/tan* akkad. *gal_9, lab/p, rib/p* sum. ESI, GURUŠ, KAL, KALA, KALAG, LAMMA

 KAL, KALA, KALAG „stark, erstarken"

 KALA.GA „stark, erstarken"

^{LÚ}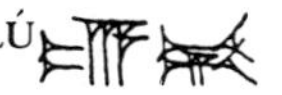 ^{LÚ}KALA.GA „Starker$^{?}$" (Bedeutung wie ^{LÚ}GURUŠ$^{?}$)

^{LÚ} ^{LÚ}GURUŠ „Mann, Jüngling"

$^{(\mathrm{LÚ})}$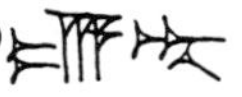 $^{(\mathrm{LÚ})}$GURUŠ-*tar* „Mannhaftigkeit"

^{GIŠ} ^{GIŠ}ESI „Ebenholz"

^{D} ^{D}LAMMA „Schutzgottheit"

^{D} ^{D}LAMMA LÍL „Schutzgottheit der (Wild)flur", vgl. Nr. 108

$^{\mathrm{m\,D}}$ $^{\mathrm{m\,D}}$LAMMA

^{m}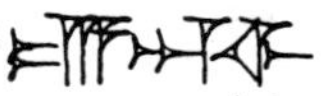 ^{m}LAMMA.DINGIR^{LIM}

$^{\mathrm{m\,D}}$ $^{\mathrm{m\,D}}$LAMMA-LÚ (^{m}*Inaraziti*)

$^{\mathrm{m\,D}}$ $^{\mathrm{m\,D}}$LAMMA-SUM (^{m}*Inarapi̯i̯a*)

Zu KAL-*ga* (= heth. *ḫatuga*) s. H. A. Hoffner, Alimenta 19; zu KAL-*ganzi* = heth. *ḫatuganzi* (KUB 8.35 Rs. 17) s. J. Puhvel, BiOr 37, 1980, 203.

Für *na-an* EGIR-*pa ma-i̯a-an-ta-aḫ* KUB 41.23 II 11 „mache ihn wieder zu einem starken Mann" ist in Bo 3995 II 15 *na-an* EGIR-*pa* ^{LÚ}GURUŠ[- geschrieben.

In KUB 38.11 (Bo 1605) Vs. 9 wird man statt ESI.AM (L. Rost, MIO 8, 1961, 198) zu lesen haben: ^{GIŠ}ÍLDAG.

Zu ^{D}LAMMA LÍL vgl. K. Bittel, Beitrag zur Kenntnis hethitischer Bildkunst. Heidelberg 1976, 14 ff. Zur Lesung ^{D}LAMMA bzw. ^{D}KAL s. E. Laroche, RlA VI, 455 ff.

(EN) KARAŠ (= KI.KAL.BAD) *s. Nr.* 40, 313
EN *MAD-GAL_9-TI* *s. Nr.* 40
GA *DAN-NU* *s. Nr.* 159
GA.KALA.GA *s. Nr.* 159
^{GIŠ}GAN.KAL *s. Nr.* 113
SAG(.KAL) *s. Nr.* 192
^{GIŠ}ŠÀ.KAL *s. Nr.* 294
$^{\mathrm{m\,D}}$AMAR.UTU-^{D}LAMMA *s. Nr.* 155
^{m}KÙ.BABBAR-^{D}LAMMA *s. Nr.* 69
$^{\mathrm{m\,D}}$LIŠ-^{D}LAMMA *s. Nr.* 286
^{m}LUGAL-^{D}LAMMA *s. Nr.* 115
$^{\mathrm{m\,D}}$SILIM-SAG.KAL *s. Nr.* 312
^{m}SUM-(*ma*-)^{D}LAMMA *s. Nr.* 350

---

197 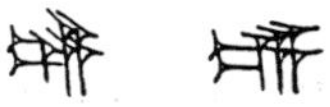 *un* sum. ÙG, ÙKU, UN

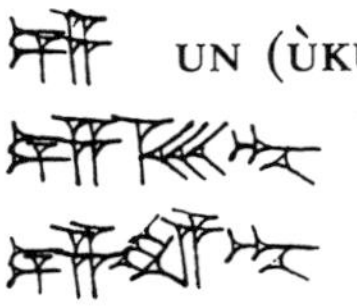

UN (ÙKU, ÙG) „Mensch"

UN^{MEŠ}-*tar* „Menschheit, Bevölkerung"

UN$^{ḪI.A}$-*tar* „Menschheit, Bevölkerung"

É.EN.NU.UN *s. Nr.* 199 ^{D}NIN.É.MU.UN.DÙ *s. Nr.* 299

EN.NU.UN *s. Nr.* 40

---

198 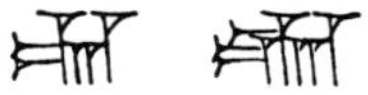 *luḫ* akkad. *làḫ* sum. LÀḪ, LUḪ, SUKKAL

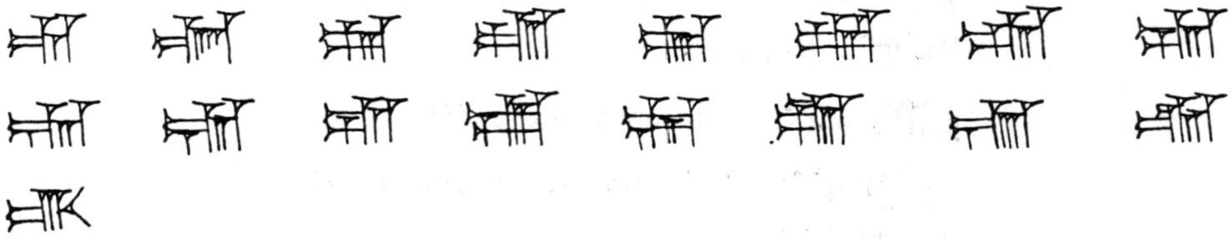

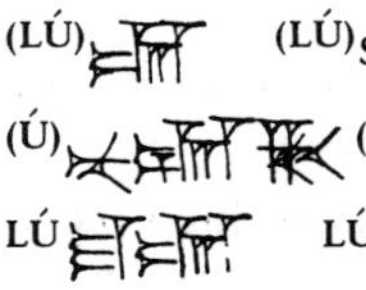

$^{(LÚ)}$SUKKAL „Wesir, Minister, Bote"

$^{(Ú)}$NU.LUḪ.ḪA$^{(SAR)}$ „Stinkasant"

^{LÚ}KISAL.LUḪ „Vorhofreiniger" (LUḪ, LÀḪ „waschen")

In KUB 27.1 II 17 ist ^{D}SUKKAL für ^{LÚ}SUKKAL des gleichen Textes geschrieben.

$^{(URUDU)}$NÍG.ŠU.LUḪ(.ḪA) *s. Nr.* 369

---

199 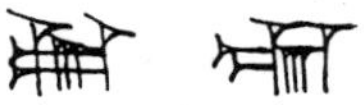 akkad. *é, pid/t/ṭ* sum. É

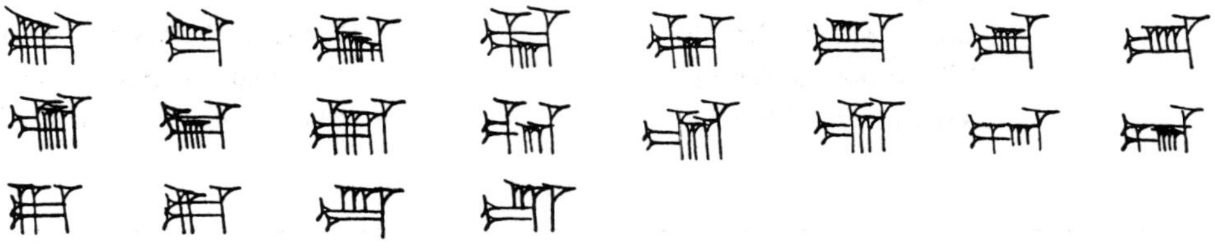

 É „Haus“, auch Determinativ vor Gebäudebezeichnungen

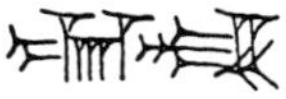 É.MAḪ u. B.

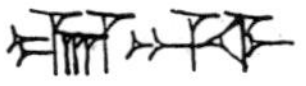 É.DINGIR^{LIM} „Gotteshaus, Tempel“

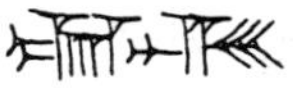 É.DINGIR^{MEŠ} „Gotteshaus, Tempel“

KUŠ ^{KUŠ}É.MÁ.URU$_5$ „Köcher“ (s. auch Nr. 87)

KUŠ/GIŠ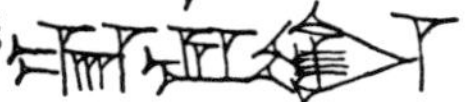 $^{KUŠ/GIŠ}$É.MÁ.URU$_5$ „Köcher“ (s. auch Nr. 87)

 É *NA-AP-ṬÁ-RI* „Gästehaus?“

 (LÚ) É $^{(LÚ)}$MUḪALDIM „Küche“

 É.NAM.ḪÉ Tempelbezeichnung

 É.EN.NU.UN „Wachhaus, Gefängnis“

 É EN.SISKUR „Haus des Opfermandanten“

 É *NAP-ṬÁ-RI* „Gästehaus?“

 É DUB.BA.A „Tafelhaus, Archiv, Schule“

 (LÚ.MEŠ) É $^{(LÚ.MEŠ)}$DUB.SAR „Haus der Tafelschreiber“

 (LÚ.MEŠ) É $^{(LÚ.MEŠ)}$DUB.SAR.GIŠ „Haus der Holztafelschreiber“

 É ^{NA_4}KIŠIB „Magazin, Vorratshaus, Schatzkammer“

 É.LUGAL (wörtl.:) „Haus des Königs“

 É.GU$_4$ „Rinderstall“

 (GIŠ) É $^{(GIŠ)}$PAN „Bogenhaus“ (^{GIŠ}PAN „Bogen“)

 É.GÚ.È.A „Kleiderkammer?, Gewandhaus?“

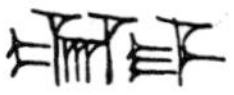 É.GAL „Palast“

(MUNUS) $^{(MUNUS)}$É.GI$_4$.A „Braut, Schwiegertochter“

 É.NA$_4$ „Steinhaus, Totenhaus, Mausoleum“

 É.NIM.LÀL „Bienenkorb, Bienenhaus“

 É.ŠÀ „Innengemach, (heiliges) Schlafgemach“

 É.ŠÀ DINGIR^{LIM} „Innengemach der Gottheit“

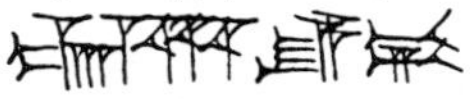 É.ŠÀ KÙ.GA „heiliges Innengemach“

 É *KI-LI* „Gefängnis“

 É MUNUS.LUGAL „Haus der Königin“

 É.KUR.RA „Tempel“

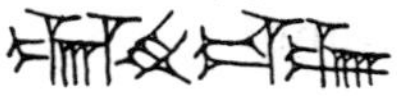 É.DU$_{10}$.ÚS.SA „Haus/Raum der (kultischen) Waschung“ →

(199)  É.IN.NU.DA „Strohhaus, Scheune, Schuppen"

() 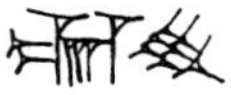 É.TU$_7$ eine Art Küche

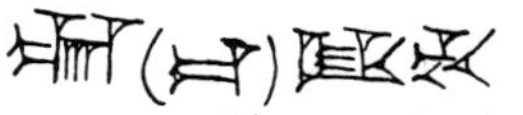 É (GIŠ).KIN.TI „Arbeitshaus, Werkstatt"

 É *A-BU-*(*US-*)*SÍ* „Magazin"

 É $^{(LÚ)}$NINDA.DÙ.DÙ „Bäckerei"

 ^{D}*É-A*

 ^{m}É.GAL-PAB

 $^{m\,D}$*É-A*-LUGAL

Zu É.MAḪ s. KBo 9, Inhaltsübersicht Nr. 50.

É.NAM.ḪÉ KBo 3.21 III 21 wird von A. Archi, Or NS 52, 1983, 26 gedeutet als „Tempel des Überflusses".

Zu É *NAPṬARI* s. W. von Soden, AHw II, 742 a s. v.

Zur wörtlichen Übersetzung von É DUB.BA.A s. D. O. Edzard, ZA 77, 1987, 279.

Zur Bedeutung von É.ŠÀ, É.ŠÀ KÙ.GA und É.ŠÀ DINGIR^{LIM} s. S. Alp, Beiträge zur Erforschung des hethitischen Tempels, 1983, 18.

Für É.DU$_{10}$.ÚS.SA findet sich in KBo 15.33 II 35, 39 die Zeichenumstellung: É.ÚS.DU$_{10}$.SA.

Lesung É *ABUSSI* statt ^{É}*apuzzi* (HW^2 I, 192 b). Auch É *A-BU-SI* geschrieben (Bo 6849 r. Kol. 10).

Das vermeintliche Pseudo-Sumerogramm É.ḪA.LIM.DU$_8$.A entfällt, s. H. Otten, Istanbuler Mitteilungen 26, 1976, 13 Anm. 2.

DUMU.É.GAL *s. Nr.* 237
É GIŠ.ÙR.RA *s. Nr.* 58
GI É.DUB.BA(.A) *s. Nr.* 30
GI É *ṬUP-PÍ s. Nr.* 30
LÚ É.ŠÀ *s. Nr.* 78
^{LÚ}SIPA É.GAL *s. Nr.* 177
^{D}NIN.É.GAL *s. Nr.* 299
^{D}NIN.É.MU.UN.DÙ *s. Nr.* 299

---

200 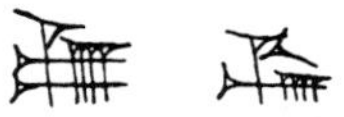 hurr., ph. *sa* akkad. *sa* sum. SA

 ^{UZU}SA „Sehne, Muskel"

 ^{UZU}SA.DU Körperteilbezeichnung?

^{UZU} ^{UZU}SA.SAL „Rücken“

^{LÚ} ^{LÚ}SA.GAZ „Freibeuter, Fremdling“

^{URU} ^{URU}*Ús-sa* (auch ^{URU}*Ús-sa*^{KI})

Zu ^{UZU}SA.SAL „Rücken“ s. W. von Soden, AHw III, 1197 sub *šašallu(m)*; dafür hat jedoch M.T. Roth, JCS 32, 1980, 131 ff. die Bedeutung „tendon of the hoof“ vorgeschlagen.

Zu ^{URU}*Ús-sa* (mit Varianten) s. G.F. del Monte, RGTC 6, 464.

DUG.DU$_{10}$.ÚS.SA *s. Nr.* 162
É.DU$_{10}$.ÚS.SA *s. Nr.* 199
ÉRIN^{MEŠ} SA.GAZ *s. Nr.* 327
IM.SI.SÁ *s. Nr.* 337
SU$_6$ (= KA×SA) *s. Nr.* 136

---

201  sum. GÚ, GUN (= GÚ.UN)

$^{\text{(UZU)}}$ $^{\text{(UZU)}}$GÚ „Hals, Nacken“

$^{\text{(UZU)}}$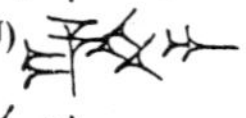 $^{\text{(UZU)}}$GÚ.ḪAL Teil des Halses

 GÚ-*tar* „Schulter“ (heth. *kuttar*)

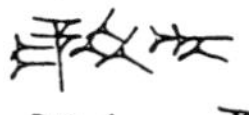 GÚ.TAR (oder GÚ.ḪAŠ?) „Hinterkopf, Rückseite“

 GÚ.BAL „Ruinenhügel“

 GÚ.ZAL „Geheimnis“

^{LÚ} ^{LÚ}GÚ.BAR „Jäger“

 GUN „Talent (Gewichtseinheit); Last, Schwere“

 GUN-*liš* Orakelterminus

 GUN-*an* Orakelterminus

 GÚ.GAL „Erbse“

 GÚ.GAL.GAL „große Erbse“

 GÚ.TUR kleine Erbse(nart)

 GÚ.GILIM „kämpfend, Kämpfer“

 GÚ.SES, GÚ.ŠEŠ „Bittererbse“

 GÚ.ŠUB „hartnäckig?“

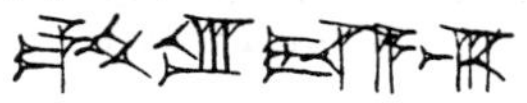 GÚ.ŠUB.DA.A.RI „hartnäckig? (sein)“ →

(201)
()

 GÚ.È(.A) „Gewand, Hemd?, Mantel?“

 GÚ.KI.ŠÈ „sich niederbeugen?“

 GÚ.GÌR „Loch?“

 GÚ.TÁL „Rückseite“

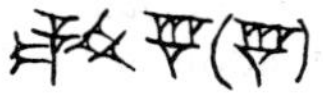 GÚ.GAR(.GAR) „sich niederbeugen?“

URU URUGÚ.(DU$_8$.)ŠÚ.A (Kutha?)

Zur Deutung von GÚ.ḪAL als „Halsband“ s. J. Siegelová, Heth. Verwaltungspraxis, 651 s.v.

Die Transliteration GUN-*liš* (vgl. *tar-liš* Nr. 7) steht unter Vorbehalt, da auch eine Umschrift GUN-*li*$_{12}$ bzw. GUN.LIŠ zu erwägen wäre.

Zu den Vokabulareinträgen GÚ.BAL, GÚ.GAR.GAR. GÚ.GILIM, GÚ.ḪAL, GÚ.KI.ŠÈ, GÚ.ŠUB, GÚ.TÁL, GÚ.TAR, GÚ.ZAL s. H. G. Güterbock, MSL XIII, 1971, S. 135–137.

É.GÚ.È.A *s. Nr.* 199
ḪAR.GÚ *s. Nr.* 333
(UZU)MUR$_7$.GÚ *s. Nr.* 311
NINDA.GÚ.GAL *s. Nr.* 369
TU$_7$ GÚ.GAL(.GAL) *s. Nr.* 355
TU$_7$ GÚ.TUR *s. Nr.* 355
TÚG.GÚ *s. Nr.* 212
(GAD)TÚG.GÚ.È(.A) *s. Nr.* 212
TÚG.GÚ.SIG *s. Nr.* 212

---

202  *dur, túr* akkad. *ṭur* sum. DUR

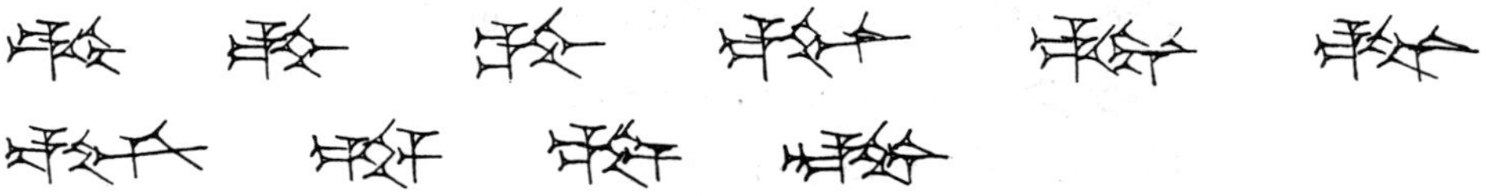

(TÚG) (TÚG)DUR „Band, Riemen“

 *ṬUR-RU* bzw. DUR^{RU} „Band, Riemen, Strang (einer Halskette)“

 DUR SA$_5$ „rotes Band“

(SÍG) (SÍG)DUR BABBAR „weißes Band“

Zu akkad. *ṭurru(m)*, *turru(m)* vgl. W. von Soden, AHw III, 1397.

In KUB 12.1 III 15 wird man *ṬUR-RU-ši* GUŠKIN *an-da* „ein goldenes Band? darinnen/dabei“ zu lesen und zu verstehen haben; vgl. J. Siegelová, Heth. Verwaltungspraxis, 442/443. Zu *ṭurru* in der Bedeutung „Strang einer Halskette“ vgl. E. Edel, Nachrichten d. Akad. d. Wiss. Göttingen, 1. Phil.-Hist. Kl., 1978, Nr. 4, 158 s.v.

EL/IL$_5$-ṬUR *s. Nr.* 307
IŠ-ṬUR *s. Nr.* 151

$^{(UZU)}$LI.DUR *s. Nr.* 343
^{GIŠ}LI.DUR.ZU *s. Nr.* 343

---

203  sum. UZU

 UZU „Fleisch"; auch Determinativ vor Körperteilnamen, Fleischgerichten u. ä.

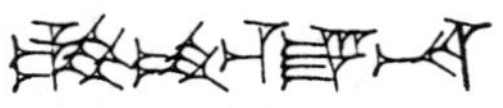 UZU EDIN.NA „Hasenfleisch" (vgl. Nr. 168)

Zur Lesung UZU EDIN ("AM.SÌLA.BUR").NA s. H. Berman – H. A. Hoffner, JCS 32, 1980, 49; I. Singer, StBoT 28, 1984, 192 s. v.

A.UZU(.GU$_4$) *s. Nr.* 364

TU$_7$ UZU *s. Nr.* 355

---

204  *nir,* (*nàr*) sum. NIR (= $\frac{\text{NUN}}{\text{NUN}}$)

 NIR.GÁL „stark, mächtig"

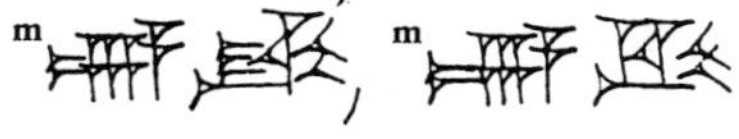 ^{m}NIR.GÁL (Muwattalli)

Der Lautwert *nàr* (ph.?) wird nahegelegt durch die wechselnde Graphie *zi-nir/zi-na-ar*; vgl. E. Laroche, RA 46, 1952, 161.

ŠU.NIR *s. Nr.* 68

---

205 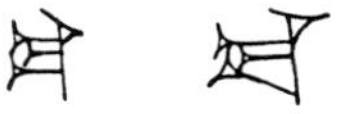 *ba, (pá)* akkad. *pá* sum. BA

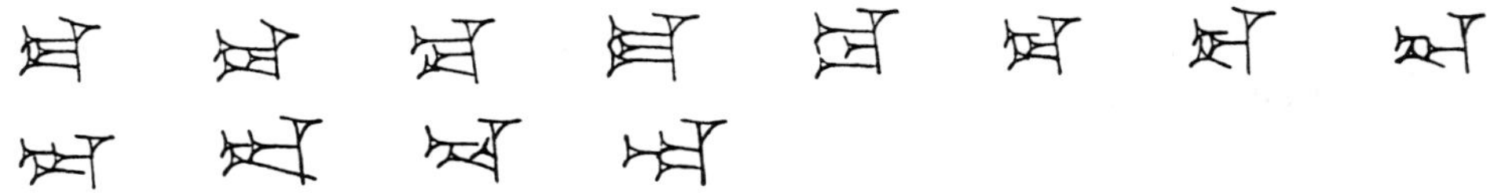

 BA.BA.ZA „Gerstenbrei" (akkad. *pappāsu*)

 BA.ÚŠ  BA.UŠ „ist gestorben, stirbt"

Fraglich bleibt die Bedeutung von BA.ḪAL KBo 10.7 I 18.

A.AB.BA *s. Nr.* 364
AB.BA$^{(\text{ḪI.A})}$ *s. Nr.* 97
DUR$_{10}$.TAB.BA *s. Nr.* 230
É DUB.BA.A *s. Nr.* 199
GI É.DUB.BA(.A) *s. Nr.* 30
^{GIŠ}GÌR.GUB *s. Nr.* 301
GIŠ.ÉRIN ZI.BA.NA *s. Nr.* 327
GIŠ.ÉRIN ("NUNUZ") ZI.BA.NA *s. Nr.* 328
GIŠ.ŠUB.BA *s. Nr.* 178
GUB.BA *s. Nr.* 128
MAŠ.TAB.BA *s. Nr.* 20
MÁŠ.ḪUL.DÚB.BA *s. Nr.* 38
NÍG.BA *s. Nr.* 369
NINDA.BA.BA.ZA *s. Nr.* 369
SAḪAR.ŠUB.BA *s. Nr.* 151
ŠÀ(.BA) *s. Nr.* 294
$^{(\text{UZU})}$ŠÀ.BA *s. Nr.* 294
TU$_7$ BA.BA.ZA *s. Nr.* 355
ZA A.BA *s. Nr.* 366
^{D}A.AB.BA *s. Nr.* 364
^{D}AB.BA.A *s. Nr.* 97
^{D}GAZ.BA(.A) *s. Nr.* 122
^{D}GAZ(.ZA).BA.A.A *s. Nr.* 122
^{m}NÍG.BA-^{D}U *s. Nr.* 369

206  *ku, (gu$_5$)* akkad. *gu$_5$, qú, tuš* sum. DÚR, DÚRU, DURUN, TUKUL, TUŠ

 TUŠ (DÚR, DÚRU, DURUN) „sitzen"

 TUŠ-*aš* „im Sitzen"

^{GIŠ} ^{GIŠ}TUKUL „Werkzeug, Waffe"; auch als Orakelterminus (Lebermerkmal)

^{GIŠ}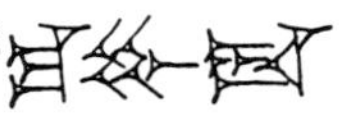 ^{GIŠ}TUKUL GÍD.DA (wörtl.:) langes Werkzeug

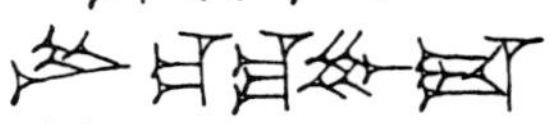 LÚ ^{GIŠ}TUKUL GÍD.DA „Bauer?"

 *-KU-NU* „euer" (2. Pl.m.)

$^{\text{(DUG)}}$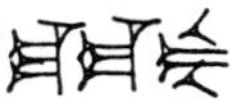 $^{\text{(DUG)}}$*KU-KU-UB* „Kanne?“ (ein Opfergefäß)

$^{\text{(DUG)}}$ $^{\text{(DUG)}}$*KU-KU-BU* „Kanne?“ (ein Opfergefäß)

 *ku-uš* Abkürzung für *kuštaịati*

^{TÚG} ^{TÚG}*KU-UŠ* Abkürzung für ^{TÚG}*KUŠŠATU/I*

^{TÚG} ^{TÚG}*ku-ši* Abkürzung für ^{TÚG}*kušiši*

$^{\text{m GIŠ}}$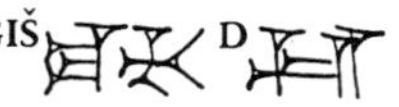 $^{\text{m GIŠ}}$TUKUL-*ti*-^{D}IB (^{m}*Tukulti-Ninurta*), vgl. Nr. 44

Das Nebeneinander von ^{TÚG}*ku-ši-ši* und ^{TÚG}*ku-uš* bzw. ^{TÚG}*KU-UŠ* in KUB 42.56 Z. 7 (vgl. Z. 2, 5) legt nahe, daß ^{TÚG}*ku-uš* möglicherweise auch die Abkürzung von ^{TÚG}*ku-ši-ši* ist.

^{DUG}MUD$_4$ (= KU$^!$.U.GAG) *s. Nr.* 207 ^{LÚ}GALA (= UŠ.KU) *s. Nr.* 132

NINDA *LA-AB-KU* *s. Nr.* 369

---

207  sum. MUD$_4$ (= KU$^!$.U.GAG)

^{DUG} ^{DUG}MUD$_4$ „Bierkrug“

Das Sumerogramm MUD$_4$ besteht ursprünglich aus der Zeichenfolge LAGAB.U.GAG (A. Deimel, ŠL 483, 105; H. G. Güterbock, FsOtten, 1973, 86; W. von Soden, AHw I, 352 a), doch ist in den Boğazköy-Texten KU für LAGAB geschrieben.

---

208  *ma* sum. MA, PÈŠ

 MA Abkürzung für MA.NA

^{GIŠ} ^{GIŠ}PÈŠ [^{GIŠ}MA] „Feige(nbaum)“

^{GIŠ}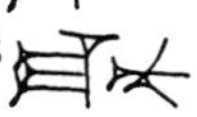 ^{GIŠ}MA.NU „Kornelkirschbaum?“

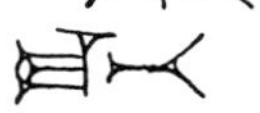 *MA-MIT* „Eid“ (stat. constr.)

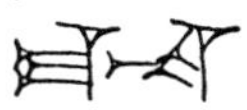 MA.NA „Mine“

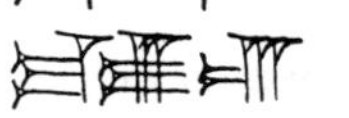 *MA-LU-Ú* „sind voll“ (zu akkad. *malû*: Stat. Pl. 3. m. G-St.)

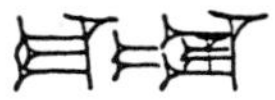 *ma-zé* Abkürzung für *mazeri/eš* →

(208)  *ma-zé-eš* Abkürzung für *mazereš*

() $^{GI/GIŠ}$ $^{GI/GIŠ}$MA.SÁ.AB „Korb"

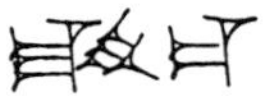 *MA-ḪI-IṢ* „geschlagen" (auch RA^{IṢ} zu akkad. *maḫāṣu*)

 *MA-LI* „ist voll" (zu akkad. *malû*: Stat. 3. m. G-St.)

 MA.MÚ „Traum"

^{LÚ}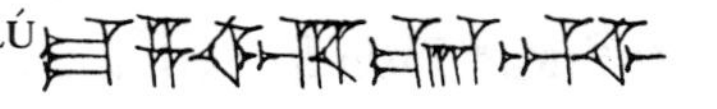 ^{LÚ}*MA-ṢA-AR* É.DINGIR^{LIM} „Tempelwächter"

KUR $^{(URU)}$ELAM.MA$^{(KI)}$ *s. Nr.* 74
MU.IM.MA *s. Nr.* 17
^{URU}NE.MA^{KI} *s. Nr.* 169
^{GIŠ}NU.ÚR.MA *s. Nr.* 11
$^{m\,D}$*ŠÙL-MA-NU*-SAG *s. Nr.* 312

---

209   *zu* akkad. *sú, ṣú* sum. ZU
(1)

 *-ZU/SÚ* „sein, ihr" (nach akkad. Wortstämmen auf Dental)

 *-ZU-NU/SÚ-NU* „ihr" (3. Pl.)

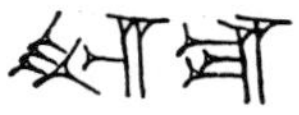 *EM-ṢÚ* „sauer, Lab", vgl. Nr. 337

Im Anschluß an die Schreibung *šu*!*-ul-pu-tù* des Vokabulars KBo 1.30 Vs. 21 erwägt C. Kühne (mündlich) für ZU einen akkad. Lautwert $šu_x$ (= *sú*).

Vereinzelt vorkommendes ^{LÚ}ZU.A könnte Zeichenumstellung für ^{LÚ}A.ZU sein, vgl. Nr. 11 Anm., doch s. AHw II 666 a (*mūdû*), StBoT 4, 1967, 27.

$^{LÚ/MUNUS}$A.ZU *s. Nr.* 364
^{LÚ}ALAM.ZU *s. Nr.* 226
GA *EM-ṢÚ* *s. Nr.* 159
GEŠTIN *EM-ṢÚ* *s. Nr.* 131
$^{LÚ/MUNUS}$GÁB.ZU.ZU *s. Nr.* 49
GAL.ZU *s. Nr.* 242
^{GIŠ}LI.DUR.ZU *s. Nr.* 343
^{LÚ}NÍ.ZU *s. Nr.* 337
NINDA *EM-ṢÚ* *s. Nr.* 369
^{MUNUS}ŠÀ.AB.ZU *s. Nr.* 294
^{MUNUS}ŠÀ.ZU *s. Nr.* 294
^{D}GAL.ZU *s. Nr.* 242
^{D}ZUEN (= EN.ZU) *s. Nr.* 40

---

209  sum. GÍN
(2)

 GÍN „Schekel" (auch GÍN.GÍN)

Das heth. Logogramm für GÍN gehört entwicklungsmäßig zum Zeichen TÙN. Zur paläographischen Entwicklung vgl. R. Borger, ABZ S. 34 Nr. 595. Zu TÙN/NÍR s. Nr. 223, wo in der Anmerkung auch auf GÍN „Schekel" in Briefen aus Ägypten hingewiesen ist. – Zu heth. ZU = GÍN s. J. Friedrich, WZKM 49, 1942, 172 ff.

210  *lu* hurr. *dib/p, tib/p* sum. DAB, DIB, DUL$_8$, GUKKAL$^?$+KUN, LU, UDU

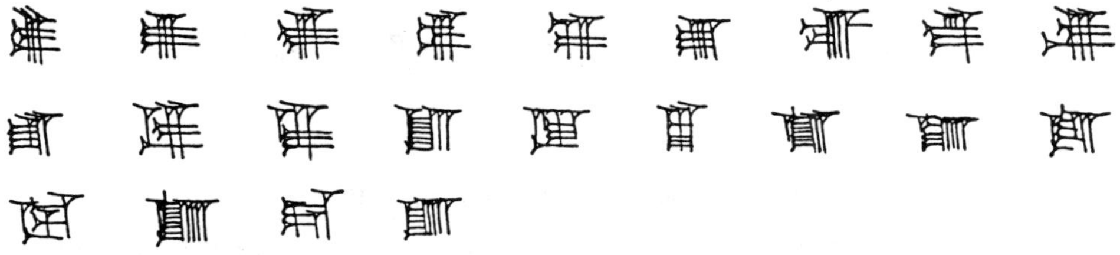

DAB, DIB „fassen, ergreifen"

LU.LIM „Hirsch"

UDU „Schaf"; auch Determinativ vor Oviden

UDU.ŠIR „Schafbock"

UDU."SÍG+MUNUS" „(weibliches) Schaf"

UDU.NÍTA „männliches Schaf, Widder"

^{UDU}GUKKAL$^?$+KUN „Fettschwanzschaf"

UDU.NITA „männliches Schaf, Widder"

UDU.ÁŠ.MUNUS.GÀR „(weibliches) Jungschaf"

UDU.MUNUS.ÁŠ.GÀR „(weibliches) Jungschaf"

UDU.KUR.RA „Bergschaf"

UDU.NIGA „fettes Schaf"

UDU.A.LUM „Widder"

Zu DAB, DIB „Halter$^?$" s. J. Friedrich, HW 1. Erg.-Heft, 25; C. G. von Brandenstein, Bildbeschreibungen 22 (Text 4 = KUB 38.4 Vs. 9).
Zur Lesung UDU."SÍG+MUNUS" s. E. Neu, StBoT 25, 1980, 73 Anm. 270 (dortiges SAL wurde jetzt in MUNUS geändert).
Für die unterschiedlichen Schreibungen UDU.NITA bzw. UDU.NÍTA sei auf den Wechsel in den Duplikaten KUB 9.32 Rs. 10, 20 bzw. KUB 9.31 IV 14, 29 verwiesen.
Zu ^{UDU}GUKKAL$^?$+KUN s. Nr. 252 Anm.
Für UDU.MUNUS.ÁŠ.GÀR des alten Exemplars der Hethitischen Gesetze (KBo 6.2) wird in dem jüngeren Exemplar B (KBo 6.3) UDU.ÁŠ.MUNUS.GÀR geschrieben; vgl. J. Friedrich, HG S. 149.

$^{\text{(LÚ/TÚG)}}$BAR.DUL$_8$ *s. Nr.* 20
DUMU.(NAM.)LÚ.U$_{19}$.LU *s. Nr.* 237
$^{\text{(UZU)}}$Ì.UDU *s. Nr.* 72
(KASKAL.)IM.U$_{19}$.LU *s. Nr.* 259, 337
LÚ.(NAM.)U$_{19}$.LU *s. Nr.* 78
NAM.LÚ.U$_{19}$.LU *s. Nr.* 39
^{LÚ}SIPA.UDU *s. Nr.* 177
^{LÚ}ŠU.DAB/DIB *s. Nr.* 68
ŠU.DAB.BU *s. Nr.* 68
USDUḪA (= US$_5$.UDU.ḪÁ) *s. Nr.* 45
^{LÚ}ZABAR.DAB *s. Nr.* 316
^{UZU}ZAG.UDU *s. Nr.* 238

211  sum. DU$_6$

$^{(URU)}$DU$_6$ „Ruinenhügel"

DU$_6$.URU^{MEŠ} „Ruinenhügel" (KUB 38.2 III 3)

^{D}IM DU$_6$, ^{D}U $^{(URU)}$DU$_6$

^{ITU}DU$_6$.KÙ *s. Nr.* 84

212  sum. ÁZLAG, GI$_7$, ŠÈ, TU$_9$, TÚG, ZÌ, ZÍD

TÚG, TU$_9$ „Kleid, Gewand, (Woll-)Stoff"; auch Determinativ vor Kleidungsstücken

ŠÈ „nach, zu" (akkad. *ana*)

^{LÚ}ÁZLAG [^{LÚ}TÚG] „Wäscher, Walker"

^{GIŠ}TÚG „Buchsbaum(-holz)"

TÚG.GABA ein Kleidungsstück

TÚG.GÚ „Hemd$^?$"

$^{(GAD)}$TÚG.GÚ.È(.A) „Gewand, Hemd$^?$, Mantel$^?$"

TÚG.GÚ(.È.A) *ḪUR-RI* „hurritisches Hemd$^?$"

TÚG.GÚ.SIG „dünnes Hemd$^?$"

TÚG.GAL (wörtl.:) „großes Gewand"

TÚG.NÁ „Bett-Tuch"

TÚG.ḪUR „dickes$^?$ Kleidungsstück"

TÚG.MUD „blutiges Tuch"

ZÌ, ZÍD „Mehl"

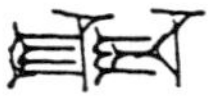 ZÌ.DA, ZÍD.DA „Mehl"

 ZÌ.DA ZÍZ „Mehl aus Emmer"

 ZÌ.DA ZÍZ DUR$_5$ „feuchtes Mehl aus Emmer"

 ZÌ.DA ŠE „Mehl aus Gerste"

 ZÌ.DA DUR$_5$ „feuchtes Mehl"

 ZÌ.DA ḪÁD.DU!A „trockenes Mehl"

 ZÌ.EŠA eine Art Mehl

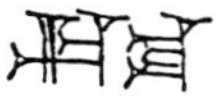 UR.GI$_7$ „Hund" (auch in verächtlichem Sinne)

^{LÚ}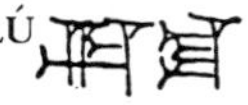 ^{LÚ}UR.GI$_7$ (LÚ UR.GI$_7$) „Hundemann; Jäger"

Wegen fehlender Unterscheidungskriterien werden die Zeichen TÚG und ÁZLAG einerseits, die Zeichen GI$_7$, ŠÈ und ZÌ andererseits unter einem gemeinsamen Lemma behandelt.

Zu GI$_7$ = ŠÈ s. R. Borger, ABZ Nr. 536 mit S. 31 Sp. 6.

Anders als im Akkadischen (vgl. R. Borger, ABZ Nr. 536) wird in den hethitischen Texten in der Regel zwischen den Zeichenformen TÚG (auch ZÌ) und KU unterschieden.

Zu ^{LÚ}ÁZLAG (^{LÚ}TÚG) s. auch CHD 3, 187 a.

Zu TÚG.GABA „cover"(?) s. J. J. Finkelstein, JCS 10, 1956, 104 a, hier auch zu anderen Ideogrammverbindungen mit TÚG.

Zum Übersetzungsvorschlag „dickes? Kleidungsstück" für TÚG.ḪUR s. J. J. Finkelstein, a.a.O. 104; vgl. W. von Soden, AHw I^2, 417 b sub *kabru(m)*. – Zu erwägen wäre auch TÚG *ḪUR⟨-RI⟩*.

Zu fraglichem TÚG.NÍ.D[UL.DUL] s. J. Friedrich, HW, 1. Erg.-Heft S. 29 b.

Statt ^{GIŠ}TÚG.SI (KUB 10.28 II 13) lies ^{GIŠ}DAG.SI; s. Nr. 243 Anm.

GÚ.KI.ŠÈ *s. Nr.* 201
$^{\text{LÚ.MEŠ}}$KÁ(.GAL) UR.GI$_7$ *s. Nr.* 167
$^{\text{(GIŠ)}}$KUN$_5$ (= TUR.TÚG) *s. Nr.* 237
$^{\text{GI/GIŠ}}$PISAN.TÚG $^{\text{(ḪI.A)}}$ *s. Nr.* 56
$^{\text{(URUDU)}}$ŠU.TÚG.LÁ *s. Nr.* 68
UR.GI$_7$ *s. Nr.* 51
^{D}NUSKA (= PA.TÚG) *s. Nr.* 174

---

213   akkad. *su* sum. KUŠ, SU

 SU^{MEŠ} „(Fleisch-)Vorzeichen, Eingeweide-Omina"

 KUŠ „Haut, Fell", auch Determinativ vor Gegenständen aus Fell oder Leder

^{LÚ} ^{LÚ}A.ÍL(.LÁ) „Wasserträger", vgl. Nr. 161 Anm.

 KUŠ.LÁ „(Wasser)schlauch" →

(213) SU „Eingeweide-Omen" wird fast ausschließlich im Plural gebraucht.

()

Statt ^{UZU}SU-*za* (Haas-Thiel, AOAT 31, 1978, 382, wiederholt bei Haas-Wegner, ChS I 5/II, 1988, 236) lies ^{UZU}ÚR-*za*.

SU^{MEŠ} ist gleichbedeutend mit der abkürzenden Schreibung *TE*^{MEŠ} (vgl. H.A. Hoffner, BiOr 37, 1980, 202).

Zur Problematik um die Lesung von ^{LÚ}A.ÍL(.LÁ) s. Nr. 161 Anm.

Zur Diskussion um die Lesung von  (KBo 10.23 I 9) s. I. Singer, StBoT 27, 1983, 58 m. Anm. 11.

---

214  *da*, (*tá*) akkad. *tá* sum. DA, TÁ

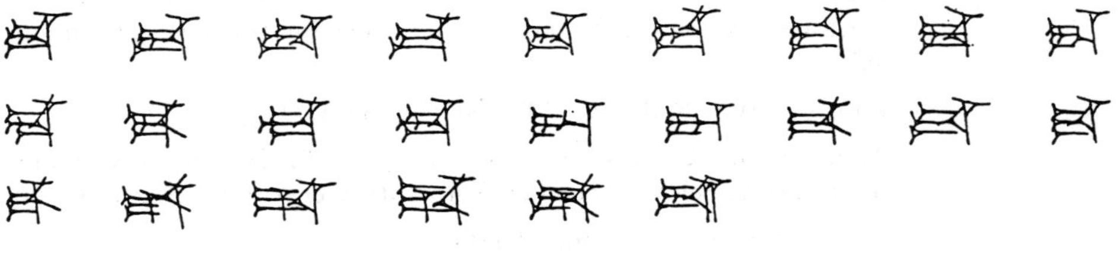

 *da* Abkürzung für *dananiš*, vgl. Nr. 160

 DA, TÁ „aus, von, mit"

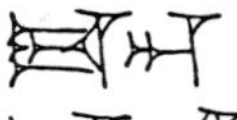 *da-an* Abkürzung für heth. *dapian*

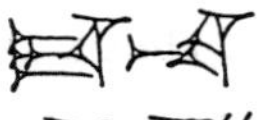 *da-na* Abkürzung für heth. *dapiann=a*

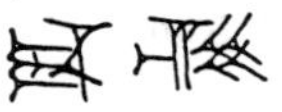 *da* ZI Abkürzung für *dapi* ZI-*ni*

Zum Orakelterminus *da/ta* s. J. Friedrich, HWb 267; E. Laroche, RA 64, 1970, 128, 133; GLH 255; G. Wilhelm, ZA 77, 1987, 233 f. Zu *da* ZI vgl. E. Laroche, RHA 54, 1952, 40.

$^{\text{DUG/GI}}$A.DA.GUR *s. Nr.* 364
^{GIŠ}BUGIN.GÍD.DA *s. Nr.* 182
É.IN.NU.DA *s. Nr.* 199
GÍD(.DA) *s. Nr.* 339
^{GIŠ}GU.ZA GÍD.DA *s. Nr.* 304
GÚ.ŠUB.DA.A.RI *s. Nr.* 201
IM.GÍD.DA *s. Nr.* 337
IN.NU(.DA) *s. Nr.* 354
KASKAL.GÍD.DA *s. Nr.* 259
LÚ ^{GIŠ}TUKUL GÍD.DA *s. Nr.* 206
LÚGUD.DA *s. Nr.* 179
^{GIŠ}MAR.GÍD.DA *s. Nr.* 191
MU$^{\text{(KAM) ḪI.A}}$ GÍD.DA *s. Nr.* 17
NÍG.GÍD.DA *s. Nr.* 369
^{GIŠ}TUKUL GÍD.DA *s. Nr.* 206
$^{\text{LÚ/MUNUS}}$ÙMMEDA (= URUDU.DA) *s. Nr.* 109
ZÌ.DA *s. Nr.* 212
ZÌ.DA DUR$_5$ *s. Nr.* 212
^{D}NIN.GI$_5$.ZI.DA *s. Nr.* 299

---

215  *id/t, ed/t* akkad. *iṭ, eṭ* sum. Á, TI$_8$

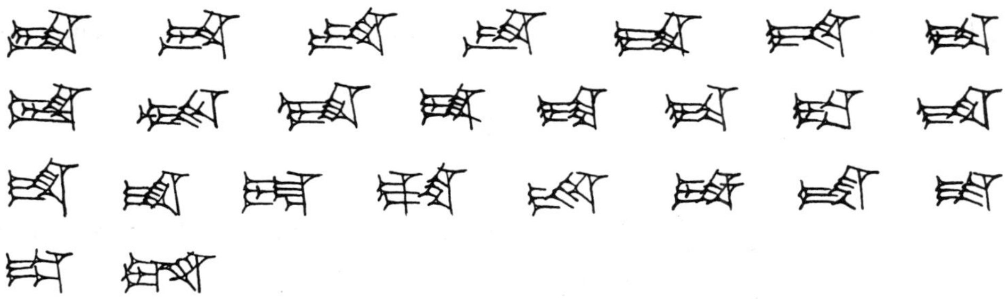

 ^{MUŠEN} TI$_8$^{MUŠEN} [Á^{MUŠEN}] „Adler“

 Á.AŠ „Zeichen“

 Á.GÁL heth. *šekkanza, u̯alkiššaraš*

 Á.NU.GÁL heth. *UL šekkanza/u̯alkiššaraš; UL turii̯anza*

 *IT-TI* „mit, zu, bei, gegen“

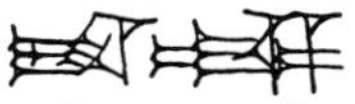 Á.BÀD „Schatten“

 Á.ÁG.GÁ „Anweisung, Botschaft, Befehl“, vgl. Nr.121

 Á.TAḪ „Helfer“

 Á.SAL „Pappel“

 *ID-DIN* „er gab“; zu akkad. *nadānu(m)*

^{D}^{MUŠEN} ^{D}TI$_8$^{MUŠEN}

^{m} ^{m}TI$_8$^{MUŠEN}-LÚ (^{m}*Ḫar(r)anaziti*)

^{m} ^{m}TI$_8$^{MUŠEN}-ZA (^{m}*Ḫar(r)anaziti*)

^{URU} ^{URU}Á.ŠÉŠ

Zu Á.GÁL, Á.NU.GÁL vgl. MSL XIII, 1971, 132f. (KBo 1.42 I 12ff.).

In KBo 12.53 + KUB 48.105 Vs. 5 lesen A. Archi – H. Klengel (AoF 7, 1980, 193) Á^{TUM}, bieten dafür jedoch keine Übersetzung. Vielleicht ist eher *IT-TUM* „(Kenn)zeichen“ zu lesen.

KI.LÁ TI$_8$^{MUŠEN} *s. Nr.* 313
LÚ *ZI-IT-TI/TI$_4$* *s. Nr.* 78
^{MUL}TI$_8$^{MUŠEN} *s. Nr.* 101

^{D}U Á.TAḪ *s. Nr.* 261
$^{m\,D}$U-*ub*-Á.TAḪ *s. Nr.* 261

216  ENGUR im Sumerogramm ÍD (s. Nr. 365)

---

217  *i* akkad. *'i*$_x$ sum. I, KUN$_4$ (= I.LU/DIB)

^{GIŠ} ^{GIŠ}KUN$_4$ „Steinplatte, Schwelle; Treppe, Leiter"

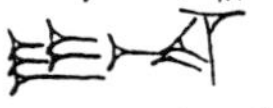 *I-NA* „in, an; aus", vgl. Nr. 1

 *I*-GAZ (= akkad. *idâk*) „er tötet, schlägt"; zu akkad. *dâku(m)*

 *I*-IGI (= akkad. *iṭṭul*) „er blickte hin"; zu akkad. *naṭālu(m)*

 *I-DE* „ich/er weiß; er wußte"; zu akkad. *edû(m)*

 *I-MUR* „er sah"; zu akkad. *amāru(m)*

 *I*-ZÁḪ (= akkad. *iḫalliq*) „er geht zugrunde"; zu akkad. *ḫalāqu(m)*

 ^{m}*I-ni*-^{D}U-*ub* (^{m}*Ini-Teššub*)

Zum akkad. Lautwert *'i*$_x$ s. J.W. Durham, Studies in Boğazköy Akkadian. Diss. Phil., Harvard University 1976, 105.

Zu ^{GIŠ}KUN$_4$ = ^{GIŠ}KUN$_5$ in der Bedeutung „Treppe, Leiter" s. W. von Soden, AHw II, 1045 a; R. Borger, ABZ, Erg.-Heft S. 422.

Zum Gebrauch von *INA* im Althethitischen s. F. Starke, StBoT 23, 1977, 109 ff.

EN ^{GIŠ}KUN$_4$ *s. Nr.* 40
^{LÚ}ŠU.I *s. Nr.* 68
$^{(GIŠ)}$ŠU.I *s. Nr.* 68

---

218  *i̯a* Zeichen I.A

 -*I̯A* „mein"

AMA.DÙG.GA-*I̯A* *s. Nr.* 57
DUMU.DÙG.GA-*I̯A* *s. Nr.* 237
GAŠAN-*I̯A* *s. Nr.* 336
ŠEŠ.DÙG.GA-*I̯A* *s. Nr.* 79
^{D}*I̯a-riš* *s. Nr.* 192

219 

sum. ḪAŠḪUR

^{GIŠ}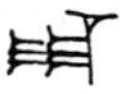 ^{GIŠ}ḪAŠḪUR „Apfel(baum)"

$^{\text{(GIŠ)}}$ $^{\text{(GIŠ)}}$ḪAŠḪUR.KUR.RA „Aprikose(nbaum)?"

Zu den Zeichenformen von ḪAŠḪUR s. auch H. G. Güterbock, FsOtten, 1973, 72, 74.

Zu ^{GIŠ}ḪAŠḪUR.KUR.RA = akkad. *armannu* s. W. von Soden, AHw I^2, 69b sowie CAD A II, 291.

220 

sum. GAR$_5$, GÚG

 GÚG eine Hülsenfrucht

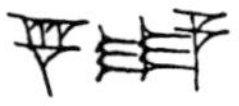 NINDA.GÚG eine Brotsorte

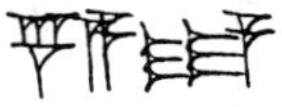 NINDA.A.GÚG eine Brotsorte

 NINDA.GÚG.A eine Brotsorte

Für die Boğazköy-Texte empfiehlt es sich aus praktischen Gründen, das Zeichen LÙ = GÚG (R. Borger, ABZ S. 255) entsprechend H. G. Güterbock, FsOtten, 1973, 72 getrennt nach LÙ und GÚG zu behandeln.

Wegen der z. T. großen Ähnlichkeit der Zeichenformen von BÁR und GÚG (= GAR$_5$), läßt sich im Einzelfall nicht sicher sagen, ob vom Schreiber statt A.BÁR „Blei" möglicherweise die Graphie A.GAR$_5$ intendiert war. Zu A.BÁR/GAR$_5$ „Blei" s. R. Borger, ABZ Nr. 579, S. 199.

In KUB 53.14 II 25, 26 hat man statt GÚG.ZÍZ (V. Haas - L. Jakob-Rost, AoF 11, 1984, 91) zu lesen: TÁ ZÍZ „mit Emmer".

221  sum. LÙ

 AN.TA.LÙ „Verfinsterung" (eines Gestirns)

Zum Zeichen LÙ vgl. H.G. Güterbock, FsOtten, 1973, 72 f.

222  sum. NIMGIR

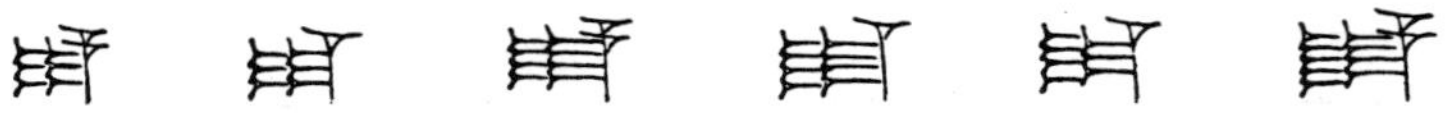

^{LÚ} ^{LÚ}NIMGIR „Ausrufer, Herold"

$^{\text{(LÚ)}}$ $^{\text{(LÚ)}}$NIMGIR.ÉRIN^{MEŠ} „Truppenaufseher, Herold des Heeres"

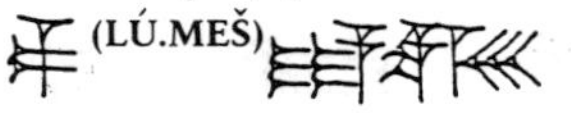 UGULA $^{\text{(LÚ.MEŠ)}}$NIMGIR.ÉRIN^{MEŠ} „Anführer der Truppenaufseher"

Zum Zeichen NIMGIR vgl. H.G. Güterbock, FsOtten, 1973, 72 ff.

223  akkad. *ṭu* sum. GÍN, (TÙN), NÍR (= ZA.GÍN/TÙN)

$^{\text{NA}_4}$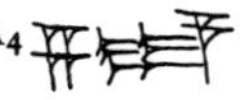 $^{\text{NA}_4}$NÍR ein wertvoller Stein (s. Nr. 366)

Für $^{\text{NA}_4}$NÍR gibt R. Borger, ABZ Nr. 586 die Bedeutung „Chalzedon?, Achat?" an.

Das Logogramm GÍN mit der Bedeutung „Schekel" gleicht im Hethitischen der alten Zeichenform von ZU. Während die heth. Schreiber das Zeichen Nr. 209 (2) für GÍN „Schekel" verwendeten, findet sich z. B. in Briefen aus Ägypten die hier zuletzt angeführte Zeichenform in der Bedeutung „Schekel"; vgl. KBo 28.4 Rs. 7, 15; 28.6 Rs. 5 passim sowie oben Nr. 161.

Zu NÍR/TÙN vgl. H.G. Güterbock, FsOtten, 1973, 72 f.

Die in KBo 27.26,4 auftretende Zeichenverbindung $^{\text{NA}_4}$ $^{\text{NA}_4}$TÙN BABBAR ist möglicherweise für $^{\text{NA}_4}$ZA.TÙN (= $^{\text{NA}_4}$NÍR) BABBAR verschrieben.

224 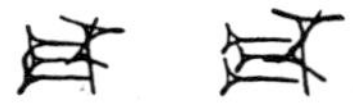 sum. GIGIR (= LAGAB × BAD)

GIŠ ^{GIŠ}GIGIR „Wagen“

225  sum. BALAG

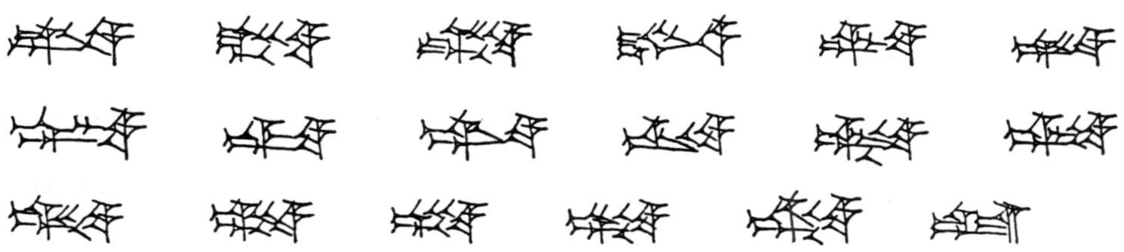

GIŠ ^{GIŠ}BALAG eine Art Harfe oder Leier
GIŠ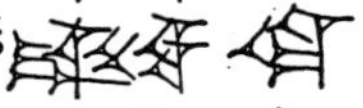 ^{GIŠ}BALAG.DI = ^{GIŠ}BALAG
LÚ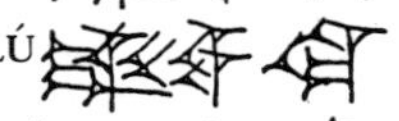 ^{LÚ}BALAG.DI „Spieler des ^{GIŠ}BALAG.DI-Instruments“
GIŠ ^{GIŠ}BALAG.DI.GAL „großes ^{GIŠ}BALAG.DI-Instrument“

Die Zeichenform mit zwei Senkrechten am Ende findet sich wohl nur in MÁŠ.ḪUL.DÚB.BA (vgl. H. M. Kümmel, StBoT 3, 1967, 103); bei DÚB und BALAG handelt es sich um ursprünglich verschiedene Zeichen (vgl. R. Borger, ABZ S. 398 Nr. 352).

226  sum. ALAM, ALAN

 ALAM, ALAN „Statue, Bild, Gestalt“
LÚ ^{LÚ}ALAM.ZU$_9$, ^{LÚ}ALAN.ZU$_9$ „Spaßmacher$^?$, Clown$^?$“
LÚ ^{LÚ}ALAM.ZU „Spaßmacher$^?$, Clown$^?$“

$^{\text{LÚ.MEŠ}}$ALAM.ZU belegt in KBo 20.33 Vs. 16 und 153/a, 10 (zur gleichen Tafel gehörig). Verschreibungen: $^{\text{LÚ.MEŠ}}$ALAM.KA × A KBo 23.74 II 9; ^{LÚ}]ALAM.KA × NINDA KBo 30.28,9.

227  sum. TAG$_4$, TAK$_4$

Dem Leitzeichen (KBo 15.33 II 34) und der ersten Variante (KBo 26.4 II 8) scheint KAD$_5$ für KÍD bzw. KÀD = TAG/K$_4$ (Borger brieflich) zugrundezuliegen. Die zweite Variante (KUB 49.61, 7 - nur nach Edition) ließe sich als „TAG/K$_4$.EŠ" verstehen, während die letzte Variante (KUB 37.103, 19) eigentliches TAG/K$_4$ darstellt. Weitere Belege s. KBo 1.37, 11 ff. (Güterbock-Civil, MSL XVII, 118). - Zu ^{LÚ}TAG$_4$.TAG$_4$ s. KBo 26.4 II 8 (vgl. CHD 3, 147b; Civil, MSL Suppl. Ser. 1, 90).

ÍB.TAG/K$_4$ *s. Nr.* 125

---

228  sum. KISAL

^{LÚ}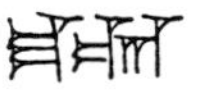 ^{LÚ}KISAL.LUḪ „Vorhofreiniger"

An den wenigen ah. Belegstellen für ^{LÚ}KISAL.LUḪ ist das Zeichen KISAL jeweils mit 3 Waagerechten geschrieben. In mh. Texten kommt KISAL mit 3 und 4 Waagerechten vor.

---

229  sum. RÍ, U$_{19}$, URU, BANŠUR (= URU.URUDU bzw. selten E.URUDU)

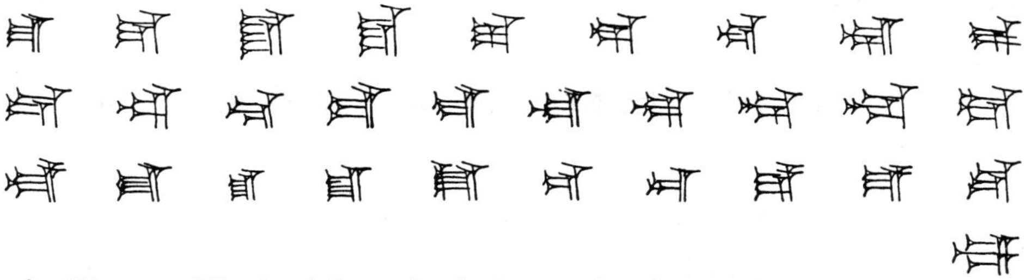

$^{\text{(KI)}}$ URU$^{\text{(KI)}}$ „Stadt", auch als Determinativ vor Ortsnamen

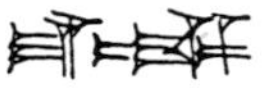 URU.BÀD „befestigte Stadt"

^{GIŠ}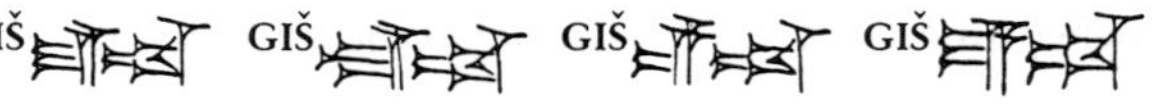 ^{GIŠ}BANŠUR „Tisch" (auch LÚ ^{GIŠ}BANŠUR)

In KBo 19.136 I 21 fehlt in ^{GIŠ}BANŠUR dem Zeichen URU der letzte Senkrechte.

AL.DI.RÍ.GA^{MUŠEN} *s. Nr.* 183
AL.URUDU *s. Nr.* 183
DU$_{6}$.URU^{MEŠ} *s. Nr.* 211
DUMU.(NAM.)LÚ.U$_{19}$.LU *s. Nr.* 237
^{KUŠ}É.MÁ.URU$^{!}$.URU$_{5}$ *s. Nr.* 87, 199
^{KUŠ}É.MÁ.URU$_{5}$.URU *s. Nr.* 87, 199
IM.U$_{19}$.LU *s. Nr.* 337
KASKAL.IM.U$_{19}$.LU *s. Nr.* 259
KUR.URU *s. Nr.* 329
LÚ.(NAM.)U$_{19}$.LU *s. Nr.* 78
$^{\text{(GIŠ/KUŠ)}}$MÁ.URU.URU$_{5}$ *s. Nr.* 87
$^{\text{(LÚ)}}$MAŠKIM.URU *s. Nr.* 176
NAM.LÚ.U$_{19}$.LU *s. Nr.* 39
NINDA ^{GIŠ}BANŠUR *s. Nr.* 369

---

230  sum. ALAL, PÌSAN, DUR$_{10}$ / ŠEN (= SU × A)

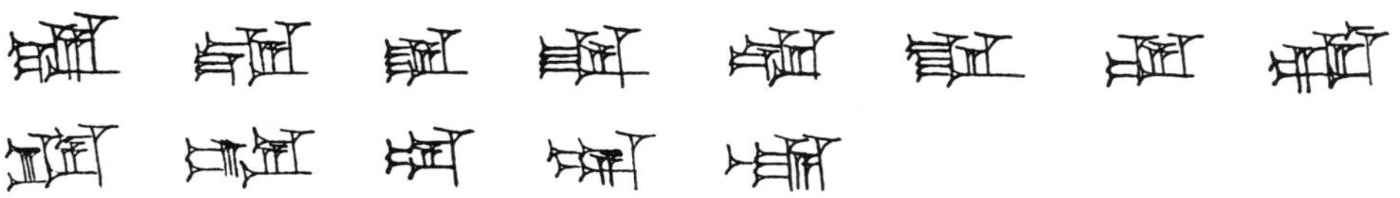

DUG/URUDU $^{\text{DUG/URUDU}}$ŠEN [PÌSAN, ALAL] „Kessel“

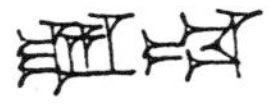 ŠEN URUDU „Kessel aus Kupfer“ (bzw. einer Kupferlegierung)

 ŠEN ZABAR „Kessel aus Bronze“

(URUDU) $^{\text{(URUDU)}}$ŠEN.TUR „kleiner Kessel“

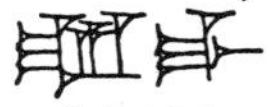 ŠEN.GAL „großer Kessel“

GIŠ ^{GIŠ}ŠEN „Behälter (auch als Libationsgefäß), (Wasser-/Abfluß-) Rohr, Rinne, (Dach-)Traufe“

GIŠ ^{GIŠ}ŠEN KÙ.BABBAR GAR.RA „mit Silber besetztes Wasserrohr“

 DUR$_{10}$.TAB.BA „Beil“

Ausgehend von P. Steinkeller, Oriens Antiquus 20, 1981, 243 ff. und 23, 1984, 39 ff., der zahlreiche Belege für PÌSAN bzw. ÚMBISAG (ŠID × A) durch ŠEN (SU × A) ersetzt hat, dürfte jetzt auch für bisheriges PÌSAN der Boğazköy-Texte ŠEN zu lesen sein (s. schon R. Borger, ABZ Nr. 8). Die große Anzahl der Varianten des Zeichens ŠEN läßt erkennen, daß sich die heth. Schreiber nicht immer eindeutig an dem Zeichen SU orientiert haben.

Zu DUR$_{10}$.TAB.BA [ŠEN.TAB.BA] s. KBo 9, Inhaltsübersicht Nr. 50.

^{GIŠ}DUB.ŠEN *s. Nr.* 99
^{GIŠ}GUB ŠEN KÙ.BABBAR *s. Nr.* 128
^{D}NIN.ŠEN.ŠEN *s. Nr.* 299

---

231 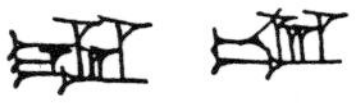 akkad. *lag/k/q* sum. ÀKA, SANGA, ŠID, ŠIT, ŠITA$_5$, ŠITI

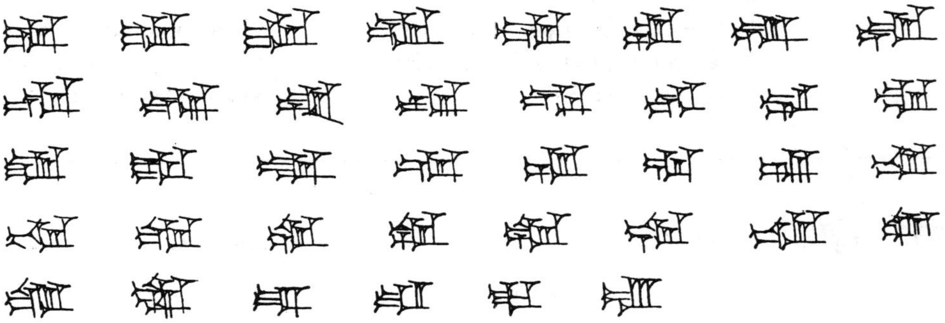

 ^{LÚ}SANGA „Priester"
 ^{MUNUS}SANGA „Priesterin"
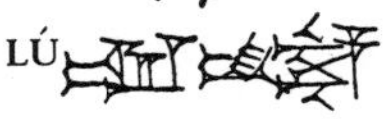 ^{LÚ}SANGA GIBIL „neuer Priester"
 *AŠ-ŠUM* ^{LÚ}SANGA-*UT-TIM/TI* „um des Priestertums willen, zum Priestertum"
 ŠID, ŠIT, ŠITI, ŠITA$_5$ „Zahl, Zählung, zählen, (be)lohnen"
 ŠID-*eš-ni* Dat.-Lok. Sg. zu heth. *kappuešš̌ar* „Zählung"
 ŠID-*eš-na-za* Abl. zu heth. *kappuešš̌ar* „Zählung"
 ^{SÍG}ÀKA „Vlies"

Zu gelegentlich vorkommendem $^{LÚ.MEŠ}$SANGA.NITA vgl. KUB 44.60+ II passim, III 10.
In IBoT I 13 Vs. 13 liest S. Košak ŠID TÚG „the garments are accounted for ..." (THeth 10, 1982, 4).

^{GIŠ}NÍG.ŠID *s. Nr.* 369

232  sum. LAḪTA (= E$^!$.KISIM$_5$ × LA)

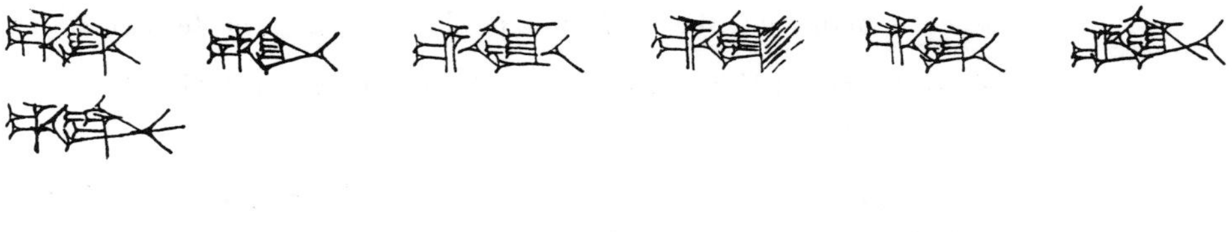

 $^{(DUG/URUDU)}$LAḪTA ein Gefäß (Biergefäß, Waschgefäß)

Zu DAG.$KISIM_5$ × LA bzw. E$^{!}$.$KISIM_5$ × LA vgl. H. G. Güterbock, FsOtten, 1973, 81 und CHD 3, 13 a sub *laḫḫu-*.

---

233  *ra* sum. RA

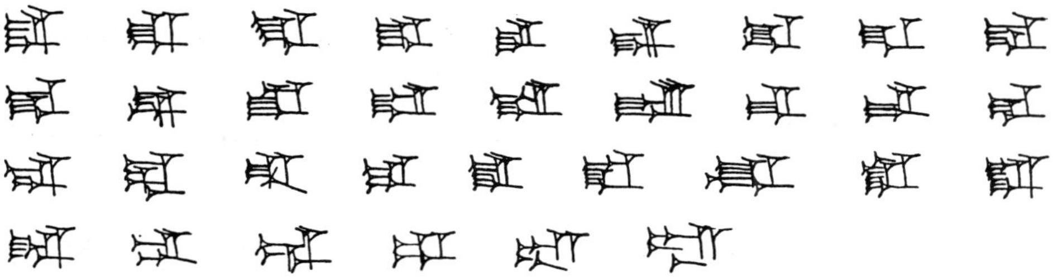

 RA „schlagen"

 RA^{IŠ} (akkad. *maḫiṣ*) „geschlagen"; zu akkad. *maḫāṣu(m)*

  ^{GIŠ}RA Gegenstand aus Holz (vgl. RA „schlagen")

Zu RA „schlagen" vgl. ^{D}IM RA.RA (heth. *zaḫi*) KUB 4.63 III 5.

Von dem mit ‚Glossenkeilen' versehenen ^{GIŠ}RA ist bisher nur  ^{GIŠ}RA-*in* (Akk. Sg. c.) belegt (Bo 68/34 I 2).

Gelegentlich finden sich ligaturartige Schreibungen wie  *ra-an* (vgl. StBoT 25, 1980, XV) oder  *ra-a*.

ANŠE.KUR.RA *s. Nr.* 302
DINGIR^{MEŠ} LIBIR.RA *s. Nr.* 8
É GIŠ.ÙR.RA *s. Nr.* 199
ÉRIN^{MEŠ} ANŠE.KUR.RA$^{ḪI.A/MEŠ}$ *s. Nr.* 327
ÉRIN^{MEŠ} *NA-RA-RI*$^{(ḪI.A)}$ *s. Nr.* 327
GAR.RA *s. Nr.* 369
$^{(GIŠ)}$GEŠTIN *KÀ-RA-A-AN* *s. Nr.* 131
GEŠTIN LIBIR.RA *s. Nr.* 131
GUR_4.RA *s. Nr.* 179
$^{(GIŠ)}$ḪAŠḪUR.KUR.RA *s. Nr.* 219
IM.KUR.RA *s. Nr.* 337
IM.SAḪAR.KUR.RA *s. Nr.* 337
$^{(NA_4/URU)}$KÁ.DINGIR.RA *s. Nr.* 167
^{LÚ}$KUŠ_7$.ANŠE.KUR.RA *s. Nr.* 151
LIBIR.RA *s. Nr.* 265
LÚ^{MEŠ} *NA-RA-RI* *s. Nr.* 78
MUŠ.DÍM.KUR.RA *s. Nr.* 342
$^{(LÚ)}$NAM.RA *s. Nr.* 39
NÍG.ÀR.RA *s. Nr.* 369
NINDA LIBIR.RA *s. Nr.* 369
$^{(LÚ)}$NINDA.GUR_4.RA(.A) *s. Nr.* 369
^{LÚ}SIPA.ANŠE.KUR.RA *s. Nr.* 177
TU_7 NÍG.ÀR.RA *s. Nr.* 355
Ú.KUR.RA *s. Nr.* 195
UDU.KUR.RA *s. Nr.* 210
$^{(LÚ)}$UR.BAR.RA *s. Nr.* 51
UZ_6.KUR.RA *s. Nr.* 23
$^{(GIŠ)}$ZAG.GAR.RA *s. Nr.* 238
^{D}ANŠE.KUR.RA *s. Nr.* 302
^{D}IN.KAR.R[A.AK$^{?}$] *s. Nr.* 354
^{D}LUGAL.ÌR.RA *s. Nr.* 115
^{D}NIN.KAR(.RA) *s. Nr.* 299
^{D}NIN.ME.ŠÁR.RA *s. Nr.* 299
^{D}SAG.GA.RA *s. Nr.* 192

234  sum. GE$_4$, GI$_4$

$^{\text{(MUNUS)}}$  $^{\text{(MUNUS)}}$É.GI$_4$(.A) „Braut, Schwiegertochter“

^{MUNUS}É.GI (KUB 5.9 Vs. 20) mit Zeichenvertauschung GI = GI$_4$ oder Verschreibung für ^{MUNUS}ŠU.GI?

^{LÚ}KIN.GI$_4$.A *s. Nr.* 47 ^{UZU}NÍG.GI$_4$.A *s. Nr.* 369

---

235  sum. BÁR

^{TÚG} 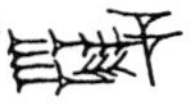 ^{TÚG}BÁR „grobes Gewebe“

A.BÁR *s. Nr.* 364 ^{ITU}BÁR.ZAG.GAR *s. Nr.* 84

---

236  sum. LAḪ$_4$ (= „DU“ „DU“)

^{LÚ} 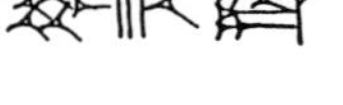 ^{LÚ}MUŠ.LAḪ$_4$ „Schlangenbeschwörer“

Zu ^{LÚ}MUŠ.LAḪ$_4$ s. KBo 24.14 Z. 13.

237  akkad. *tur* sum. DUMU, TUR, KUN$_5$ (= TUR.TÚG/ŠÈ)

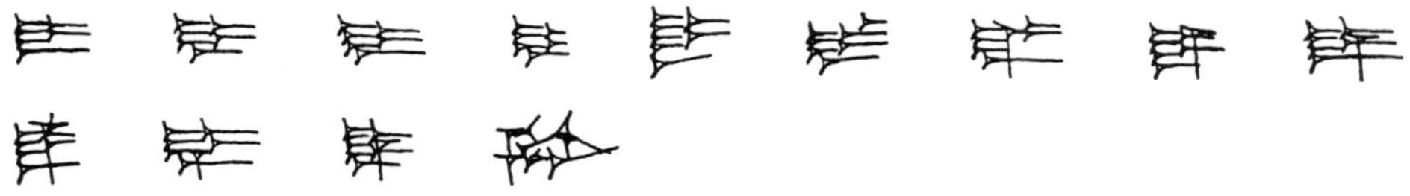

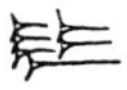 TUR „klein, jung; Kind“

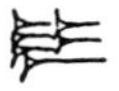 DUMU „Sohn, Kind“

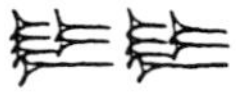 DUMU.DUMU „Enkel“

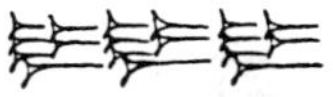 DUMU.DUMU.DUMU „Urenkel“

 DUMU.NAM.LÚ.U$_{19}$.LU „Mensch(enkind)“

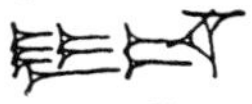 DUMU.NITA „Sohn“

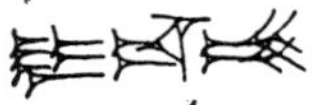 DUMU.NITA.GABA „männlicher Säugling“

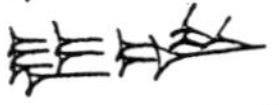 DUMU.LUGAL „Königssohn, Prinz“

 DUMU.É.GAL „Hofjunker, Palastangestellter“

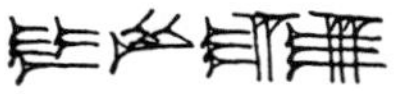 DUMU.LÚ.U$_{19}$.LU „Mensch(enkind)“

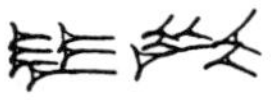 DUMU.ŠEŠ „Brudersohn“

 DUMU *ŠI-IP-RI* „Bote, Gesandter“

 DUMU.MUNUS „Tochter“

 DUMU.MUNUS.GABA „weiblicher Säugling“

 DUMU.DÙG.GA-*IA* „mein lieber Sohn“

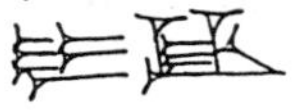 DUMU.KIN „Bote, Gesandter“ (akkad. *mār šipri*)

(GIŠ) 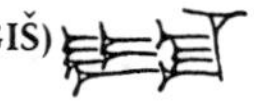 (GIŠ)KUN$_5$ „Treppe“

m 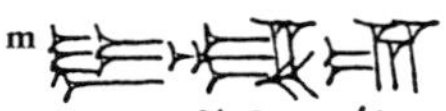 mDUMU.MAḪ.LÍL

m  mDUMU.UD.XX^{KAM}

Bedenken gegenüber einer Transliterierung DUMU.LÚ.U$_{18}$/$_{19}$.LU statt bisherigem DUMU.LÚ.ULÙ^{LU} äußert A. Kammenhuber, OLZ 80, 1985, 536.

Zur letzten Zeichenvariante (KUB 43.77 Rs. 3, Kolophon) s. die Idrimi-Statue Z. 1 (S. Smith, The Statue of Idri-mi, 1949, S. 14 und plate 2; M. Dietrich – O. Loretz, UF 13, 1981, 204, 208, 262); ferner H. Otten, StBoT 13, 1971, 49 mit Anm. 105.

Statt IBILA wird man im Kontrast zu DUMU.MUNUS durchweg DUMU.NITA zu lesen haben. →

(237) ()

ANŠE.KUR.RA TUR *s. Nr.* 302
^{GIŠ}BAL.TUR *s. Nr.* 4
^{GIŠ}BUGIN.TUR *s. Nr.* 182
^{GIŠ}BÚGIN.TUR *s. Nr.* 55
GIG.TUR *s. Nr.* 269
GÚ.TUR *s. Nr.* 201
ÍD.TUR *s. Nr.* 365
^{GIŠ}MÁ.TUR *s. Nr.* 87
MÁ.URU$_5$.TUR *s. Nr.* 87
MÁŠ.TUR *s. Nr.* 38
MUŠEN.TUR *s. Nr.* 24
NU.DUMU *s. Nr.* 11
PÉŠ.TUR *s. Nr.* 3
$^{\text{(LÚ)}}$PÌRIG.TUR *s. Nr.* 93
ŠAḪ.TUR (NÍTA/MUNUS) *s. Nr.* 309
^{URUDU}ŠEN.TUR *s. Nr.* 230
TU.TUR^{MUŠEN} *s. Nr.* 346
TU$_7$ GÚ.TUR *s. Nr.* 355
UR.TUR *s. Nr.* 51
^{m}GIŠ.ŠU-TUR *s. Nr.* 178
^{m}PÉŠ.TUR-*ṷa* *s. Nr.* 3

---

238 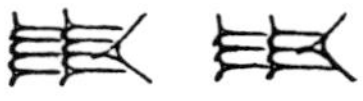 sum. ZÀ, ZAG

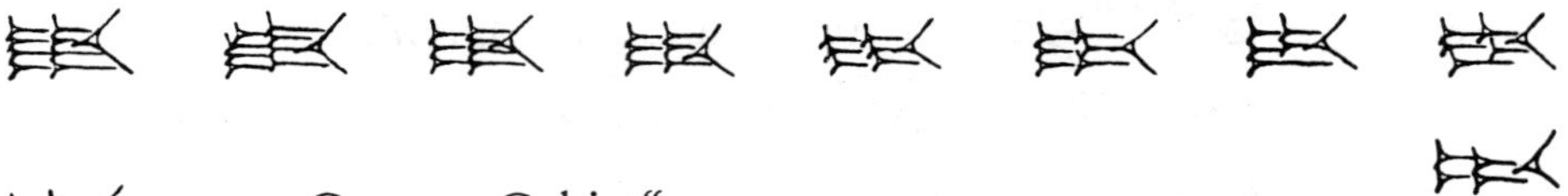

 ZAG „Grenze, Gebiet"

 ZAG „rechte Seite; rechter, günstig"

 ZAG(*-na*)*-az* „rechts"

 ZAG(*-na*)*-tar* „Richtigkeit, Vorteilhaftigkeit"

UZU ^{UZU}ZAG „Schulter"

 ZAG.TAR Eigenschaft eines Kleidungsstückes, Gürtels? (^{TÚG}E.ÍB)

UZU ^{UZU}ZAG.UDU „Schulter"

 ZÀ.AḪ.LI$^{\text{(SAR)}}$ „Kresse?"; auch im Sinne von Unkraut

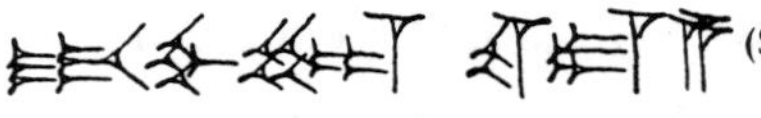 ZÀ.AḪ.LI ḪÁD.DU.A$^{\text{(SAR)}}$ „trockene Kresse?"

(GIŠ) $^{\text{(GIŠ)}}$ZAG.GAR.RA „Opfertisch, Altar, Postament"

m ^{m}ZAG-ŠEŠ (^{m}*Bentešina*)

m ^{m}ZAG-A.A (^{m}*Irḫamuṷa*)

Zur pseudoideographischen Schreibung ZÀ.AḪ.LI s. E. Neu, StBoT 18, 1974, 28. Statt ZÀ.AḪ.LI*-an* KBo 3.22 Rs. 48 umschreibt A. Kammenhuber (HW² 82 a) ZAḪ*-aḫlian.*

ZAG.TAR ist bezogen auf ^{TÚG}E.ÍB (KUB 42.56, 12) und wird von S. Košak (THeth 10, 1982, 282), der ZAG.KUD liest, gedeutet als „cut along the edge"; vgl. J. Siegelová, Heth. Verwaltungspraxis, 685 (‚ein Gürteltyp').

^{ITU}BÁR.ZAG.GAR *s. Nr.* 84
^{TÚG}E.ÍB ZAG.TAR *s. Nr.* 187

---

239  sum. SIG$_7$

 SIG$_7$,  „10.000", auch zur Bezeichnung einer ungewöhnlich großen Anzahl von Tieren, Gegenständen usw.

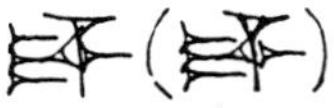 SIG$_7$(.SIG$_7$) „grün-gelb"

240  *g/kàr* akkad. *kàr, qar* sum. GÀR

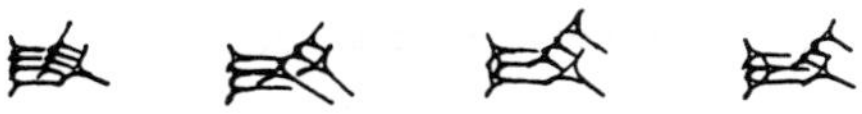

Die Ansetzung der Lautwerte *gàr, kàr* beruht auf Graphien hurritischer Wortformen; vgl. *ḫi-ri-in-du-gàr-ri* KUB 22.70 Vs. 66, *ga-du-kàr-ni* KBo 19.145 Vs. 3 (neben *ka-du-kar-ni* KBo 11.19 I 9), s. auch E. Laroche, GLH 134, der jedoch *ga-du-qar-ni* umschreibt. [Korr.-Zusatz: Zu heth. *g/kàr* s. ^{TÚG}*ta-kàr*$^!$*-ri-iš* KUB 35.135 I 11].

Verschreibung IT für GÀR liegt vor in UDU.ÁŠ.MUNUS.GÀR$^!$ Bo 3097 Rs. 4, 5.

A.GÀR *s. Nr.* 364
AN.ZA.GÀR *s. Nr.* 8
^{LÚ}DAM.GÀR *s. Nr.* 298
UDU.ÁŠ.MUNUS.GÀR bzw. UDU.MUNUS.ÁŠ.GÀR *s. Nr.* 210

241  *tàš* ph. *áš, áz* sum. ÁŠ, ZÍZ

 ZÍZ „Emmer"

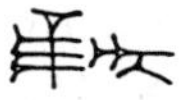 ZÍZ-*tar* „Emmer"

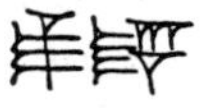 *TÀŠ-PUR* „du sandtest, schicktest, schriebst"; zu akkad. *šapāru* (*m*

 UDU.ÁŠ.MUNUS.GÀR „(weibliches) Jungschaf"

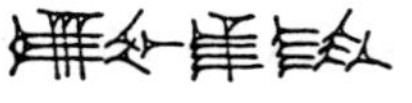 UDU.MUNUS.ÁŠ.GÀR „(weibliches) Jungschaf" →

(241) () E. I. Gordon (JCS 21, 1969, 72 m. Anm. 8) erwog im Zusammenhang mit der Schreibung eines Ortsnamens für ÁŠ den Lautwert *daš*$_x$ (R. Borger, ABZ S. 232: *dàš*), doch überzeugt seine diesbezügliche Argumentation nicht.

ZÌ.DA ZÍZ (DUR$_5$) *s. Nr.* 212 ITUZÍZ.A *s. Nr.* 84

---

242 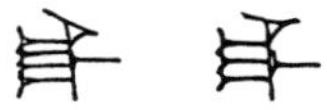 *gal*, (*kál*) akkad. *kál* sum. GAL

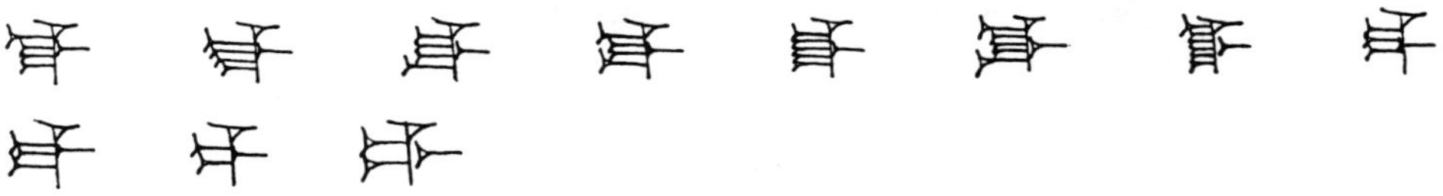

GAL „groß"

(LÚ)GAL „Oberster, Vorgesetzter, Erster"

(DUG/GIŠ/URUDU)GAL „Becher"

GAL NA.GAD „Oberhirt" (auch Titel), vgl. Nr. 15

GAL.ZU ein Gefäß

GAL (LÚ)GEŠTIN „Weinoberer" (ein Würdenträger)

GAL (LÚ.MEŠ)UKU.UŠ „Oberster der Schwerbewaffneten"

(DUG)GAL.GIR$_4$ „Becher aus gebranntem Ton"

DGAL.ZU

mGAL-LÚ

mGAL-DU

mGAL-(D)*IŠTAR*

mGAL-DIM

mGAL-UR.MAḪ

Zu GAL NA.GAD vgl. H. G. Güterbock, JCS 10, 1956, 91; G. Beckman, FsOtten 1988, 39.

NA4AŠ.NU$_{11}$.GAL *s. Nr.* 1
GIŠBALAG.DI.GAL *s. Nr.* 225
DUG/GIŠDÍLIM.GAL *s. Nr.* 286
DINGIR.GAL *s. Nr.* 8
DUMU.É.GAL *s. Nr.* 237
É.GAL *s. Nr.* 199
ÉRINMEŠ IGI.GAL(.LA) *s. Nr.* 327
GAL (LÚ)KUŠ$_7$ *s. Nr.* 151
GAL (LÚ.MEŠ)*ME-ŠE-DI* *s. Nr.* 357
GAL Ú.ḪÚB *s. Nr.* 195
GIG.GAL *s. Nr.* 269
GÚ.GAL(.GAL) *s. Nr.* 201

IM.GAL *s. Nr.* 337
$^{(\text{GIŠ})}$KÁ.GAL *s. Nr.* 167
$^{\text{LÚ.MEŠ}}$KÁ(.GAL) UR.GI$_7$ *s. Nr.* 167
KASKAL.GAL *s. Nr.* 259
KI.GAL *s. Nr.* 313
$^{(\text{URUDU})}$KIN(.GAL) *s. Nr.* 47
KIN.GAL ZABAR *s. Nr.* 47
$^{(\text{GIŠ})}$LAM.GAL *s. Nr.* 306
LÚ MÁŠ.GAL *s. Nr.* 38
LÚ NÍG.GAL.GAL *s. Nr.* 78
LUGAL.GAL *s. Nr.* 115
MÁŠ.GAL (NÍTA/ŠIR) *s. Nr.* 38
MUL.GAL *s. Nr.* 101
MUŠ.GAL *s. Nr.* 342
MUŠEN.GAL *s. Nr.* 24
^{LÚ}NAR.GAL *s. Nr.* 19
NINDA.GÚ.GAL *s. Nr.* 369
^{LÚ}SIPA É.GAL *s. Nr.* 177
ŠÀ.GAL *s. Nr.* 294
ŠEN.GAL *s. Nr.* 230
TU$_7$ GÚ.GAL(.GAL) *s. Nr.* 355
TÚG.GAL *s. Nr.* 212
$^{(\text{URUDU})}$UL$_4$.GAL *s. Nr.* 6
^{D}EREŠ.KI.GAL *s. Nr.* 299
^{D}NÈ.ERI$_{11}$.GAL *s. Nr.* 301
^{D}NIN.É.GAL *s. Nr.* 299
^{D}NIN.GAL *s. Nr.* 299
^{m}DINGIR^{MEŠ}-GAL *s. Nr.* 8
^{m}É.GAL-PAB *s. Nr.* 199
^{m}EN.GAL *s. Nr.* 40
$^{\text{f D}}$NIN.GAL-*ú-uz-zi* *s. Nr.* 299

---

243 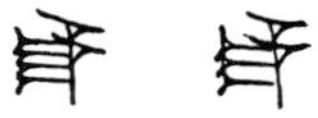 *tág/k/q*, (*dag/k/q*) akkad. *bàr* sum. BÀR, DAG

^{GIŠ} ^{GIŠ}DAG „Thron“
^{D} ^{D}DAG (vergöttlichter Thron)

Zur Diskussion um die Bedeutung von ^{GIŠ}DAG s. F. Starke, ZA 69, 1979, 87 Anm. 80.

Zu ^{GIŠ}DAG.SI s. Nr. 212 Anm. sowie KUB 51.35 Vs. 10, 58.17, 3 und Inedita; zu einem Bedeutungsansatz („some sort of stand“) vgl. J. S. Cooper, The Curse of Agade, 1983, 255.

Eine auffällige, wahrscheinlich fehlerhafte Variante von DAG () findet sich in *ták-ša-ni* KUB 9.34 III 29, wozu *ták-ša-an* aus Bo 3599 r. Kol. 4 Duplikat ist.

Eine Lesung *tuk*$_9$ (= Zeichen DAG), die von Chr. Girbal (Beiträge zur Grammatik des Hattischen, Frankfurt/M. 1986, 27 mit Anm. 24) für hattischen Wortlaut vorgeschlagen wird, überzeugt nicht; lies eher *ták-za-ú* KUB 28.59 IV 12.

Zu E$^!$.KISIM$_5$ statt DAG.KISIM$_5$ vgl. H. G. Güterbock, FsOtten, 1973, 81; statt E$^!$ ließe sich auch DAG$^!$ umschreiben.

E$^!$.KISIM$_5$ × A.MAŠ *s. Nr.* 190
$^{(\text{DUG/URUDU})}$LAḪTA (= E$^!$.KISIM$_5$ × LA) *s. Nr.* 232
NAM.UTUL$_5$ (= NAM.E$^!$.KISIM$_5$ × GU$_4$) *s. Nr.* 39
^{KUŠ}NÍG.BÀR *s. Nr.* 369
$^{(\text{UZU})}$UBUR (= E$^!$.KISIM$_5$ × GA) *s. Nr.* 189

---

244  *gir, kir, piš, (paš), pùš, biš* akkad. *qir* sum. ḪA$_6$

 *QIR-BU* „nahe“

Die Ansetzung eines Lautwertes *paš* wird nahegelegt durch die wechselnden Graphien in ^{TÚG}*ta-paš-pa* (KUB 42.14 IV 11) bzw. *tap-pa-aš-pa* (KBo 18.181 Rs. 12; vgl. KBo 18.175+ V 11); vgl. S. Košak, THeth 10, 1982, 22. Allerdings könnte dies auf einem auch sonst anzutreffenden Wechsel *a/i* beruhen, so daß doch ^{TÚG}*ta-piš-pa* zu lesen wäre. Zu einem Lautwert *peš* s. E. Laroches (DLL 91) Transliterierung *tap-peš-ša* (luw.), was allerdings auch als *tap-piš-ša* verstanden werden könnte; vgl. *ta-piš-ša-an* VBoT 136 Vs. 12, *ta-piš-ša-* KUB 16.37 I 6. Zu PIŠ = *paš*$_x$ s. H. Berman, JCS 30, 1978, 124; H. A. Hoffner, Aula Orientalis 5, 1987, 281.

In KUB 38.3 I 17 ist statt üblichem *pí-iš*-KIR (3. Pl. Prt.) geschrieben: *pí-iš*-KAR (= *pí-iš-kir*$_8$?).

^{LÚ}ŠU.ḪA$_6$ *s. Nr.* 68

245  *bur, pur* sum. BUR

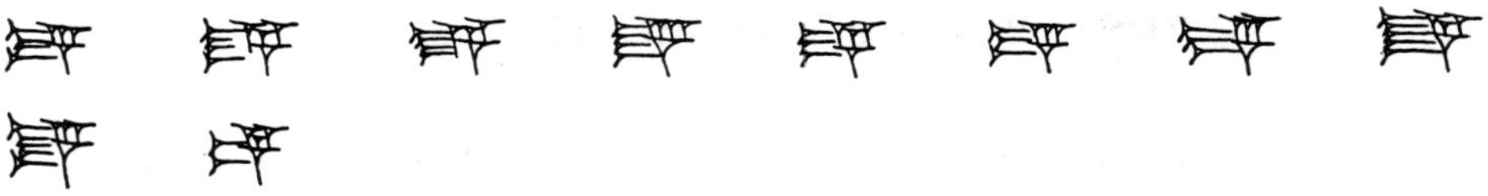

(DUG) 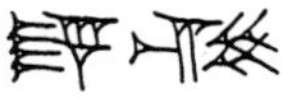 $^{\text{(DUG)}}$BUR.ZI „Opferschale“

(DUG) 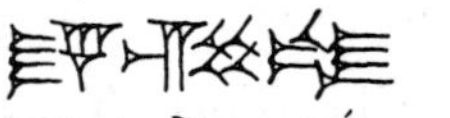 $^{\text{(DUG)}}$*PUR-SÍ-TUM* „Opferschale“

(LÚ)  $^{\text{(LÚ)}}$BUR.GUL „Siegelschneider“

$^{\text{(LÚ)}}$BÁḪAR (= DUG.SÌLA.BUR) *s. Nr.* 162

$^{\text{(LÚ)}}$BAḪAR$_5$ (= DUG.SÌLA.BUR.NA) *s. Nr.* 162

UZU EDIN.NA (= UZU AM.SÌLA.BUR.NA) *s. Nr.* 203

246  sum. URI (= $^{\text{BUR“}}_{\text{„BUR}}$)

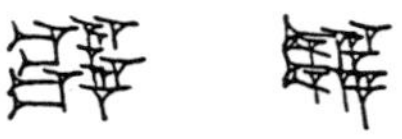

 KI URI[KI] „Akkad“, vgl. Nr. 364

 KUR URI „Akkad“, vgl. Nr. 364

247  akkad. *gam* sum. GAM

 GAM (= heth. *katta, kattan*) „unten, unter, hinab, bei, neben“

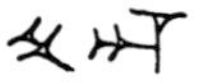 GAM-*an* (= heth. *kattan*)

 GAM-*an-da/ta* (= heth. *kattand/ta*)

In GIŠGAM *kangaliịaš* KBo 15.19 I 7 dürfte ein Kompositum mit GAM „unten“ vorliegen; s. auch H. M. Kümmel, Or NS 36, 1967, 368.

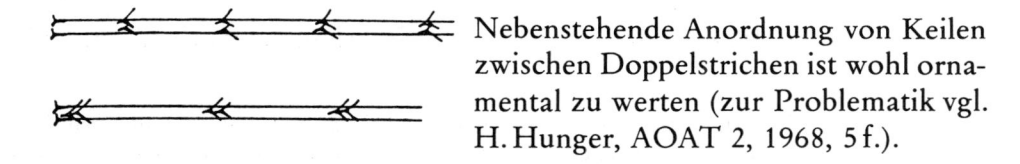

248  „Glossenkeil(e)“

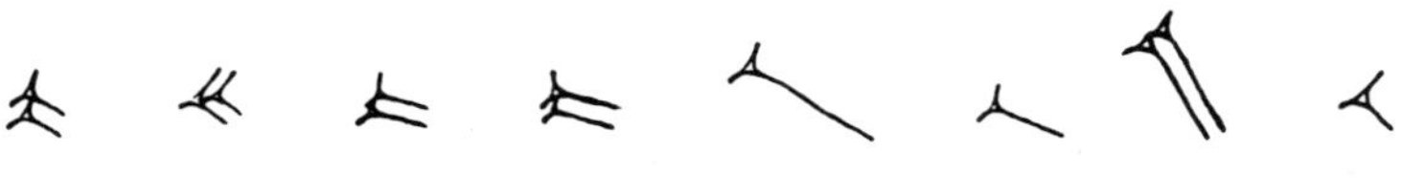

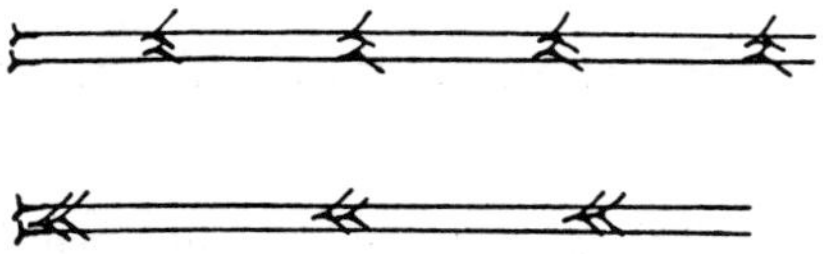

Nebenstehende Anordnung von Keilen zwischen Doppelstrichen ist wohl ornamental zu werten (zur Problematik vgl. H. Hunger, AOAT 2, 1968, 5 f.).

Unter der wenig zutreffenden, aber in der Forschung gebräuchlichen Bezeichnung „Glossenkeile“ sind allein stehende oder doppelt gesetzte Keile unterschiedlichster Funktion gemeint. Eine erste diesbezügliche Übersicht bietet Vl. Souček, RlA III/6, 1969, 440.

249  *te*, (*ti*$_7$, *de*$_4$) akkad. *de*$_4$, *di*$_{12}$, *ṭe*$_4$ sum. TE

 TE „Backe, Wange"

MEŠ *TE*MEŠ Abkürzung für akkad. *têrēte*MEŠ (Orakelterminus; Plural zu akkad. *têrtu*)

LÚ LÚ*ṬE*$_4$*-MU* „Bote"

 *DI*$_{12}$*-ŠI* „des Frühlings" in EZEN$_4$ *DI*$_{12}$*-ŠI* „Frühlingsfest", vgl. Nr. 195

Statt TE.URU (J. Friedrich, Schrifttafel Nr. 196) wird man DU$_6$.URU zu lesen haben, s. Nr. 211.

TÚGBAR."TE" *s. Nr.* 20 NÍ.TE *s. Nr.* 337

250 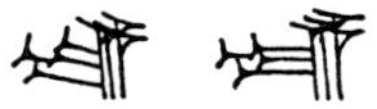 *kar*, (*kir*$_8$) akkad. *gar*$_{14}$, *qár* sum. KAR (= TE.A)

 KAR „finden, treffen, erreichen"

MUNUS MUNUSKAR.KID „Prostituierte" (im Kult)

(TÚG)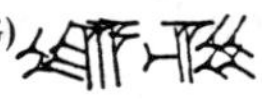 (TÚG)KAR.ZI „(Spitz)mütze, Turban" (akkad. *karballatu*)

Die Gleichung KAR.ZI = *karballatu* (vgl. CAD K 215 b) ist nicht beweisbar. Das Vorkommen im Hethitischen scheint gegen die für das Neuassyrische angenommene pseudologographische Schreibung KAR.ZI zu sprechen.

DIN.KAR.R[A.AK?] *s. Nr.* 354 DU.KAR *s. Nr.* 261
DNIN.KAR(.RA) *s. Nr.* 299 URU*Kar-ga-miš s. Nr.* 112

---

251  *šú* sum. ŠÚ, ÉN (= ŠÚ.AN)

 -*ŠÚ* „sein, ihr“; auch zur Bildung von Zahladverbien (I-*ŠÚ*, II-*ŠÚ* usw.

 -*ŠÚ-NU* „ihr“ (3. Pl.), vgl. Nr. 68

 ÉN „Beschwörung“

$^{(\text{GIŠ})}$ $^{(\text{GIŠ})}$ŠÚ.A „Stuhl, Thron; Schemel“; auch ligaturartig geschrieben: ^{GIŠ}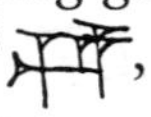, ^{GIŠ}

$^{(\text{GIŠ})}$ ^{D} $^{(\text{GIŠ})}$ŠÚ.A ^{D}UTU „Sonnenuntergang, Westen“

Fraglich bleibt die Zeichenverbindung in *A-NA* ^{GIŠ}ŠÚ.A.AN KUB 30.15+ Vs. 8; zum Problem s. H. Otten, HTR 66 Anm. b.

$^{(\text{KUŠ/NA}_4)}$DUH̯.ŠÚ.A *s. Nr.* 164 — $^{\text{GI/GIŠ}}$PISAN DUH̯.ŠÚ.A *s. Nr.* 56

EGIR-*ŠÚ*(-*NU*) *s. Nr.* 126 — ^{URU}GÚ.(DU$_8$.)ŠÚ.A *s. Nr.* 201

---

252  sum. GUKKAL$^?$+KUN (= LU.“H̯ÚL”+KUN)

in ^{UDU}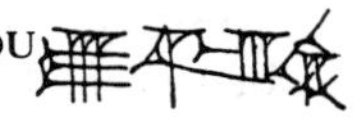 ^{UDU}GUKKAL$^?$+KUN „Fettschwanzschaf“ (Nr. 210)

Diese Zeichenverbindung für „Fettschwanzschaf“ ist bisher nur im mh. Text der hurritisch-hethitischen Bilingue bezeugt (KBo 32.13 II 17). Das Sumerogramm weicht deutlich von dem im Akkadischen üblichen Zeichen für GUKKAL ab (R. Borger, ABZ Nr. 537). Offenbar hat der heth. Schreiber zur Verdeutlichung die im Akkadischen gebräuchliche Schreibung GUKKAL (UDU.H̯ÚL) mit dem Zeichen KUN „Schwanz“ kontaminiert. – Einem Vorschlag R. Borgers folgend, haben wir daher behelfsweise die hier gegebene Umschrift gewählt, da die Ansetzung eines neuen Lautwertes GÚKKAL aufgrund nur einer einzigen ungewöhnlichen Schreibung uns nicht gerechtfertigt erscheint.

---

253 sum. IDIGNA

^{ÍD} ^{ÍD}IDIGNA „Tigris“

254  sum. ÚKUŠ

 ÚKUŠ „Gurke“

NINDA.ÚKUŠ *s. Nr.* 369

---

255  hurr. *šig/k/q* sum. SIG

 SIG „dünn, flach, schmal“

 SIG.KÙŠ „Halbelle?, Spanne?“

Der Lautwert *šig/k/q* wurde versuchsweise eingesetzt aufgrund von KBo 33.130 Rs. 3,5 -]x-*na-šik-ki.*

Zu SIG.KÙŠ = ½(!) KÙŠ = akkad. *ūṭu* („Halbelle, Spanne“) = heth. *šekan* s. H. G. Güterbock in FsBittel, Beiträge zur Altertumskunde Kleinasiens I, 1983, 206 f.

NINDA.SIG *s. Nr.* 369 TÚG.GÚ.SIG *s. Nr.* 212

---

256  akkad. *bab/p, kúr* sum. KÚR, PAB, PA₅
(1) (= PAB.E)

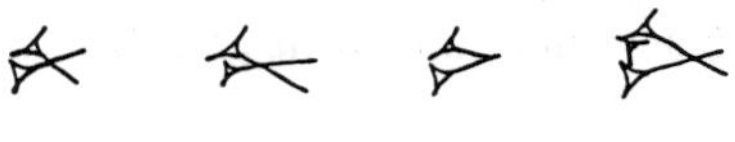

LÚ  LÚKÚR „Feind“ (auch LÚKÚR.KÚR)

 PAB [PAP] „schützen“

 (Zeichen für zerstörte Textvorlage u. a.; s. Anm.)

 PA₅ „Kanal“

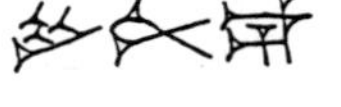 LÚ PA₅ „Kanalinspektor“

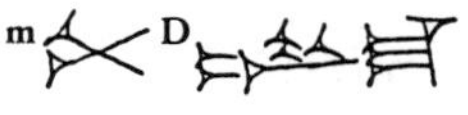 ᵐPAB-ᴰLUGAL-*ma* (ᵐPAB-*Šarruma*)

Zu den Zeichen  („zerstört“ u. a.) vgl. E. Forrer, Die Keilschrift von Boghazköi, 1922, S. 23; Vl. Souček, ArOr 27, 1959, 382; M. Paroussis, Études de Philosophie et d'Histoire du Droit 2, 1985, 15 f.

Zu LÚ PA_5-*a*- s. H. A. Hoffner, BiOr 35, 1978, 246.

ÉRIN^MEŠ^ ^LÚ^KÚR *s. Nr.* 327
KUR ^LÚ^KÚR *s. Nr.* 329
ᵐÉ.GAL-PAB *s. Nr.* 199
ᵐ ᴰSILIM-PAB *s. Nr.* 312
ᵐ ᴰU-PAB *s. Nr.* 261

---

256  akkad. *púš* Zeichen: "PAB.ḪAL"
(2)

Die in KUB 29.58 I 13, 20 (vgl. W. von Soden – W. Röllig, Syll.[3] Nr. 33) belegte Zeichenform *púš* weicht gegenüber normalem *púš* = PAB + ḪAL ab.

---

257  sum. BÙLUG, DIM_4, $MUNU_8$

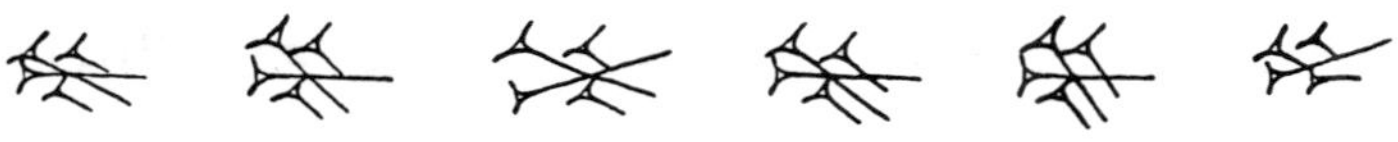

 $MUNU_8$, DIM_4 [BÙLUG] „Malz“ (vgl. M. Stol, RlA 7, 322 ff.)
 DIM_4 BAPPIR „Malz (und) Bierbrot“
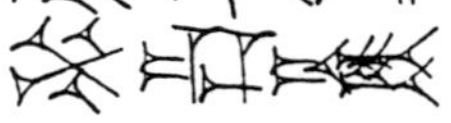 DIM_4 AL.GAZ „zerquetschtes Malz, zerstoßenes Malz“

GÉŠB/PU (= ŠU.BÙLUG) *s. Nr.* 68

---

258  akkad. *kíl* sum. GILIM

 GILIM „Kranz; bekränzen“ →

(258)
()

LÚ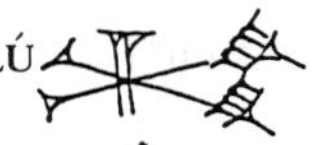 ^{LÚ}GILIM „Kranzflechter/-binder?"

 GILIM.GURUN „Fruchtkranz"

GÚ.GILIM *s. Nr.* 201 ^{D}A.GILIM *s. Nr.* 364

---

259  sum. KASKAL, RAŠ, DANNA (= KASKAL.BU), ILLAT (= KASKAL.KUR)

 KASKAL „Weg, Reise; Mal" (auch in KASKAL-(*ši̯i̯*)*ah̯h̯*- „auf den Weg bringen, befördern")

 LÚ KASKAL „Reisender?"

 KASKAL.GAL „Hauptstraße"

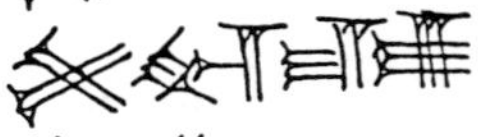 KASKAL.IM.U_{19}.LU „Straße des Südens, südliche Straße"

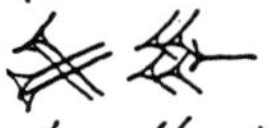 DANNA „Meile, Doppelstunde"

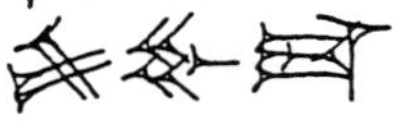 KASKAL.GÍD.DA „weiter Weg, lange Straße"

D ^{D}KASKAL.KUR „unterirdischer Wasserlauf?, Quellbecken?"

Zum Auftreten von KASKAL in heth. Kolophonen s. den Interpretationsversuch von L. Mascheroni, Hethitica V, 1983, 103; GsMeriggi, 1984, 164; vgl. Ph. H.J. Houwink ten Cate, FsOtten, 1988, 187 Anm. 41.

Zu KASKAL.IM.U_{19}.LU s. H. G. Güterbock, JNES 20, 1961, 92.

Zur Diskussion um die Bedeutung ^{D}KASKAL.KUR vgl. H. Otten, RlA 5, 463 f., dem wir jetzt auch den Bedeutungsansatz „Quellbecken?" verdanken (StBoT Beih. 1, 1988, 33 f.). – Fraglich bleibt, ob KASKAL.GÍD.DA bedeutungsmäßig DANNA entspricht (vgl. E. von Schuler, HDA 52) und daher vielleicht DÀNNA zu umschreiben wäre.

EGIR.KASKAL$^{(NI)}$ *s. Nr.* 126
GA.RAŠ^{SAR} *s. Nr.* 159
KÀ.GÌR.KASKAL *s. Nr.* 159
NINDA.KASKAL *s. Nr.* 369
^{m}LI-KASKAL-*iš* *s. Nr.* 343

---

260  *kib/p* sum. KIB, ŠENNUR

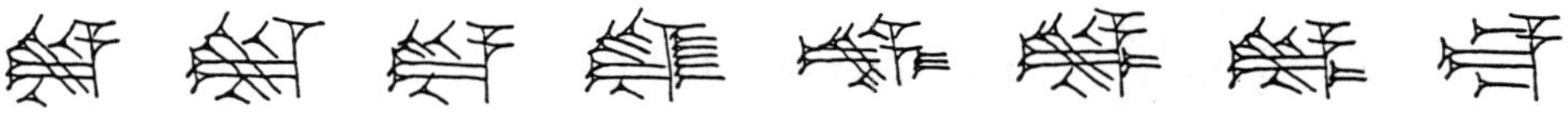

^{GIŠ} ^{GIŠ}ŠENNUR „Mispel?"

^{GIŠ}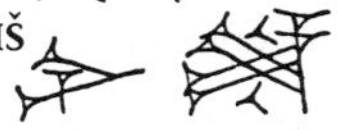 ^{GIŠ}GAG ŠENNUR „Pflock aus Mispelholz?"

^{ÍD}BURANUN (= UD.KIB.NUN) *s. Nr.* 316 ^{URU}ZIMBIR.ME (= UD.KIB.NUN.ME) *s. Nr.* 316

---

261  *u* sum. BÙR, U, UḪ$_7$ (= U.GAG)

 „10" (U)

 BÙR „Loch"

 UḪ$_7$ „Zauber; behexen"

 *U-ṬÌ* (Gen. von *U-ṬÚ*) „Halbelle, Spanne"

 *U-ṬÚ* „Halbelle, Spanne"

^{D} ^{D}U (eigentlich ^{D}X = „10") Wettergott, vgl. Nr. 337

^{D} ^{D}U.GUR (= ^{D}*Nergal*), vgl. Nr. 111 bzw. 301

^{D} ^{D}U-*ub* (= ^{D}*Teššub*)

^{D} ^{D}U Á.TAḪ „Wettergott der Hilfe" (vgl. Nr. 215)

^{D} ^{D}U.KAR

$^{m\,D}$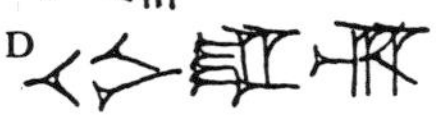 $^{m\,D}$U-*ni-ra-ri* (= $^{m\,D}$*Adad-nirāri*), vgl. Nr. 337

$^{f\,D}$ $^{f\,D}$U-IR

$^{m\,D}$ $^{m\,D}$U-*BE-LÍ* (wörtl. „der Wettergott ist mein Herr")

$^{m\,D}$ $^{m\,D}$U-*ub*-Á.TAḪ (wörtl. „Teššub ist Helfer")

$^{m\,D}$ $^{m\,D}$U-PAB (wörtl. „der Wettergott ist Beschützer")

$^{m\,D}$ $^{m\,D}$U-LÚ (s. $^{m\,D}$U-ZA)

$^{m\,D}$ $^{m\,D}$U-ŠEŠ (^{m}*Tarḫunani*)

$^{m\,D}$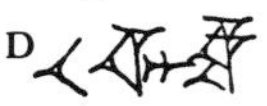 $^{m\,D}$U-SIG$_5$ (^{m}*Tarḫuu̯ašu*)

$^{m\,D}$ $^{m\,D}$U(-*ta*)-SUM (^{m}*Tarḫu*(*nta*)*pii̯a*)

$^{m\,D}$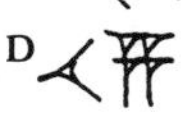 $^{m\,D}$U-ZA (s. $^{m\,D}$U-LÚ) (^{m}*Tarḫu*(*nta*)*ziti*)

^{URU}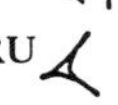 ^{URU}*U* Abkürzung für ^{URU}*Utima*

 $^{URU\,D}$ KUR $^{URU\,D}$U-*ta-aš-ša* Land Tarḫuntašša →

(261)
()

In hurritischen Texten kann das Zeichen U auch den Lautwert *o* haben. – Zur Frage einer Vokaldifferenz *o* : *u* im Hethitischen s. H. Eichner, in: M. Mayrhofer, M. Peters, O. E. Pfeiffer (Edd.), Lautgeschichte und Etymologie. Wiesbaden 1980, 156.

Die Lesung UḪ$_7$ verdanken wir einem Vorschlag R. Borgers. Die Frage nach der genauen Aussprache bleibt hier unerörtert.

Zu akkad. *ūṭu* („Halbelle, Spanne") = heth. *šekan* s. H. G. Güterbock in FsBittel, Beiträge zur Altertumskunde Kleinasiens I, 1983, 207.

Die Umschrift ^{D}U folgt der hethitologischen Konvention; vgl. CHD 3, S. XVII.

Zur phonetischen Lesung der Namen ^{mD}U-SIG$_5$ und ^{mD}U-ŠEŠ s. S. Košak, ZA 77, 1987, 139.

LÚ ^{D}U *s. Nr.* 78
^{DUG}MUD$_4$ (= KU$^!$.U.GAG) *s. Nr.* 207
$^{(LÚ)}$ŠAGAN/ŠÁMAN (= U.GAN).LÁ *s. Nr.* 270
$^{(NA_4)}$ŠU.U *s. Nr.* 68
^{D}*IŠTAR* (= U.DAR) *s. Nr.* 263
^{D}U $^{(D)}$ḪI.ḪI(*-aš-ši-iš*) *s. Nr.* 335
^{D}U $^{(URU)}$DU$_6$ *s. Nr.* 211
^{m}DU-^{D}U(*-ub*) *s. Nr.* 128
^{m}GAL-^{D}U *s. Nr.* 242
^{m}*I-ni*-^{D}U*-ub* *s. Nr.* 217
^{m}*Ir*-^{D}U(*-ub*) *s. Nr.* 77
^{m}NÍG.BA-^{D}U *s. Nr.* 369
^{mD}*SÎN*-^{D}U *s. Nr.* 331
^{mD}UTU-^{D}U *s. Nr.* 316

---

262  akkad. *tul* sum. DUL

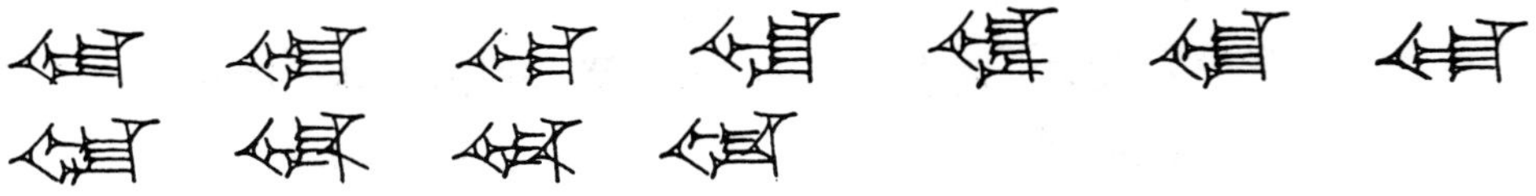

$^{(TÚG)}$ $^{(TÚG)}$SAG.DUL eine Kopfbedeckung

---

263  akkad. *Ištar* (= U.DAR)

 ^{D}*IŠTAR* (Göttin Ištar)
 ^{D}*IŠTAR-li* (Dat.)
 ^{D}*IŠTAR-ga/ka* (^{D}*Šaušg/ka*)
 ^{D}*IŠTAR* LÍL (Ištar des Feldes)
 ^{D}*IŠTAR ṢE-(E-)RI* (Ištar des Feldes), vgl. Nr. 108
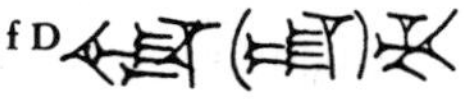 ^{fD}*IŠTAR(-at)-ti* (^{f}*Šauškatti*)
 ^{mD}*IŠTAR*-LÚ (^{m}*Šauškaziti*)
 ^{mD}*IŠTAR*-A.A (^{m}*Šauškamuu̯a*)
 ^{mD}*IŠTAR*-ZA (^{m}*Šauškaziti*)

^{m}GAL-$^{(D)}$*IŠTAR* *s. Nr.* 242 Zum Zeichen DAR *s.* auch *Nr.* 83

---

264  sum. UDUN

 UDUN „Ofen“

---

265 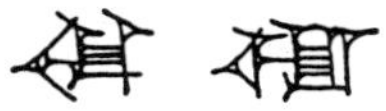 akkad. *ú* sum. LIBIR, Ù

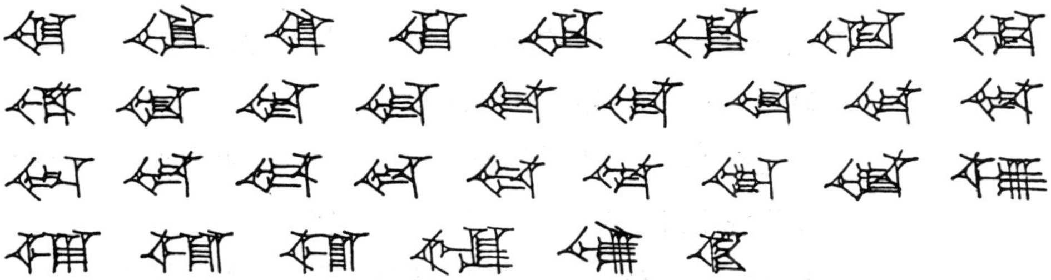

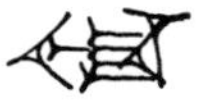 *ú* „und, auch“
 Ù „Schlaf, Traum, träumen, im Traum erscheinen“
 Ù *TUM* „Schlaf, Traum“
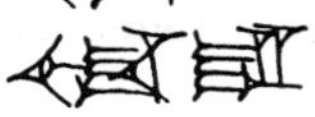 LIBIR.RA „alt“ →

(265)  DINGIR^MEŠ LIBIR.RA „uralte, ehemalige Götter“

()

Die Zeichenfolge Ù NUN (mit Spatium) wird von A. Goetze bei A. Deimel, ŠL II/3, Nr. 455.53 als „Traum“ verstanden; vgl. in ähnlichem Zusammenhang mehrfach vorhergehendes Ù^TUM „Traum“, doch s. Nr. 36 Anm. – Zu *Ù* = *U₇* („und“) s. Nr. 313 Anm.

Zu den DINGIR^MEŠ LIBIR.RA vgl. E. Laroche, FsGüterbock, 1974, 179 f.

ANŠE.Ù/LIBIR *s. Nr.* 302 NINDA LIBIR.RA *s. Nr.* 369
GEŠTIN LIBIR.RA *s. Nr.* 131 NU.Ù.TU *s. Nr.* 11

---

266  sum. GIR₄

GIR₄ „Brennofen, gebrannte Tonware, gebrannter Ton“

^(DUG)GAL.GIR₄ „Becher aus gebranntem Ton“

---

267  *mi, (mé)* akkad. *mé* sum. GE₆, GI₆, GÍG, MI

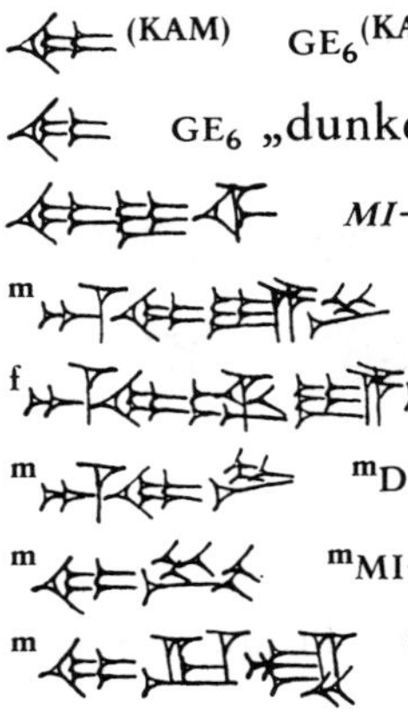

GE₆^(KAM), GI₆^(KAM), GÍG^(KAM) „Nacht“

GE₆ „dunkel, schwarz“

MI-I-ŠI „wasche!“ (für akkad. *misi*, zu *mesû*)

^mDINGIR.GE₆-*i̯a*-LÚ

^fDINGIR.GE₆-*u̯i₅*-*i̯a-aš* (Nom.)

^mDINGIR.GE₆-LÚ

^mMI-ŠEŠ

^mGE₆-UR.MAḪ

Für MI könnte sich ein Lautwert *u̯i₄* ergeben aus der Schreibung des Namens *A*]*r-za*-MI-*i̯a* (vgl. G. F. del Monte, RGTC 6,42).

Zu ᵐMI-ŠEŠ = **Armanani* s. E. Laroche, NH Nr. 134.

AN.BAR GE_6 *s. Nr.* 8
AN.GE_6 *s. Nr.* 8
DINGIR.GE_6 *s. Nr.* 8
EGIR $U_4^{(KAM)}$-*MI* *s. Nr.* 126
GISSU (= GIŠ.MI) *s. Nr.* 178
ÚUD.TIR GE_6 *s. Nr.* 316

---

268  sum. DUGUD

 DUGUD „schwer, wichtig, ehrwürdig"
LÚ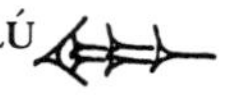 LÚDUGUD „Würdenträger, wichtige Persönlichkeit"
m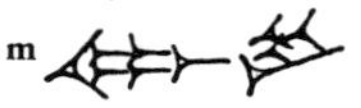 mDUGUD-LÚ

---

269 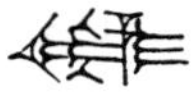 akkad. *gig/q* sum. GIG (= MI.NUNUZ)

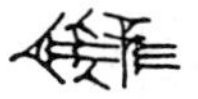 GIG „Krankheit, krank; krank sein"
UZUḪI.A UZUGIGḪI.A „Abgeschnittenes" (akkad. UZU*ḫerṣu*)
 GIG.GAL „schwere Krankheit"
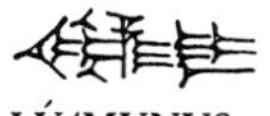 GIG.TUR „leichte Krankheit"
LÚ/MUNUS LÚ/MUNUSGIG „Kranke(r)"

Die beiden Formen  und 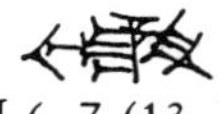 entstammen den jungen Niederschriften KUB 50.108, 13 bzw. KBo 23.117 I 6, 7 (13. Jh.).

Die letzte Zeichenform findet sich neben ‚normalem' GIG in 571/u, 5.

Zu UZUGIGḪI.A aus KUB 20.1 II 5, 6, 7 vgl. A. Kammenhuber, THeth 7, 1976, 17 Anm. 32; UZUGIGḪI.A auch KUB 53.30 Vs. 3.

UZUNÍG.GIG *s. Nr.* 369

---

270  sum. ŠAGAN/ŠÁMAN (= U.GAN)

(LÚ) 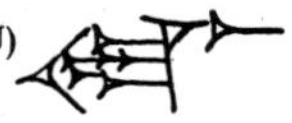 $^{\text{(LÚ)}}$ŠAGAN.LÁ, $^{\text{(LÚ)}}$ŠÁMAN.LÁ „Lehrling“

---

271 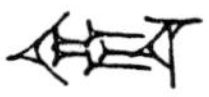 *gul*, (*kúl*) akkad. *kúl* sum. GUL

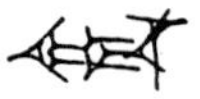 GUL „schlagen, zerschlagen“

Zu semantisch fraglichem ^{GIŠ}GUL$^{\text{ḪI.A}}$ bzw. GIŠ.GUL$^{\text{ḪI.A}}$ s. E. von Schuler, HDA 44 Anm. 14.

$^{\text{(LÚ)}}$BUR.GUL *s. Nr.* 245 ^{GIŠ}NÍG.GUL *s. Nr.* 369
$^{\text{NA}_4}$GUG (= ZA.GUL) *s. Nr.* 366 $^{\text{(GIŠ)}}$SAG.GUL *s. Nr.* 192

---

272  akkad. *muḫ* sum. UGU (= U.KA)

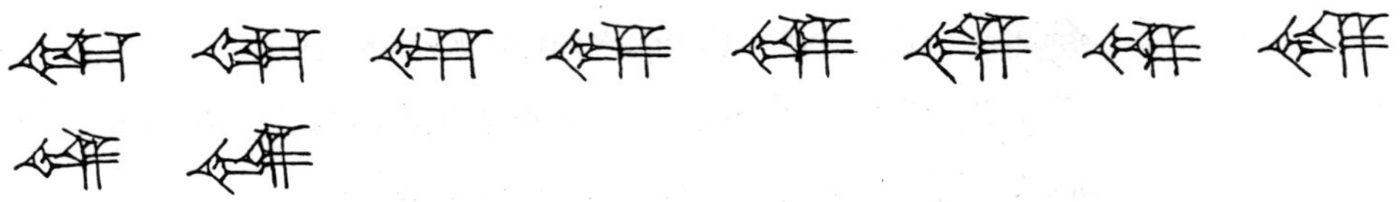

 UGU „oben (heth. *šer*), hinauf (heth. *šara*), oberer (heth. *šarazzi-*)“
 UGU „Oberseite“
 UGU^{NU} „oberhalb, oben“ (akkad. *elēnu*)
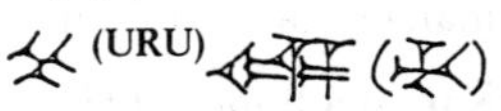 KUR $^{\text{(URU)}}$UGU$^{(TI)}$ „Oberes Land, Hochland“
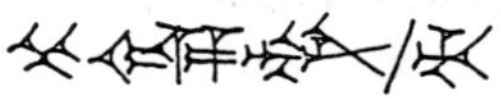 KUR UGU$^{TI(M)}$ „Oberes Land, Hochland“

---

273  *kiš* sum. KIŠ

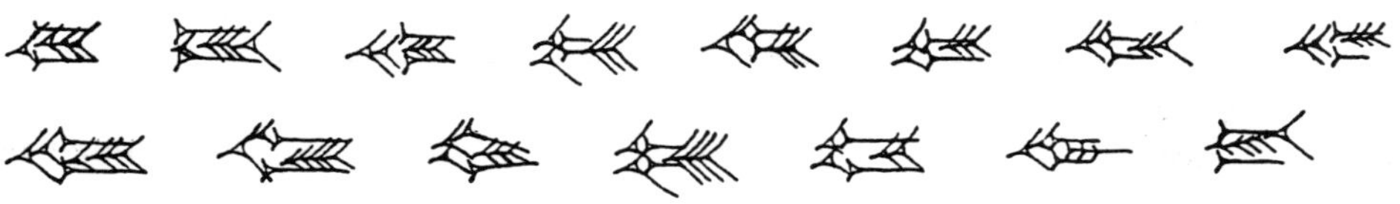

 KIŠ „Gesamtheit, Welt“

$^{(DUG)}$GÌR.KIŠ *s. Nr.* 301 ŠU.KIŠ^{SAR} *s. Nr.* 68

274  sum. BAR$_8$, BURU$_{14}$, SULLIM

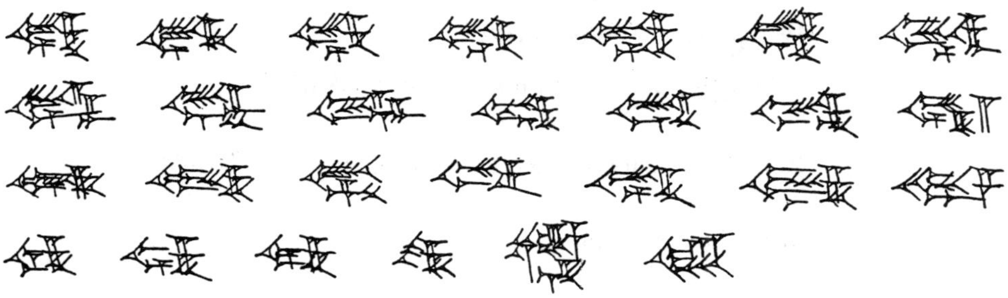

 BURU$_{14}$ „Ernte(zeit), Sommer“
Ú ^{Ú}SULLIM „Bockshornklee“

Die vorletzte Zeichenvariante gibt BURU$_{14}$ in KBo 15.32 I 3 wieder.

NINDA.BURU$_{14}$ *s. Nr.* 369 Ú.BAR$_8$ *s. Nr.* 195

275  *ul*

 *UL* „nicht“, vgl. Nr. 195

→

(275) Zu den Schreibungen *UL*, *Ú-UL* „nicht" s. H. A. Hoffner, FsGüterbock 1986, 84 f.

()

IGI-*UL* *s. Nr.* 288

---

276  sum. AMAR × KU$_6$

 NINDA.AMAR × KU$_6$ eine Brotsorte (zu AMAR *s. Nr.* 155)

---

277  hurr. *li*$_8$ sum. ÁB

GU$_4$  GU$_4$ÁB „Kuh"

GU$_4$  GU$_4$ÁB.NIGA „fette Kuh"

Zum hurr. Lautwert *li*$_8$ s. E. Laroche, RA 64, 1970, 129.

AMAR.ÁB *s. Nr.* 155

---

278  sum. KISIM$_5$

 KISIM$_5$ ein Kraut

Der Eintrag KISIM$_5$ ist nach der Vokabulargleichung KBo 26.34 IV 2 (vgl. H. Otten – W. v. Soden, StBoT 7, 1968, 40) restituiert, wobei offen bleiben muß, ob KISIM$_5$ mit Ú oder SAR determiniert war.

---

279 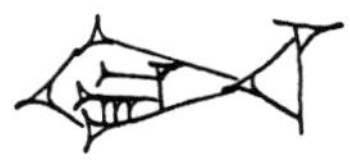 sum. TÙM (= NIM × KÁR)

 TÙM

Zu den Zeichen GÁN (= *kán*), KÁR s. R. Borger, ABZ Nr. 105 I, II.

Der Eintrag TÙM stammt aus dem bruchstückhaft erhaltenen Vokabular KBo 1.43, 2 (vgl. E. F. Weidner, Studien zur heth. Sprachwissenschaft I, Leipzig 1917, 97). Das Fehlen der akkadischen Entsprechung erlaubt keine genaue Bedeutungsangabe (vgl. MSL III, 1955, 85 f.; zu TÙM s. R. Borger, ABZ Nr. 434).

---

280  sum. KISIM$_5$ × LA

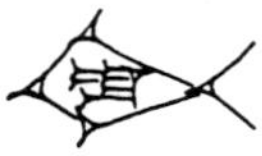 KISIM$_5$ × LA in $^{(DUG/URUDU)}$LAḪTA *Nr.* 232

---

281  sum. KISIM$_5$ × GU$_4$

 KISIM$_5$ × GU$_4$ in NAM.UTUL$_5$ *Nr.* 39

---

282  sum. KISIM$_5$ × GA

 KISIM$_5$ × GA in $^{(UZU)}$UBUR, ^{DUG}UBUR *Nr.* 189

---

283  sum. KISIM$_5$ × Ú.MAŠ

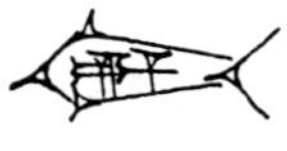 KISIM$_5$ × Ú.MAŠ in AMA.UZU.E$^{!}$.KISIM$_5$ × Ú.MAŠ *Nr.* 57 Anm.

---

284  sum. ÁB×A

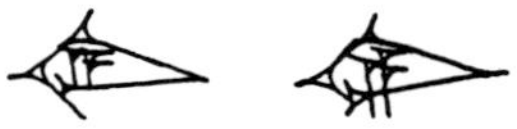

(DUG/URUDU) $^{\text{(DUG/URUDU)}}$ÁB×A „Wasser-, Waschbecken“

---

285 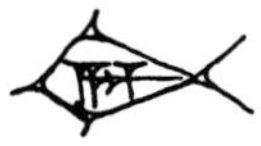 sum. KISIM_5×A.MAŠ

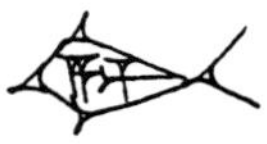 KISIM_5×A.MAŠ in E[!].KISIM_5×A.MAŠ *Nr.* 190

---

286  *liš*, *li*$_{12}$ sum. DÍLI, DÍLIM, LIŠ

GIŠ ^{GIŠ}DÍLIM, ^{GIŠ}DÍLI „Löffel, Kelle“

DUG/GIŠ $^{\text{DUG/GIŠ}}$DÍLIM, $^{\text{DUG/GIŠ}}$DÍLI „Schale, Schüssel“

DUG/GIŠ $^{\text{DUG/GIŠ}}$DÍLIM.GAL „Schale, Schüssel“

D ^{D}LIŠ Schreibung für ^{D}*IŠTAR*, ^{D}*Šauška*

m D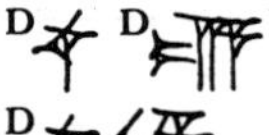 $^{\text{m D}}$LIŠ-^{D}LAMMA

m D $^{\text{m D}}$LIŠ-SUM

Zu den Schreibungen ^{D}*IŠTAR*/^{D}*Šauška* in Texten aus Ḫattuša s. I. Wegner, AOAT 36, 1981, 21 ff., speziell zu ^{D}LIŠ ibid. 22 Anm. 78.

IGI.DU_8.(LIŠ.)A *s. Nr.* 288 ^{LÚ}SÌLA.ŠU.DUḪ.LIŠ.A *s. Nr.* 21

287 

 „11", entsprechend  „12",  „13",  „14" usw.

288  *ši*, (*li*, *še*$_{20}$) akkad. *li*, *lim*, *si*$_{17}$, *še*$_{20}$ sum. IGI, LIM, ŠUKUR (= IGI.GAG)

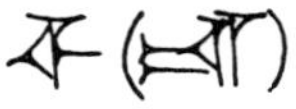 *ši*(-*iš*) Abkürzungen für *šintaḫiš*

LÚ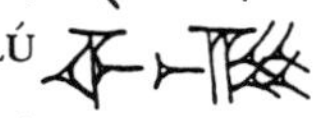 LÚ*ši-zi* Abkürzung für LÚ*šizišalla*/LÚIGI-*zišalla*

LÚ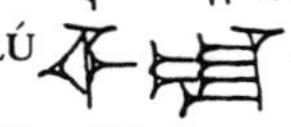 LÚ*ši-la* Abkürzung für LÚ*šizišalla*/LÚIGI-*zišalla*

 (ḪI.A) IGI(ḪI.A) „Auge(n)"

 IGI „sehen; schauen"

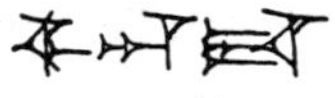 IGI-*an-da* „gegenüber" (heth. *menaḫḫanda*)

 IGI-*zi* „er sieht" (heth. *aušzi* oder *uškizzi*)

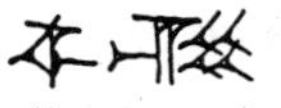 IGI-*zi*- „vorderer, erster" (heth. *ḫantezzi*-)

LÚ LÚIGI-*zi-i̯a*- „Erster" (ein Funktionär) (heth. LÚ*ḫantezzii̯a*-)

 IGI-*u-en* „wir sahen" (heth. *ušgau̯en*)

 IGI-*UL* „er blickte hin" (akkad. *iṭṭul*; zu *naṭālu*)

 IGI.GÁL „Weiser, Weisheit"

LÚ LÚIGI.DÙ „Vogelschauer, Augur"

LÚ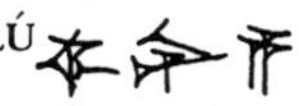 LÚIGI.DÙ.A (wohl für LÚIGI.DU$_8$.A, mit Zeichenvertauschung DÙ für DU$_8$)

(LÚ)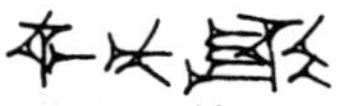 (LÚ)IGI.NU.GÁL „blind, Blinder"

 IGI.NU.DU$_8$ „blind"

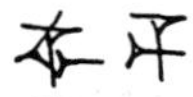 IGI.BAR Leberteil

LÚ LÚIGI.MUŠEN „Vogelschauer, Augur"

KUŠ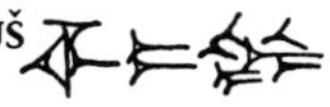 KUŠIGI.TAB.ANŠE „Scheuklappe des Esels"

LÚ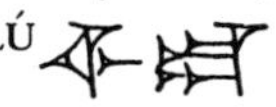 LÚIGI.DU[„Vorangehender"

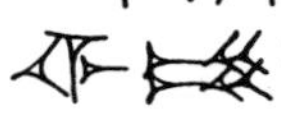 ḪI.A IGI.DU$_8$ḪI.A „Abgaben"

→

(288) 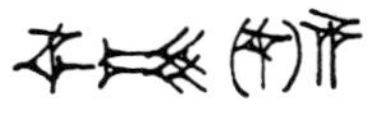 IGI.DU$_8$.(LIŠ.)A „hervorragend, vorzüglich; Geschenk?, Abgabe(n)?"

()

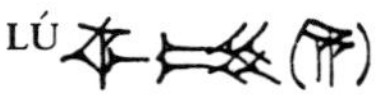 ^{LÚ}IGI.DU$_8$(.A) Angehöriger einer bestimmten sozialen Klasse(?) oder „Lieferant"(?)

 IGI.LÁ „Beobachtung?"

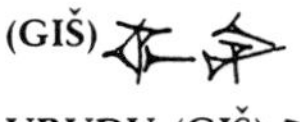 $^{(GIŠ)}$ŠUKUR „Speer, Lanze"

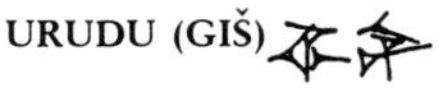 URUDU $^{(GIŠ)}$ŠUKUR „Speer, Lanze"

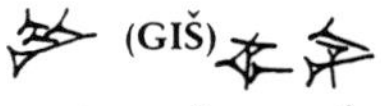 LÚ $^{(GIŠ)}$ŠUKUR „Mann des Speeres"

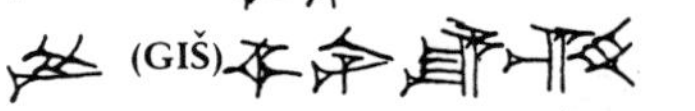 LÚ $^{(GIŠ)}$ŠUKUR.GUŠKIN „Mann des Goldspeeres"

 LÚ ŠUKUR.ZABAR „Mann des Bronzespeeres"

 *ŠI-I-TI* „trinke!"; zu akkad. *šatû(m)*

 ^{m}ŠUKUR-*an-za*

Zu IGI-*u-en* = heth. *ušgauen*? s. A. Kammenhuber, HW² 584 a; I. Hoffmann, KZ 98, 1985, 201 Anm. 1.

Zu ^{LÚ}IGI-*zi(i̯)a*- s. ^{LÚ}IGI-*zi-aš-ši-iš* KUB 46.38 Vs. II 9 (Nom. Sg. + -*šiš*), ^{LÚ}IGI-*zi* KUB 46.40 Vs. 19 (wohl Dat.Sg.); vgl. ^{LÚ}IGI-*zi-šal-la* KUB 46.42 Rs. 14.

Zu IGI.BAR = akkad. *naplastum* s. A. Goetze, YOS 10, 1947, 5; W. von Soden, AHw II, 739 a sub *naplastu(m)*.

Zu IGI.DU$_8$.A = heth. *ḫengur/ḫinkuu̯ar* s. StBoT 18, 1974, 115 f.; zur Bedeutung „Abgabe, Pflichtgeschenk" s. J. Siegelová, Heth. Verwaltungspraxis, 655; AHw III, 1313.

Fraglich bleiben Interpretation und Bedeutung von ŠI.KIŠ „ein Gefäß?", vgl. E. Neu, StBoT 26, 1983, 272.

Zur Bedeutung von ^{GIŠ}ŠUKUR vgl. CHD 3, 184.

DUMU *ŠI-IP-RI* s. *Nr.* 237
ÉR.ÉR^{SAR} (= A.IGI.A.IGI) s. *Nr.* 364
ÉRIN^{MEŠ} IGI.GAL(.LA) s. *Nr.* 327
GADA.IGI s. *Nr.* 173
I-IGI s. *Nr.* 217
LU.LIM s. *Nr.* 210
UD^{UM} *ŠI-IM-TI* s. *Nr.* 316
^{m} ^{D}IM-*ŠAM-ŠI* s. *Nr.* 337

---

289  *ar* sum. AR (= IGI.RI)

AMA.AR.GI s. *Nr.* 57

---

290  *ḫul* sum. ḪUL

 ḪUL „böse, schlecht; Böses"

^{LÚ} ^{LÚ}ḪUL-*lu* „Schlecht" (Name im Appu-Märchen)

Zu ^{LÚ}ḪUL-*lu* s. J. Siegelová, StBoT 14, 1971, 23; zu ^{LÚ}ḪUL-*aš* s. KUB 17.27 II 21.

MÁŠ.ḪUL.DÚB.BA *s. Nr.* 38

---

291  sum. AGRIG / GISKIM/ ISKIM (= IGI.DUB)

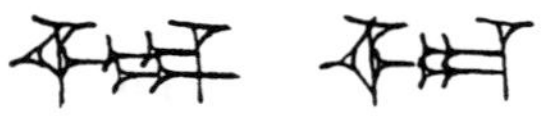

^{LÚ} ^{LÚ}AGRIG „Verwalter"

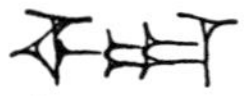 GISKIM, ISKIM „Zeichen, Vorzeichen"

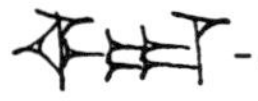-*aḫ(ḫ)*- GISKIM-*aḫ(ḫ)*- „ein (Vor)zeichen geben"

---

292  *pà* Zeichen: IGI.RU

^{URU} ^{URU}*Pà-da-ma*

Der Beleg ^{URU}*Pà-da-ma* stammt aus der heth. Übersetzung eines babylonischen Textes (KBo 3.21 III 24); vgl. A. Archi, Or NS 52, 1983, 20 ff.

---

293  sum. SIG_5 (= IGI.ERIM)

 →

(293)

SIG$_5$ „gut, günstig, Heil(ssymbol); in Ordnung bringen, gut, gesund, günstig werden"

^{LÚ}SIG$_5$ „(niederer) Offizier, Vorgesetzter"

SIG$_5$-*rù* „soll günstig sein/werden"

SIG$_5$-*tar* „Gunst, Huld; Güte, Qualität"

SIG$_5$-*zi-i̯a-mi* „ich bringe in Ordnung" (heth. *lazzii̯ami*)

SIG$_5$-*u-tar* „Gunst, Huld"

SIG$_5$-*ru* „soll günstig sein/werden!"

SIG$_5$-*in* „gut, wohl" (Adv.)

NU.SIG$_5$ *s. Nr.* 11

^{LÚ}Ú.SIG$_5$ *s. Nr.* 195

$^{(D)}$UD$^{(KAM)}$.SIG$_5$ *s. Nr.* 316

$^{m\,D}$IM-SIG$_5$ *s. Nr.* 337

$^{m\,D}$U-SIG$_5$ *s. Nr.* 261

---

294 akkad. *lìb* sum. ŠÀ, ŠAG$_4$, TIBULA (= ŠÀ."A".TAR)

$^{(UZU)}$ŠÀ, $^{(UZU)}$ŠAG$_4$ „Herz, Mitte, Inneres"

ŠÀ.BAL.BAL „Nachkomme"

ŠÀ.BAL(.LÁ) „Nachkomme"

ŠÀ.ZI.GA „geschlechtliche Begierde"

ŠÀ *DIR* „Darmwindung(en)" bzw. ^{ŠÀ}*DIR*

ŠÀ(.BA) „darin; davon"

$^{(UZU)}$ŠÀ.BA „Leibesinneres, Leibesfrucht; Herz?"

ŠÀ.MÁŠ „Verwandter, Familienangehöriger"

^{MUNUS}ŠÀ.ZU „Hebamme"

^{MUNUS}ŠÀ.AB.ZU „Hebamme?"

ŠÀ^{BI} „hinein, drin"

I-NA ŠÀ^{BI} (bzw. *LÌB-BI*) „hinein"

IŠ-TU ŠÀ^{BI} (bzw. *LÌB-BI*) „aus, heraus"

$^{LÚ.MEŠ}$ $^{LÚ.MEŠ}$ŠÀ.NE.ŠA$_4$("UŠ") „Klagemänner"

^{TÚG} ^{TÚG}ŠÀ.GA.(AN.)DÙ, ^{TÚG}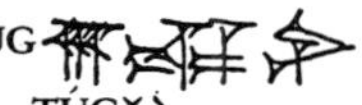 ^{TÚG}ŠÀ.KA.DÙ,
^{TÚG} ^{TÚG}ŠÀ.GA.TU$_4$ „Tuchgürtel?"

^{GIŠ} ^{GIŠ}ŠÀ.KAL eine Weidenart

 ŠÀ.GAL „Nahrung, Viehfutter"

^{TÚG} ^{TÚG}ŠÀ.NÁ „Schlafgewand?, Bett-Tuch?", vgl. Nr. 212

^{LÚ} ^{LÚ}ŠÀ.TAM „Verwalter, Kämmerer"

 ŠÀ *TIR* „Darmwindung(en)" bzw. ^{ŠÀ}*TIR*

^{GIŠ} ^{GIŠ}TIBULA ein Musikinstrument („Laute?")

 ŠÀ.GAR „Hunger"

Statt ŠÀ.BAL.BAL ist in ABoT 56 I 7 ŠA.BAL.BAL geschrieben.

In KBo 24.128 Vs. 10 dürfte ŠÀ SI$^{ḪI.A}$ verschrieben sein für ŠÀ *DIR*$^{ḪI.A}$; vgl. ibd. Vs. 9.

In dem Logogramm $^{LÚ.MEŠ}$ŠÀ.NE.ŠA$_4$ scheint für ŠA$_4$ = DU die altbabylonische Variante ("UŠ") vorzuliegen; s. R. Borger, ABZ, S. 17, Nr. 206, Sp. 6.

Zur Bedeutung von ^{TÚG}ŠÀ.GA.DÙ vgl. CHD 3,206 a.

^{GIŠ}ŠÀ.TAR^{TIM} KUB 8. 43 r. Kol. 8 wird man wohl als ^{GIŠ}ŠÀ.⟨A.⟩TAR^{TIM} zu verstehen haben. – ^{GIŠ}TIBULA ist in der Regel die Lesung für ^{GIŠ}ŠÀ.MIN.TAR (vgl. R. Borger, ABZ, Supplement 1980, S. 443 s. v.; W. von Soden, AHw III, 1356 a sub *tibulû(m)*), wofür jedoch in den Boğazköy-Texten durchweg ^{GIŠ}ŠÀ.A.TAR geschrieben ist.

A.ŠÀ/ŠAG$_4$ *s. Nr.* 364
É.ŠÀ (DINGIR^{LIM}/KÙ.GA) *s. Nr.* 199
LÚ É.ŠÀ *s. Nr.* 78
MUŠ.ŠÀ.TÙR *s. Nr.* 342

---

295  akkad. *pad/t/ṭ, šug/k/q* sum. PAD

 PAD „Brocken, Stück, (Metall)barren"

^{TÚG} ^{TÚG}PAD ein Kleidungsstück

Zu ^{TÚG}PAD und seinen phonetischen Komplementen s. S. Košak, THeth 10, 1982, 270; J. Siegelová, Heth. Verwaltungspraxis, 667.

$^{(UZU)}$GÌR.PAD.DU *s. Nr.* 301
URUDU.PAD *s. Nr.* 109

---

296  *man* sum. MÌN / NEŠ/NIŠ (= 2mal U)

 „20“ (NIŠ, NEŠ)

GIŠ 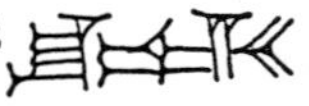 GIŠŠU.ÚR.MÌN „Zypresse?“

mDUMU.UD.XXKAM *s. Nr.* 237

---

297  *šal* hurr. *šel₄* akkad. *mim, rag/k/q, sal* sum. MÍ, MUNUS, SAL, NÌTA (= MUNUS.UŠ)

 MUNUS, MÍ [SAL] „Frau“; Determinativ vor Frauennamen (gewöhnlich mit f umschrieben) und vor weiblichen Berufs- und Funktionärsbezeichnungen

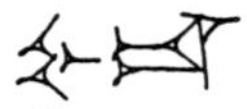 NÌTA [SAL.NITA] „Gattin“

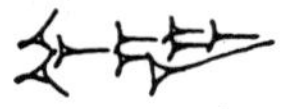 MUNUS.LUGAL „Königin“

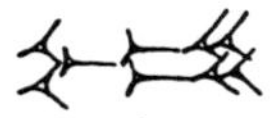 MUNUS.GABA „weiblicher Säugling“

 MUNUS.AL(.LÁ) „weiblich“ bei Tierbezeichnungen

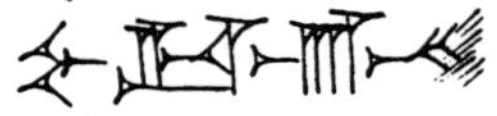 MUNUS.ḪÚB.NUN.N[A (D/Tilmun)

D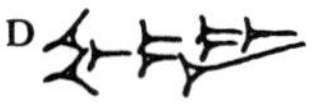 DMUNUS.LUGAL

Zum Lautwert *šel₄* s. V. Haas, AoF 12, 1985, 274.

Nach Auskunft von R. Borger ist das Verhältnis zwischen MUNUS und MÍ noch nicht geklärt; so weist z. B. Emesal du₅-mu-nu-nus nicht auf DUMU.MÍ, sondern allein auf die Lesung DUMU.MUNUS „Tochter“.

Zu MUNUS.AL.LÁ vgl. H. A. Hoffner, Or NS 35, 1966, 399 f.

Zur ideographischen Schreibung des Ortsnamens *Tilmun* s. J. Nougayrol, Ugaritica V, 1968, 318; E. Laroche, ibd. 775 Anm. e.

Das Zeichen NIG (= MUNUS.UR) scheint bisher nur in akkad. Texten belegt zu sein; vgl. KUB 37.71, 5.

Á.SAL *s. Nr.* 215
(MUNUS)AMA.MUNUS *s. Nr.* 57
DUMU.MUNUS(.GABA) *s. Nr.* 237
É MUNUS.LUGAL *s. Nr.* 199
MÁŠ MUNUS^TI *s. Nr.* 38
NÍG.MUNUS/MÍ.ÚS(.SÁ) *s. Nr.* 369
UZUSA.SAL *s. Nr.* 200
MUNUS NA4ARA5 *s. Nr.* 333
MUNUS GIŠPAN *s. Nr.* 118
MUNUS.AL.LÁ (ANŠE, ANŠE.KUR.RA, ANŠE.(GÌR.)NUN.NA, ŠAḪ) *s. Nr.* 302, 309
ŠAḪ.(TUR.)MUNUS *s. Nr.* 309
Ú.SAL *s. Nr.* 195
(GIŠ)UD.MUNUS.ḪÚB *s. Nr.* 316
UDU.ÁŠ.MUNUS.GÀR *s. Nr.* 210
UDU.MUNUS.ÁŠ.GÀR *s. Nr.* 210
UZUÚR.MUNUS *s. Nr.* 124

---

298  *dam,* (*tám*) akkad. *tám* sum. DAM

 DAM „Ehefrau, Gemahlin"
LÚ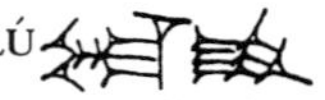 LÚDAM.GÀR „Kaufmann"
D D*DAM-KI-NA*

Die Ansetzung eines Lautwertes *tám* für das Hethitische beruht vor allem auf Schreibvarianten wie *iš-ta-ma-aš-mi* / *iš-dam-°*.

Die Schreibung *kar-dam-mi-i̯a-u-(u̯a-)an-za* KBo 2.2 II 25, 44 könnte gar auf einen Lautwert *dim*ₓ, *tim*ₓ schließen lassen; vgl. *kar-di-mi-i̯a-u-u̯a-an-za* KUB 17.10 III 13 neben *kar-tim-mi-i̯a-u-u̯a-an-za* KBo 12. 166 Rs. 4.

Schreibvarianten wie DDAM.KI.NA, DDAM.KI.EN.NA, DDAM.GI.NA wird man akkadographisch zu verstehen haben: D*DAM-KI-NA* usw.

(TÚG)GADA.DAM *s. Nr.* 173

---

299  akkad. *eriš, nin, nen* sum. EREŠ / NIN (= MUNUS.TÚG), NIN9 (= MUNUS.KU)

 NIN „Schwester" 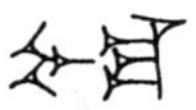 NIN9 (= NIN)
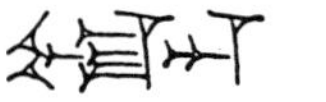 NIN.DINGIR „Gottesherrin" (eine Priesterin)
MEŠ NIN.GABAMEŠ „Milchschwestern?, Gespann?" →

(299) 

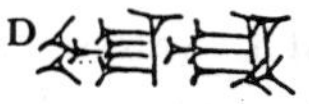 ^{D}NIN.MAH̬

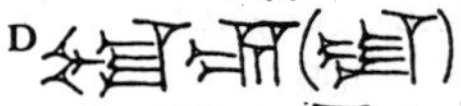 ^{D}NIN.LÍL(.LA)

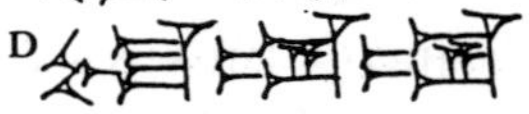 ^{D}NIN.ŠEN.ŠEN

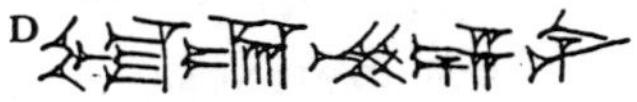 ^{D}NIN.É.MU.UN.DÙ

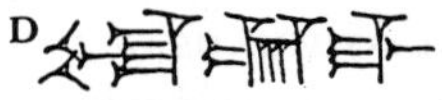 ^{D}NIN.É.GAL

 ^{D}NIN.GAL

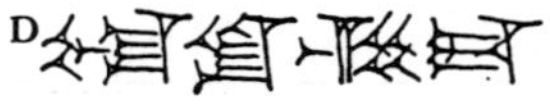 ^{D}NIN.GI$_{5}$.ZI.DA

 ^{D}EREŠ.KI.GAL

 ^{D}NIN.TU

 ^{D}NIN.KAR(.RA)

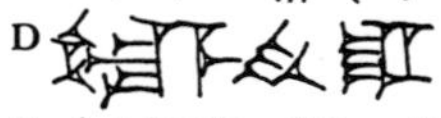 ^{D}NIN.ME.ŠÁR.RA

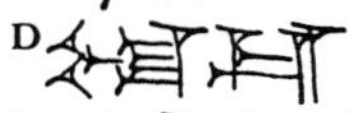 ^{D}NIN.URTA

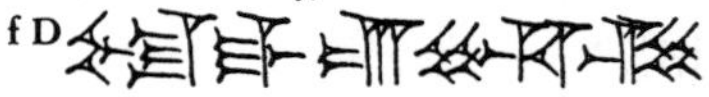 $^{f\,D}$NIN.GAL-*ú-uz-zi*

Zur Bedeutung von NIN.GABA^{MEŠ} vgl. R. Werner, StBoT 4, 1967, 11 (III 19), 19. Zu NIN.GABA = *ṣiddu u birtu* s. auch CAD Ṣ 172 und W. von Soden, AHw III, 1100 a.

Zu ^{D}NIN.KUR (in einem heth. Text aus Meskene) s. CHD 3, 253 a.

---

300 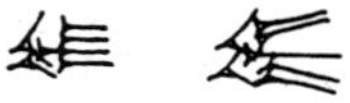 *zum* akkad. *ríg/k/q, súm, ṣu, ṣum* sum. SÚM, ZUM

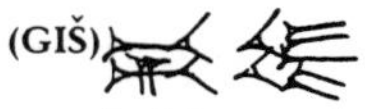 $^{(GIŠ)}$GA.ZUM „Kamm“

 KÀ.SÚM „Becher“ (vgl. Nr. 159 Anm.)

---

301 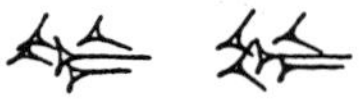 sum. GÌR, GÌRI, NÈ

 GÌR, GÌRI „Fuß“

GIŠ  ^{GIŠ}GÌR, ^{GIŠ}GÌRI „Fuß (aus Holz)“

(DUG) 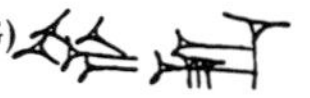 $^{(DUG)}$GÌR.GÁN ein Gefäß

LÚ  ^{LÚ}GÌR.ARAD „Statthalter, Gouverneur“

GIŠ 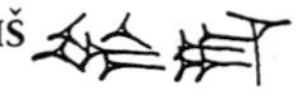 ^{GIŠ}GÌR.GUB „Fußbank, Schemel“

TÚG 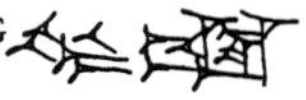 ^{TÚG}GÌR.ZU$_9$ ein Kleidungsstück

(DUG)  $^{(DUG)}$GÌR.KIŠ ein Gefäß („Mischkrug?“)

UZU  ^{UZU}GÌR.PAD.DU „Knochen“

LÚ 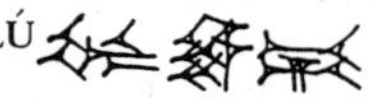 ^{LÚ}GÌR.SÌ.GA ein Bediensteter

D  ^{D}GÌR bzw. ^{D}*SUMUQAN*

D  ^{D}NÈ.ERI$_{11}$.GAL (Nergal), vgl. Nr. 261

Zu PIRIG = GÌR s. die abweichende Zeichenform in dem Götternamen ^{D}NIN.PIRIG(.GAL) KBo 26.20 III 25, 26; MSL XVII, 1985, 111.

Zu ^{TÚG}GÌR.ZU$_9$ s. KBo 18.181 Rs. 2.

Zu ^{D}GÌR/^{D}*SUMUQAN* s. E. Laroche, Recherches 98; FsNaster, 1983, 129; R. Borger, ABZ Nr. 444; W. G. Lambert, Or NS 55, 1986, 152 ff.

In KUB 5.1 III 100 ist statt $^{LÚ.MEŠ}$ÚG.NÍTA (E. Laroche, RHA 68, 1961, 45; J. Friedrich, HW, 3. Erg.-Heft, 42) bzw. $^{LÚ.MEŠ}$ŠAKKANA (A. Goetze, JCS 22, 1968, 23) zu lesen: $^{LÚ.MEŠ}$GÉME.E^{MEŠ}; s. Nr. 305.

Zur Problematik hinsichtlich der Lesung des Götternamens NÈ.ERI$_{11}$.GAL s. P. Steinkeller, ZA 77, 1987, 161 ff.

Zu sumerischen Lesungsvorschlägen für ^{LÚ}GÌR.ARAD s. R. Borger, ABZ Nr. 444; F. Ellermeier, Sumerisches Glossar I/1, Lfg. 2, 1980, 474.

ANŠE.GÌR.NUN.NA *s. Nr.* 302
ÉRIN^{MEŠ} GÌR$^{(PÍ)}$ *s. Nr.* 327
GÚ.GÌR *s. Nr.* 201
ḪAR.GÌR *s. Nr.* 333
KÀ.GÌR(.KASKAL) *s. Nr.* 159
]ÚR.GÌR *s. Nr.* 124

302 

sum. ANŠE (= "GÌR", GÌR×TAB bzw. GÌR×PA), DÙR (= ANŠE.ARAD), DÚSU (= ANŠE.Ù)

 ANŠE „Esel“

→

(302)

DÙR$^{(ÙR)}$ [ANŠE.NÍTA$^{(ÙR)}$] „Esel, Eselfohlen“

ANŠE.NUN.NA „Maultier“

ANŠE.NUN.NA NÍTA „männliches Maultier“

ANŠE.NUN.NA MUNUS.AL.LÁ „weibliches Maultier“

DÚSU ein Equide

ANŠE MUNUS(.AL.LÁ) „Eselin“

ANŠE.GÌR.NUN.NA „Maulesel“

ANŠE.GÌR.NUN.NA NÍTA „männlicher Maulesel“

ANŠE.GÌR.NUN.NA MUNUS.AL.LÁ „weiblicher Maulesel“

ANŠE.KUR.RA „Pferd“ (Plural: „Pferde; Wagenkämpfer“)

ANŠE.KUR.RA.MAḪ „Hengst, Zuchthengst“

ANŠE.KUR.RA NÍTA „Hengst“

ANŠE.KUR.RA MUNUS(.AL.LÁ) „Stute“

ANŠE.KUR.RA *MU-RU* MUNUS.AL.LÁ „weibliches Pferdefohlen“

ANŠE.KUR.RA TUR „(männliches) Pferdefohlen“

^{D}ANŠE.KUR.RA

ÉRIN^{MEŠ} ANŠE.KUR.RA$^{ḪI.A/MEŠ}$ *s. Nr.* 327
^{KUŠ}IGI.TAB.ANŠE *s. Nr.* 288
^{KUŠ}KIR$_4$.TAB.ANŠE *s. Nr.* 133
^{LÚ}KUŠ$_7$.ANŠE.KUR.RA *s. Nr.* 151
MÁŠ.ANŠE *s. Nr.* 38
^{LÚ}SIPA.ANŠE.KUR.RA *s. Nr.* 177

---

303 sum. ALIM (= GÌR×A.IGI)

ALIM „Wisent“

Untergeschriebenes A.LIM ist als Lautindikator zu werten.

---

304 *gu* akkad. *ku*$_8$ sum. GU

GIŠ GIŠGU.ZA „Thron“

GIŠ GIŠGU.ZA GÍD.DA „Chaiselongue, Ruhebett“

UZU UZUGU.DU „After“

---

305  sum. GÉME (= MUNUS.KUR)

 GÉME „Magd, Dienerin, Sklavin“

(LÚ.MEŠ)(MEŠ) (LÚ.MEŠ)GÉME.E(MEŠ) Personengruppe

Zu (LÚ.MEŠ)GÉME.EMEŠ gibt es noch die graphischen Varianten:]× GÉME.EME.EŠ (KUB 31.76 Vs. 20) und LÚ.MEŠGÉME.E-*eš* (KUB 40.84 IV 1); vgl. R. Werner, StBoT 4, 1967, 22, 40. Ferner s. Nr. 301 Anm.

SAG.GÉME.ARAD(MEŠ) *s. Nr.* 192

---

306  *lam* hurr. *lib/p*$_x$ akkad. *la*$_{12}$ sum. LAM

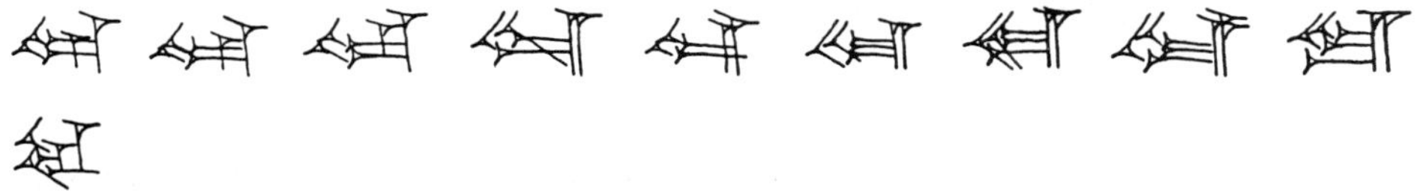

GIŠ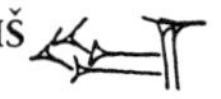 GIŠLAM (KBo 26.107, 6) Verschreibung für GIŠLAM.GAL?

GIŠ  GIŠLAM.ḪAL eine Pistazienart

GIŠ GIŠLAM.GAL „Pistazie, Terebinthe“

Zum Lautwert *la*$_{12}$, allerdings in einem akkadisch verfaßten Text, vgl. die Graphie KUR URU*Ka-la*$_{12}$*-aš-ma*; G. F. del Monte, RGTC 6, 163.

Der unter Vorbehalt gegebene hurr. Lautwert *lib/p*$_x$ beruht auf der wechselhaften Schreibung *ḫi-li-ip-ši-ma-an* (KUB 5.1 IV 58) und *ḫi-lam-ši-ma-an* (KUB 50.96 Z. 13).

(LÚMEŠ) KI.LAM *s. Nr.* 313
LÚMEŠ ZA.LAM.GAR *s. Nr.* 366
NÍG.LAM(.GAR) *s. Nr.* 369
(GIŠ/D)ZA.LAM.GAR *s. Nr.* 366

307  *el*, (*il*$_5$) akkad. *il*$_5$ sum. SIKIL

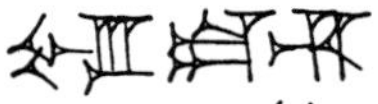 EL-TÙ-ḪU, IL$_5$-TÙ-ḪU „Peitsche“ (= akkad. *ištuḫḫu*)

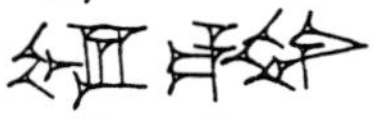 EL-ṬUR, IL$_5$-ṬUR (= IŠ-ṬUR) „er schrieb“ (vgl. Nr. 151)

 EL-QÉ „ich nahm“, IL$_5$-QÉ „er nahm“, vgl. Nr. 117

 EL-LUM,  EL-LU „frei“

Zu akkad. *ilṭur* < *išṭur* vgl. W. von Soden, GAG § 30 g.

Zur Diskussion des Anlautes EL/IL$_5$ s. J. W. Durham, Studies in Boğazköy Akkadian, Diss. Phil. Harvard University 1976, 338.

MUNUS KI.SIKIL *s. Nr.* 313 SUM.SIKIL SAR *s. Nr.* 350
LÚ IL$_5$-KI *s. Nr.* 78

308  sum. NAGAR

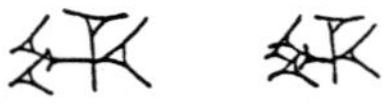

LÚ LÚ NAGAR „Holzarbeiter, Tischler, Zimmermann“ (auch LÚ NAGAR NA$_4$, GIŠ PAN, GIŠ ŠÍ)

LÚ TIBIRA (= URUDU.NAGAR) *s. Nr.* 109

309  *šaḫ* akkad. *šiḫ* sum. ŠAḪ

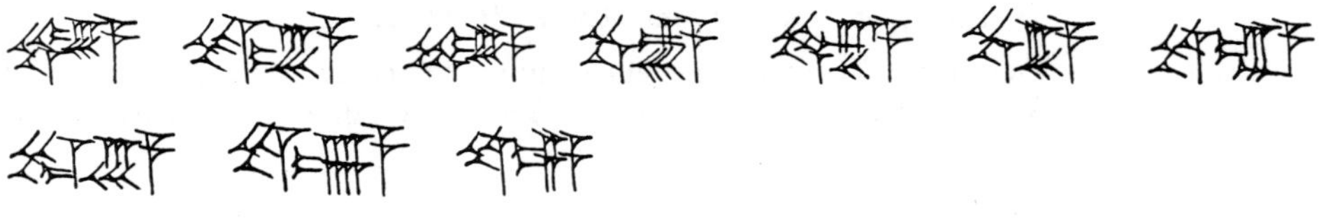

 ŠAḪ „Schwein“

LÚ LÚŠAḪ (oder LÚ ŠAḪ) „Schweinehirt“

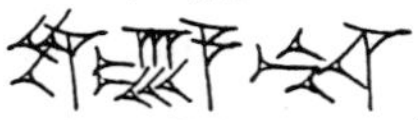 ŠAḪ.NÍTA „Eber“

 ŠAḪ.GIŠ.GI „Wildschwein“

 ŠAḪ.GIŠ.*SÍ* s. Anm.

 ŠAḪ.TUR „Ferkel“

 ŠAḪ.TUR NÍTA „männl. Ferkel“

 ŠAḪ.TUR MUNUS „weibl. Ferkel“

 ŠAḪ.MUNUS „Sau, Mutterschwein“

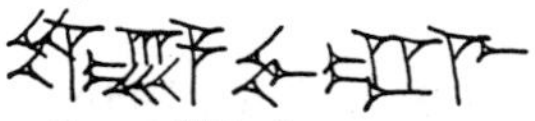 ŠAḪ MUNUS.AL.LÁ „Sau“

 ŠAḪ.NIGA „Mastschwein“

 ŠAḪ.NIGA NÍTA „männl. Mastschwein“

ŠAḪ.GIŠ.*SÍ* dürfte Verschreibung für ŠAḪ.GIŠ.GI sein, vgl. StBoT 18, 1974, 30f.

Zu beachten ist gelegentliche Verwechslung der Zeichen ŠAḪ und TIR (s. Nr. 344).

Ì.ŠAḪ *s. Nr.* 72 LÚSIPA.ŠAḪ *s. Nr.* 177

---

310   *lum* akkad. lu_4 sum. GUZ, ḪUM, LUM

   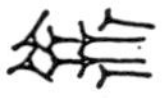

(TÚG) (TÚG)GUZ.ZA eine Art Tuch?, „Decke?“

Zu den beiden grundsätzlich verschiedenen Zeichenformen von LUM s. H.G. Güterbock, FsOtten, 1973, 85. Dazu sei jedoch angemerkt, daß auch in ZA.ḪUM die ‚normale‘ Zeichenform von LUM auftritt, vgl. KUB 48.123 II 5. In KUB 42.100 finden sich offenbar für ZA.ḪUM beide Schreibungen nebeneinander: IV 7,20 gegenüber IV 19 (nach Edition!). – Zur Diskussion um die Lesung des Ortsnamens URULUM-*an-ḫi-la* bzw. URUSIG_4-*an-ḫi-la* s. die in der Anmerkung zu Nr. 311 genannte Literatur.

TÚGZA.ḪUM wohl Zeichenumstellung für TÚGGUZ.ZA s. Nr. 366.

Zu (TÚG)GUZ.ZA „Zottendecke“ s. A. Archi, KUB 52, 1983, S. IV (Nr. 96).

UDU.A.LUM *s. Nr.* 210 (GIŠ)ZÚ.LUM *s. Nr.* 133
(DUG/TÚG)ZA.ḪUM *s. Nr.* 366 m]ZA.ḪUM-ZA *s. Nr.* 366

---

311  sum. MUR$_7$, MURGU, SIG$_4$

 SIG$_4$ „(luftgetrockneter) Lehmziegel"

(UZU) $^{(UZU)}$MUR$_7$.GÚ bzw. $^{(UZU)}$MURGU^{GÚ} „Schulter"

Zu ^{UZU}MUR$_7$.GÚ vgl. L. Rost, MIO 8, 1961, 192 („Rückgrat"); H. A. Hoffner, JAOS 87, 1967, 356.

Zur vermeintlichen Lesung ^{URU}SIG$_4$-*an-ḫi-la* s. H. A. Hoffner, RHA 80, 1967, 29 Anm. 36; J. Tischler, HEG I, 470; G. F. del Monte, RGTC 6, 1978, 251; N. Boysan-Dietrich, THeth 12, 1987, 16 f. – Eine Überprüfung der uns bekannten Belege dieses Ortsnamens ergab, daß dort nur die dem Zeichen SIG$_4$ ähnliche Variante von LUM vorliegt (also = SIG$_4$?).

^{ITU}SIG$_4$.A *s. Nr.* 84

312   *di, de,* (*ti*$_4$) akkad. *šùl, ti*$_4$ sum. DI, SÁ, SALIM, SILIM

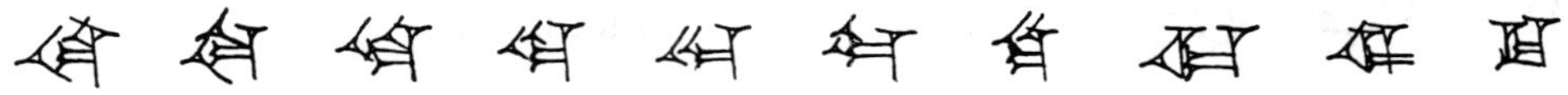

 DI „Recht, Rechtssache; Gericht"

 SILIM, SALIM „Heil, Wohlergehen; heil"

 DI.KUD, DI.KU$_5$ „Rechtsfall, Urteil"

 SILIM.BI „gut, wohl" (unsicher, KBo 5.3 I 36)

 SILIM-*li* (= heth. *aššuli*) „zum Heil, gut"

m D $^{m\ D}$SILIM-SAG.KAL

m D $^{m\ D}$*ŠÙL-MA-NU*-SAG (*Šulmanu-ašarid* = Salmanassar)

m D $^{m\ D}$SILIM-PAB

m D $^{m\ D}$SILIM-UR.MAḪ

AL.DI.RÍ.GA^{MUŠEN} *s. Nr.* 183
^{GIŠ}BALAG(.DI) *s. Nr.* 225
^{LÚ}BALAG.DI *s. Nr.* 225
EN *DI-NI s. Nr.* 40
^{ITU}GU$_4$.SI.SÁ *s. Nr.* 84
KI.SÁ *s. Nr.* 313
LÚ *ZI-IT-TI*$_4$ *s. Nr.* 78
$^{GI/GIŠ}$MA.SÁ.AB *s. Nr.* 208

NÍG.MUNUS/MÍ.ÚS(.SÁ) *s. Nr.* 369
$^{(\text{LÚ})}$NÍG.SI.SÁ *s. Nr.* 369
SI × SÁ *s. Nr.* 28
SÍG.SÁ *s. Nr.* 65
(UGULA) UKU.UŠ.(SÁ.)E.NE *s. Nr.* 96, 174
$^{m\,D}$KA.DI- *s. Nr.* 133

---

313  *ki, ke* (*gi*$_5$, *ge*$_5$) akkad. *gi*$_5$, *ge*$_5$, *qí, qé* sum. GI$_5$, KI, GUNNI (= KI.NE), KARAŠ bzw. GÁRAŠ (= KI.KAL.BAD), KISLAḪ (= KI.UD), SUR$_7$ (= KI.GAG)

 KI „Erde, Ort, Stelle", auch Determinativ nach einigen akkadischen Länder- und Ortsnamen

 *ki, ki-iš, ki-ia* Abkürzungen für *keldi*(*š*), *keldiia*

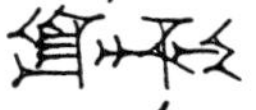 KI.BAL „Aufstand"

 SUR$_7$ „Anhöhe"

 KI.GUB „Standort" (Lebermarkierung)

 *QÍ-BI* „sprich!"; zu akkad. *qabû*(*m*)

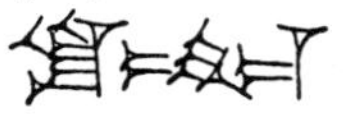 *QÍ-BÍ* „sprich!"; zu akkad. *qabû*(*m*)

 GUNNI „Herd" (auch ^{URUDU}GUNNI, ^{D}GUNNI)

URUDU 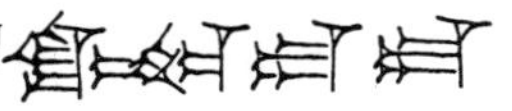 ^{URUDU}GUNNI.DU.DU „tragbarer (Kohle)ofen"

 KARAŠ, GÁRAŠ „Feldlager, Heer" (auch ^{D}KARAŠ)

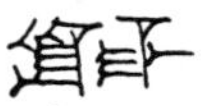 KI.GAL „Sockel, Thron?"

 *QÉ-RU-UB* „nahe"

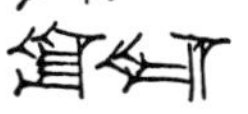 KI.LAM (GANBA?) 1. „Markt(platz, -wert), Kaufpreis" 2. „Torbau?, Torhaus?"

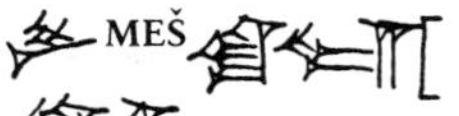 LÚ^{MEŠ} KI.LAM[„Leute des KI.LAM"

 KISLAḪ „Dreschplatz, Tenne"

 KI.SÁ „Stützmauer"

MUNUS 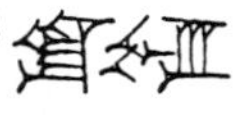 ^{MUNUS}KI.SIKIL „junge Frau, Mädchen" →

(313)
()

 KI.LÁ „Gewicht"

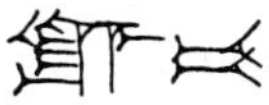 KI.LÁ.BI „sein Gewicht"

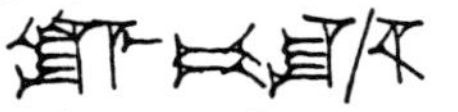 KI.LÁ.BI-*ŠU/ŠÚ* „sein Gewicht"

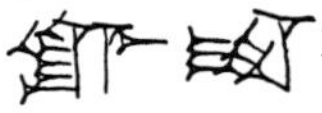MUŠEN KI.LÁ TI_8MUŠEN „Adlergewicht"

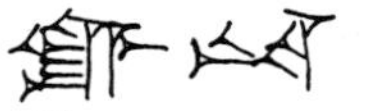 KI.LÁ NA_4 „Steingewicht"

 KI.MIN „desgleichen" (Wiederholungszeichen)

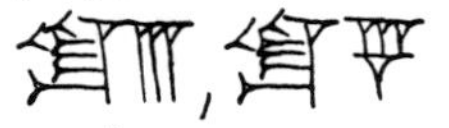 KI.III, KI.IV usw. „desgleichen"

D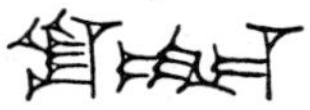 DGUNNI (vergöttlichter Herd)

m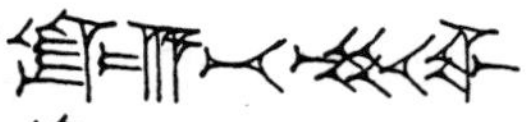 mKARAŠ-*mu-u-u̯a*

m mKARAŠ-LÚ

m mKISLAḪ-LÚ

m mKI-DUTU

Zu URUDUGUNNI.DU.DU (= akkad. ***kinūnu muttalliku***) s. S. Košak, THeth 10, 1982, 101.

Verschreibung KI.UD (KISLAḪ)-*ni* für KI.LAM-*ni* in KUB 30.68 Vs. 3.

In Verbindung mit briefeinleitendem *UM-MA* („folgendermaßen") ist gewöhnlich *QIBĪ-MA* geschrieben.

Zu KI.LÚ-*tiš*? s. E. Laroche, RA 64, 1970, 134.

Zu KI.III, KI.IV usw. s. StBoT 26, 1983, 247.

Der Name eines Kleidungsstückes dürfte in der Zeichenverbindung TÚGKI.ŠU.DA[in KBo 21.87 II 4 vorliegen. – Zu [K]I.KUŠLU⟨.ÚB⟩.GAR (= UGNIM, UMMAN) „Heer" s. akkad. KBo 1.4 I 10.

Zu „Adlergewicht" s. J. Siegelová, FsOtten, 1988, 317 ff.

Von KI.MIN ist KIMIN () = U_7 „und" (vgl. akkad. KBo 10.1 Vs. 4) zu trennen.

AN KI *s. Nr.* 8
BÀD.KARAŠ *s. Nr.* 114
É *KI-LI* *s. Nr.* 199
EN KARAŠ *s. Nr.* 40
GÚ.KI.ŠÈ *s. Nr.* 201
LÚ *IL/IL₅-KI* *s. Nr.* 78
MUŠ.GUNNI *s. Nr.* 342
SAG.DU.KI *s. Nr.* 192
SAG.KI *s. Nr.* 192
D*DAM-KI-NA* *s. Nr.* 298
DEN.KI *s. Nr.* 40
DEREŠ.KI.GAL *s. Nr.* 299
DNIN.GI_5.ZI.DA *s. Nr.* 299

---

314  sum. NÁ, NÚ

 GIŠ.NÁ, GIŠ.NÚ „Bett“

 ^{D}NÁ

^{TÚG}ŠÀ.NÁ *s. Nr.* 294 TÚG.NÁ *s. Nr.* 212

---

315  sum. URU$_5$

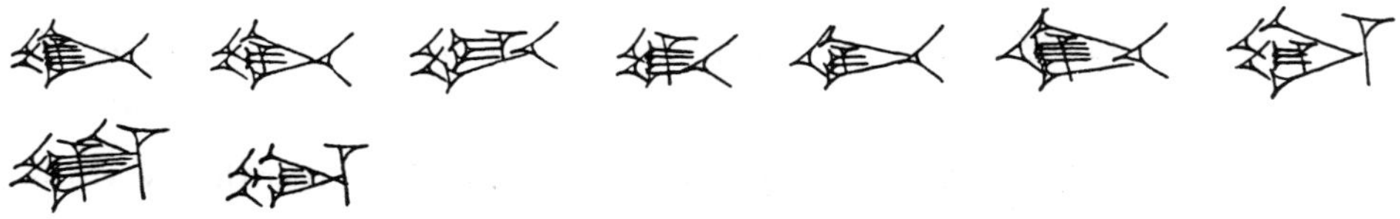

in $^{KUŠ/GIŠ}$ $^{KUŠ/GIŠ}$É.MÁ.URU$_5$ „Köcher“ Nr. 87, 199

^{KUŠ}É.MÁ.URU$^!$.URU$_5$ *s. Nr.* 87, 199
^{KUŠ}É.MÁ.URU$_5$(.URU) *s. Nr.* 87, 199
$^{(GIŠ/KUŠ)}$MÁ.URU.URU$_5$ *s. Nr.* 87
MÁ.URU$_5$.TUR *s. Nr.* 87

---

316  *ud/t, pir* akkad. *bír, dám, par, tam, ṭám, tú, u$_4$, uṭ* sum. BABBAR, ḪÁD, TAM, U$_4$, UD, UTU, ZALAG, BURANUN / ZIMBIR (= UD.KIB.NUN), È (= UD.DU), ZABAR (= UD.KA.BAR)

 BABBAR „weiß“

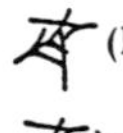 $^{(KAM)}$ UD$^{(KAM)}$, U$_4$$^{(KAM)}$ „Tag“

 UD^{UM} *ŠI-IM-TI* „Tag des Geschickes, Todestag“

 UD I^{KAM}, UD II^{KAM} „erster Tag, zweiter Tag“ usw.

$^{(MUL)}$ $^{(MUL)}$UD.ZAL.LE „Morgenstern; Dämmerung“, auch Gegenstand aus Metall

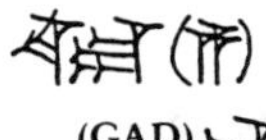 È(.A) „hinaus-, herausgehen, Ausgang“

$^{(GAD)}$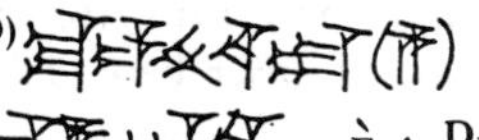 $^{(GAD)}$TÚG.GÚ.È(.A) „Gewand, Hemd$^?$, Mantel$^?$“

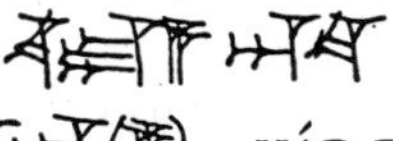 È.A ^{D}UTU „Sonnenaufgang, Osten“

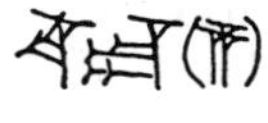 ḪÁD.DU(.A) „trocken“

→

(316) ZABAR „Bronze“

^{LÚ}ZABAR.DAB „Bronze(schalen)halter“ (ein Beamter)

ZALAG.GA „hell, Licht, Erleuchtung“

ZALAG.GA-*nu-* „erhellen, erleuchten“

$^{\text{(D)}}$UD.SIG$_5$(.GA) „Günstiger Tag“

$^{\text{(GIŠ)}}$UD.MUNUS.ḪÚB (ALGAMES$^?$) eine große Kanne (akkad. *kūtu, kutû*)

^{GIŠ}U$_4$.ḪI.IN „unreife Dattel“

^{Ú}UD.TIR GE$_6$ eine Gewürzpflanze schwarzer Art („schwarzer Kümmel“)

^{Ú}UD.TIR BABBAR eine Gewürzpflanze weißer Art („weißer Kümmel“)

U$_4$.SAKAR „Mondsichel“, auch Gegenstand aus Metall

^{URUDU}U$_4$.SAKAR „Mondsichel (aus Kupfer)“

^{D}UD$^{\text{(KAM)}}$ „(vergöttlichter) Tag“

^{D}UD$^{(MA\text{-})AM}$ (^{D}*U$_4$-MA-AM,* Akkus.)

^{D}UD^{MI} (^{D}*U$_4$-MI,* Gen.)

^{D}UD.GE$_6$ (?; „Schwarzer Tag“)

^{D}UD^{KAM}.SIG$_5$ („Günstiger Tag“), s. auch $^{\text{(D)}}$UD.SIG$_5$(.GA)

^{D}UTU „Sonne(ngottheit)“

^{D}UTU^{ŠI} „Meine Sonne“ (Königstitel)

$^{\text{m D}}$UTU.AN$^?$

$^{\text{m D}}$UTU-^{D}U (^{m}*Tiu̯ata-*^{D}U)

$^{\text{m D}}$UTU-LÚ (^{m}*Tiu̯ataziti* oder ^{m}*Tiu̯aziti*)

$^{\text{m D}}$UTU-*li-i̯a*

^{URU}ZIMBIR.ME (UD.KIB.NUN.ME) „Sippar“

^{ÍD}BURANUN.NA^{KI} (UD.KIB.NUN.NA) „Purattu = Euphrat“

^{ÍD}BURANUN.ME (UD.KIB.NUN.ME) „Purattu = Euphrat“

Zu UD.ZAL.LE vgl. E. Neu, StBoT 26, 1983, 276 Anm. 55.

Die Eintragungen ^{Ú}UD.TIR BABBAR/GE$_6$ sind der Edition KUB 42.97 Z. 8 entnommen; der Name erinnert an ^{Ú}GAMUN BABBAR/GE$_6$ „weißer bzw. schwarzer Kümmel“ (s. Nr. 330).

Gelegentlich ist nicht sicher auszumachen, ob statt ^{D}UD^{MI} bzw. ^{D}*U$_4$-MI* eher ^{D}UD.GE$_6$ zu lesen ist; vgl. A. Kammenhuber, ZA 66, 1976, 69 und Or NS 41, 1972, 298.

Zu einem Ausdruck ^{D}UD-*aš* SAR-*za* (d.h. ^{D}U$_4$-*aš* SAKAR-*za*) s. J. Siegelová, Heth. Verwaltungspraxis, 448/449 mit Anm. 14.

Fraglich bleibt ^{TÚG}UD.SAR KUB 46.71 Vs. 7.

BAL ZABAR *s. Nr.* 4
$^{(SÍG)}$DUR BABBAR *s. Nr.* 202
É.GÚ.È.A *s. Nr.* 199
EGIR *U$_4$-MI*/UD^{MI} *s. Nr.* 126
^{ITU}GAN.GAN.È.A *s. Nr.* 61
$^{(GIŠ)}$GEŠTIN ḪÁD.DU.A *s. Nr.* 131
GÚ.È(.A) *s. Nr.* 201
^{GIŠ}GUB ŠEN KÙ.BABBAR *s. Nr.* 128
$^{(NA_4)}$IM.BABBAR *s. Nr.* 337
KIN.GAL ZABAR *s. Nr.* 47
KISLAḪ (= KI.UD) *s. Nr.* 313
$^{(URU)}$KÙ.BABBAR *s. Nr.* 69
$^{LÚ.MEŠ}$KÙ.BABBAR.DÍM.DÍM *s. Nr.* 69
LÚ ŠUKUR.ZABAR *s. Nr.* 288
NINDA.BABBAR *s. Nr.* 369
SI.GAR KÙ.BABBAR *s. Nr.* 86
^{LÚ}ŠÀ.TAM *s. Nr.* 294
$^{(GIŠ)}$ŠEN KÙ.BABBAR/ZABAR *s. Nr.* 230
$^{(GIŠ)}$ŠÚ.A ^{D}UTU *s. Nr.* 251
$^{(GAD)}$TÚG.GÚ.È(.A) *s. Nr.* 212
UMBIN ZABAR *s. Nr.* 166
ZÀ.AḪ.LI ḪÁD.DU.A$^{(SAR)}$ *s. Nr.* 238
ZÌ.DA ḪÁD.DU.A *s. Nr.* 212
^{D}AMAR.UTU *s. Nr.* 155
^{D}UTU ^{URU}PÚ-*na* *s. Nr.* 180
$^{m\,D}$AMAR.UTU- *s. Nr.* 155
^{m}DUMU.UD. XX^{KAM} *s. Nr.* 237
^{m}KI-^{D}UTU *s. Nr.* 313
^{m}KÙ.BABBAR-^{D}LAMMA *s. Nr.* 69

---

317  *u̯a* akkad. *à*, *am$_7$*, *au̯*, *pi*, *u̯i*? sum. GEŠTU, GEŠTUG, TÁL

 *u̯a* Abkürzung für *u̯akšur*

NINDA ^{NINDA}*u̯a* Abkürzung für ^{NINDA}*u̯ageššar*

(UZU)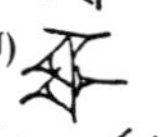 $^{(UZU)}$GEŠTU, $^{(UZU)}$GEŠTUG „Ohr; hören“

 GEŠTU-*aš-mi* „ich höre“ (heth. *ištamašmi*)

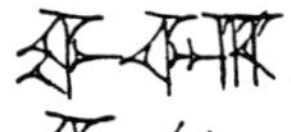 GEŠTU-*ar* „Hören“ (heth. *ištamaššu̯u̯ar*)

 GEŠTU-*tén* „hört!“ (heth. *ištamašten*)

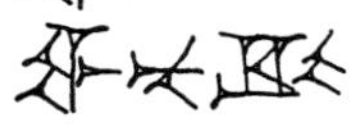 GEŠTU.NU.GÁL „taub, tauber Mann“

Zu *u̯a* = *u̯e* s. A. Kempinski, Ägypten und Altes Testament 4, 1983, 40.

Zu GEŠTU.NU.GÁL „taub“ s. H. A. Hoffner, Or NS 35, 1966, 397. Oder bedeutet GEŠTU.NU.GÁL auch „ohne Ohr“?

Zu den graphischen Varianten GEŠTU-*aš-mi*/*iš-ta-ma-aš-mi* vgl. KUB 40.33 Vs. 8, 13.

GÚ.TÁL *s. Nr.* 201

---

318  hurr. *u̯a*$_{ap}$

Die Transliterierung *u̯a*$_{ap}$ (auch *u̯a*$_{ab}$ wäre möglich) erfolgt behelfsweise. Die genaue phonetische Interpretation (etwa *af*? oder *áu̯*?) hat einzelsprachlich zu erfolgen.

---

319  hurr., ph. *u̯i*$_{i}$

Zur Problematik der genauen Lesung (etwa *fi*?) s. Nr. 326.

---

320  ph. *u̯i*$_{pí}$

Die Transliterierung *u̯i*$_{pí}$ (auch *u̯i*$_{bi}$, *u̯e*$_{pé}$ und *u̯e*$_{bé}$, wären möglich) erfolgt behelfsweise. Die genaue phonetische Interpretation hat einzelsprachlich zu erfolgen.

---

321  hurr., ph. *u̯u*$_{ú}$

Zur Problematik der genauen Lesung (etwa *fu*?) s. Nr. 326.

---

322  hurr., ph. *u̯e*$_{e}$

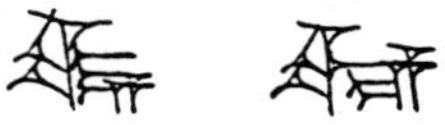

Zur Problematik der genauen Lesung (etwa *fe*?) s. Nr. 326.

323  hurr., ph. *u̯u*$_{u}$

Zur Problematik der genauen Lesung (etwa *fu/fo*?) s. Nr. 326.

---

324  hurr. *u̯u*$_{pu}$

Die Transliterierung *u̯u*$_{pu}$ (auch *u̯u*$_{bu}$ wäre möglich) erfolgt behelfsweise. Die genaue phonetische Interpretation hat einzelsprachlich zu erfolgen.

---

325  hurr. *u̯i*$_{ip}$

Die Transliterierung *u̯i*$_{ip}$ (auch *u̯i*$_{ib}$ wäre möglich) erfolgt behelfsweise. Die genaue phonetische Interpretation hat einzelsprachlich zu erfolgen.

---

326  hurr., ph. *u̯a*$_{a}$

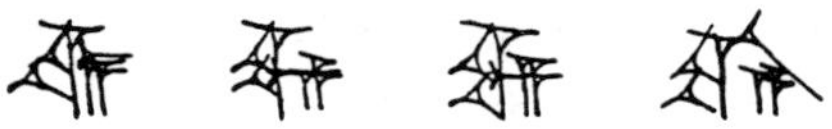

Hauptsächlich in alten Texten ist nicht immer zwischen *u̯a*$_{a}$ und *u̯a-a* unterschieden; vgl. E. Neu, StBoT 25, S. 30 Anm. 75.

Für das in protohattischen, hurritischen und palaischen Wortformen bzw. Texten auftretende Zeichen *u̯a*$_{a}$ wird hier nur die traditionelle Transliteration angegeben, wegen der noch unsicheren Forschungslage auf eine phonetisch-phonologische Interpretation (etwa *fa*?) verzichtet. Die gleiche Unsicherheit besteht bezüglich der Zeichen *u̯e*$_{e}$, *u̯i*$_{i}$, *u̯u*$_{u}$ und *u̯u*$_{ú}$. – Palaische Schreibungen dieser Art dürften auf protohattischem Einfluß beruhen, vgl. O. Carruba, StBoT 10, 1970, 80. Die Festlegung des genauen Lautwertes hat einzelsprachlich zu erfolgen.

Für *u̯a*$_{a}$, *u̯e*$_{e}$ usw. findet sich in der Literatur gelegentlich auch die Transliterierung *u̯a*$_{+a}$, *u̯e*$_{+e}$ usw. Zu *u̯a*$_{4}$, *u̯é*, *u̯í*, *u̯ú*, *u̯ù* s. R. Borger, ABZ S. 285.

---

327  akkad. *ṣab/p, zab/p* sum. ERIM, ÉRIN, RÍN, ZÁLAG

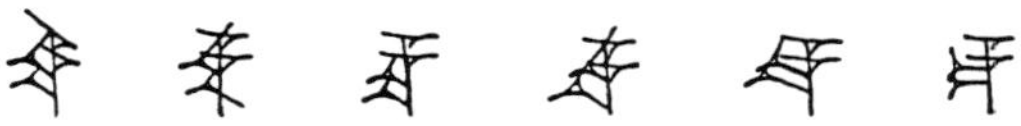

GIŠ.ÉRIN, GIŠ.RÍN „Waage"

GIŠ.ÉRIN ZI.BA.NA, GIŠ.RÍN ZI.BA.NA „Waage"

$^{\text{NA}_4}$ $^{\text{NA}_4}$ZÁLAG eine Steinart

ZÁLAG.GA „Licht"

$^{\text{(MEŠ)}}$ ÉRIN$^{\text{(MEŠ)}}$, ERIM$^{\text{(MEŠ)}}$ „Truppe(n), Heer; Menge, Schar"

^{MEŠ} $^{\text{(ḪI.A)}}$ ÉRIN^{MEŠ} *ŠU-TI*$^{\text{(ḪI.A)}}$ (militärische) Stammesverbände

^{MEŠ} $^{\text{(ḪI.A)}}$ ÉRIN^{MEŠ} *NA-RA-RI*$^{\text{(ḪI.A)}}$ „Hilfstruppen", vgl. Nr. 78

^{MEŠ} ÉRIN^{MEŠ} TAḪ „Hilfstruppen"

^{MEŠ} ÉRIN^{MEŠ} SA.GAZ „Fremdlinge; Freibeuter"

$^{\text{MEŠ (LÚ/LÚ.MEŠ)}}$ ÉRIN^{MEŠ} $^{\text{(LÚ/LÚ.MEŠ)}}$UKU.UŠ „schwerbewaffnete Truppen"

$^{\text{MEŠ LÚ}}$ ÉRIN^{MEŠ} ^{LÚ}KÚR „feindliche Truppen"

^{MEŠ} $^{\text{MEŠ/ḪI.A}}$ ÉRIN^{MEŠ} ANŠE.KUR.RA$^{\text{MEŠ/ḪI.A}}$ „Fußtruppen (und) Wagenkämpfer"

^{MEŠ} ÉRIN^{MEŠ} IGI.GAL(.LA) Truppengattung

^{MEŠ} ÉRIN^{MEŠ} GÌR$^{(\textit{PÍ})}$ „Fußsoldaten"

^{MEŠ} ÉRIN^{MEŠ} KIN „Arbeitstruppe, Bautruppe, Pioniere"

Zu ÉRIN^{MEŠ} *ŠU-TI*$^{\text{(ḪI.A)}}$ und ähnlichen Wendungen s. CHD 3, 47 f. sub *latti-*.
Zu $^{\text{NA}_4}$ZÁLAG (sic) s. A. Polvani, Eothen 3, 1988, 177 f.

GIŠ.ÉRIN/RÍN ("NUNUZ") *s. Nr.* 178, 328
MÈ (= AG.ERIM) *s. Nr.* 81
$^{\text{(LÚ)}}$NIMGIR.ÉRIN^{MEŠ} *s. Nr.* 222
NINDA.ÉRIN^{MEŠ} *s. Nr.* 369
TU$_7$ ÉRIN^{MEŠ} *s. Nr.* 355
UGULA $^{\text{(LÚ.MEŠ)}}$NIMGIR.ÉRIN^{MEŠ} *s. Nr.* 174
$^{\text{m D}}$IM-ÉRIN.TAḪ *s. Nr.* 337

328  sum. ÉRIN ("NUNUZ"), NUNUZ, RÍN ("NUNUZ")

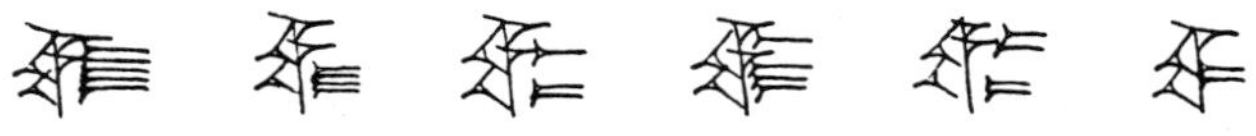

$^{\text{(NA}_4\text{)}}$ $^{\text{(NA}_4\text{)}}$NUNUZ „eiförmiger (Schmuck)stein; Perle?"

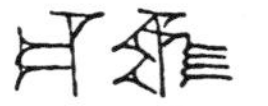

GIŠ.ÉRIN ("NUNUZ"), GIŠ.RÍN ("NUNUZ") „Waage"

(GIŠ.)ÉRIN ("NUNUZ") ZI.BA.NA,
(GIŠ.)RÍN ("NUNUZ") ZI.BA.NA „Waage"

Zu ZI.BA.NA und Varianten s. HW² II, 1988, 36a sub ^{GIŠ}*elzi-*.

Zu ^{NA_4}NUNUZ s. A. Polvani, Eothen 3, 1988, 148 ff., 182.

GIŠ.ÉRIN/GIŠ.RÍN *s. Nr.* 178, 327

---

329  *kur* akkad. *mad/t/ṭ, šad/t/ṭ* sum. GÌN, KUR

KUR „Land; Berg", auch Determinativ vor Ländernamen

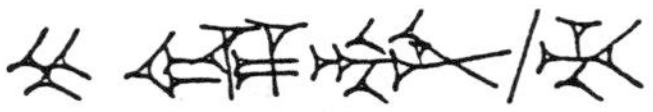

KUR UGU$^{TIM/TI}$ „Oberes Land, Hochland"

KUR AN.TA „Oberes Land, Hochland"

KUR $^{(URU)}$UGU$^{(TI)}$ „Oberes Land, Hochland"

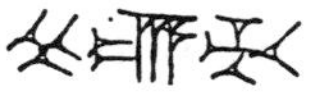

MAD-GAL₉-TI in *BE-EL M.* (mit graphischen Varianten; s. Nr. 13 und Nr. 40)

KUR.URU „Land (und Haupt-)Stadt"

KUR ^{LÚ}KÚR „Feindesland, feindliches Land"

^{m}*Šat?-ti-ú-az-za* (mit graphischen Varianten)

Bei KUR, das ursprünglich „Berg(land)" bezeichnete, wird die Bedeutung „Land" wegen ihrer relativen Häufigkeit in heth. Texten hier zuerst angeführt.

Zu akkad. *MADGALTU* in heth. Texten s. W. von Soden, AHw II, 572 s.v., zu *BĒL MADGALTI* (= heth. *auriia̯š išḫa-*) s. E. von Schuler, HDA 64.

KUB 5.1 IV 65 und wohl auch 16.29 + 81 I 32 schreiben $^{KUR.SAG}$*Ḫa-ḫar-u̯a* statt $^{ḪUR.SAG}$*Ḫ.*

Für ^{m}*Kur* erwägt Th. van den Hout (Dissertation, demnächst) Abkürzung für ^{m}*Kurunta.*

ANŠE.KUR.RA *s. Nr.* 302
É.KUR.RA *s. Nr.* 199
EN KUR^{TI} *s. Nr.* 40
EN *MAD-GAL₉-TI* *s. Nr.* 40
$^{(GIŠ)}$ḪAŠḪUR.KUR.RA *s. Nr.* 219
IM.(SAḪAR.)KUR.RA *s. Nr.* 337
KUR ^{URU}*A-ŠUR₄* *s. Nr.* 364
(KUR) ^{URU}*Aš-šur* *s. Nr.* 1
KUR $^{(URU)}$ELAM(.MA) *s. Nr.* 74
KUR $^{(URU)}$MAR.TU *s. Nr.* 191
KUR *ŠAP-LI-TI* *s. Nr.* 175
KUR $^{URU\ D}$U*-ta-aš-ša* *s. Nr.* 261
KUR URI *s. Nr.* 246
MUŠ.DÍM.KUR.RA *s. Nr.* 342
Ú.KUR.RA *s. Nr.* 195
UDU.KUR.RA *s. Nr.* 210
UZ₆.KUR.RA *s. Nr.* 23
$^{(NA_4)}$ZA.GÌN(.DURU₅) *s. Nr.* 366
^{D}ANŠE.KUR.RA *s. Nr.* 302
^{D}KASKAL.KUR *s. Nr.* 259

330  *tin, tén,* (*tan*$_x$) akkad. *din, den* sum. KÚRUN, TIN, GAMUN (= DIN.TIR)

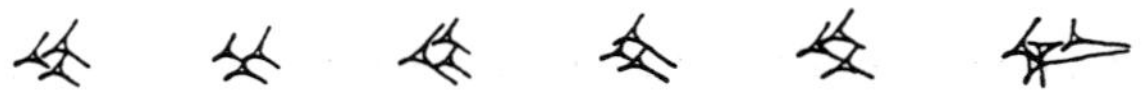

$^{\text{LÚ/MUNUS}}$KÚRUN.NA [$^{\text{LÚ/MUNUS}}$TIN.NA] „Wirt(in)“, vgl. Nr. 33

^{Ú}GAMUN [^{Ú}TIN.TIR] „Kümmel“

^{Ú}GAMUN.GE$_6$ „schwarzer Kümmel“

^{Ú}GAMUN.BABBAR „weißer Kümmel“

Zum Lautwert *tan*$_x$ s. E. Laroche, RA 46, 1952, 162; A. Kammenhuber, HW² 296 (ab Muwattalli); H. Berman, JCS 30, 1978, 123 f.; H. G. Güterbock - H. A. Hoffner, CHD 3, 139 a.

Nach KUB 13.4 III 55 f. gehört ^{LÚ}KÚRUN.NA, auch „Bierbrauer“, zum Küchenpersonal.

^{Ú}GAMUN.BABBAR und ^{Ú}GAMUN.GE$_6$ sind bisher nur in KBo 10.45 III 52 belegt (vgl. auch ^{Ú}UD.TIR BABBAR und ^{Ú}UD.TIR GE$_6$ KUB 42.97 Z. 8); die hier gegebenen Zeichenformen („KUR.ŠAḪ“) entsprechen dem Original. Vgl. auch Nr. 316.

Eine auffällige, wahrscheinlich fehlerhafte Zeichenvariante von DIN ( ) findet sich in KUB 38.12 II 21.

AD-DIN s. Nr. 105 *ID-DIN s. Nr.* 215

331  *eš,* (*iš*) akkad. *éš, iš, sin* sum. ÙŠU (= 3mal U)

„30“ (ÙŠU)

^{D}*SÎN* (^{D}XXX) „Mond(gott)“

$^{\text{f D}}$*SÎN*-IR (Armauzzi)

$^{\text{m D}}$*SÎN*-EN

$^{\text{f D}}$*SÎN*-*u̯i*$_5$-*i̯a* (Armawija)

$^{\text{m D}}$*SÎN*-LUGAL

$^{\text{m D}}$*SÎN*-LÚ (Armaziti)

$^{\text{m D}}$*SÎN*-^{D}U (Armadatta)

$^{\text{m D}}$*SÎN*-SUM (Armapija)

^{m}LUGAL-^{D}*SÎN s. Nr.* 115

332   *aḫ, eḫ, iḫ, uḫ, (əḫ)* akkad. *'a, 'e, 'i, 'u* sum. AḪ, UḪ

 UḪ.ŠE ein Getreideschädling

Zur Lesung von AḪ im Boğazköy-Akkadischen s. R. Labat, L'Akkadien de Boghaz-Köi, Bordeaux 1932, 8; J. W. Durham, Studies in Boğazköy Akkadian. Diss. Phil., Harvard University, 1976, 112, 120.

ZÀ.AḪ.LI$^{(SAR)}$ *s. Nr.* 238

333   *ḫar, ḫur, mur* akkad. *kín* sum. ÀR / ḪAR / ḪUR / KÍN / MUR / UR$_5$ (= ḪI × "ÁŠ"), ARA$_5$ (= ḪAR.ḪAR)

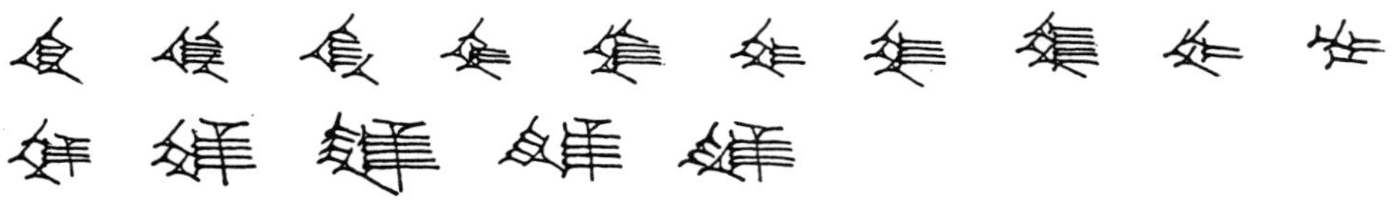

 ḪAR „Ring"

 ḪUR „dick?"

^{UZU} ^{UZU}MUR „Lunge"

^{DUG} ^{DUG}ḪAR.ŠU.ŠA ein Gefäß

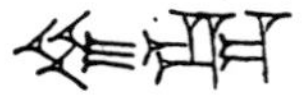 ḪUR.SAG „Berg", auch als Determinativ vor Bergnamen

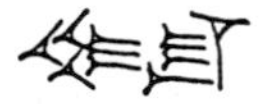 ḪAR.ŠU „Armring, Armband"

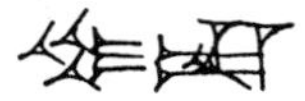 UR$_5$.GIM „SO"

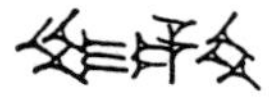 ḪAR.GÚ „Halsring, Halsband"

 ḪAR.GÌR „Fußring, Fußspange"

^{DUG} ^{DUG}ARA$_5$ ein Gefäß? zum Mahlen

^{NA_4}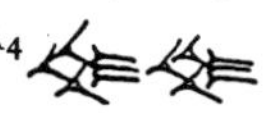 ^{NA_4}ARA$_5$ „Mühlstein, Handmühle"

 ^{NA_4} LÚ ^{NA_4}ARA$_5$ „Müller"

 ^{NA_4}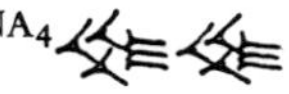 MUNUS ^{NA_4}ARA$_5$ „Müllerin" →

(333) 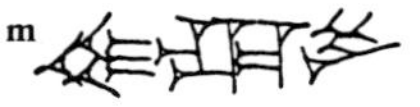 ᵐḪUR.SAG-LÚ

() 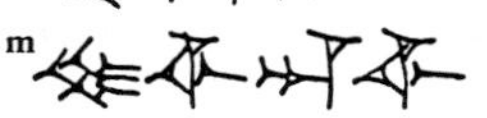 ᵐ*Mur-ši*-DINGIR^{LIM} (Muršili)

Die Zeichenstruktur ḪI × ÁŠ ist deutlich an den letzten fünf assyrisierenden Zeichenformen zu erkennen.

Zu ḪUR = akkad. *kabru* „dick" vgl. W. von Soden, AHw I, 417f.

Während in der hethitischen Fassung der Ḫattušili-Annalen ^{NA_4}ARA$_5$ (ḪAR.ḪAR) geschrieben ist (KBo 10.2 III 16), findet sich in der akkadischen Version ^{NA_4}ÀRA (ḪAR; KBo 10.1 Rs. 11), falls man nicht mit der Auslassung eines ḪAR-Zeichens rechnen will.

^{GIŠ}BAR.KÍN *s. Nr.* 20
EN.NU.UN ḪUR.SAG *s. Nr.* 40
GIŠ.ḪUR *s. Nr.* 178
GIŠ.KÍN *s. Nr.* 178
I-MUR s. Nr. 217
MUŠEN *ḪUR-RI s. Nr.* 24
NÍG.ÀR.RA *s. Nr.* 369
NINDA.ZI.ḪAR.ḪAR *s. Nr.* 369
^{LÚ}*ŠÁ-KÍN s. Nr.* 369
TU$_7$ NÍG.ÀR.RA *s. Nr.* 355
TÚG.GÚ(.È.A) *ḪUR-RI s. Nr.* 212
TÚG.ḪUR *s. Nr.* 212

---

334 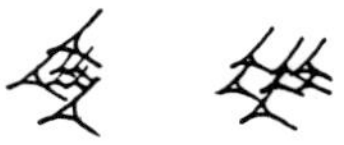 sum. BIR / ÉLLAG (= ḪI × ŠE)

UZU  ^{UZU}ÉLLAG [KÁLAM] „Niere"

UZU  ^{UZU}ÉLLAG.GÙN(.A) Körperteilbezeichnung (wörtl. „bunte Niere")

 BIR „zerstreuen"

Das letzte Zeichen findet sich in der jungen Abschrift KUB 43.53 I 10, 27 (vgl. E. Neu, StBoT 25 S. 23, 26).

Statt ^{UZU}ÉLLAG.GÙN.A ist in KBo 3.14 Z. 6 (mit Dupl. KUB 41.48 IV 21) geschrieben: ^{UZU}ÉLLAG.GÙN.NA.

Fraglich bleibt die semantische Interpretation des Zeichens BIR in KUB 42.48 Vs. 2, 5, 10, 14, von S. Košak, THeth 10, 1982, 126 mit KAM, von J. Siegelová, Heth. Verwaltungspraxis, 244 mit SÙḪ umschrieben.

Zu *arḫa* BIR-*ịa-zi* s. G. M. Beckman, StBoT 29, 1983, 14, 16.

---

335  *ḫi, ḫe* akkad. *šár, tí, té, ṭí, ṭé* sum. DU$_{10}$, DÙG, ḪI, NIMIN, NIN$_5$, ŠÁR, ḪÁ (= ḪI.A)

 „40" (NIMIN, NIN$_5$)

KUŠ KUŠDÙG.GAN „Tasche, Beutel"

GIŠ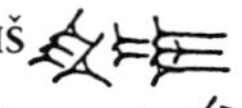 GIŠDÙG.GAN „Behälter?, Scheide?"

 *ḫi-li*$_{13}$ Abkürzung für *ḫilipšiman*

 DÙG.GA „gut, lieb, fein"

 Ì.DÙG.GA „Feinöl"

 ŠEŠ.DÙG.GA-*IA* „mein lieber Bruder" (z.B. in der Briefanrede)

 *ḫi-li*$_8$ Abkürzung für *ḫilipšiman*

 ḪI.ḪI (DU$_{10}$.DU$_{10}$?) 1. „Gewitter", 2. Farbbezeichnung(?)

(GAD/TÚG)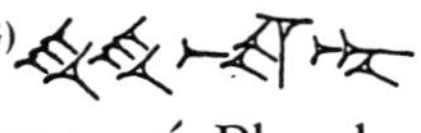 (GAD/TÚG)ḪI.ḪI-*na-tar* Tuchart, Kleidungsstück

 ḪI.A, ḪÁ Pluralzeichen

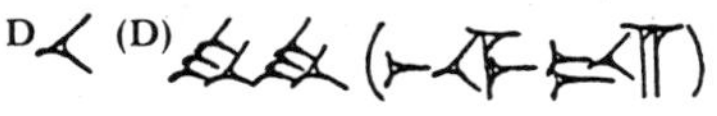 DU (D)ḪI.ḪI(-*aš-ši-iš*) „Wettergott des Blitzes"

Im vorliegenden Zeichenlexikon werden aus praktischen Gründen die Lautwerte *tí, ṭí, šár* dem Silbenzeichen ḪI zugeordnet (zur Verteilung der Zeichen s. R. Borger, ABZ Nr. 396). – In der Schreibung des Ortsnamens URU*Tí-iš-ḫi-ni-ia* KBo 10.1 (akkad.) Vs. 9 (vgl. G. F. del Monte, RGTC 6, 410) sind *tí* und *ḫi* dahingehend unterschieden, daß *tí* mit drei, *ḫi* aber mit vier Winkelhäkchen geschrieben ist. – Lesung *tí* liegt vielleicht auch vor in KUB 56.14 IV 6: *PÁT-TÍ* (freundlicher Hinweis von J. de Roos); vgl. W. von Soden, AHw II, S. 849a sub *pattu(m)* „Grenzgebiet" bzw. S. 851 sub *pāṭu(m)* „Grenze, Gebiet".

Zu GIŠDÙG.GAN GUŠKIN GAR.RA s. H. A. Hoffner, JAOS 87, 1967, 355.

Zur Abkürzung von *ḫilipšiman* s. H. Berman, JCS 30, 1978, 122f.

Zu ḪI.ḪI-*ra-aš* bzw. *zar*$_x$-*zar*$_x$-*ra-aš* bzw. *zer*$_x$-*zer*$_x$-*ra-aš* s. H. A. Hoffner, Al.Heth. 89f.

Zu DU ḪI.ḪI-*aš-ši* bzw. ḪI.ḪI-*AŠ-ŠI* vgl. H. M. Kümmel, StBoT 3, 1967, 84.

ḪA-ŠÁR-TI in KBo 18.181 Z. 1 wohl Verschreibung für *ḪA-ṢAR-TI*.

AMA.DÙG.GA-*IA* *s. Nr.* 57
DIDLI ḪI.A/ḪÁ *s. Nr.* 1
DUG.DU$_{10}$.ÚS.SA *s. Nr.* 162
DUMU.DÙG.GA-*IA* *s. Nr.* 237
É.DU$_{10}$.ÚS.SA *s. Nr.* 199
GEŠTIN DÙG.GA *s. Nr.* 131
GI.DÙG.GA *s. Nr.* 30
Ì.SAG DÙG.GA *s. Nr.* 72
GIŠU$_4$.ḪI.IN *s. Nr.* 316
DNIN.ME.ŠÁR.RA *s. Nr.* 299

336  sum. GAŠAN

 GAŠAN „Herrin“

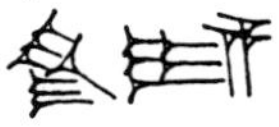 GAŠAN-*IA* „meine Herrin“

D DGAŠAN

f D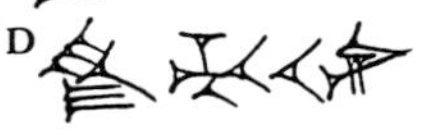 f DGAŠAN-*ti-u-ni*

337  *im, em* sum. IM, NÍ, GUDU$_{12}$ (= IM.ME)

 IM „Lehm, Ton“; auch Determinativ vor Gegenständen aus Lehm, Ton

 IM „Wind“

WINDE, WINDRICHTUNGEN

 IM.U$_{19}$.LU „Südwind, Süden“

 IM.KUR.RA „Ostwind, Osten“

 IM.MAR.TU „Westwind, Westen“

 IM.SI.SÁ „Nordwind, Norden“

 IM.GAL „großer Wind“

(DUG) (DUG)IM.ŠU.(NÍG.)RIN.NA „Ofen“

 *EM-ṢÚ* „sauer, Lab“ (Nom. Sg.)

LÚ LÚNÍ.ZU „Dieb, Späher, Spion“

 IM.SAḪAR.KUR.RA „Alaun?“

 IM.“KUN” „Sediment, Ablagerung, Schlamm“

 NÍ.TE „Körper, (Plural auch Glieder), Leib, Selbst, Person“

 *IŠ-TU* NÍ.TE-*IA* „aus eigener Kraft, von mir aus“

$^{(NA_4)}$ $^{(NA_4)}$IM.BABBAR „Gips“

 IM.GÍD.DA „längliche Tontafel“

^{LÚ} ^{LÚ}GUDU$_{12}$ „Gesalbter“ (ein Priester)

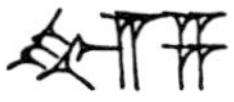 *EM-ṢA* „sauer, Lab“ (Akk. Sg.)

^{D} ^{D}IM Wettergott, vgl. Nr. 261

$^{m\,D}$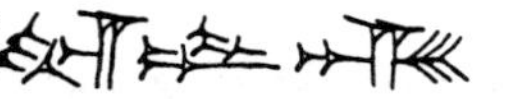 $^{m\,D}$IM-LUGAL.DINGIR^{MEŠ} ($^{m\,D}$*Adad-šar-ilāni*)

$^{m\,D}$ $^{m\,D}$IM-*ŠAM-ŠI* ($^{m\,D}$*Adad-šamšī*)

$^{m\,D}$ $^{m\,D}$IM-SIG$_5$

$^{m\,D}$ $^{m\,D}$IM-ÉRIN.TAḪ ($^{m\,D}$*Adad-nirāri*), vgl. Nr. 261

$^{m\,D}$ $^{m\,D}$IM-*Šar-ru-um-ma*

Zu IM.GAL als phonetische Schreibung von IM.GÀL s. H. A. Hoffner, JAOS 87, 1967, 357. Die Annahme einer phonetischen Schreibung IM.GAL wird dadurch problematisch, daß der Südwind nach R. Borger, ABZ Nr. 399 als IM.U$_{18/19}$.LU zu lesen ist. IM.GAL könnte eine Umschreibung für Südwind sein; vgl. J. Puhvel, HED 2, 1984, 376.

Zur Lesung des Logogramms IM."KUN" bzw. IM.NUN.DIN.A in der Geltung von IM.GÚ.A (KUB 8.35 Vs. 11 ff.) s. H. Berman, FsGüterbock, 1974, 58 f.; CHD 3, 60 a. Zur Annahme einer graphischen Verwechslung IM.GÚ.A/IM.RI.A s. H. M. Kümmel, BiOr 33, 1976, 202. Zu „Gips“ und „Alaun“ s. A. Polvani, Eothen 3, 1988, 140 ff.

Zu IM.GÍD.DA vgl. L. M. Mascheroni, Eothen 1, 1988, 144 f.

Fraglich bleibt ^{TÚG}IM. × [bei J. Friedrich, HG Tafel II, § 67*.

GA *EM-ṢÚ* *s. Nr.* 159
GEŠTIN *EM-ṢÚ* *s. Nr.* 131
KASKAL.IM.U$_{19}$.LU *s. Nr.* 259
LÚ ^{D}IM *s. Nr.* 78
MU.IM.MA *s. Nr.* 17
NINDA *EM-ṢÚ* *s. Nr.* 369
UD^{UM} *ŠI-IM-TI* *s. Nr.* 316
$^{(LÚ)}$UGULA *LI-IM*(*-TI/TIM*) *s. Nr.* 174
$^{(LÚ)}$UGULA *LI-IM ṢE-RI* *s. Nr.* 174
^{D}IM DU$_6$ *s. Nr.* 211
^{m}DU-^{D}IM *s. Nr.* 128
^{m}GAL-^{D}IM *s. Nr.* 242

---

338  *še* sum. NIGA, NIGU, ŠE

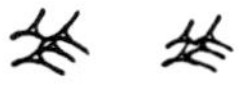

 NIGA, NIGU „fett, gemästet“

 ŠE „Gerste, Getreide“ →

(338)
()

 ŠE „günstig" (in Orakeltexten)

 ŠE-*rù* „soll günstig sein"

 ŠE-*ri* „ist günstig, wird günstig sein"

 ŠE-*ru* „soll günstig sein"

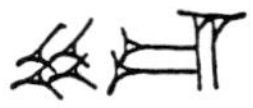 ŠE.GUR „(ein) Kor Gerste/Getreide" (= akkad. *kur še'um/še'im/še'am*)

 ŠE.GIŠ.Ì „Sesam"

(Ú)  SAR $^{(Ú)}$ŠE.LÚ^{SAR} „Koriander"

LÚ  ^{LÚ}ŠE.KIN.KUD (lautlich wohl ŠE.GUR$_{10}$.KU$_5$) „Erntearbeiter"

Zur Lesung ^{LÚ}ŠE.GUR$_{10}$.KU$_5$ s. W. von Soden, AHw I, 250 sub *eṣēdu(m)*.

^{GU_4}ÁB.NIGA *s. Nr.* 277
NINDA.ŠE *s. Nr.* 369
GU$_4$.NIGA *s. Nr.* 157
Ì.GAB ŠE *s. Nr.* 72
NINDA.ŠE.GIŠ.Ì *s. Nr.* 369
NU.ŠE *s. Nr.* 11
ŠAḪ.NIGA (NÍTA) *s. Nr.* 309
^{ITU}ŠE.KIN.KUD *s. Nr.* 84
$^{(URUDU)}$ŠE.NAGA *s. Nr.* 345
UDU.NIGA *s. Nr.* 210
UḪ.ŠE *s. Nr.* 332
ZÌ.DA ŠE *s. Nr.* 212

---

339  *pu, bu, (gít)* akkad. *gíd/t/ṭ, qíd/t, šír* sum. BU, GÍD

 GÍD(.DA) „lang; Länge"

D ^{D}*BU-NE-NE*

m ^{m}BU-LUGAL(-*ma*)

m ^{m}BU-*Šàr-rù-ma*, vgl. Nr. 1 Anm.

Zum Personennamen ^{m}BU-LUGAL(-*ma*) vgl. H. Otten, RlA 4, 1975, 426 sub *Ḫišmi-Šar(ru)ma*.

Zu ideographischem BU s. auch E. Laroche, Glossaire de la langue hourrite, 103 (sub *ḫešmi*) und 311; W. von Soden, AHw II, 732, 768 sub *napāḫu(m)*, *nawāru(m)*.

^{GIŠ}BUGIN.GÍD.DA *s. Nr.* 182
DANNA (= KASKAL.BU) *s. Nr.* 259
GI.GÍD *s. Nr.* 30
^{GIŠ}GU.ZA GÍD.DA *s. Nr.* 304
IM.GÍD.DA *s. Nr.* 337
KASKAL.GÍD.DA *s. Nr.* 259
(LÚ) ^{GIŠ}TUKUL GÍD.DA *s. Nr.* 206
^{GIŠ}MAR.GÍD.DA *s. Nr.* 191
MU$^{(KAM)\ ḪI.A}$ GÍD.DA *s. Nr.* 17
NÍG.GÍD.DA *s. Nr.* 369
ŠU.DAB.BU *s. Nr.* 68

340 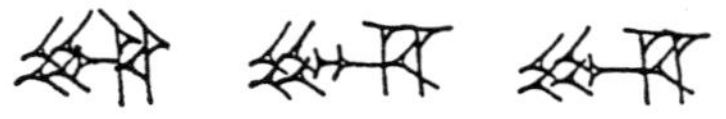 *uz* akkad. *us, uṣ, uš*$_{10}$

Auffallenderweise findet sich das Zeichen UZ mit gebrochenem Waagerechten auch in den akkadischen Textfragmenten KUB 3.33, 9; 36 Rs. 7 (Ägypter-Briefe) sowie in dem Amarna-Text Nr. 192, Z. 8 (Keššе-Epos; O. Schroeder, Die Tontafeln von El-Amarna II, 1915 [1973], S. 1). Freundl. Hinweis von J. Klinger.

---

341 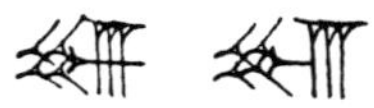 sum. SIR, SUD

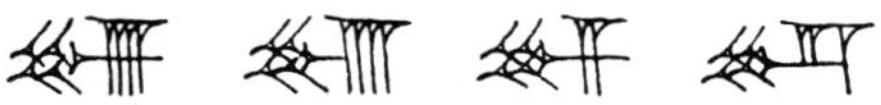

 SUD „ziehen"

 SUD-*li*,  SUD-*li*$_{12}$ Orakelterminus

Für das Verbum „ziehen" (akkad. *šadādu*) wird im Sumerischen normalerweise g í d (Zeichen BU) gebraucht, doch kommt auch gíd-i (mit auf Vokalharmonie beruhendem -i) vor, das, wie uns freundlicherweise R. Borger mitteilt, entschieden gegen eine Lesung SUD$_4$ oder SU$_{13}$ spräche. Daher schlägt er vor, das Sumerogramm für heth. *ḫuittiia-* wie bisher lediglich durch den Zeichennamen SUD wiederzugeben. SUD ist „guniertes" BU.

Zu SUD-*li* vgl. A. Ünal, THeth 4, 1974, 95 f.; A. Archi, Oriens Antiquus 13, 1974, 140 f.

KUŠE.SIR *s. Nr.* 187

---

342  akkad. *muš, ṣir*? sum. MUŠ

 MUŠ „Schlange"; Determinativ vor Schlangennamen

LÚ LÚMUŠ.LAḪ$_4$ „Schlangenbeschwörer"

NA4 NA4MUŠ.GÍR ein Stein

 MUŠ.ŠU.LÚ eine Schlange

 MUŠ *ŠUM* LUGAL „Schlange des Königsnamens"

 MUŠ.DÍM.KUR.RA „Gecko" (als Droge)

 MUŠ.GAL eine große Schlange →

(342)  MUŠ.ŠÀ.TÙR „Giftschlange“ (akkad. *bašmu(m)*)
() 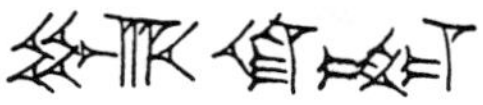 MUŠ.GUNNI „Herdschlange“

Für ^{LÚ}MUŠ.LAḪ$_4$ s. KBo 24.14, 13.

^{NA_4}[ ]MUŠ.SÌR KBo 18.161 Vs. 11 dürfte wohl Verschreibung für]MUŠ.GÍR sein. Vgl. A. Polvani, Eothen 3, 1988, 178 f.

---

343  *li, le* sum. ÈN, LE, LI

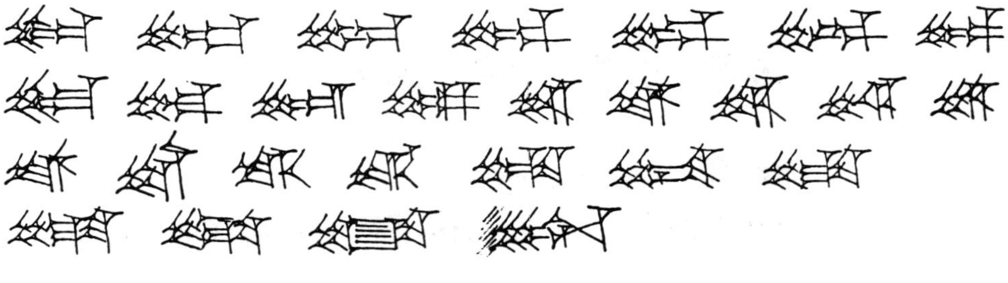

^{LÚ} ^{LÚ}*LI* „Geisel, Gefangener“; Abkürzung von ^{LÚ}*LĪṬŪTU/I*

 ÈN.TAR „fragen“

 ÈN.TAR.RI.A = heth. *katta-ššan arnumar*

^{GIŠ} ^{GIŠ}*LE-U$_5$* (^{GIŠ}*lē'u*) bzw. ^{GIŠ}LE.U$_5$ (Pseudo-Sumerogramm) „hölzerne Schreibtafel“

$^{(UZU)}$ $^{(UZU)}$LI.DUR „Nabel“

^{GIŠ} ^{GIŠ}LI.DUR.ZU eine Pflanze?

 *LI-IM* „1000“, auch 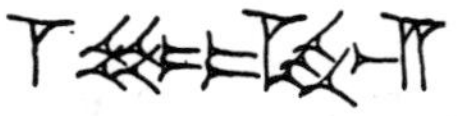 I *LI-IM*; Abkürzung I *LI*

 *LI-IM-ti-li* „zu tausenden, tausendfach“ (Adv.)

^{m} ^{m}LI-KASKAL-*iš*

Zu Formen von ÈN.TAR mit phonetischen Komplementen s. H. Berman, JCS 34, 1982, 123.

Zur Gleichung ÈN.TAR.RI.A = heth. *katta-ššan arnumar* s. H. A. Hoffner, BiOr 40, 1983, 414 b.

Auslautendes ZU in ^{GIŠ}LI.DUR.ZU wird man aufgrund der Belege in KUB 7.29 I 16, KUB 32. 123 II 24 und KUB 35.133 I 8 nicht als akkad. Possessivsuffix verstehen dürfen. Zu ^{GIŠ}LI.DUR = akkad. *abukkatu* s. R. Borger, ABZ Nr. 59; W. von Soden, AHw I, 8 b.

É *KI-LI* *s. Nr.* 199
EN ÈN.TAR *s. Nr.* 40
(MUL)UD.ZAL.LE *s. Nr.* 316
(LÚ)UGULA *LI-IM* *s. Nr.* 174
ZÀ.AḪ.LI(SAR) *s. Nr.* 238

---

344  *tir*, (*ter*) akkad. *dir*$_4$, *ter*, *ṭir*$_5$ sum. TIR

GIŠ GIŠTIR „Wald“

UZU UZU*TIR* Abkürzung für akkad. *tīrānu* „Darmwindung(en)“, vgl. Nr. 89

D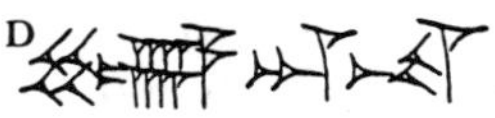 DTIR.AN.NA „Regenbogen“ (VBoT 5,3)

Gelegentlich wird für TIR das Zeichen ŠAḪ (s. Nr. 309) verwendet.
Zu UZU*TIR* s. E. Laroche, RA 64, 1970, 133.

UZU*DIR* *s. Nr.* 89
ÚGAMUN (= DIN.TIR) BABBAR/GE$_6$ *s. Nr.* 330
MUNUS*NAP-ṬIR*$_5$*-TI* *s. Nr.* 100
ŠÀ *DIR* *s. Nr.* 294
ŠÀ *TIR* *s. Nr.* 294
ÚUD.TIR BABBAR/GE$_6$ *s. Nr.* 316
ZÌ.EŠA (= A.TIR) *s. Nr.* 212

---

345  sum. TÈ, NIDABA bzw. NISABA (= ŠE.NAGA)

 ŠE.NAGA „Seifenkraut, alkalihaltige Pflanze; waschen, reinigen“

URUDU URUDUŠE.NAGA „Badekübel“ (aus Kupfer)

D DNISABA, DNIDABA Getreidegottheit

f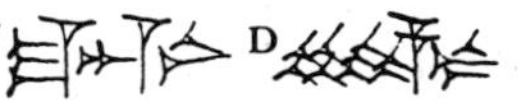 f*Ma-an-ni*-DNISABA

UGAMUŠEN (Ú.TETÈ.GAMUŠEN) *s. Nr.* 195

346  *tu*, (*dú*) akkad. *dú*, *ṭú* sum. TU

^{MUŠEN} TU.TUR^{MUŠEN} „kleine Taube"

^{m} ^{m}*Tu*, ^{m}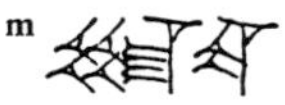 ^{m}*Tu-ut* Abkürzungen für ^{m}*Tutḫaliįa*

Zur Lesung ^{D}NIN.TUR$_5$ statt ^{D}NIN.TU s. Th. Jacobsen, Or NS 42, 1973, 274 ff.

^{LÚ}AMA.(A.)TU *s. Nr.* 57
IM.MAR.TU *s. Nr.* 337
IŠ-ṬÚ-UR *s. Nr.* 151
KUR $^{\text{(URU)}}$MAR.TU *s. Nr.* 191
NU.Ù.TU *s. Nr.* 11
U-ṬÚ *s. Nr.* 261
^{D}NIN.TU *s. Nr.* 299
^{m}MAR.TU-*a-ša-ri-š*(*a*) *s. Nr.* 191

347  sum. NINNU

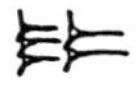

 „50" (NINNU)

348  akkad. *ḫuš* sum. ḪUŠ (= "ḪI".GÌR)

 ḪUŠ „fürchten"(?)

Zu ḪUŠ s. H. G. Güterbock in FsKraus, 1982, 83 ff.; CHD 3, 339 b. – Zu [I]GI.ḪUŠ KBo 1.44+ I 48 s. H. G. Güterbock – M. Civil, MSL 17, 1985, 104.

349  sum. SUḪUR

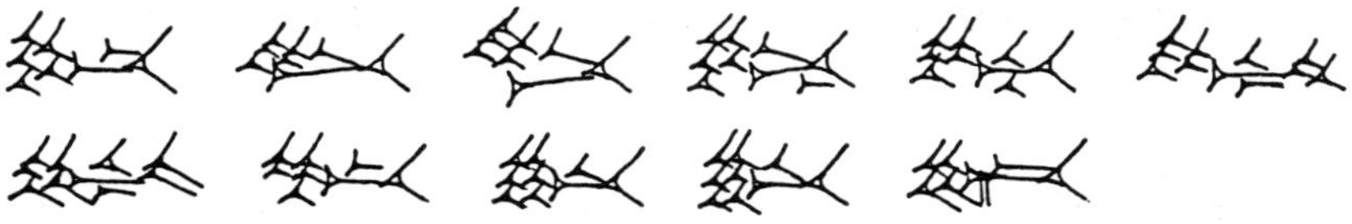

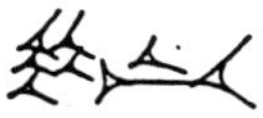 SUḪUR „Haarschopf"

MUNUS MUNUSSUḪUR.LÁ, MUNUS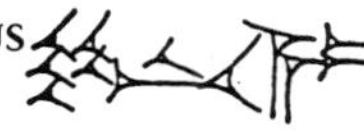

MUNUSSUḪUR.LA$_5$ „(Kammer-)Zofe, Dienerin" (akkad. *kezretu*)

Zu MUNUSSUḪUR.LÁ/LA$_5$ „a lady's servant, attendant woman, Zofe" s. H. G. Güterbock, JAOS 103, 1983, 159; vgl. G. Beckman, BiOr 40, 1983, 113 („maid").

350  akkad. *šúm* sum. SÌ, SUM, SUMU, ŠÚM

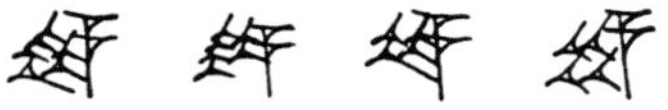

 SUM, SUMU, SÌ „geben"

SAR SUMSAR „Zwiebel?"

 SUM.SIKILSAR eine Art „Zwiebel" oder „Knoblauch"

m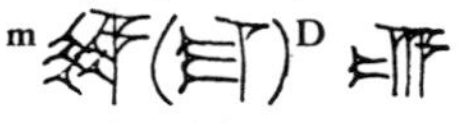 mSUM-(*ma*-)DLAMMA

m mSUM-*i̯a*

Für SUMSAR erwägt R. Borger, ABZ Nr. 164 auch die Lesung ŠÚMSAR. Zur Bedeutung vgl. H. A. Hoffner, Al. Heth. 108 mit ‚Additional Corrections'.

LÚGÌR.SÌ.GA *s. Nr.* 301	m DLIŠ-SUM *s. Nr.* 286
mDINGIRMEŠ-SUM *s. Nr.* 8	m D*SÎN*-SUM *s. Nr.* 331
m DLAMMA-SUM *s. Nr.* 196	m DU(-*ta*)-SUM *s. Nr.* 261

351  akkad. *lul* sum. KA$_5$, LUL

 KA$_5$.A „Fuchs“, (wohl auch zur Bezeichnung eines Orakelvogels)

Zum Zeichen LUL und Verwandtem s. H. G. Güterbock, in FsKraus, 1982, 83 ff.

s. auch ^{LÚ}NAR *Nr.* 19 AL.LUL.A *s. Nr.* 183

352  akkad. *nág/k* sum. NAGA, NÍDABA, NÍSABA, DALḪAMUN$_4$ (= NAGA in Kreuzform)

weitere Zeichenvarianten s. ŠE.NAGA Nr. 345

D ^{D}NÍSABA, ^{D}NÍDABA Getreidegottheit

D

 ^{D}DALḪAMUN$_4$ (vgl. A. Deimel, ŠL II, 165 a)

$^{(URUDU)}$ŠE.NAGA *s. Nr.* 345

353  *šar, (šir$_9$)* akkad. *sar, (šer$_9$)* sum. KIRI$_6$, MÚ, SAKAR, SAR

 SAR „Pflanze“, auch als Determinativ nach Pflanzenbezeichnungen

 SAR „schreiben“

 IN.SAR „er schrieb“

^{GIŠ} ^{GIŠ}KIRI$_6$ „Garten“

^{TÚG} ^{TÚG}SAR.GADA.TAR ein Kleidungsstück

^{GIŠ}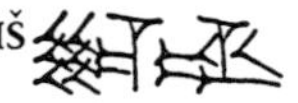 ^{GIŠ}KIRI$_6$.GEŠTIN „Weingarten“

^{GIŠ} ^{GIŠ}MÚ.SAR „Garten, Gemüsegarten“

^{GIŠ} ^{GIŠ} ^{GIŠ}KIRI$_6$ ^{GIŠ}*SE$_{20}$-ER-DUM* „Ölbaumgarten“

Die Ansetzung eines heth. Lautwertes *šir$_9$* beruht vor allem auf der Präteritalform *dam-m[i-i]š*-SAR (3. Pl. Prt.) KBo 3.38 Rs. 29, junge Abschrift eines altheth. Textes. – Die Schreibung $^{MUNUS.MEŠ}$*I-ŠAR-TI* KUB 23.1 + II 11 (zu akkad. *esertu* gehörig) legt den akkad. Lautwert *šer$_9$* (mit *š* statt *s*) nahe.

Zur Lesung von ^{GIŠ}SAR.SAR als ^{GIŠ}MÚ.SAR vgl. CAD M/II 233 f. sub *musarû* B.

$^{(LÚ)}$DUB.SAR *s. Nr.* 99
É $^{(LÚ.MEŠ)}$DUB.SAR *s. Nr.* 199
MA.MÚ *s. Nr.* 208
$^{LÚ/MUNUS}$NU.^{GIŠ}KIRI$_6$ *s. Nr.* 11
ŠU.SAR *s. Nr.* 68
TU$_7$ SAR *s. Nr.* 355
$^{(URUDU)}$U$_4$.SAKAR *s. Nr.* 316
^{DUG}ÚTUL TU$_7$.SAR *s. Nr.* 355
^{m}GIŠ.KIRI$_6$.NU *s. Nr.* 178
^{m}GIŠ.NU.KIRI$_6$ *s. Nr.* 178
$^{m\,D}$IM-*Šar-ru-um-ma* *s. Nr.* 337
^{m}NU.^{GIŠ}KIRI$_6$ *s. Nr.* 11

---

354  *in*, (*en$_6$*) akkad. *en$_6$* sum. IN

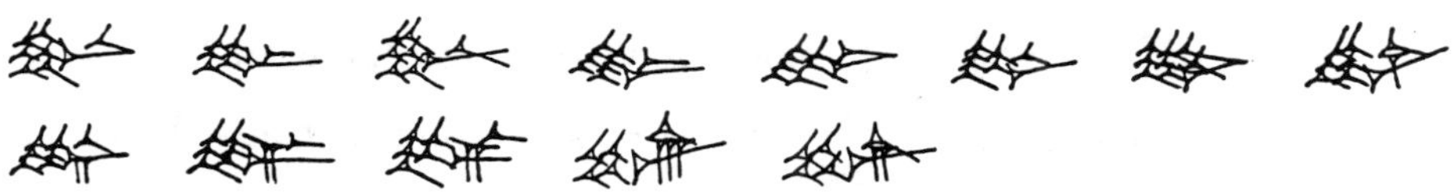

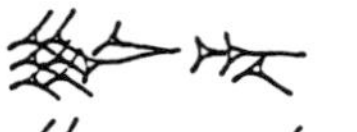 *in-tar* Abkürzung für heth. *innarau̯atar*

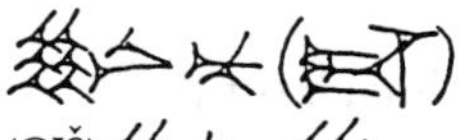 IN.NU(.DA) „Stroh“

$^{(GIŠ)}$ $^{(GIŠ)}$*IN-BU* „Frucht, Obst“

 IN.SAR „er schrieb“

^{D} ^{D}IN.KAR.R[A.AK$^{?}$] (730/v, 3)

É.IN.NU.DA *s. Nr.* 199
^{GIŠ}U$_4$.ḪI.IN *s. Nr.* 316
^{UZU}ZI.IN.GI *s. Nr.* 33

355 *kam, (gám)* akkad. *gám, qám* sum. KAM / TU$_7$ / ÚTUL (= "ḪI×BAD", "ḪI".BAD)

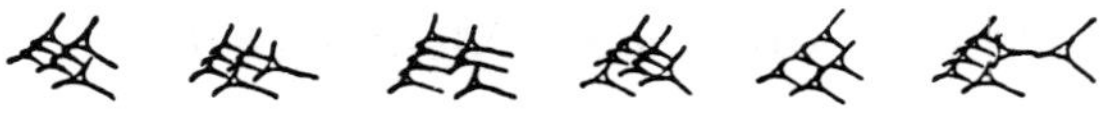

-KAM eine Art Determinativ nach Zahlen, besonders Ordinalzahlen, sowie nach Zeitbegriffen z. B. MU^{KAM}, UD^{KAM}

GÁM-RU „vollständig, ganz"

$^{DUG/URUDU}$ÚTUL „Topf"

^{DUG}ÚTUL TU$_7$.SAR „Topf (mit) Gemüsesuppe"

TU$_7$ „Suppe$^?$", auch Determinativ vor Suppen und Eintopfgerichten

^{UZU}TU$_7$ „Fleischsuppe$^?$, Fleischgericht$^?$"

TU$_7$ Ì „Fettbrühe"

TU$_7$ BA.BA.ZA „Suppe aus Gerstenbrei"

TU$_7$ GA „Milchsuppe"

TU$_7$ GÚ.GAL Erbsengericht

TU$_7$ GÚ.GAL.GAL Erbsengericht

TU$_7$ GÚ.TUR Erbsengericht

TU$_7$ UZU Fleischgericht

TU$_7$ ÉRIN^{MEŠ} Truppenverpflegung

TU$_7$ SAR „Gemüse-, Kräutersuppe"

TU$_7$ *ME*(-*E*) GA Gericht aus Wasser und Milch

TU$_7$ *ME*(-*E*) UZU „Fleischbrühe"

TU$_7$ A „Wassersuppe$^?$"

TU$_7$ A.UZU „Fleischbrühe"

TU$_7$ A.UZU.GU$_4$ „Rindfleischsuppe"

TU$_7$ NÍG.ÀR.RA Gericht aus Feinmehl

Die Zeichenstruktur ḪI.BAD ist in der letzten Zeichenform deutlich zu erkennen.
Zur Verwendung von -KAM im Akkadischen vgl. W. von Soden, GAG § 72 a.
Zu TU$_7$ als Determinativ vgl. $^{(TU_7)}$*marḫa-* CHD 3, 192 b.

É.TU$_7$ *s. Nr.* 199
EN TU$_7$ *s. Nr.* 40
NINDA.TU$_7$ *s. Nr.* 369

356  *diš, tiš, dáš, táš* akkad. *ana, gì, ṭiš* sum. DIŠ, GÉŠ, GÍŠ

 *ANA* „nach, zu" (zur Bezeichnung des Dativs und Allativs), vgl. Nr. 364

 DIŠ „wenn" (akkad. *šumma*)

 Determinativ vor männlichen Personennamen, gewöhnlich mit m oder I umschrieben

 „1" (DIŠ), „60" (GÉŠ, GÍŠ, *ŠÚŠI*), vgl. Nr. 68

 I*EN* „1" (akkad. *ištēn*)

 I*NU-TUM/TI* „Satz, Garnitur, Einheit" (akkad. *ištenūtu/ti*)

Möglicherweise wird in KBo 17.79 passim das Zeichen DIŠ als eine Art Satztrenner gebraucht. Zu DIŠ als Zählhilfe oder Ordnungssymbol in (hurr.) Omina s. G. Wilhelm, ZA 77, 1987, 233.

 „60" scheint in den Boğazköy-Texten nur in den Zahlenverbindungen für 70, 80, 90 usw. aufzutreten.

357 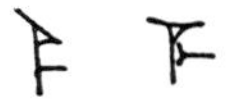 *me, (mì)* akkad. *mì, šib/p* sum. IŠIB, ME

 ME bzw. *ME* „hundert", „einhundert" stets I ME bzw. I *ME* geschrieben

 ME „setzen, legen, stellen; nehmen"

LÚ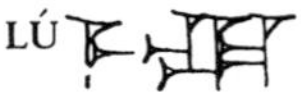 LÚIŠIB.SAG ein Reinigungspriester

 ME.LÁM „Helligkeit, Glanz"

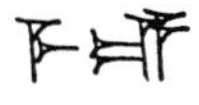 *ME-E* „Wasser" (stat. constr. von akkad. *mû*)

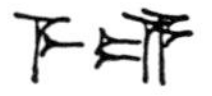  *ME-E QA-TI* „Handwaschwasser"

LÚ LÚ*ME-ŠE-DI* „Leibwächter"

 (LÚ.MEŠ) GAL (LÚ.MEŠ)*ME-ŠE-DI* „Oberster der Leibwache"

Für „100" findet sich im heth. Kontext auch akkadograph. *ME(-E)* KBo 5.6 III 43 mit Dupl. KUB 34.24+ III 15, in akkad. Kontext begegnet z. B. auch v *me-at* GIŠGIG[IRMEŠ KBo 28.77 Rs. 12 (*me'at,* status absolutus).

In RS 25.421 entspricht heth. *na-aš* ME.LÁM*-az šu-u*[*-u̯*]*a-an-za* Vs. 29 (E. Laroche, Ugaritica 5, 1968, 773, 775 „... plein d'éclat") akkad. [*š*]*a ul-ṣa ma-la-at* (J. Nougayrol, ibid. 313, 315 „... plein de charme"). ME.LÁM (akkad. *melammu*) entspricht dort akkad. *ulṣu.* →

(357) ()

AŠ.ME *s. Nr.* 1
IŠ-ME *s. Nr.* 151
ME.EŠ = MEŠ *s. Nr.* 360
SAG.ME *s. Nr.* 192
TU$_7$ *ME(-E)* (GA/UZU) *s. Nr.* 355
^{D}DÌM.NUN.ME *s. Nr.* 116
^{D}NIN.ME.ŠÁR.RA *s. Nr.* 299
^{URU}ZIMBIR.ME (= UD.KIB.NUN.ME) *s. Nr.* 316
^{ÍD}BURANUN.ME (= UD.KIB.NUN.ME) *s. Nr.* 316

---

358  *lal* sum. LÁ, LAL

 LAL „binden, gebunden"
LAL „(er)blicken"
LAL „Zacken?"

Die Bedeutung „Zacken" erwägt K. K. Riemschneider in einer unpubl. Arbeit für LAL^{MEŠ} KUB 4.72 Vs. B 2.

G. M. Beckman erwägt (StBoT 29, 16) für LÁ-*zi* KUB 8.35 Vs. 2 die heth. Lesung *u̯akši-i̯azi* im Hinblick auf LAL = akkad. *maṭû* „gering".

^{KUŠ}A.GÁ.LÁ *s. Nr.* 364
^{LÚ}A.ÍL(.LÁ) *s. Nr.* 364
AMAR.APIN.LÁ *s. Nr.* 155
^{LÚ}APIN.LÁ *s. Nr.* 9
GI.IZI.LÁ *s. Nr.* 30
GU$_4$.APIN.LÁ *s. Nr.* 157
^{TÚG}ÍB.LÁ *s. Nr.* 125
IGI.LÁ *s. Nr.* 288
KI.LÁ (NA$_4$/TI$_8$^{MUŠEN}) *s. Nr.* 313
KI.LÁ.BI *s. Nr.* 313
KUŠ.LÁ *s. Nr.* 213
NÍG.LÁ *s. Nr.* 369
SAG.ÍL.LÁ *s. Nr.* 192
MUNUS.AL.LÁ *s. Nr.* 297
ŠÀ.BAL(.LÁ) *s. Nr.* 294
$^{(LÚ)}$ŠAGAN/ŠÁMAN.LÁ *s. Nr.* 270
$^{(URUDU)}$ŠU.TÚG.LÁ *s. Nr.* 68
^{MUNUS}SUḪUR.LÁ *s. Nr.* 349

---

359 

 „70", entsprechend  „80",  „90"

---

360  *meš*, (*eš*$_{17}$) sum. MEŠ

 MEŠ Pluralzeichen

 ME.EŠ = MEŠ

 MEŠ ḪI.A, MEŠ ḪÁ Pluralzeichen

 „90"

In der Literatur findet sich gelegentlich für *eš*$_{17}$ die Transliterierung (*m*)*eš*.

---

361  sum. MIN

 „2" (MIN)

 KI.MIN (KI.II) „desgleichen" (Wiederholungszeichen)

---

362  ph. *lál* akkad. *šur*$_4$ (= LÁL.SAR) sum. LA$_5$ (= 2mal LAL)

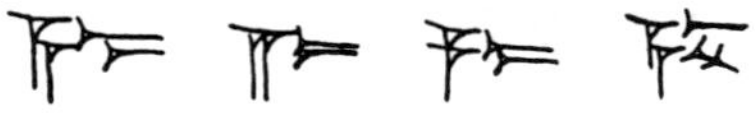

 *šur*$_4$ in: KUR [URU]*A-ŠUR*$_4$ Nr. 363, 364

NÍG.LA$_5$ *s. Nr.* 369 [MUNUS]SUḪUR.LA$_5$ *s. Nr.* 349

---

363  akkad. *šur*$_4$ (= LÁL.SAR)

in: KUR [URU]*A-ŠUR*$_4$ Nr. 362, 364

---

364  *a*, (*a̯ia/e* = A.A) akkad. ', 'a_x sum. A, DUR$_5$, DURU$_5$, ÀM (= A.AN), ÉR (= A.IGI), EŠA (= A.TIR), ÍLDAG (= A.AM)

A „Wasser", auch A^{MEŠ}, A$^{ḪI.A}$

DUR$_5$, DURU$_5$ „feucht, frisch"

A^{MEŠ}-*ar* „Wasser, Gewässer"

A$^{ḪI.A}$-*ar* „Wasser, Gewässer"

A.A$^{ḪI.A}$-*ar* „Wasser, Gewässer"

-ÀM „je" (auch -TA.ÀM) zur Bezeichnung von Distributivzahlen

KUŠ — ^{KUŠ}A.GÁ.LÁ „Ledersack, Schlauch"

A-NA „nach, zu" (zur Bezeichnung des Dativs und Allativs); ligaturartige Varianten: 

LÚ/MUNUS — $^{LÚ/MUNUS}$A.ZU „Arzt, Ärztin, Magier(in)" (auch ^{LÚ}A.ZU SAG/TUR)

A.AB.BA „Meer"

GIŠ — ^{GIŠ}ÍLDAG ein Baum (Pappel?)

LÚ — ^{LÚ}A.ÍL(.LÁ) [^{LÚ}A *ŠA* KUŠ.LÁ] „Wasserträger"

A.UZU(.GU$_4$) „(Rind-)Fleischbrühe"

DUG — ^{DUG}A.DA.GUR ein kultisches Gefäß, Räuchergefäß

(GI) — $^{(GI)}$A.DA.GUR „Trinkhalm"

A.BÁR „Blei"

A.GÀR „Feld, Flur"

SAR — ÉR.ÉR^{SAR} eine Dornpflanze (akkad. *baltu*)

A.ŠÀ, A.ŠAG$_4$ „Feld"

A-ŠAR „Ort, Stelle, Platz" (stat. constr. von akkad. *ašru*)

A.A „Kraft, Stärke"; auch Lautwert *a̯ia/e*

A.A.MU „mein Vater"

A.A.TÉŠ „Zeugungskraft, Potenz"

D — ^{D}A.MAL (Marduk)

 ^{D}A.NUN.NA.KE$_4$

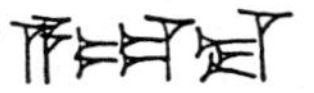 ^{D}A.AB.BA

 ^{D}A.GILIM

 ^{D}*A-A*, ^{D}*A-a*

 ⟨m⟩ ^{D}*A-NU*-LUGAL.DINGIR^{MEŠ} (Anu-šar-ilāni)

 ^{m}A.A (^{m}*Mu̯u̯a*), auch als zweites Glied in Personennamen, wie ^{m}*Piḫa*-A.A (^{m}*Piḫa-mu̯u̯a*)

 ^{URU}*A* Abkürzung für ^{URU}*Au̯arna*

 ^{URU}*A-ga-dè* (Akkad), vgl. Nr. 246

 KUR ^{URU}*A-ŠUR$_4$* (Aššur)

Zum Stimmabsatz ' im Akkadischen vgl. *ŠE-A-AM* bzw. *ŠE-'-AM* (Akk. Sg.) zu *ŠE'U(M)* „Gerste, Getreide" (StBoT 26, 1983, 301 s. v.; W. von Soden, Grundriß der akkadischen Grammatik, 1952, 24 § 23, 5 e).

Zum Gebrauch von *ANA* im Althethitischen s. F. Starke, StBoT 23, 1977, 109 ff.

Zur Problematik um die Lesung von ^{LÚ}A.ÍL(.LÁ) s. Nr. 161 Anm.

Zu A.A und A.A.TÉŠ (A.A.UR) s. CHD 3, 315 f.

Statt ^{D}A.MAL wäre theoretisch auch eine Lesung *ÌL-A-BA$_4$* möglich; vgl. R. Borger, ABZ S. 436.

Für weitere graphische Varianten des Namens Akkade s. G. F. del Monte, RGTC 6, 3 f.

Zu ÉR.ÉR^{SAR} s. H. G. Güterbock, FsOtten, 1973, 78 f.; A. Kammenhuber, HW² 405.

A.GAR$_5$ *s. Nr.* 220 Anm.
AL.LUL.A *s. Nr.* 183
^{LÚ}AMA.(A.)TU *s. Nr.* 57
^{ITU}APIN.DU$_8$.A *s. Nr.* 9
DÙ.A.BI *s. Nr.* 75
(DUG.)KA.GAG(.A) *s. Nr.* 162, 133
$^{(KUŠ/NA_4)}$DUḪ.ŠÚ.A *s. Nr.* 164
É DUB.BA.A *s. Nr.* 199
É.GÚ.È.A *s. Nr.* 199
È(.A) *s. Nr.* 316
È.A ^{D}UTU *s. Nr.* 316
^{UZU}ÉLLAG.GÙN(.A) *s. Nr.* 334
ÈN.TAR.RI.A *s. Nr.* 343
GAB.A.RI *s. Nr.* 164
^{ITU}GAN.GAN.È.A *s. Nr.* 84
$^{(GIŠ)}$GEŠTIN ḪÁD.DU.A *s. Nr.* 131
$^{(GIŠ)}$GEŠTIN *KÀ-RA-A-AN* *s. Nr.* 131
GI É.DUB.BA(.A) *s. Nr.* 30
GI.DUR$_5$ *s. Nr.* 30
GÚ.È(.A) *s. Nr.* 201
GÚ.ŠUB.DA.A.RI *s. Nr.* 201
GÙN.A *s. Nr.* 83
ḪÁD.DU(.A) *s. Nr.* 316
ḪI.A *s. Nr.* 335
^{LÚ}IGI.DÙ.A *s. Nr.* 288
^{LÚ}IGI.DU$_8$(.A) *s. Nr.* 288
IGI.DU$_8$.(LIŠ.)A *s. Nr.* 288
KA.GAG(.A) *s. Nr.* 133
KA$_5$.A *s. Nr.* 351
^{LÚ}KIN.GI$_4$.A *s. Nr.* 47
$^{LÚ.MEŠ}$MUŠEN.DÙ.A *s. Nr.* 24
^{UZU}NÍG.GI$_4$.A *s. Nr.* 369
NINDA.A.GÚG *s. Nr.* 369
NINDA.GÚG.A *s. Nr.* 369
NINDA.GUR$_4$.RA.A *s. Nr.* 369
NINDA.Ì.E.DÉ.A *s. Nr.* 369 →

(364)
()

$^{GI/GIŠ}$PISAN DUḪ.ŠÚ.A *s. Nr.* 56
^{ITU}SIG$_4$.A *s. Nr.* 84
^{LÚ}SÌLA.ŠU.DUḪ.A *s. Nr.* 21
^{LÚ}SÌLA.ŠU.DUḪ.LIŠ.A *s. Nr.* 21
^{LÚ}SIMUG(.A) *s. Nr.* 187
SUR$_{14}$.DÙ.A^{MUŠEN} *s. Nr.* 192
ŠÁM (= NÍNDA.ŠE.A.AN) *s. Nr.* 123
^{ITU}ŠU.NUMUN.A *s. Nr.* 84
ŠU.RI.ÀM *s. Nr.* 68
$^{(GIŠ)}$ŠÚ.A *s. Nr.* 251
$^{(GIŠ)}$ŠÚ.A ^{D}UTU *s. Nr.* 251
^{GIŠ}TIBULA (= ŠÀ.A.TAR) *s. Nr.* 294
TU$_7$ A *s. Nr.* 355
TU$_7$ A.UZU(.GU$_4$) *s. Nr.* 355
$^{(GAD)}$TÚG.GÚ.È(.A) *s. Nr.* 212
UDU.A.LUM *s. Nr.* 210
ZA A.BA *s. Nr.* 366
^{NA_4}ZA.GÌN.DURU$_5$ *s. Nr.* 366
ZÀ.AḪ.LI ḪÁD.DU.A$^{(SAR)}$ *s. Nr.* 238
ZÌ.DA DUR$_5$ *s. Nr.* 212
ZÌ.DA ḪÁD.DU.A *s. Nr.* 212
ZÌ.DA ZÍZ DUR$_5$ *s. Nr.* 212
ZÌ.EŠA (= A.TIR) *s. Nr.* 212
^{ITU}ZÍZ.A *s. Nr.* 84
^{D}AB.BA.A *s. Nr.* 97
^{D}*É-A* *s. Nr.* 199
^{D}GAZ.BA(.A) *s. Nr.* 122
^{D}GAZ(.ZA).BA.A.A *s. Nr.* 122
$^{m\,D}$*É-A*-LUGAL *s. Nr.* 199
$^{m\,D}$*IŠTAR*-A.A *s. Nr.* 263
^{m}ZAG-A.A *s. Nr.* 238
^{URU}GÚ.(DU$_8$.)ŠÚ.A *s. Nr.* 201

---

365 

sum. I$_7$ bzw. ÍD (= A.ENGUR)

 ÍD, I$_7$ „Fluß", auch Determinativ vor Flußnamen

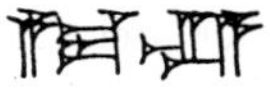 ÍD.SA$_5$ „roter Fluß" (wörtl.)

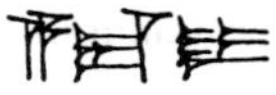 ÍD.TUR „kleiner Fluß"

^{D} ^{D}ÍD, ^{D}I$_7$

---

366 

za

akkad. *sà, ṣa*

sum. ZA, GUG (= ZA.GUL), NÍR (= ZA.GÍN/TÙN)

 ZA „Mann"

^{NA_4}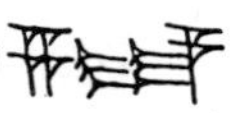 ^{NA_4}NÍR ein wertvoller Stein (s. auch Nr. 223)

^{NA_4} ^{NA_4}GUG „Karneol" (o. ä.)

^{GIŠ} ^{GIŠ}ZA.LAM.GAR „Zelt"

 ^{MEŠ}  LÚ^{MEŠ} ZA.LAM.GAR (wörtl.:) „Zeltleute"

$^{(DUG)}$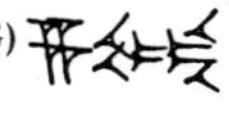 $^{(DUG)}$ZA.ḪUM „Kanne?"

TÚG 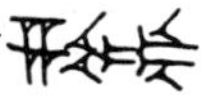 TÚGZA.ḪUM ein Kleidungsstück

(NA$_4$)  (NA$_4$)ZA.GÌN „Lapislazuli; blau"

NA$_4$  NA$_4$ZA.GÌN.DURU$_5$ eine Art Lapislazuli

(LÚ) 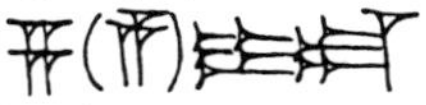 (LÚ)*ṢA-(A-)I-DU* „Jäger"

 ZA A.BA „Schreiber"

D  D*ZA-BA$_4$-BA$_4$*

D  DZA.LAM.GAR

 m]ZA.ḪUM-ZA

Verschreibung ZA für ḪA in URUŠa-mu-ḫa KUB 15.28+ II 6.

GIŠZA.LAM.KAR für GIŠZA.LAM.GAR in KUB 58.102 III 8 (KAR = GAR$_{14}$).

TÚGZA.ḪUM (163/d, 7) dürfte auf Zeichenumstellung für TÚGGUZ.ZA beruhen.

Zu den Steinnamen s. A. Polvani, Eothen 3, 1988, 193.

Zu (LÚ)*ṢA-A-I-DU* = LÚGÚ.BAR s. KBo 1.39 Vs. 11; vgl. A. Götze, Madduwattaš, 140.

Zu m]ZA.ḪUM-ZA vgl. S. Košak, ZA 76, 1986, 133.

AN.ZA.GÀR *s. Nr.* 8
BA.BA.ZA *s. Nr.* 205
BIL.ZA.ZA *s. Nr.* 169
GIŠGU.ZA *s. Nr.* 304
(TÚG)GUZ.ZA *s. Nr.* 310
NINDA.BA.BA.ZA *s. Nr.* 369
TU$_7$ BA.BA.ZA *s. Nr.* 355
DGAZ(.ZA).BA.A.A *s. Nr.* 122
m D*IŠTAR*-ZA *s. Nr.* 263
mTI$_8$MUŠEN-ZA *s. Nr.* 215
m DU-ZA *s. Nr.* 261

---

367   *ḫa* akkad. *'a$_4$* sum. ḪA, KU$_6$, ZÁḪ (= ḪA.A)

 KU$_6$ „Fisch", auch als Determinativ gebraucht

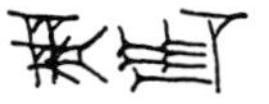 ḪA.LA „Anteil, Teil"

UZU 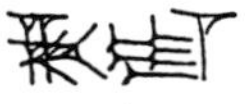 UZUḪA.LA „Fleischanteil"

LÚ 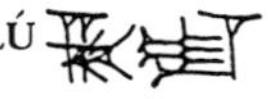 LÚḪA.LA „Teilhaber"

 *ḪA-ṢAR-TUM* „grün"

 *ḪA-ŠÁR-TUM* „grün" (für akkad. *ḫaṣartum*)

 ZÁḪ „zugrunde gehen, zugrunde richten; Vernichtung"

(URUDU)NÍG.ŠU.LUḪ(.ḪA) *s. Nr.* 369
ÚNU.LUḪ.ḪA(SAR) *s. Nr.* 11
Ú-ZÁḪ *s. Nr.* 195

---

368  sum. $EŠ_5$

 „3" ($EŠ_5$)

369  *šá* akkad. *nì, níg/k/q* sum. GAR, NÍG, NINDA, ŠÁ

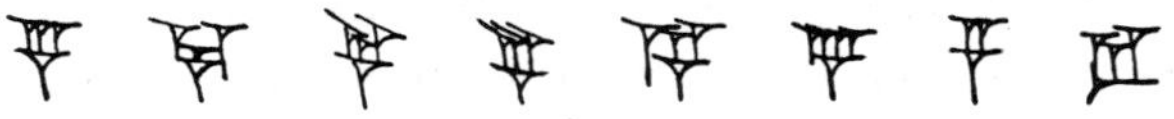

NÍG „Sache?, Ding?"

GIŠNÍG.ŠID „Rechenholz"

NÍG.SI.SÁ „Gerechtigkeit; recht, gerecht"

LÚNÍG.SI.SÁ „Gerechter" (auch als Name im Appu-Märchen)

(URUDU)NÍG.ŠU.LUḪ(.ḪA) „Waschbecken"

NÍG.BA „Geschenk, Gabe"

DUGNÍG.NA „Räucherbecken"

NÍG.DU „Mahlzeit"

NÍG.ÚR.LÍMMU! „Vieh" (KUB 8.27 lk. Rd. 4)

GIŠNÍG.GU_7 ein Eßgefäß

TÚGNÍG.LÁM „kostbares Gewand, Prachtgewand"

NÍG.GA „Besitz, Gut, Eigentum"

NÍG.BÚN.NA(KU₆) „Schildkröte"

LÚNÍG.ÉRIM (= NE.RU) u. B.

UZUNÍG.GI_4.A u. B.

KUŠNÍG.BÀR „Fell, Decke, Vorhang"

GIŠNÍG.GUL hammerähnliches Werkzeug („Dechsel")

UZUNÍG.GIG „Leber"

NÍG.LAM(.GAR) u. B.

NÍG.MUNUS.ÚS(.SÁ), NÍG.MÍ.ÚS(.SÁ) „Hochzeitsgeschenk, Brautpreis"

NÍG.ÀR.RA „Feinmehl, Graupen?“

NÍG.GÍD.DA eine Art Lanze?, Speer?, „Barren“

NÍG.LÁ „(Pferde-)Geschirr?“

NÍG.LA$_5$ „(Pferde-)Geschirr?“

NÍG.TUKU „Reichtum; reich, sich bereichern“ (auch ^{LÚ}NÍG.TUKU)

^{m}NÍG.BA-^{D}U

^{f}NÍG.GA.GUŠKIN

NINDA „Brot“, Determinativ vor Gebäckarten

LÚ NINDA „Brotbesorger?“

^{LÚ}NINDA.DÙ.DÙ „Bäcker“

NINDA.UMBIN eine Brotsorte (UMBIN „Rad“)

NINDA.Ì „Fettbrot?“

NINDA.Ì.E.DÉ.A „Rührkuchen, fetthaltiger Kuchen“ o. ä.

NINDA.BA.BA.ZA „Brot aus Gerstenbrei“

NINDA.ZI.ḪAR.ḪAR eine Brotsorte

NINDA *LA-AB-KU* „feuchtes?/weiches? Brot“

NINDA.ZU$_9$ eine Brotsorte (ZU$_9$ „Zahn“)

NINDA.KAŠ „Bierbrot?“

NINDA.AMAR × KU$_6$ eine Brotsorte

NINDA GIBIL „frisches? Brot“

NINDA.LÀL „Honigbrot, -kuchen“

NINDA.GUR$_4$.RA „dickes Brot“ (auch NINDA.GUR$_4$.RA.A)

^{LÚ}NINDA.GUR$_4$.RA „Besorger von N., Brotopferer“

NINDA.KU$_7$ „süßes Brot“

NINDA *MAR-RU* „bitteres Brot“

NINDA.GÚ.GAL Brot aus/mit Erbsen

NINDA ^{GIŠ}BANŠUR „Tischbrot“

NINDA.GÚG eine Brotsorte (GÚG eine Hülsenfrucht)

NINDA.SIG „dünnes, flaches Brot; Fladenbrot?“

NINDA.KASKAL „Reiseproviant“ →

(369)
()

 NINDA LIBIR.RA „altes Brot"

 NINDA.BURU$_{14}$ eine Brotsorte (BURU$_{14}$ „Erntezeit")

 NINDA.ÚKUŠ „Gurkenbrot"

 NINDA.BABBAR „Weißbrot"

^{MEŠ} NINDA.ÉRIN^{MEŠ} „Soldatenbrot"

 NINDA *EM-ṢÚ* „saures Brot"

 NINDA.ŠE Brot aus Gerste

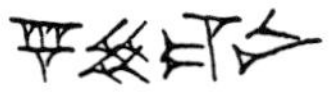 NINDA.ŠE.GIŠ.Ì „Sesambrot"

 NINDA.TU$_7$ „Brotpudding?"

 NINDA.A.GÚG eine Brotsorte

 GAR „setzen, stellen, legen" (heth. *dai-*, Passiv *ki-*)

 GAR-*ri* (heth. *kittari*)

 GAR-*ta-ri* (heth. *kiḭantari*?/*kittari*?)

 GAR-*aš* Orakelterminus

 GAR.RA „besetzt, überzogen, versehen mit"

 *ŠÁ* (= *ŠA*) Zeichen des Genetivs, vgl. Nr. 158

^{LÚ} ^{LÚ}*ŠÁ-KÍN* (stat. constr.) ein Beamtentitel

 *NÌ-MUR* „wir sahen"; zu akkad. *amāru(m)*

Zum Lautwert *šá* vgl. ^{D}*Ta-ru-up-pa-šá-ni-iš* in KUB 52.68 III 31.

Zu ^{LÚ}NÍG.SI.SÁ s. J. Siegelová, StBoT 14, 1971, 12 (Rs. IV 4, 21).

Zu NÍG.GIG (akkad. *ikkibu*) „Verbotenes, Tabu" s. J. Puhvel, HED 1, 1984, 118.

Für ^{UZU}NÍG.GIG KUB 9.32 Vs. 43 ist im Duplikat HT 1 IV 1 ^{UZU}NÍG.BI geschrieben.

Das Sumerogramm NÍG.GÍD.DA (wörtl. „langer Gegenstand") umfaßt Bedeutungen wie akkad. *ariktu, urāku* oder *mašaddu.*

Zu NINDA.Ì.E.DÉ.A s. O. Carruba, StBoT 2, 1966, 65 s.v.; zur Übersetzung „mutton fat cake" s. CHD 3, 307 a.

Zu NINDA.GÚG s. H. G. Güterbock, FsOtten, 1973, 73.

Statt ^{LÚ}NINDA.ŠE KUB 27.70 II 10 (s. Hoffner, Alimenta 129; et al.) lies ^{LÚ}MUḪALDIM.

Zur Diskussion um die Lesung von GAR-*aš* s. E. Laroche, RA 64, 1970, 130. Etwa identisch mit NÍG „Sache"?

Zu ^{LÚ}ŠÁ.KÍN, allerdings sumerographisch verstanden, s. I. Singer, Tel Aviv 10, 1983, 5; vgl. *šakin māti* „Statthalter", R. Borger, ABZ, S. 207.

É LÚ NINDA.ŠE *s. Nr.* 199
É (LÚ)NINDA.DÙ.DÙ *s. Nr.* 199
GÚ.GAR(.GAR) *s. Nr.* 201
(DUG)IM.ŠU.(NÍG.)RIN.NA *s. Nr.* 337
(DUG)IZI.GAR *s. Nr.* 169
LÚ NÍG.GAL.GAL *s. Nr.* 78
LÚMEŠ ZA.LAM.GAR *s. Nr.* 366
ITUNE.NE.GAR *s. Nr.* 169
NINDA.GÚG.A *s. Nr.* 220
GI/GIŠPISAN.NINDA *s. Nr.* 56
(GIŠ)SI.GAR (KÙ.BABBAR) *s. Nr.* 86
ŠÀ.GAR *s. Nr.* 294
TU_7 NÍG.ÀR.RA *s. Nr.* 355
GIŠZA.LAM.GAR *s. Nr.* 366
(GIŠ)ZAG.GAR.RA *s. Nr.* 238
DZA.LAM.GAR *s. Nr.* 366

---

370 

sum. LIMMU

 „4“ (LIMMU)

---

371 

sum. IÁ

 „5“ (IÁ)

---

372 

sum. ÀŠ

 „6“ (ÀŠ)

---

373 

sum. IMIN

 „7“ (IMIN)

D  DIMIN.IMIN.BI (DVII.VII.BI) „Plejaden“ (als Siebengottheit)

Zu DIMIN.IMIN.BI vgl. A. Kammenhuber, THeth 7, 1976, 45 f.

---

374  sum. USSU

 „8“ (USSU)

375 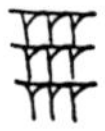 sum. ILIMMU

 „9“ (ILIMMU)

Zum Symbolcharakter der Zahl „9“ in der babylonischen und hethischen Literatur s. O. R. Gurney, Journal of the Department of English (Univ. of Calcutta) 14, 1978/79, 27 ff.

Indices

1. Lautwerte – Fonetik değerler

Hethitisch: Kleinbuchstaben, nicht-kursiv
Akkadisch: Kleinbuchstaben, kursiv
Sumerisch: Großbuchstaben (Kapitälchen)
Hurritisch: Klammerzusatz (hurr.) hinter einem Lautwert
(Proto-)Hattisch: Klammerzusatz (ph.) hinter einem Lautwert
Zeichenname: Großbuchstaben (Kapitälchen), rechts vom Gleichheitszeichen

Die Endziffern beziehen sich auf die Zeichennummern.
Mit A wird auf den Anmerkungsteil innerhalb des Interpretaments der angegebenen Zeichennummern verwiesen.

(Zur Anlage der Lautwerte-Tabelle s. auch Einleitung S. 23)

ʾ

ʾ (akkad.) = A 364
ʾ*a* = AḪ 332
ʾa_4 = ḪA 367
ʾa_x = A 364
ʾ*e* = AḪ 332
ʾ*i* = AḪ 332
ʾi_x = I 217
ʾ*u* = AḪ 332
ʾu_x = Ú 195

A

a, A = A 364
Á = Á 215
à = PI (ṶA) 317
ab, AB = AB 97
AB × PA *s.* ZÍ
ÁB = ÁB 277
ÁB × A = ÁB × A 284
ABUL = KÁ.GAL 167
ad, AD = AD 105
af? (hurr.) = PI_{AB} 318 A
ag, AG = AG 81
ÁG = ÁG (NÍNDA × NE) 121
ÁGA = ÁG (NÍNDA × NE) 121
AGRIG = AGRIG (IGI.DUB) 291
aḫ, AḪ = AḪ 332
(ai̭a/e) = A.A 364
ak, AK = AG 81
ÀKA = ŠID 231
AKAN *s.* UBUR
al, AL = AL 183
ALAL *s.* ŠEN
ALAM = ALAM ($\frac{GU_4}{GU_4}$.NÁ) 226
ALAN = ALAM ($\frac{GU_4}{GU_4}$.NÁ) 226
ALGAMES = UD.MUNUS.ḪÚB/KAB 316
ALIM = ALIM (GÌR × A.IGI) 303
am, AM = AM 168
ÀM = A.AN 364
am_7 = PI (ṶA) 317
AMA = AMA (GÁ × AN) 57
AMAR = AMAR 155

AMAR × KU_6 = AMAR × KU_6 276
AMAR × ŠE *s.* SISKUR
AMAŠ = E[!] (= DAG).$KISIM_5$ × LU.MÁŠ 190 A
AMBAR = SUG (LAGAB × A) 182
an, AN = AN 8
ana = DIŠ 356
ANŠE = ANŠE („GÌR", GÌR × TAB, GÌR × PA) 302
ap = AB 97
APIN = APIN 9
aq = AG 81
ar, AR = AR (IGI.RI) 289
ár = UB 152
ÀR = ḪAR (ḪI × „ÁŠ") 333
ÀRA *s.* ARA_5
ARA_5 = ḪAR.ḪAR 333
ARAD = ARAD 16
ÀRAḪ *s.* ÉSAG
as = AZ (PIRIG × ZA, auch ohne ZA) 92
às = AŠ 1
aṣ = AZ (PIRIG × ZA, auch ohne ZA) 92
aš, AŠ = AŠ 1
áš (ph.), ÁŠ = ÁŠ 241
ÀŠ = ÀŠ („6") 372
AŠGAB = AŠGAB 80
at = AD 105
aṭ = AD 105
au̯ = PI (U̯A) 317
áu̯? (hurr.) = PI_{AB} 318 A
az, AZ = AZ (PIRIG × ZA, auch ohne ZA) 92
áz (ph.) = ÁŠ 241
àz = AŠ 1
AZAG = KUG.AN 69
ÁZLAG = TÚG 212
AZU = AZU (NÍNDA × NUN) 104 (vgl. 112 A)
(əḫ) = AḪ 332

B

ba, BA = BA 205
bá = PA 174
ba_4 = GÁ 56
bab = PAB 256 (1)
BABBAR = UD 316
bad, BAD = BAD 13
BÀD = BÀD(!) 114
bag = ḪU 24
BÁḪAR = DUG.SÌLA.BUR 162
$BAḪAR_5$ = DUG.SÌLA.BUR.NA 162
bak = ḪU 24
bal, BAL = BAL 4
BALAG = BALAG(!) 225 (vgl. 130 A)
BAN *s.* PAN
BÁN = BÁN 20
BANŠUR = BANŠUR (URU.URUDU, E.URUDU) 229
bap = PAB 256 (1)
BAPPIR = ŠIM × NÍG 163
baq = ḪU 24
bar, BAR = BAR 20
BÁR = BÁRA 235
bàr, BÀR = DAG 243
BAR_7 = NE 169
BAR_8 = $BURU_{14}$ 274 (vgl. 195)
bat = BAD 13
baṭ = BAD 13
be, BE = BAD 13
bé = BI 153
bi, BI = BI 153
BI × A *s.* DUG
bí, BÍ = NE 169
bi_4 = BAD 13
BIL = NE 169
bíl = BÍL („NE" × PAB) 172
BIR = BIR (ḪI × ŠE) 334

bír = UD 316
BIR_9 = NE 169
biš = GIR 244
bu, BU = BU 339
BUGIN = SUG (LAGAB × A) 182
BÚGIN = LAGAB × NÍG 55
BUL = BUL (LAGAB × EŠ) 84 A
BUL.BUL = NENNI 84 A
BÙLUG = BÙLUG 257
BÚN = BÚN (KA × IM) 144
BUNIN = SUG (LAGAB × A) 182
BÚNIN = LAGAB × NÍG 55
bur, BUR = BUR 245
BÙR = U 261
BURANUN = UD.KIB.NUN 316
$BURU_5$ = $BURU_5$ (wie NAM) 39 (2)
$BURU_{14}$ = $BURU_{14}$ 274

D

da, DA = DA 214
(dá), *dá* = TA 160
DAB = DIB (LU) 210
(dáb), *dáb* = TAB 90
(dag), DAG = DAG 243
DAG.$KISIM_5$ × ..... *s.* E[!].$KISIM_5$ × .....
DAGAL = AMA (GÁ × AN) 57
(daḫ) = DAḪ 171
(dak) = DAG 243
(dal), *dal*? = RI 32
$DALḪAMUN_4$ = NAGA (in Kreuzform) 352
dam, DAM = DAM 298
dám = UD 316
dan = KAL 196
DANNA = KASKAL.BU 259
DÀNNA = KASKAL.GÍD.DA 259 A
(dáp), *dáp* = TAB 90
(daq) = DAG 243
DAR *s.* GÙN, *Ištar*
dar$_6$ = TAR 7
DÀRA = DÀR 71
dáš = DIŠ 356
dàš = ÁŠ 241 A
daš$_x$ = ÁŠ 241 A
de = DI 312
DÉ = DÉ 102
dè = NE 169
(de$_4$), *de*$_4$ = TE 249
del = AŠ 1
den = DIN 330
di, DI = DI 312
(dì), *dì* = TI 37
di$_{11}$ = DIM 14
di$_{12}$ = TE 249
dib (hurr.), DIB = DIB (LU) 210
DIDLI (< DILI.DILI) = AŠ.AŠ 1
DÌḪ = NIM 74
dil = AŠ 1
DILI = AŠ 1
DÍLI = LIŠ 286
DÍLIM = LIŠ 286
dim = DIM 14
DÍM = GIM 165
dìm, DÌM = DÌM 116
DIM_4 = BÙLUG 257
dim$_x$ = DAM 298 A
din = DIN 330
DINGIR = AN 8
dip (hurr.) = DIB (LU) 210
dir = DIR (SI.A) 89 A
dir = DIR (SI.A) 89
dir$_4$ = TIR 344
DIRI = DIR (SI.A) 89
diš = DIŠ 356
DIŠ = DIŠ ("1") 356

du, DU = DU 128
(dú), *dú* = TU 346
DÙ = GAG 75
du$_{4}$ = TUM 125
DU$_{6}$ = DU$_{6}$ 211
DU$_{8}$ = DUḪ 164
DU$_{10}$ = ḪI 335
DU$_{11}$ = KA 133
(dub), DUB = DUB 99
DÚB = DÚB(!) 130, vgl. 225 A
DUBBIN *s.* UMBIN
dug, DUG = DUG (BI × A) 162
DÙG = ḪI 335
DUG$_{4}$ = KA 133 (vgl. 49 A)
DUGUD = DUGUD 268
DUḪ = DUḪ 164
duk = DUG (BI × A) 162
DUL = DUL 262
DUL$_{4}$ = DUL$_{4}$ 88 A
DUL$_{8}$ = DIB (LU) 210
DUL$_{9}$ = DUL$_{9}$ 88 A
(dum), *dum* = TUM 125
DUMU = TUR 237
DUN$_{4}$ = DUN$_{4}$ 88 A
(dup) = DUB 99
duq = DUG (BI × A) 162
dur, DUR = DUR 202
DÚR = KU 206
DÙR = ANŠE.ARAD 302
DUR$_{5}$ = A 364
DUR$_{10}$ = ŠEN (SU × A) 230
DÚRU = KU 206
DURU$_{5}$ = A 364
DURUN = KU 206
DÚSU = ANŠE.Ù/LIBIR 302

E

e, E = E 187
E[!].KISIM$_{5}$ × A.MAŠ = E[!].KISIM$_{5}$ × A.MAŠ (mit E[!] für DAG) 190
E[!].KISIM$_{5}$ × GA = UBUR (E[!].KISIM$_{5}$ × GA; mit E[!] für DAG) 189
E[!].KISIM$_{5}$ × GU$_{4}$ = UTUL$_{5}$ (E[!].KISIM$_{5}$ × GU$_{4}$; mit E[!] für DAG) 188
E[!].KISIM$_{5}$ × LA = LAḪTA (E[!].KISIM$_{5}$ × LA; mit E[!] für DAG) 232
E[!].KISIM$_{5}$ × Ú.MAŠ = E[!].KISIM$_{5}$ × Ú.MAŠ (mit E[!] für DAG) 283
é, É = É 199
È = UD.DU 316
eb = IB 44
éb = TUM 125
EBUR *s.* BURU$_{14}$
ed = Á 215
EDIN = EDIN ("AM".SÌLA.BUR) 168
eg = IG 67
EGIR = EGIR 126
eḫ = AḪ 332
ek = IG 67
el = EL 307
(él), *él* = IL 117
ELAM = NIM 74
ÉLLAG = BIR (ḪI × ŠE) 334
em = IM 337
EME = EME (KA × ME) 147
en, EN = EN 40
ÉN = ÉN (ŠÚ.AN) 251
ÈN = LI 343
(en$_{6}$), *en*$_{6}$ = IN 354
ENGAR = APIN 9
ENGUR = ENGUR 216
ENSI = EN.ME.LI 40
ep = IB 44
ép = TUM 125
eq = IG 67

er = IR 77
ÉR = A.IGI 364
EREN = EREN (SÍK.NUN) 62
EREŠ = NIN (d. h. NIN = MUNUS.TÚG; NIN$_9$ = MUNUS.KU) 299
ERI$_{11}$ = UNUG 111
ERIM = ERIM 327
ÉRIM = NE.RU 169
ERIN = EREN (SÍK.NUN) 62
ÉRIN = ERIM 327
ÉRIN ("NUNUZ") = NUNUZ 328
eriš = NIN (s. auch unter EREŠ) 299
es = GIŠ 178
és = EŠ 331
ÉSAG = ÉSAG (GÁ × ŠE) 59
ESI = KAL 196
eṣ = GIŠ 178
eš = EŠ 331
EŠ$_5$ = EŠ$_5$ (DIŠ.DIŠ.DIŠ; "3") 368
(eš$_{15}$), *eš*$_{15}$ = IŠ 151
(eš$_{17}$) = MEŠ 360
EŠA = A.TIR 212, 364
et = Á 215
eṭ = Á 215
ez = GIŠ 178
EZEN × ŠE *s.* EZEN$_4$
EZEN$_4$ = EZEN × ŠE 107

G

ga, GA = GA 159
GÁ = GÁ 56
GÁ × AN *s.* AMA
GÁ × NÍG *s.* GALGA
GÁ × NIR *s.* ÙR
GÁ × PA *s.* SILA$_4$
GÁ × ŠE *s.* ÉSAG
ga$_5$ = SÌLA 21
ga$_{14}$ = KA 133
gab, GAB = GAB 164
gáb, GÁB = KAB 49
GABA = GAB 164
gad, GAD = GAD 173
GADA = GAD 173
GAG = GAG 75 (vgl. 207)
gal, GAL = GAL 242
GÁL = IG 67
GÀL = GIŠGAL 337 A
(gal$_9$), *gal*$_9$ = KAL 196
GALA = UŠ.KU 132
GALAM = GALAM 119 A
GALGA = GALGA (GÁ × NÍG) 60
gam, GAM = GAM 247
(gám), *gám* = KAM 355
GAMUN = DIN.TIR 330
GAN = GAN 113 (vgl. 270)
GANBA = KI.LAM 313
gán, GÁN = GÁN 61
gap = GAB 164
gáp = KAB 49
GAR = NÍG 369
gàr, GÀR = GÀR 240
GAR$_5$ = GÚG 220
gar$_{14}$ = KAR (TE.A) 250
GAR$_{14}$ = KAR (TE.A) 366 A
GÁRAŠ = KI.KAL.BAD 313
GARZA = PA.AN 174
gas = GAZ (KUM × ŠE) 122
gaṣ = GAZ (KUM × ŠE) 122
gaš = BI 153
GAŠAN = GAŠAN 336
gat = GAD 173
gaz, GAZ = GAZ (KUM × ŠE) 122
ge = GI 30
ge$_e$ (hurr.) = GI$_E$ 31
GÉ = KID 194

GE$_4$ = GI$_4$ 234
(ge$_5$), *ge$_5$* = KI 313
GE$_6$ = MI 267
GEDIM *s.* GIDIM
GÉME = GÉME (MUNUS.KUR) 305
GÉŠ = DIŠ ("60") 356
GÉŠBU = ŠU.BÙLUG 68
GÉŠPU = ŠU.BÙLUG 68
GEŠTIN = GEŠTIN 131
GEŠTU = PI (U̯A) 317
GEŠTUG = PI (U̯A) 317
gi, GI = GI 30
gì = DIŠ 356
GI$_4$ = GI$_4$ 234
(gi$_5$), *gi$_5$*, GI$_5$ = KI 313
GI$_6$ = MI 267
GI$_7$ = ŠÈ ("TÚG") 212
GIBIL = BÍL ("NE" × PAB) 172
gibil$_6$ = NE.GI 169
gíd, GÍD = BU 339
GIDIM = GIDIM (ŠUŠANA.IŠ) 52
GIDRU = PA 174
gig, GIG = GIG (MI.NUNUZ) 269
GÍG = MI 267
GIGIR = GIGIR (LAGAB × BAD) 224
GÍGIR = TÚL (LAGAB × U) 180
GILIM = GIL 258
gim = GIM 165 A
GIM = GIM 165
GIN = DU 128
GÍN = GÍN(!) ("ZU") 209 (2), 223 (vgl. 161)
GÌN = KUR 329
giq = GIG (MI.NUNUZ) 269
gir = GIR 244
GÍR = GÍR 6
GÌR = GÌR 301
GÌR × A.IGI *s.* ALIM
GÌR × TAB bzw. GÌR × PA *s.* ANŠE
GIR$_4$ = GIR$_4$ 266
gìra = NE.GI(?) 169
GÌRI = GÌR 301
GISKIM = AGRIG (IGI.DUB) 291
GISSU = GIŠ.MI 178
GIŠ = GIŠ 178
GÍŠ = DIŠ ("60") 356
GIŠIMMAR = SA$_6$ 70
(gít), *gít* = BU 339
giṭ = BU 339
GIZKIM *s.* GISKIM
gu, GU = GU 304
GÚ = GÚ 201
GÙ = KA 133
gu$_4$ (hurr.), GU$_4$ = GU$_4$ 157
(gu$_5$), *gu$_5$* = KU 206
GU$_7$ = GU$_7$ (KA × NÍG) 149
GUB = DU 128
GÙB = KAB 49
GUD = GU$_4$ 157
GUD$_8$ = LAGAB 179
GÚDU *s.* GUDU$_{12}$
GUDU$_{12}$ = IM.ME (statt AḪ.ME) 337
GUG = GUG (ZA.GUL) 366
GÚG = GÚG 220
GUG$_4$ = NÚMUN 93 A
GUKKAL$^?$+KUN = LU."ḪÚL"+KUN 210, 252
gul, GUL = GUL 271
(gum), *gum* = KUM 120
GUN = GUN (GÚ.UN) 201
GÙN = DAR 83
GUNNI = KI.NE 313
gur, GUR = GUR 185
GUR$_4$ = LAGAB 179
GUR$_{10}$ = KIN 47
GURU$_{21}$ = E.TUM 187
GURUN = GURUN (4mal BAD) 193
GURUŠ = KAL 196
GUŠKIN = KUG.GI 69
GUZ = LUM 310 (vgl. 142 A)

Ḫ

ḫa, ḪA = ḪA 367
ḪÁ = ḪI.A 335
ḪA$_6$ = GIR 244
ḫab, ḪAB = LAGAB 179
ḫad = PA 174
ḪÁD = UD 316
ḫal, ḪAL = ḪAL (AŠ.AŠ) 2
ḫap = LAGAB 179
ḫar, ḪAR = ḪAR (ḪI × "ÁŠ") 333
ḫaš = TAR 7
ḪAŠḪUR = ḪAŠḪUR 219
ḫat = PA 174
ḫaṭ = PA 174
ḫe = ḪI 335
ḫé, ḪÉ = GAN 113
ḫel = ḪAL (AŠ.AŠ) 2 A
ḫi, ḪI = ḪI 335
ḪI × "ÁŠ" *s.* ḪAR
"ḪI × BAD" *s.* KAM
ḪI × ŠE *s.* BIR
(ḫí), *ḫí* = GAN 113
ḫu = ḪU 24
ḫub, ḪUB = ḪUB 50
ḪÚB = KAB 49
ḫul, ḪUL = ḪUL 290
ḪÚL *s.* GUKKAL$^?$+KUN, ÚKUŠ
ḪUM = LUM 310
ḫup = ḪUB 50
ḫur, ḪUR = ḪAR (ḪI × "ÁŠ") 333
ḫuš, ḪUŠ = ḪUŠ ("ḪI".GÌR) 348

I

i, I = I 217
ì = NI 72
I$_7$ = A.ENGUR 365
i$_{15}$ = E 187
IA *s.* i̯a
IÁ = IÁ ("5") 371
IÀ = NI 72
IA$_4$ = NA$_4$ (NI.UD) 73
ib, IB = IB 44
íb, ÍB = TUM 125
IBILA = TUR.UŠ 237 A
id = Á 215
ÍD = A.ENGUR 365
IDIGNA = IDIGNA 253
ig, IG = IG 67
IGI = IGI 288
iḫ = AḪ 332
ik = IG 67
IKU = GÁN 61
il = IL 117
ÍL = ÍL (GA.GÍN) 161
ìl = AN 8
(il$_5$), *il*$_5$ = EL 307
ÍLDAG = A.AM 364 (vgl. 196 A)
ili(m) ← DINGIR^{LIM} = AN.IGI 8
ILIMMU = ILIMMU ("9") 375
ILLAT = KASKAL.KUR 259
im, IM = IM 337
IMIN = IMIN ("7") 373
in, IN = IN 354
(in$_4$), *in*$_4$ = EN 40
ina = AŠ 1
INANNA = MÙŠ 41
INIM = KA 133
INNIN = MÙŠ 41
ip = IB 44
íp = TUM 125
iq = IG 67
ir, IR = IR 77
ÌR = ARAD 16

is = GIŠ 178
ís = IŠ 151
ISKIM = AGRIG (IGI.DUB) 291
iṣ = GIŠ 178
íṣ = IŠ 151
iš = IŠ 151
(ìš), *ìš* = EŠ 331
iš$_6$ = GIŠ 178
IŠIB = ME 357
IŠKUR *s.* IM
Ištar = U.DAR 263
it = Á 215
ITI = ITI 84
ITU = ITI 84
iṭ = Á 215
iz = GIŠ 178
íz = IŠ 151
IZI = NE 169
IZKIM *s.* ISKIM

I̭

i̭a = I.A. 218

K

ka, KA = KA 133
KA×A = NAG 148
KA×ÀŠ = KA×ÀŠ 150
KA×BAR = UKKIN 134
KA×GAG = KIR$_{14}$ 140
KA×GIŠ = KA×GIŠ 139 (vgl. 138 A)
KA×IM = BÚN 144
KA×LI = TU$_6$ (in ^{LÚ}MU$_7$) 146
KA×LUM = KA×LUM 142
KA×ME = EME 147
KA×NÍG = GU$_7$ 149
KA×NUN = NUNDUM, NUNDUN 135
KA×PA = KA×PA 138
KA×SA = SU$_6$ 136
KA×ŠE = TÚKUR 145 (vgl. 107 A)
KA×U = KA×U 141
KA×UD = ZU$_9$ 143
KA×ÚR = KA×ÚR 137
KÁ = KÁ 167
kà, KÀ = GA 159
ka$_4$ = SÌLA 21
KA$_5$ = LUL 351
kab, KAB = KAB 49
kad = GAD 173
KÀD = KÀD 227 A
KAD$_5$ = KAD$_5$ ("ŠU.KÀD") 227 A
KAK *s.* GAG
kal, KAL = KAL 196
(kál), *kál* = GAL 242
KALA = KAL 196
KALAG = KAL 196
KÁLAM *s.* ÉLLAG
kam, KAM = KAM ("Ḫ̮I×BAD"; "Ḫ̮I".BAD) 355
kan = GAN 113
kán = GÁN 61
kap = KAB 49
kar, KAR = KAR (TE.A) 250
kàr, *kàr* = GÀR 240
KARAŠ = KI.KAL.BAD 313
kas$_4$ = KAŠ$_4$ 129
KASKAL = KASKAL 259
kaṣ (= *kàṣ*) = GAZ (KUM×ŠE) 122
kaš, KAŠ = BI 153

KAŠ$_4$ = KAŠ$_4$ 129
kat = GAD 173
kat$_7$ $^?$ = ŠU 68
kaz = GAZ (KUM × ŠE) 122 A
ke = KI 313
ké = GI 30(!)
KE$_4$ = KID 194
kel = LAGAB 179
KÉŠ = EZEN (SÌR) 106
KEŠDA = EZEN (SÌR) 106
ki, KI = KI 313
kí = GI 30
kib, KIB = KIB 260
kid, KID = KID 194
KÍD = KÍD 227 A
(kid$_9$) = GAD 173
kil = LAGAB 179 (vgl. Nr. 161 A)
kíl = GIL 258
kim = GIM 165
KIMIN *s.* *u$_7$*
KIN = KIN 47
kín, KÍN = ḪAR (ḪI × "ÁŠ") 333
kip = KIB 260
kir = GIR 244
KIR$_4$ = KA 133
(kir$_8$) = KAR (TE.A) 250
KIR$_{14}$ = KIR$_{14}$ (KA × GAG) 140
KIRI$_6$ = SAR 353
KISAL = KISAL 228
KISIM$_5$ = KISIM$_5$ 278
KISIM$_5$ × A.MAŠ = KISIM$_5$ × A.MAŠ 190, 285
KISIM$_5$ × GA = KISIM$_5$ × GA 189, 282
KISIM$_5$ × GU$_4$ = KISIM$_5$ × GU$_4$ 188, 281
KISIM$_5$ × LA = KISIM$_5$ × LA 232, 280
KISIM$_5$ × Ú.MAŠ = KISIM$_5$ × Ú.MAŠ 283
KISLAḪ = KI.UD 313
kiš, KIŠ = KIŠ 273
KIŠI$_{16}$ = Ú.GÍR 195
KIŠIB = "MES" ("DUB") 99
kit = KID 194 A
kit = KID 194
(kit$_9$) = GAD 173
kiṭ = KID 194
kiz$_x$ = GAZ (KUM × ŠE) 122 A
ku = KU 206
KÚ *s.* GU$_7$
KÙ = KUG 69
KU$_5$ = TAR 7
KU$_6$ = ḪA 367
KU$_7$ = KU$_7$ 184
ku$_8$ = GU 304
ku$_{13}$ = KUM 120
kud, KUD = TAR 7
KUG = KUG 69
kul, KUL = NUMUN 12
(kúl), *kúl* = GUL 271
kum = KUM 120
KUM × ŠE *s.* GAZ
KUN = KUN 35
KUN$_4$ = I.LU/DIB 217
KUN$_5$ = TUR.ŠÈ/"TÚG" 237
kur, KUR = KUR 329
kúr, KÚR = PAB 256 (1)
kùr = GUR 185
KUR$_4$ *s.* GUR$_4$
KUR$_5$ *s.* TAR
KÚRUN = DIN 330
KUŠ = SU 213
KÙŠ = Ú 195
KUŠ$_7$ = IŠ 151
kut = TAR 7

L

la, LA = LA 95
LÁ = LAL 358
là = NU 11
LA$_5$ = LÁL (2mal LAL) 362
la$_{12}$ = LAM 306
lab = KAL 196
lag = ŠID 231
LAGAB = LAGAB 179
LAGAB × A *s.* SUG
LAGAB × BAD *s.* GIGIR
LAGAB × EŠ *s.* BUL
LAGAB × NÍG *s.* BÚGIN
LAGAB × SUM *s.* *zar*
LAGAB × U *s.* GÍGIR, PÚ
"LAGAR" = LAGAR 186
làḫ, LÀḪ = LUḪ 198
LAḪ$_4$ = LAḪ$_4$ („DU/DU") 236
LAḪTA = E$^!$.KISIM$_5$ × LA 232
lak = ŠID 231
lal, LAL = LAL 358
lál (ph.) = LÁL 362
LÀL = LÀL 170
lam, LAM = LAM 306
LÁM = NE 169
LAMMA = KAL 196
lap = KAL 196
laq = ŠID 231
le, LE = LI 343
li, LI = LI 343
(lí), *lí* = NI 72
(lì), *lì* = IGI 288
li$_8$ (hurr.) = ÁB 277
li$_{12}$ = LIŠ 286
li$_{13}$ (hurr.) = BÍL 172
lìb = ŠÀ 294
lib$_x$ (hurr.) = LAM 306
LIBIR = Ù (LIBIR) 265
lig = UR 51
lik = UR 51
lil, LIL = LIL 127
LÍL = KID 194
lim, LIM = IGI 288
LIMMU = LIMMU ("4") 370
LÍMMU = LÍMMU (TAB.TAB) 90 (vgl. 369)
lip$_x$ (hurr.) = LAM 306
liq = UR 51
liš, LIŠ = LIŠ 286
lu, LU = LU (DIB) 210
lú, LÚ = LÚ 78
LÙ = LÙ(!) (anders GÚG 220) 221
lu$_4$ = LUM 310
LUGAL = LUGAL 115
LÚGUD = LAGAB 179
luḫ, LUḪ = LUḪ 198
lul, LUL = LUL 351
lum, LUM = LUM 310 (vgl. 142)
LUNGA = ŠIM 154

M

ma, MA = MA 208
MÁ = MÁ 87
mà = GÁ 56
mad = KUR 329
maḫ, MAḪ = MAḪ 10
MAL = GÁ 56
man = MAN (2mal U) 296
mar, MAR = MAR 191
mas = MAŠ ("BAR") 20
maš, MAŠ = MAŠ ("BAR") 20
MÁŠ = MÁŠ 38
MÁŠDA = MAŠ.EN.GAG 20
MAŠKIM = MAŠKIM (PA.KAŠ$_4$) 176
mat = KUR 329

maṭ = KUR 329
me, ME = ME 357
(mé), *mé* = MI 267
MÈ = MÈ (AG.ERIM) 82
(mel) = IŠ 151
meš, MEŠ = MEŠ 360
(m)eš = MEŠ 360 A
mi, MI = MI 267
MÍ = MUNUS 297
(mì), *mì* = ME 357
mid = BAD 13
(mil) = IŠ 151
mim = MUNUS 297
MIN = MIN ("2") 361
MÌN = MAN (2mal U) 296
mis = MES bzw. "ŠID" 112
miš = "MES" × A bzw. "ŠID" × A 112
miš = MES bzw. "ŠID" 112
mit = BAD 13
miṭ = BAD 13
mu, MU = MU 17
MÚ = SAR 353
MU_7 = TU_6 (KA × LI) 146
mud, MUD = MUD 26
(múd) = BAD 13
MUD_4 = KU[!].U.GAG (mit KU[!] für LAGAB) 207
MUG = MUG 22
muḫ = UGU 272
MUḪALDIM = MU 17
mul, MUL = MUL ($^{AN}_{AN}$.AN) 101
MUN = MUN 18
$MUNU_8$ = BÙLUG 257
MUNUS = MUNUS 297
mur, MUR = ḪAR (ḪI × "ÁŠ") 333
MUR_7 = SIG_4 (MURGU) 311
MURGU = SIG_4 (MURGU) 311
MÚRU = MÚRU 110
$MURUB_4$ = MÚRU 110
muš, MUŠ = MUŠ 342
MUŠEN = ḪU 24
(mut), *mut* = MUD 26
(mút) = BAD 13
muṭ = MUD 26

N

na, NA = NA 15
NÁ = NÁ 314
NA_4 = NA_4 (NI.UD) 73
nab = NAB ($^{AN}_{AN}$) 100
NAG = NAG (KA × A) 148
nág = NAGA 352
NAGA = NAGA 352 (vgl. 195 A, 345)
NAGAR = NAGAR 308
NAGGA = AN.NA 8
nák = NAGA 352
nam, NAM = NAM 39
nan_x = NAM 39 A
nap = NAB ($^{AN}_{AN}$) 100
NAR = LUL(!) 19
(nàr) = NIR ($^{NUN}_{NUN}$) 204
ne, NE = NE 169
"NE" × PAB *s.* GIBIL, bíl
ne_e (hurr.) = NE_E 169 A
né = NI 72
$né_e$ (hurr.) = NI_E 76
NÈ = GÌR 301
nem = NIM 74
nen = NIN 299
NENNI = NENNI (BUL.BUL) 84 A
NÉNNI = BUL (LAGAB × EŠ) 84 A
NEŠ = MAN (2mal U; "20") 296
ni, NI = NI 72
NÍ = IM 337
nì = NÍG 369
(ni_5) = NE 169

NIB = PIRIG × KAL 94
NIDABA = ŠE.NAGA 345
NÍDABA = NAGA 352
NIG (*nig/k/q*) = NIG (MUNUS.UR) 297 A
níg, NÍG = NÍG 369
NIGA = ŠE 338
NÍGIN = LAGAB 179
NIGU = ŠE 338
ník = NÍG 369
nim (hurr.), *nim*, NIM = NIM 74
NIM × KÁR = TÙM 279
NIMGIR = MIR 222
NIMIN = NIMIN ("40") 335
nin = NIN 299
NIN = NIN (MUNUS.TÚG) 299
NIN$_5$ = NIMIN ("40") 335
NIN$_9$ = NIN (NIN$_9$ eigentlich: MUNUS.KU) 299
NINDA = NÍG 369
NÍNDA = NÍNDA (in Zeichenverbindungen) 119
NÍNDA × AN *s.* ŠÀM
NÍNDA × NE *s.* ÁG
NÍNDA × NUN *s.* AZU
NÍNDA × ŠE.A.AN *s.* ŠÁM
NINNU = NINNU ("50") 347
níq = NÍG 369
nir, NIR = NIR (NUN/NUN) 204
NÍR = ZA.GÍN 223, 366
NISABA = ŠE.NAGA 345
NÍSABA = NAGA 352
NIŠ = MAN (2mal U; "20") 296
(níš), *níš* = GIŠ 178
NITA = UŠ 132
NÍTA = ARAD 16
NÌTA = MUNUS.UŠ 297
NITAḪ = UŠ 132
NÍTAḪ = ARAD 16
nu, NU = NU 11
NÚ = NÁ 314
NU$_{11}$ = ŠIR 5
num = NIM 74
NUMUN = NUMUN 12
NÚMUN = NÚMUN (ZI.LAGAB/ZI.LAGAB) 195 A
NUN = NUN 36
NUNDUM = NUNDUM (KA × NUN) 135
NUNDUN = NUNDUM (KA × NUN) 135
NUNUZ = NUNUZ 328
NUSKA = NUSKA (PA.TÚG) 174

P

pa, PA = PA 174
(pá), *pá* = BA 205
pà = PÀD (IGI.RU) 292
PA$_5$ = PAB.E 256 (1)
PAB = PAB (oder PAP) 256 (1)
pad, PAD = PAD 295
pád = BAD 13
pal = BAL 4
PAN = PAN 118
PAP *s.* PAB
par = UD 316
pár = BAR 20
(paš bzw. paš$_x$) = GIR 244
pat = PAD 295
pát = BAD 13
paṭ = PAD 295
pé = BI 153
pè = BAD 13
(pél), *pél* = BÍL 172
peš = GIR 244 A
PÉŠ = PÉŠ 3
PÈŠ = MA 208
pét = BAD 13 A
pi = PI (ṷA) 317

pí = BI 153
pì = BAD 13
pid = É 199
píd = BAD 13
píl = BÍL ("NE" × PAB 172
pir = UD 316
pir_x = BAR 20 A
PIRIG = GÌR (PIRIG) 301 A
PIRIG × KAL = NIB 94
PIRIG × UD *s.* UG
PIRIG × ZA *s.* AZ
PÌRIG = UG (PIRIG × UD, auch ohne UD) 93
PISAN = GÁ 56
PÌSAN *s.* ŠEN
piš = GIR 244
PÍŠ = PÉŠ 3
pit = É 199
pít = BAD 13
piṭ = É 199
pu = BU 339
PÚ = TÚL (LAGAB × U) 180
pur = BUR 245
púš = "PAB.ḪAL" 256 (2)
pùš = GIR 244

Q

qa = SÌLA 21
qá = GA 159
qà = KA 133
qab = GAB 164
qáb = KAB 49
qàd = GAD 173
qám = KAM 355
qap = GAB 164
qáp = KAB 49
qaq = GAG 75
qar = GÀR 240
qár = KAR 250
qàt = GAD 173
qe = KIN 47
qé = KI 313
qè = GI 30
qi = KIN 47
qí = KI 313
qì = GI 30
qíd = BU 339
qir = GIR 244
qít = BU 339
qu = KUM 120
qú = KU 206
qud = TAR 7
qum = KUM 120
qur = GUR 185
qut = TAR 7

R

ra, RA = RA 233
RÁ = DU 128
rad = ŠÌTA 29
rag = MUNUS 297
rak = MUNUS 297
raq = MUNUS 297
RAŠ = KASKAL 259
rat = ŠÌTA 29
raṭ = ŠÌTA 29
re = RI 32
ri, RI = RI 32
RÍ = URU 229
RI_6 = DU 128
rib = KAL 196

ríg = ZUM 300
rík = ZUM 300
RIN = LAGAB 179
RÍN = ERIM 327
RÍN ("NUNUZ") = NUNUZ 328
rip = KAL 196
ríq = ZUM 300
riš = SAG 192
rít = ŠÌTA 29
ru, RU = RU 43
RÚ = GAG 75
(rù), *rù* = AŠ 1
rum = AŠ 1

S

sa (hurr., ph.), *sa,* SA = SA 200
SÁ = DI 312
sà = ZA 366
SA$_5$ = DIR (SI.A) 89
sa$_x$ = ŠA 158
sab = ŠAB (PA.IB) 175
SAG = SAG 192
SAGI = SÌLA.ŠU.DUḪ 21
SAḪAR = IŠ 151
sàk = PA 174
SAKAR = SAR 353
sal, SAL = MUNUS 297
SALIM = DI 312
SANGA = ŠID 231
sap = ŠAB (PA.IB) 175
sar, SAR = SAR 353
se = SI 86
sé = ZI 33
se$_{20}$ = ZÍ 108
SE$_{24}$ = "MÙŠ/INANNA" × A 27
SÈD = "MÙŠ/INANNA" × A 27
SES = ŠEŠ 79
si (ph.), *si,* SI = SI 86
SI × SÁ = SI × SÁ 28
sí = ZI 33
SÌ = SUM 350
si$_{17}$ = IGI 288
si$_{20}$ = ZÍ 108
SI$_{22}$ = GI 30
SIBA = SIPA 177 A
SIBAD = SIPA 177 A
SIG = SIG 255
SÍG = SÍK 65
"SÍG + MUNUS" = "SÍK + MUNUS" 66, 210
SIG$_4$ = SIG$_4$ 311
SIG$_5$ = SIG$_5$ (IGI.ERIM) 293
SIG$_7$ = SIG$_7$ 239
SIG$_{17}$ = GI 30
SÍK = SÍK 65
SIKI = SÍK 65
SIKIL = EL 307
SÌL = SÌLA 21
SÌLA = SÌLA 21
SILA$_4$ = SILA$_4$ (GÁ × PA) 54
SILIM = DI 312
SIM = NAM 39
SÌMIG = SÌMIG (UM × U) 109 A
SIMUG = E.DÉ(!) 187
sin = EŠ 331
SÍN = NAM 39
SIPA = SIPA 177
SIPAD = SIPA 177
SIR = SUD 341
sìr, SÌR = EZEN 106
SIR$_4$ = ŠIR 5
SISKUR = SISKUR (AMAR × ŠE) 156
SÍSKUR = SISKUR.SISKUR 156
SIZKUR *s.* SISKUR
su, SU = SU 213
SU × A *s.* ŠEN

sú = ZU 209 (1)
sù = SUD 341
SU$_6$ = SU$_6$ (KA × SA) 136
SU$_{13}$ = BU 341 A
su$_x$ = ŠU 68
SUD = SUD 341
SUD$_4$ = guniertes BU 341 A
SUG = SUG (LAGAB × A) 182
SÙḪ = SÙḪ 334 A
SUḪUR = SUḪUR 349
SUKAL *s.* SUKKAL
SUKKAL = LUḪ 198
sul = ŠUL 46
SULLIM = BURU$_{14}$ 274
SUM = SUM 350
súm, SÚM = ZUM 300
SUMU = SUM 350
SUMUN = BAD 13
SUN = BAD 13
SUR = SUR 42
SUR$_7$ = KI.GAG 313
SUR$_{14}$ = SAG 192

Ṣ

ṣa = ZA 366
ṣab = ERIM 327
ṣal = NI 72
ṣap = ERIM 327
ṣar = ZAR (LAGAB × SUM) 181
ṣár = AMAR 155
ṣe = ZÍ 108
ṣé = ZI 33
ṣi = ZÍ 108
ṣí = ZI 33
ṣì = SI 86
ṣir? = MUŠ 342
ṣu = ZUM 300
ṣú = ZU 209 (1)
ṣum = ZUM 300
ṣur = AMAR 155

Š

ša, ŠA = ŠA 158
šá, ŠÁ = NÍG 369
ŠÀ = ŠÀ 294
ŠA$_4$ = DU ("UŠ") 128 (vgl. 294 A)
šab, ŠAB = ŠAB (PA.IB) 175
šad = KUR 329
šag = SAG 192
ŠAG$_4$ = ŠÀ 294
ŠAGAN = ŠAGAN (U.GAN) 270
šaḫ, ŠAḪ = ŠUBUR 309
šak = SAG 192
šal = MUNUS 297
(šam), *šam* = Ú 195
ŠÁM = ŠÁM (NÍNDA × ŠE.A.AN) 123
šàm, ŠÀM = ŠÀM (NÍNDA × AN bzw. NÍNDA.AN!) 103
ŠÁMAN = ŠAGAN (U.GAN) 270
šap = ŠAB (PA.IB) 175
šaq = SAG 192
šar = SAR 353
šár, ŠÁR = ŠÁR ("ḪI") 335
šàr = LUGAL 115
(šar$_x$) = ŠIR 5
šat = KUR 329
šaṭ = KUR 329
še, ŠE = ŠE 338
šé, *šé* = SI 86
ŠÈ = ŠÈ ("TÚG") 212 (vgl. 201 A)

ŠE$_{12}$ = "MÙŠ/INANNA" × A 27
(še$_{20}$), *še*$_{20}$ = IGI 288
ŠED$_9$ = "MÙŠ/INANNA" × A 27
ŠEG$_6$ = NE 169 (vgl. 133)
ŠEG$_9$ *s.* DÀRA
šel$_4$ (hurr.) = MUNUS 297
ŠEM = ŠIM 154
ŠEN = ŠEN (SU × A) 230
ŠENNUR = KIB 260
ŠÈR = EZEN 106
(*šer*$_9$) = SAR 353
ŠEŠ = ŠEŠ 79
ŠÉŠ = ŠÉŠ (SÍK.LAM) 63
ši = IGI 288
ší, *ší* = SI 86
šib = ME 357
ŠID = ŠID 231
ŠID × A *s.* ÚMBISAG
šig (hurr.) = SIG 255
šiḫ = ŠUBUR 309
šik (hurr.) = SIG 255
šil = TAR 7 A
ŠIM = ŠIM 154
ŠIM × NÍG *s.* BAPPIR
ŠIMBIRIDA = Ú.KUR.RA 195
ŠINIG = ŠINIG (GAD.ŠE.NAGA) 85
šip = ME 357
šip = ŠAB (PA.IB) 175
šiq (hurr.) = SIG 255
šir, ŠIR = ŠIR 5
šír = BU 339
šìr, ŠÌR = EZEN 106
(šir$_9$) = SAR 353
ŠIT = ŠID 231
ŠITA$_5$ = ŠID 231
ŠITI = ŠID 231
šu, ŠU = ŠU 68
šú, ŠÚ = ŠÚ 251
šu$_x$ [sú] = ZU 209 A
šub, ŠUB = RU 43
ŠUDUL = ŠU$^!$.DUL$_4$ 88 A
ŠUDUN = ŠU$^!$.DUN$_4$ 88 A
ŠÙDUL = ŠÙDUL (!) 88
ŠÙDUN = ŠÙDUN(!) 88
šug = PAD 295
šuk = PAD 295
ŠUKUR = IGI.GAG 288
šul = ŠUL 46
šùl = DI 312
šum, ŠUM = TAG 91
šúm, ŠÚM = SUM 350
šup = RU 43
šuq = PAD 295
šur, ŠUR = SUR 42
šur$_4$ = LÁL.SAR 362, 363
ŠUŠANA = ŠUŠANA 48

T

ta, TA = TA 160
(tá), *tá*, TÁ = DA 214 (vgl. 220 A)
tà = TAG 91
tab, TAB = TAB 90
TABIRA = URUDU.NAGAR 109
TAG = TAG 91
tág = DAG 243
TAG$_4$ = KÍD (usw.) 227 (vgl. 190 A)
taḫ, TAḪ = DAḪ ($\frac{\text{MU}}{\text{MU}}$) 171
ták = DAG 243
TAK$_4$ = KÍD (usw.) 227 (vgl. 190 A)
tal = RI 32
TÁL = PI (u̯A) 317
tam, TAM = UD 316
(tám), *tám* = DAM 298
tan = KAL 196
(tan$_x$) = DIN 330
tap = TAB 90

táq = DAG 243
tar, TAR = TAR 7
tár = DAR 83
tàra = DÀR 71
taš = UR 51
táš = DIŠ 356
tàš = ÁŠ 241
tau̯ (hurr.) = TAB 90
te, TE = TE 249
té = TÍ ("ḪI") 335
TÈ = NAGA (hier: ŠE.NAGA) 345 (vgl. 195 A)
(te$_9$) = TI 37
tén = DIN 330
(ter), *ter* = TIR 344
TÉŠ = UR 51
ti, TI = TI 37
tí = TÍ ("ḪI") 335
tì = DIM 14
(ti$_4$), *ti$_4$* = DI 312
(ti$_7$) = TE 249
TI$_8$ = Á 215
tib (hurr.) = DIB (LU) 210
TIBIRA = URUDU.NAGAR 109
TIBULA = ŠÀ."A".TAR 294
TIL = BAD 13
TÌL = TI 37
tim = DIM 14
tim$_x$ = DAM 298 A
tin, TIN = DIN 330
tip (hurr.) = DIB (LU) 210
tir, TIR = TIR 344
tiš = DIŠ 356
tíš (hurr.) = UR 51
tu, TU = TU 346
tú = UD 316
(tù), *tù* = DU 128
tu$_4$, TU$_4$ = TUM 125
TU$_6$ = TU$_6$ (KA × LI) in ^{LÚ}MU$_7$ 146
TU$_7$ = KAM ("ḪI × BAD") 355
TU$_9$ = TÚG 212
tub = DUB 99
TÚG = TÚG 212
túḫ = DAḪ 171
TUK = TUK 53
tùk = DUG (BI × A) 162
tuk$_9$ = DAG 243 A
TUKU = TUK 53
TUKUL = KU 206
TÚKUR = KA × ŠE 145
tul = DUL 262
túl, TÚL = TÚL (LAGAB × U) 180
tum = TUM 125
TÙM = TÙM (NIM × KÁR) 279
(TÙN) = GÍN(!) 223
tup = DUB 99
tùq = DUG (BI × A) 162
tur, TUR = TUR 237
túr = DUR 202
TÙR = TÙR (NUN."LAGAR") 34
TUR$_5$ = TU 346 A
tuš, TUŠ = KU 206

Ṭ

ṭá = TA 160
ṭab = TAB 90
ṭám = UD 316
ṭap = TAB 90
ṭar = TAR 7
ṭár = DAR 83
ṭé = TÍ ("ḪI") 335
ṭè = NE 169
ṭe$_4$ = TE 249
ṭí = TÍ ("ḪI") 335
ṭì = TI 37
ṭír = TAR 7

ṭir$_5$ = TIR 344
ṭiš = DIŠ 356
ṭu = GÍN(!) 223
ṭú = TU 346
ṭù = DU 128
ṭu$_4$ = TUM 125
ṭum = TUM 125
ṭup = DUB 99
ṭur = DUR 202

U

u, U (auch "10") = U 261
ú, Ú = Ú 195
ù, Ù = Ù 265
u$_4$, U$_4$ = UD 316
u$_5$, U$_5$ = U$_5$ 25
u$_7$ = KIMIN 313 A (vgl. 265 A)
U$_8$ = U$_8$ 45
U$_{18}$ = GIŠGAL 337 A
U$_{19}$ = URÚ 229
ub = UB 152
ÚB = ŠÈ (TÚG) 313 A
ub$_x$ (hurr.) = UM 98
UBUR = UBUR (E[!].KISIM$_5$ × GA) 189
ud, UD = UD 316
UDU = LU (DIB) 210
UDUN = UDUN 264
ug, UG = UG (PIRIG × UD, auch ohne UD) 93
ÚG = GÌR (PIRIG) 301 A
ÙG = UN 197
UGA = Ú.^{TE}TÈ.GA 195
UGNIM = KI.SU.LU.ŠÈ.NÍG 313 A
UGU = UGU (U.KA) 272
UGULA = PA 174
uḫ, UḪ = AḪ 332
UḪ$_7$ = U.GAG 261
uk = UG 93
UKKIN = UKKIN (KA × BAR) 134
UKU = MIR 96
ÙKU = UN 197
ÚKUŠ = ḪÚL 254
ul = UL 275
UL$_4$ = GÍR 6
um, UM = UM 98
UM × U *s.* SÌMIG
UMBIN = UMBIN 166
ÚMBISAG = ÚMBISAG (ŠID × A) 230 A
UMMAN *s.* UGNIM
ÙMMEDA = URUDU.DA 109
un, UN = UN 197
UNKIN = UKKIN (KA × BAR) 134
UNU = UNUG 111
UNUG = UNUG 111
up = UB 152
uq = UG (PIRIG × UD, auch ohne UD) 93
ur, UR = UR 51
úr, ÚR = ÚR 124
ÙR = ÙR (GÁ × NIR) 58
UR$_5$ = ḪAR 333
URI = URI („$\frac{\text{BUR}}{\text{BUR}}$“) 246
URAŠ = IB 44
URTA = IB 44
URU = URU 229
URU$_5$ = URU$_5$(!) 315
URU$_{6/7}$ *s.* URU$_5$
URUDU = URUDU 109
us = UZ 340
ús, ÚS = UŠ 132
US$_5$ = U$_8$ (in USDUḪA) 45
USDUḪA = U$_8$.LU.ḪI.A 45
USSU = USSU ("8") 374
uṣ = UZ 340
uš, UŠ = UŠ 132
ÚŠ = BAD 13
uš$_{10}$ = UZ 340
ÙŠU = EŠ (3mal U; "30") 331

ut = UD 316
UTU = UD 316
ÚTUL = KAM ("ḪI.BAD") 355
UTUL$_5$ = E$^!$.KISIM$_5$ × GU$_4$ (mit E$^!$ für DAG)
39 (1), 188
uṭ = UD 316
uz = UZ 340
UZ$_6$ = UZ$_6$ 23
UZU = UZU 203
ÚZU = AZU (NÍNDA × NUN) 104

U̯

u̯a = PI (U̯A) 317
u̯a$_a$ (hurr., ph.) = PI$_A$ 326*
u̯a$_{ab}$ (hurr.) = PI$_{AB}$ 318 A
u̯a$_{ap}$ (hurr.) = PI$_{AB}$ 318
u̯e = PI (U̯A) 317 A
u̯e$_e$ (hurr., ph.) = PI$_E$ 322
u̯e$_{bé}$ (ph.) = PI$_{BI}$ 320 A
u̯e$_{pé}$ (ph.) = PI$_{BI}$ 320 A
u̯i$^?$ = PI (U̯A) 317
u̯i$_4$ = MI 267 A
u̯i$_5$ = GEŠTIN 131
u̯i$_{bi}$ (ph.) = PI$_{BI}$ 320 A
u̯i$_i$ (hurr., ph.) = PI$_I$ 319
u̯i$_{ib}$ (hurr.) = PI$_{IB}$ 325 A
u̯i$_{ip}$ (hurr.) = PI$_{IB}$ 325
u̯i$_{pí}$ (ph.) = PI$_{BI}$ 320
u̯u$_{bu}$ (hurr.) = PI$_{BU}$ 324 A
u̯u$_{pu}$ (hurr.) = PI$_{BU}$ 324
u̯u$_u$ (hurr., ph.) = PI$_U$ 323
u̯u$_ú$ (hurr., ph.) = PI$_Ú$ 321

Z

za, ZA = ZA 366
ZÁ = NA$_4$ (NI.UD) 73
ZÀ = ZAG 238
zab = ERIM 327
ZABAR = UD.KA.BAR 316
ZAG = ZAG 238
ZÁḪ = ḪA.A 367
ZAL = NI 72
ZALAG = UD 316
ZÁLAG = ERIM 327
zap = ERIM 327
zar = ZAR (LAGAB × SUM) 181
zar$_x$ = ŠÁR ("ḪI") 335 A
ZARAḪ = SAG.PA.LAGAB 192
ze = ZI 33
zé = ZÍ (AB × PA) 108
zer$_x$ = ŠÁR ("ḪI") 335 A
zi, ZI = ZI 33
(zí), *zí,* ZÍ = ZÍ (AB × PA) 108
zì = ŠÈ ("TÚG") 212
ZÍD = ŠÈ ("TÚG") 212
ZIMBIR = UD.KIB.NUN 316
ZÍZ = ÁŠ 241
zu, ZU = ZU 209 (1)
ZÚ = KA 133 (vgl. 142 A)
ZU$_9$ = KA × UD 143
zul = ŠUL 46
zum, ZUM = ZUM 300

* Zu u̯a$_4$, u̯é, u̯í, u̯ú, u̯ù s. R. Borger, ABZ S. 285.

2. Sumerogramme / Sumerogrammverbindungen*
Sumerogramlar / Sumerogram birleşimleri

A

A 364	Wasser	su
A$^{ḪI.A/MEŠ}$-*ar* 364	Wasser, Gewässer	su
^{LÚ}A *ŠA* KUŠ(.LÁ) *s.* ^{LÚ}A.ÍL(.LÁ)		
A.A 364	Kraft, Stärke	kuvvet
A.A$^{ḪI.A}$-*ar* 364	Wasser, Gewässer	su
A.A.MU 364	mein Vater	babam
A.A.TÉŠ 364	Zeugungskraft, Potenz	kudret
A.AB.BA 364	Meer	deniz
^{GIŠ}A.AM *s.* ^{GIŠ}ÍLDAG		
A.AN *s.* -ÀM		
A.BÁR 364	Blei	kurşun
^{DUG}A.DA.GUR 364	ein kultisches Gefäß, Räuchergefäß	kült kabı, dinî törenlerde kullanılan kab, buhurdanlık
$^{(GI)}$A.DA.GUR 364	Trinkhalm	saman çöpü, içki kamışı
A.ENGUR *s.* ÍD		
^{KUŠ}A.GÁ.LÁ 364	Ledersack, Schlauch	deriden bir çuval, tulum
A.GÀR 364	Feld, Flur	tarla, arazi, kır
A.GAR$_5$ 220 A	Blei	kurşun
A.IGI.A.IGI^{SAR} *s.* ÉR.ÉR^{SAR}		
^{LÚ}A.ÍL(.LÁ) 161 A, 213, 364	Wasserträger	saka (su taşıyıcısı)
A.ŠÀ 364	Feld	tarla
A.ŠAG$_4$ 364	Feld	tarla
A.UZU(.GU$_4$) 364	(Rind-)Fleischbrühe	et suyu
$^{LÚ/MUNUS}$A.ZU 364	Arzt, Ärztin, Magier(in)	erkek hekim, kadın hekim, sihirbaz

* Spalte 1 enthält die Sumerogramme und Sumerogrammverbindungen, die im vorliegenden Zeichenlexikon enthalten sind. Die hinzugefügte Zahlangabe bezieht sich auf die laufende Nummer der Keilschriftzeichen innerhalb des Zeichenlexikons. In der Spalte 2 ist die deutsche Übersetzung angegeben. Die Spalte 3 enthält die türkische Übersetzung. – Wir danken sehr herzlich den türkischen Kollegen Herrn Prof. Dr. Hayri Ertem und Herrn Dr. Cem Karasu (beide Ankara) für ihre freundliche Beratung bei der Übersetzung der Sumero- und Akkadogramme ins Türkische.

^{LÚ}A.ZU SAG 364	Oberarzt	başhekim
^{LÚ}A.ZU TUR 364	kleiner Arzt (wörtl.), Assistenzarzt$^{?}$	küçük hekim, hekim asistan$^{?}$
Á^{MUŠEN} *s.* TI$_8$^{MUŠEN}		
Á.ÁG.GÁ 121, 215	Anweisung, Befehl	talimat, emir
Á.AŠ 215	Zeichen	işaret
Á.BÀD 215	Schatten	gölge
Á.GÁL 215[1]		
Á.NU.GÁL 215[2]		
Á.SAL 215	Pappel	kavak ağacı
Á.TAḪ 215	Helfer	yardımcı
^{GIŠ}AB 97	Fenster	pencere
AB × PA *s.* ZÍ		
AB.BA 97	Vorfahr, Ahn	ata, dede
AB.BA$^{\text{ḪI.A}}$ 97	Vorfahren, Ahnen	atalar, dedeler
AB.BA AB.BA$^{\text{ḪI.A}}$ 97	Urahnen, Urväter	ecdad, atalar
^{ITU}AB.È.A 84	10. Monat	onuncu ay
AB.SÍN 97	Saatfurche	saban izi
$^{\text{GU}_4}$ÁB 277	Kuh	inek
$^{\text{(DUG/URUDU)}}$ÁB × A 284	Wasserbecken, Waschbecken	su leğeni
$^{\text{GU}_4}$ÁB.NIGA 277	fette Kuh	besili bir inek
$^{\text{(GIŠ)}}$ABUL *s.* $^{\text{(GIŠ)}}$KÁ.GAL		
AD.KID 105	Rohrgeflecht	hasır
^{LÚ}AD.KID 105	Rohrarbeiter, Rohrmattenflechter, Korbflechter	hasırcı, kamışçı
AG.ERIM *s.* MÈ		
ÁG 121	Liebling	sevgili
ÁGA 121	Liebling	sevgili
^{LÚ}AGRIG 291	Verwalter	idareci, vekilharç
^{SÍG}ÀKA 231	Vlies	koyun postu
^{UZU}AKAN *s.* ^{UZU}UBUR		
$^{\text{GIŠ/URUDU}}$AL 183	Hacke	kazma
AL.DI.RÍ.GA^{MUŠEN} 183	Zaunkönig$^{?}$	çalıkuşu$^{?}$
AL.GAZ 183	zerquetscht, zerstoßen	çiğnemek, ezmek
AL.LUL.A 183	Krebs	yengeç
AL.URUDU 183	Hacke aus Kupfer	bakırdan bir kazma
ALAL *s.* ŠEN		
ALAM 226	Statue, Bild, Gestalt	heykel, resim, şekil
^{LÚ}ALAM.ZU 226	Spaßmacher$^{?}$, Clown$^{?}$	şakacı$^{?}$, palyaço$^{?}$, soytarı$^{?}$

[1]) = heth. *šekkanza, u̯alkiššaraš.*
[2]) = heth. UL *šekkanza/u̯alkiššaraš;* UL *turii̯anza.*

LÚALAM.ZU9 226	Spaßmacher?, Clown?	şakacı?, palyaço?, soytarı?
ALAN s. ALAM		
LÚALAN.ZU9 s. LÚALAM.ZU9		
ALGAMES? s. (GIŠ)UD.MUNUS.ḪÚB		
ALIM 303	Wisent	bizon
GU4AM 168	Wildstier	yabani bir boğa
UDUAM 168	Widder	koç
AM.SI 168	Elefant	fil
AM.SI ZU9 143 A, 168	Elfenbein	fildişi
AM.SÌLA.BUR.NA (= EDIN.NA) s. UZU EDIN.NA		
-ÀM 364	je (zur Bezeichnung von Distributivzahlen)	distributif sayıları belirten ek (örnek: ikişer, üçer vs.)
(MUNUS)AMA 57	Mutter	anne
LÚAMA.(A.)TU 57	Hausgenosse	uşak, ev hizmetkârı
AMA.AMA 57	Großmutter	büyükanne
AMA.AR.GI 57	(Abgaben-)Befreiung, Freilassung	muafiyet
(MUNUS)AMA.DINGIRLIM 57	Gottesmutter (eine Priesterin)	rahibe, tanrı anası
AMA.DÙG.GA-ĮA 57	meine liebe Mutter	sevgili annem
(MUNUS)AMA.MUNUS 57	Mutter	anne
AMA.UZU.E!.KISIM5 × Ú.MAŠ 57 A	unbek. Bed.	anlamı bilinmeyen bir kelime
AMA.UZU.Ú.MAŠ 57 A	unbek. Bed.	anlamı bilinmeyen bir kelime
(GU4)AMAR 155	Kalb, junges Tier	dana, buzağı, genç bir hayvan
AMAR × ŠE s. SISKUR		
AMAR.ÁB 155	Färse, junge Kuh	dişi genç inek, düve
AMAR.APIN.LÁ 155	Pflugkalb	çift sürmek için bir dana
AMAR.MAḪ 155	Jungstier, Rassekalb?	tosun, cins dana?
AMAR.MUŠEN 155	Vogeljunges, Kücken	kuş yavrusu
AMAŠ 190 A	Hürde	çit
AMBAR 182	Röhricht, Sumpf	sazlık, bataklık
AN 8	Himmel	gök
AN KI 8	Himmel (und) Erde	gök (ve) yer
AN.BAR 8	Eisen	demir
AN.BAR GE6 8	schwarzes Eisen (wörtl.)	siyah demir (kelime kelime)
LÚAN.BAR.DÍM.DÍM 8	Eisenschmied	demirci
AN.GE6 8	Verfinsterung (eines Gestirns)	ay/güneş tutulması

AN.NA *s.* NAGGA		
AN.ŠUR 8	Regen des Himmels	göğün yağmuru
AN.TA 8	oben, oben befindlich	yukarıda, üstte
AN.TA.LÙ 8, 221	Verfinsterung (eines Gestirns)	ay/güneş tutulması
AN.TAḪ.ŠUM$^{(SAR)}$ 8	eine Pflanze	bir bitki
AN.ZA.GÀR 8	Pfeiler, Turm	direk, kule
ANŠE 302	Esel	eşek
ANŠE MUNUS(.AL.LÁ) 302	Eselin	dişi eşek
ANŠE.ARAD$^{(ÙR)}$ *s.* DÙR$^{(ÙR)}$		
ANŠE.GÌR.NUN.NA 36, 302	Maulesel	katır
ANŠE.GÌR.NUN.NA MUNUS.AL.LÁ 302	weiblicher Maulesel	dişi katır
ANŠE.GÌR.NUN.NA NÍTA 302	männlicher Maulesel	erkek katır
ANŠE.KUR.RA 302	Pferd (Plural: Pferde, Wagenkämpfer)	at (çoğul: atlar, arabalı savaşçılar)
ANŠE.KUR.RA MUNUS(.AL.LÁ) 302	Stute	kısrak
ANŠE.KUR.RA *MU-RU* MUNUS.AL.LÁ 302	weibliches Pferdefohlen	dişi tay
ANŠE.KUR.RA NÍTA 302	Hengst	erkek at
ANŠE.KUR.RA TUR 302	(männl.) Pferdefohlen	(erkek) tay
ANŠE.KUR.RA.MAḪ 302	Hengst, Zuchthengst	aygır
ANŠE.NÍTA$^{(ÙR)}$ *s.* DÙR$^{(ÙR)}$		
ANŠE.NUN.NA 302	Maultier	katır
ANŠE.NUN.NA MUNUS.AL.LÁ 302	weibliches Maultier	dişi katır
ANŠE.NUN.NA NÍTA 302	männliches Maultier	erkek katır
^{GIŠ}APIN 9	Pflug	saban
^{ITU}APIN.DU$_8$.A 84	8. Monat	sekizinci ay
^{LÚ}APIN.LÁ 9	Pflüger, Landmann	çiftçi, köylü
^{NA_4}ÀRA *s.* ^{NA_4}ARA$_5$		
^{DUG}ARA$_5$ 333	ein Gefäß? zum Mahlen	öğütmek için bir kab?
^{NA_4}ARA$_5$ 333	Mühlstein, Handmühle	değirmen taşı, el değirmeni
ARAD 16	Diener, Knecht, Untertan, Sklave	hizmetçi, uşak, esir, köle
ÀRAḪ *s.* ÉSAG		
AŠ.ME 1	Sonnenscheibe	güneş kursu
^{NA_4}AŠ.NU$_{11}$.GAL 1	Alabaster	sumermeri, kaymak taşı
ÁŠ.MUNUS.GÀR S. UDU.ÁŠ.MUNUS.GÀR		
ÀŠ 372	sechs	6 / altı

AŠGAB 80	Lederwerk$^{?}$	deri mamulâtı$^{?}$
^{LÚ}AŠGAB 80	Lederarbeiter, Schuster	deri işçisi, kunduracı
AZ 92	Bär	ayı
AZAG 69	Tabu, Dämon	tabu, dev, cin
^{LÚ}ÁZLAG 212	Wäscher, Walker	çamaşırcı, çamaşırı tokaç ile döven kişi
^{LÚ}AZU 104, vgl. 112A	Opferschauer, Seher, Magier	kâhin, bakıcı, sihirbaz

B

BA.BA.ZA 205	Gerstenbrei	arpa ezmesi
BA.ḪAL 205A	unbek. Bed.	anlamı bilinmeyen bir kelime
BA.UG$_6$ *s.* BA.ÚŠ		
BA.UŠ 205	ist gestorben, stirbt	ölmüş, ölüyor
BA.ÚŠ 205	ist gestorben, stirbt	ölmüş, ölüyor
BABBAR 316	weiß	beyaz
BAD 13	(sich) entfernen	uzaklaş(tır)mak
BAD, BAD-*an* 13	wenn (heth. *mān*)	eğer, -dığı zaman
$^{(LÚ)}$BAD 13	Herr	bey(-efendi)
^{MUNUS}BAD 13	Herrin	hâkime
BÀD 114	Mauer, Befestigung	sur
BÀD-*ant-* 114	ummauert, befestigt	etrafı duvarla çevrilmiş, tahkimli
BÀD-*eššar* 114	Mauer, Befestigung	sur
BÀD-(*eš*)*nai-* 114	befestigen	tahkim etmek
BÀD.KARAŠ 114	befestigtes Lager	ordugâh
$^{(LÚ)}$BÁḪAR 162	Töpfer	çömlekçi
$^{(LÚ)}$BAḪAR$_5$ 162	Töpfer	çömlekçi
BAL (1) 4	libieren, opfern, Opfer	kurban etmek, kurban
BAL (2) 4	Aufruhr, sich empören	isyan, isyan etmek
BAL (3) 4	(sich) ändern	değişmek
^{GIŠ}BAL 4	Spindel	iğ
BAL ZABAR 4	Spindel aus Bronze	tunçdan iğ
^{GIŠ}BAL.TUR 4	kleine Spindel	küçük iğ
^{GIŠ}BALAG(.DI) 225	eine Art Harfe oder Leier	bir çeşit harpa veya rebaba benzer müzik aleti
^{LÚ}BALAG.DI 225	Spieler des ^{GIŠ}BALAG.DI-Instruments	^{GIŠ}BALAG.DI müzik aletini çalan kişi
^{GIŠ}BALAG.DI.GAL 225	großes ^{GIŠ}BALAG.DI-Instrument	büyük ^{GIŠ}BALAG.DI müzik aleti

^{GIŠ}BAN *s.* ^{GIŠ}PAN		
BÁN 20	Maßangabe	bir ölçü birimi
^{GIŠ}BANŠUR 229	Tisch	masa
BAPPIR 163	Bierwürze, Bierbrot	bira için bir bahar, bira ekmeği
^{LÚ}BAR.DUL$_8$ 20	Weber?	dokumacı?
$^{\text{(TÚG)}}$BAR.DUL$_8$ 20	Gewand	elbise
^{GIŠ}BAR.KÍN 20	Überzug?, Auflage?	kılıf?
^{TÚG}BAR.SI 20	Kopfbinde	baş bağı
^{UZU}BAR.SÌL/SÌLA *s.* ^{UZU}MAŠ.SÌL/SÌLA		
^{TÚG}BAR."TE" 20	ein Gewand	bir elbise
^{TÚG}BÁR 235	grobes Gewebe	kalın dokuma
^{ITU}BÁR.ZAG.GAR 84	1. Monat	birinci ay
BAR$_7$ *s.* BIL		
BE 13A	Quell(e)	pınar
$^{\text{(LÚ)/MUNUS}}$BE *s.* $^{\text{(LÚ)/MUNUS}}$BAD		
BI-*aš* 153	jene(r)[3]	o
BI-*un* 153	jene(n)[4]	o(nu)
BI×A *s.* DUG		
BIL 169	(ver)brennen, rösten	yakmak, yanmak, kızartmak
BIL.ZA.ZA 169	Frosch	kurbağa
BIR 334	zerstreuen	dağıtmak, yaymak
BIR$_9$ *s.* BIL		
BU (in PN) 339	hell (sein)	aydın, parlak
^{GIŠ}BUGIN 182	Gefäß für Flüssigkeiten, Trog (o.ä.)	mayi için kab, tekne ve buna benzer kab
^{GIŠ}BUGIN.GÍD.DA 182	langes (großes) Gefäß für Flüssigkeiten	mayi için uzun (büyük) kab
^{GIŠ}BUGIN.TUR 182	kleines Gefäß für Flüssigkeiten	mayi için küçük bir kab
^{GIŠ}BÚGIN 55	Gefäß für Trockensubstanz; Kasten, Trog (o.ä.)	kuru maddeleri koymaya yarayan bir kab; kutu, tekne ve buna benzer kab
^{GIŠ}BÚGIN.TUR 55	kleines Gefäß für Trockensubstanz	kuru maddeleri koymaya yarayan küçük bir kab
BÙLUG *s.* DIM$_4$		
BÚN (KA×IM) 144	Gewitter, Donner	fırtına, gök gürültüsü
^{GIŠ}BUNIN 182	Gefäß für Flüssigkeiten; Trog (o.ä.)	mayi için kab, tekne ve buna benzer kab

---

[3]) = heth. *apaš* Nom. Sg. c.
[4]) = heth. *apun* Akk. Sg. c.

^{GIŠ}BÚNIN 55	Gefäß für Trockensubstanz; Kasten, Trog (o. ä.)	kuru maddeleri koymaya yarayan bir kab; kutu, tekne ve buna benzer kab
$^{(LÚ)}$BUR.GUL 245	Siegelschneider	mühürcü
$^{(DUG)}$BUR.ZI 245	Opferschale	kurban çanağı
BÙR 261	Loch	delik
$BURU_5$ 39 (2)	Heuschrecke	çekirge
$BURU_{14}$ 274	Ernte(zeit), Sommer	hasat (zamanı), yaz

D

DA 214	aus, von, mit	-den, -dan, ile
DAB *s.* DIB		
^{D}DAG 243	(vergöttlichter) Thron	(ilâhi anlamda) taht, "Taht tanrısı"
^{GIŠ}DAG 243	Thron	taht
DAG.$KISIM_5$ × ... *s.* E$^{!}$.$KISIM_5$ × ...		
^{GIŠ}DAG.SI 243 A		
DAGAL 57	Breite, breit; weit	genişlik, geniş; engin
DAM 298	Ehefrau, Gemahlin	zevce
^{LÚ}DAM.GÀR 298	Kaufmann	tüccar
DANNA 259	Meile, Doppelstunde	mil, iki saat
DAR *s.* GÙN		
DAR.A *s.* GÙN.A		
DÀRA 71	Steinbock	dağ keçisi
DÀRA.MAŠ 71	Hirsch	geyik
DÉ 102	gießen	dökmek
^{LÚ}DÉ.A (= ^{LÚ}E.DÉ.A) *s.* ^{LÚ}SIMUG.A		
DI 312	Recht, Rechtssache, Gericht	hak, dâva, hukuk meselesi; mahkeme
DI.KU_5 312	Rechtsfall, Urteil	dâva, hüküm, karar
DI.KUD 312	Rechtsfall, Urteil	dâva, hüküm, karar
DIB 210	fassen, ergreifen	tutmak, yakalamak
DIDLI 1	Plural-, Kollektivzeichen	çoğul/kolektif işareti
DIDLI ḪÁ 1	Pluralzeichen	çoğul işareti
DIDLI ḪI.A 1	Pluralzeichen	çoğul işareti
^{GIŠ}DÌḪ 74	eine Dornpflanze	dikenli bitki
DILI 1	eins	1 / bir
$^{DUG/GIŠ}$DÍLI 286	Schale, Schüssel	çanak, kab

^{GIŠ}DÍLI 286	Löffel, Kelle	kaşık, kepçe
${}^{DUG/GIŠ}$DÍLIM 286	Schale, Schüssel	çanak, kab
^{GIŠ}DÍLIM 286	Löffel, Kelle	kaşık, kepçe
${}^{DUG/GIŠ}$DÍLIM.GAL 286	Schale, Schüssel	çanak, kab
^{GIŠ}DÌM 116	Pfeiler, Pfosten	direk, destek
DIM$_4$ 257	Malz	malt
DIM$_4$ AL.GAZ 257	zerquetschtes, zerstoßenes Malz	malt ezmesi
DIM$_4$ BAPPIR 257	Malz (und) Bierbrot	malt (ve) bira ekmeği
^{Ú}DIN.TIR *s.* ^{Ú}GAMUN		
DINGIR 8	Gott(heit) (auch Determinativ)	tanrı(lık); tanrı isimleri önüne gelen determinatif
DINGIR^{LIM} 8	der Gottheit (Gen. Sg.)	tanrının
DINGIR^{MEŠ} LIBIR.RA 265	(ur)alte, ehemalige Götter	yaşlı, eski tanrılar
DINGIR.GAL 8	große Gottheit	büyük tanrılık
DINGIR.GE$_6$ 8	Gottheit der Nacht	gece tanrısı
DINGIR.MAḪ 8	Muttergöttin	ana tanrıça
DIRI 89	übrig bleiben	arta kalmak, elde kalmak
DIŠ (1) 356	eins	1 / bir
DIŠ (2) 356	wenn	eğer, -dığı zaman
DU 128	gehen	gitmek
DÙ 75	machen, werden	yapmak, olmak
DÙ.A.BI 75	insgesamt, alles	yekûn, hep, hepsi
${}^{(URU)}$DU$_6$ 211	Ruinenhügel	harabe yeri, ören yeri
^{ITU}DU$_6$.KÙ 84	7. Monat	yedinci ay
DU$_6$.URU^{MEŠ} 211	Ruinenhügel	harabe yeri, ören yeri
DU$_8$ *s.* DUḪ		
${}^{(DUG/URUDU)}$DU$_{10}$ × A *s.* ${}^{(DUG/URUDU)}$ÁB × A		
DU$_{10}$.DU$_{10}$${}^{?}$ *s.* ḪI.ḪI		
DU$_{11}$ 133	sprechen	konuşmak
DUB 99	(Ton-)Tafel, Urkunde	(kil) tablet, vesika
${}^{(LÚ)}$DUB.SAR 99	Tafelschreiber	kâtip
${}^{(LÚ)}$DUB.SAR.GIŠ 99	Holztafelschreiber	tahta tablet kâtibi
^{GIŠ}DUB.ŠEN 99	Tafelbehälter	tablet kabı
DUBBIN *s.* UMBIN		
DUG 162	Gefäß (auch Determinativ)	kab; kab isimleri önüne gelen determinatif
DUG ${}^{(LÚ)}$SÌLA.ŠU.DUḪ(.A) 162A	Kelle	kepçe
DUG.DU$_{10}$.ÚS.SA 162	Waschkrug	testi, çamaşır leğeni

DUG.ḪI.ÚS.SA *s.* DUG.DU$_{10}$.ÚS.SA		
(DUG.)KA.GAG(.A) 162	(Gefäß mit) geringe(r) Bierart	âdi bira ile dolu bir kab
$^{(\text{LÚ})}$DUG.SÌLA.BUR *s.* $^{(\text{LÚ})}$BÁḪAR		
$^{(\text{LÚ})}$DUG.SÌLA.BUR.NA *s.* $^{(\text{LÚ})}$BAḪAR$_5$		
DÙG.GA 335	gut, lieb, fein	iyi, aziz, ince
^{GIŠ}DÙG.GAN 335	Behälter$^{?}$, Scheide$^{?}$	kab$^{?}$, kın$^{?}$
^{KUŠ}DÙG.GAN 335	Tasche, Beutel	çanta, kese, torba
DUG$_4$ *s.* DU$_{11}$		
DUGUD 268	schwer, wichtig, ehrwürdig	önemli, muhterem
^{LÚ}DUGUD 268	Würdenträger, wichtige Persönlichkeit	rütbe sahibi, önemli bir şahsiyet
DUḪ 164	lösen, gespalten	çözmek, yarılmış
DUḪ-*ši*- 164	ungehemmt, unumwunden	serbest, açıkça, engelsiz
DUḪ.LÀL 164	Wachs	balmumu
DUḪ.ŠI.A *s.* DUḪ.ŠÚ.A		
$^{(\text{KUŠ})}$DUḪ.ŠÚ.A 164	eine Art Leder (Rohleder$^{?}$)	bir çeşit deri (ham deri$^{?}$)
$^{(\text{NA}_4)}$DUḪ.ŠÚ.A 164	Quarz$^{?}$, Bergkristall$^{?}$, Diorit$^{?}$	kuvars$^{?}$, necef taşı$^{?}$ (dağ kristali$^{?}$), diorit$^{?}$
^{GIŠ}DUL$_4$ s. ^{GIŠ}ŠÙDUN		
DUMU 237	Sohn, Kind	oğul, çocuk
DUMU *ŠI-IP-RI* 237	Bote, Gesandter	haberci, elçi
DUMU.DÙG.GA-*IA* 237	mein lieber Sohn	sevgili oğlum
DUMU.DUMU 237	Enkel	torun
DUMU.DUMU.DUMU 237	Urenkel	torun oğlu
DUMU.É.GAL 237	Hofjunker, Palastangestellter	saray nazırı
DUMU.KIN 237	Bote, Gesandter	haberci, elçi
DUMU.LÚ.U$_{19}$.LU 237	Mensch(enkind)	insan, insanoğlu
DUMU.LUGAL 237	Königssohn, Prinz	kralın oğlu, prens
DUMU.MUNUS 237	Tochter	kız çocuğu
DUMU.MUNUS.GABA 237	weiblicher Säugling	(kız) süt çocuğu (kız bebek)
DUMU.NAM.LÚ.U$_{19}$.LU 237	Mensch(enkind)	insan, insanoğlu
DUMU.NITA 237	Sohn	erkek çocuk
DUMU.NITA.GABA 237	männlicher Säugling	(erkek) süt çocuğu (erkek bebek)
DUMU.ŠEŠ 237	Brudersohn (Sohn des Bruders)	yeğen
^{GIŠ}DUN$_4$ s. ^{GIŠ}ŠÙDUN		
$^{(\text{TÚG})}$DUR 202	Band, Riemen	bant, kayış

DUR^{RU} (bzw. *ṬUR-RU*) 202	Band, Riemen	bant, kayış
$^{(\text{SÍG})}$DUR BABBAR 202	weißes Band	beyaz bant
DUR SA$_5$ 202	rotes Band	kırmızı bant
DÚR *s.* TUŠ		
DÙR$^{(\text{ÙR})}$ 302	Esel, Eselfohlen	eşek, erkek eşek yavrusu
DUR$_5$ 364	feucht, frisch	nemli, yaş, taze
DUR$_{10}$.TAB.BA 230	Beil	balta
DÚRU *s.* TUŠ		
DURU$_5$ 364	feucht, frisch	nemli, yaş, taze
DURUN *s.* TUŠ		
DÚSU 302	ein Equide	bir toynaklı hayvan

E

^{LÚ}E.DÉ(.A) *s.* ^{LÚ}SIMUG(.A)		
$^{(\text{TÚG/KUŠ})}$E.ÍB 187	Gürtel, leichte Tunika?	kemer, hafif tünik?
^{TÚG}E.ÍB ZAG.TAR 187	eine Gürtelart	bir çeşit kemer
^{TÚG}E.ÍB.GÍR 187	Gürtel zum Einstecken eines Dolches	bir hançerin kınını takmak için kemer
^{TÚG}E.ÍB.KUN 187	Gürtelanhänger	kemerin ilâvesi
E!.KISIM$_5$ × A.MAŠ 190	Hürde	çit
$^{(\text{UZU})}$E!.KISIM$_5$ × GA *s.* $^{(\text{UZU})}$UBUR		
E!.KISIM$_5$ × GU$_4$ *s.* NAM.UTUL$_5$		
$^{(\text{DUG/URUDU})}$E!.KISIM$_5$ × LA *s.* $^{(\text{DUG/URUDU})}$LAḪTA		
-E.NE 187	Pluralzeichen	çoğul işareti
^{KUŠ}E.SIR 187	Schuh	ayakkabı
^{GIŠ}E.URUDU *s.* ^{GIŠ}BANŠUR		
É 199	Haus (auch Determinativ)	ev; yapı ifade eden kelimeler önüne gelen determinatif
É *A-BU-*(*US-*)*SÍ* 199	Magazin	depo
É $^{(\text{GIŠ})}$BAN *s.* É $^{(\text{GIŠ})}$PAN		
É DUB.BA.A 199	Tafelhaus, Archiv, Schule	tablet evi, arşiv, okul
É $^{(\text{LÚ.MEŠ})}$DUB.SAR 199	Haus der Tafelschreiber	tablet evi, kâtipler binası
É $^{(\text{LÚ.MEŠ})}$DUB.SAR.GIŠ 199	Haus der Holztafelschreiber	tahta tablet evi/binası, tahta tablet kâtipleri binası
É EN.SISKUR 199	Haus des Opfermandanten	kurban sahibinin evi
É (GIŠ.)KIN.TI 199	Arbeitshaus, Werkstatt	işyeri, atölye
É GIŠ.ÙR.RA 58	Dachgeschoß	evin en yüksek katı, çatı arası

É *KI-LI* 199	Gefängnis	hapishane
É ^{NA_4}KIŠIB 199	Magazin, Vorratshaus, Schatzkammer	depo, hazine odası, mühür evi
É $^{(LÚ)}$MUḪALDIM 199	Küche	mutfak
É MUNUS.LUGAL 199	Haus der Königin	kıraliçenin evi
É *NAP-ṬÁ-RI* 199	Gästehaus$^{?}$	misafirhane$^{?}$
É *NA-AP-ṬÁ-RI* 199	Gästehaus$^{?}$	misafirhane$^{?}$
É $^{(LÚ)}$NINDA.DÙ.DÙ 199	Bäckerei	fırın(cı)
É $^{(GIŠ)}$PAN 199	Bogenhaus	yay evi
É SAL.LUGAL *s.* É MUNUS.LUGAL		
É.DINGIR^{LIM} 199	Gotteshaus, Tempel	tanrının evi, mâbet
É.DINGIR^{MEŠ} 199	Gotteshaus, Tempel	tanrının evi, mâbet
É.DU$_{10}$.ÚS.SA 199	Haus/Raum der (kultischen) Waschung	âyinlerde yıkanılacak ev veya yer
É.EN.NU.UN 199	Wachhaus, Gefängnis	karakol, hapishane
É.GAL 199	Palast	saray
$^{(MUNUS)}$É.GI$_4$(.A) 199, 234	Braut, Schwiegertochter	gelin
É.GÚ.È.A 199	Kleiderkammer$^{?}$, Gewandhaus$^{?}$	elbise odası$^{?}$, giyim odası$^{?}$
É.GU$_4$ 199	Rinderstall	sığır ahırı
É.IN.NU.DA 199	Strohhaus, Scheune, Schuppen	samanlık
É.KUR.RA 199	Tempel	mâbet
É.LUGAL 199	wörtl.: Haus des Königs	kelime kelime: kralın evi
^{KUŠ}É.MÁ.URU$^{!}$.URU$_5$ 87	Köcher	okluk
$^{KUŠ/GIŠ}$É.MÁ.URU$_5$ 87, 199, 315	Köcher	okluk
^{KUŠ}É.MÁ.URU$_5$$^{(RU)}$ 87, 199	Köcher	okluk
^{KUŠ}É.MÁ.URU$_5$.URU 87	Köcher	okluk
É.MAḪ 199	unbek. Bed.	alamı bilinmeyen bir kelime
É.NA$_4$ 199	Steinhaus, Totenhaus, Mausoleum	taş ev, mozoleum
É.NAM.ḪÉ 199	Tempelbezeichnung	mâbet adı
É.NIM.LÀL 199	Bienenkorb, Bienenhaus	arı kovanı
É.ŠÀ 199	Innengemach, (heiliges) Schlafgemach	kutsal iç oda (mâbette)
É.ŠÀ DINGIR^{LIM} 199	Innengemach der Gottheit	tanrının iç odası
É.ŠÀ KÙ.GA 199	heiliges Innengemach	kutsal iç ev
É.TU$_7$ 199	eine Art Küche	bir çeşit mutfak

È(.A) 316	hinaus-, herausgehen; Ausgang	çıkmak, çıkış
È.A ^{D}UTU 316	Sonnenaufgang, Osten	güneş doğması, doğu
EBUR *s.* BURU$_{14}$		
EGIR 126	wieder, zurück, hinter(her), hinten, nach, danach; Rückseite	yine, geri, arkasında, arkasına, sonradan, -a, -e, bundan sonra; arka taraf
EGIR-*an-da/ta* 126	danach, hinterher	bundan sonra, sonradan, arkasından
EGIR-*iz-zi-iš* 126	letzter	sonuncu
EGIR$^{TI/TIM}$ 126	niederen Ranges	aşağı sınıf
EGIR^{TUM} 126	Rückseite	arka taraf
EGIR-*ŠU/ŠÚ* 126	danach, hinter(her)	bundan (ondan) sonra, arka(sın)dan, sonradan
EGIR-*ŠU/ŠÚ-NU* 126	hinter ihnen	onlardan sonra, onların arkasında(n)
EGIR *U*$_{4}$-*MI* 126	Zukunft	gelecek(te)
EGIR *U*$_{4}$^{KAM}-*MI* 126	Zukunft	gelecek(te)
EGIR.KASKAL$^{(NI)}$ 126	(auf dem) Rückweg	dönüş yolu(nda)
EGIR.UD$^{(KAM)}$ 126	Zukunft	gelecek(te)
EGIR.UD$^{KAM\ MI}$ 126	Zukunft	gelecek(te)
EGIR.UD^{MI} 126	Zukunft	gelecek(te)
^{UZU}ÉLLAG 334	Niere	böbrek
^{UZU}ÉLLAG.GÙN(.A) 334	Körperteilbezeichnung (wörtl.: bunte Niere)	bir vücut parçası (kelime kelime: renkli böbrek)
^{GIŠ}EME 147	Zunge (als Nachbildung)	dil (kopya olarak)
$^{(UZU)}$EME 147	Zunge	dil
EME.DIR 147 A	Eidechse	kertenkele
EME.DIR.GÙN.A 147 A	bunte? Eidechse	renkli? kertenkele
EME.GÍR 147	Messer-, Dolchklinge	bıçak/hançer ağzı
EN 40	Herr	bey, efendi, sahip
EN *DI-NI* 40	Gerichtsherr, Prozeßgegner	adlî âmir, dâvalı
EN ÈN.TAR 40	Beauftragter	vekil
EN GIŠ.KIN.TI 40	Handwerker	zanaatkâr
EN KARAŠ 40	Heereskommandant	ordu komutanı, başkomutan
EN ^{GIŠ}KUN$_{4}$ 40	Herr der Treppe	merdiven büyüğü
EN KUR^{TI} 40	Landesherr	ülkebeyi
EN *MAD-GAL*$_{9}$-*TI* 40	Herr der Grenzwache, Provinzgouverneur, Distriktaufseher, Distriktverwalter	gözetleme yeri komutanı, askerî vâli, sınır kent yöneticisi
EN *QA-TI* (ŠU^{TI}) 40	Handwerker	zanaatkâr

EN SISKUR 40	Opferherr, Opfermandant	kurban sahibi
EN SÍSKUR 40	Opferherr, Opfermandant	kurban sahibi
EN ŠU^{TI} 40	Handwerker	zanaatkâr
EN TU_7 40	Angehöriger des Küchenpersonals	mutfak personelinden bir kişi
EN UKU.UŠ 40	Herr der Schwerbewaffneten	ağır silâh (birliklerinin) başı
EN.NU.UN 40	Wache	nöbet
^{LÚ}EN.NU.UN 40	Wächter	nöbetçi
^{LÚ}EN.NU.UN BÀD 40	Befestigungswache	sur nöbeti
EN.NU.UN ḪUR.SAG 40	Bergwache	dağ nöbeti
EN.NU.UN MURUB_4 40	mittlere Nachtwache	gece yarısı nöbeti
^{D}EN.ZU *s.* ^{D}*SÎN*		
ÉN 251	Beschwörung	büyü
ÈN.TAR 343	fragen	sormak
ÈN.TAR.RI.A 343[5]		
^{LÚ}ENGAR 9	Landmann	çiftçi
^{MUNUS}ENSI 40	Seherin	kadın kâhin
ÉR.ÉR^{SAR} 364	eine Dornpflanze	dikenli bir bitki
^{GIŠ}EREN 62	Zeder	sedir ağacı
ERIM$^{\text{(MEŠ)}}$ *s.* ÉRIN$^{\text{(MEŠ)}}$		
^{GIŠ}ERIN 62	Zeder	sedir ağacı
^{GIŠ}ÉRIN *s.* GIŠ.ÉRIN		
^{GIŠ}ÉRIN ("NUNUZ") *s.* GIŠ.ÉRIN ("NUNUZ")		
$^{\text{(GIŠ)}}$ÉRIN ("NUNUZ") ZI.BA.NA *s.* (GIŠ.)ÉRIN ("NUNUZ") ZI.BA.NA		
^{GIŠ}ÉRIN ZI.BA.NA *s.* GIŠ.ÉRIN ZI.BA.NA		
ÉRIN$^{\text{(MEŠ)}}$ 327	Truppe(n), Heer, Menge, Schar	kıta(lar), kuvvet(ler), ordu; küme
ÉRIN^{MEŠ} ANŠE.KUR.RA$^{\text{ḪI.A/MEŠ}}$ 327	Fußtruppen (und) Wagenkämpfer	yaya (ve) arabalı savaşçılar
ÉRIN^{MEŠ} GÌR$^{(PÍ)}$ 327	Fußsoldaten	piyade askerleri, yaya askerler
ÉRIN^{MEŠ} IGI.GAL(.LA) 327	Truppengattung	askerî bir sınıf
ÉRIN^{MEŠ} KIN 327	Arbeitstruppe, Bautrupp(e), Pioniere	istihkâm kıtası
ÉRIN^{MEŠ} ^{LÚ}KÚR 327	feindliche Truppen	düşman kıtalar (askerleri), düşman kuvvetler (askerleri)

[5]) = heth. *katta-ššan arnumar.*

ÉRIN^{MEŠ} *NA-RA-RI*$^{\text{(HI.A)}}$ 327	Hilfstruppen	yardımcı kıtalar (askerler)
ÉRIN^{MEŠ} SA.GAZ 327	Fremdlinge, Freibeuter	yabancılar, korsan
ÉRIN^{MEŠ} *ŠU-TI*$^{\text{(HI.A)}}$ 327	(militärische) Stammesverbände	(askerî) birlik(ler)
ÉRIN^{MEŠ} TAḪ 327	Hilfstruppen	yardımcı kıtalar (askerler)
ÉRIN$^{\text{MEŠ (LÚ.MEŠ)}}$UKU.UŠ 327	schwerbewaffnete Truppen	ağır silâhlı kıtalar
ÉSAG 59	Scheune, Speicher; speichern, lagern	samanlık, depo; depo etmek
^{GIŠ}ESI 196	Ebenholz	abanoz ağacı
EŠ$_5$ 368	drei	3 / üç
EŠA *s.* ZÌ.EŠA		
EZEN × ŠE *s.* EZEN$_4$		
EZEN$_4$ 107	Fest	bayram
EZEN$_4$ *DI$_{12}$-ŠI* 249	Frühlingsfest	ilkbahar bayramı/töreni
EZEN$_4$ Ú.BAR$_8$ 195	Frühlingsfest	ilkbahar bayramı/töreni

G

GA 159	Milch	süt
GA *DAN-NU* 159	Dickmilch	koyu süt
GA *EM-ṢÚ* 159	saure Milch	ekşi süt
GA *ṢÉ-E-TI* 159	eine besondere Art Milch(?)	bir çeşit süt(?)
GA.GÍN *s.* ÍL		
GA.KALA.GA 159	Dickmilch	koyu süt
GA.KIN.AG 159	Käse	peynir
GA.KIN.DÙ 159	Käse	peynir
GA.KU$_7$ 159	süße Milch	tatlı süt
GA.RAŠ^{SAR} 159	Porree	pırasa
GA.ZUM *s.* KÀ.SÚM		
$^{\text{(GIŠ)}}$GA.ZUM 159, 300	Kamm	tarak
GÁ × AN *s.* DAGAL		
$^{\text{(MUNUS)}}$GÁ × AN *s.* $^{\text{(MUNUS)}}$AMA		
GÁ × NÍG *s.* GALGA		
GÁ × NIR *s.* ÙR		
GÁ × PA *s.* SILA$_4$		
GÁ × ŠE *s.* ÉSAG		
GÁ.E 56	ich	ben
GAB.A.RI 164	gleichgestellt	aynı seviyede bulunan
GAB.LÀL *s.* DUḪ.LÀL		
$^{\text{(LÚ/MUNUS)}}$GÁB.ZU.ZU 49	Ausgebildete(r)?	talimli, diplomalı adam/kadın

$^{(UZU)}$GABA 164	Brust	göğüs
^{LÚ}GAD.KA×IM 144 A, 173	unbek. Bed.	anlamı bilinmeyen bir kelime
^{GIŠ}GAD.ŠE.NAGA *s.* ^{GIŠ}ŠINIG		
^{LÚ}GAD.TAR 173	ein Funktionär?	görevli bir adam
GADA 173	Leinen(kleid), Tuch (auch Determinativ)	keten (elbise), kumaş; keten elbise önüne gelen determinatif
^{TÚG}GADA 173	Leinenkleid	keten elbise
GADA (*ŠA*) *QA-TI* 173	Handtuch	havlu, elbezi
$^{(TÚG)}$GADA.DAM 173	Gamasche	tozluk
GADA.IGI 173	Schleier?	tül örtü?
GADA.SU$_6$ 173	Serviette	yemek esnasında kullanılan elbezi
GADA.ŠU 173	Handtuch	havlu, elbezi
$^{GIŠ/URUDU}$GAG 75	Pflock	kazık
^{GIŠ}GAG ŠENNUR 260	Pflock aus Mispelholz?	muşmula ağacından bir kazık(?)
$^{GI/GIŠ}$GAG.(Ú.)TAG(.GA) 75	Pfeil	ok
GAL 242	groß	büyük
$^{(DUG/GIŠ/URUDU)}$GAL 242	Becher	kadeh, bardak
$^{(LÚ)}$GAL 242	Oberster, Vorgesetzter, Erster	şef, patron, önde gelen bir kişi
GAL $^{(LÚ)}$GEŠTIN 242	Weinoberer (ein Würdenträger)	şarap büyüğü (orduda bir rütbe)
GAL $^{(LÚ)}$KUŠ$_7$ 151	Oberwagenlenker	arabacı başı
GAL $^{(LÚ.MEŠ)}$*ME-ŠE-DI* 357	Oberster der Leibwache	saray muhafızlarının başı
GAL NA.GAD 242	Oberhirt (auch Titel)	çobanın başı
GAL Ú.ḪÚB 195	Oberster der Tauben	sağır adamların başı
GAL $^{(LÚ.MEŠ)}$UKU.UŠ 242	Oberster der Schwerbewaffneten	ağır silâhçıların başı
$^{(DUG)}$GAL.GIR$_4$ 242, 266	Becher aus gebranntem Ton	pişmiş topraktan bir bardak
GAL.ZU 242	ein Gefäß	bir kab
^{LÚ}GALA 132	Kultsänger (ein bestimmter Priester)	âyinlerde ilâhi söyleyen kişi
GALAM.GALAM 119 A	Geheimnis	sır
GALGA 60	Verstand	akıl
GAM 247	unten, unter, hinab, bei, neben	aşağıda, altına, altında, aşağı(ya), yanında

GAM-*an* 247[6]		
GAM-*an-da/ta* 247[7]		
^{Ú}GAMUN 330	Kümmel	kimyon
^{Ú}GAMUN.BABBAR 330	weißer Kümmel	beyaz kimyon
^{Ú}GAMUN.GE$_6$ 330	schwarzer Kümmel	siyah kimyon
^{ITU}GAN.GAN.È.A 84	9. Monat	dokuzuncu ay
^{GIŠ}GAN.KAL 113	Opfertisch?, Ständer?	kurban masası?, ayaklık?
GANBA? *s.* KI.LAM		
GAR 369	setzen, stellen, legen	koymak
GAR-*aš* 369	Orakelterminus	kehanet terimi
GAR-*ri* 369[8]		
GAR-*ta-ri* 369[9]		
GAR.RA 369	besetzt, überzogen, versehen mit	kaplanmış
GÁRAŠ *s.* KARAŠ		
GARZA 174	Amt, Kultbrauch	hizmet, vazife, kült âdet
GAŠAN 336	Herrin	hâkime
GAŠAN-*I̯A* 336	meine Herrin	hâkimem
GAZ 122	töten, schlagen, schlachten	öldürmek, vurmak, hayvan kesmek (kurban kesmek)
GE$_6$ 267	dunkel, schwarz	koyu, siyah
GE$_6$$^{\text{(KAM)}}$ 267	Nacht	gece
GÉME 305	Magd, Dienerin, Sklavin	kadın köle, cariye
$^{\text{(LÚ.MEŠ)}}$GÉME.E$^{\text{(MEŠ)}}$ 305	Personengruppe	şahıslar grubu
GÉŠ 356	sechzig	60 / altmış
GÉŠBU *s.* GÉŠPU		
GÉŠPU 68	Gewalt, Ringkampf, Unterarm?, Faust?	kuvvet, güreş, kol?, yumruk?
^{GIŠ}GÉŠPU 68	Nachbildung eines Körperteils; Faust?, Unterarm?	bir vücut parçasının kopyası; yumruk?, kol?
$^{\text{(GIŠ)}}$GEŠTIN 131	Weinstock, Wein	üzüm asması, şarap
GEŠTIN DÙG.GA 131	feiner, lieblicher Wein	süzülmüş tatlı şarap
GEŠTIN *EM-ṢÚ* 131	saurer, herber Wein	ekşi şarap
GEŠTIN GIBIL 131	neuer Wein	taze şarap
$^{\text{(GIŠ)}}$GEŠTIN ḪÁD.DU.A 131	Rosine(n)	kuru üzüm(ler)
$^{\text{(GIŠ)}}$GEŠTIN *KÀ-RA-A-AN* 131	Weintraube	üzüm salkımı
GEŠTIN KU$_7$ 131	süßer Wein	tatlı şarap

[6]) = heth. *kattan.*
[7]) = heth. *kattand/ta.*
[8]) = heth. *kittari.*
[9]) = heth. *ki̯antari?/kittari?.*

GEŠTIN LIBIR.RA 131	alter Wein	eski şarap, yıllanmış şarap
GEŠTIN SA$_5$ 131	roter Wein, Rotwein	kırmızı şarap
GEŠTIN.KAŠ 131	Wein (und) Bier	şarap (ve) bira
GEŠTIN.LÀL 131	honighaltiger Wein	ballı şarap
GEŠTIN.NAG 131	eine Weinsorte	bir şarap çeşiti
$^{(UZU)}$GEŠTU 317	Ohr, hören	kulak, işitmek
GEŠTU-*ar* 317	Hören	dinleme, işitme
GEŠTU-*aš-mi* 317	ich höre	işitiyorum, duyuyorum, dinliyorum
GEŠTU-*tén* 317	hört!	dinleyin!, işittin!
GEŠTU.NU.GÁL 317	taub, tauber Mann	sağır, sağır bir adam
$^{(UZU)}$GEŠTUG 317	Ohr, hören	kulak, işitmek
GI 30	Rohr (auch Determinativ)	kamış; kamıştan yapılmış eşya önlerine gelen determinatif
GI É *ṬUP-PÍ* 30	Schreibrohr, Griffel	yazı aleti, yazı kalemi
GI É.DUB.BA(.A) 30	Schreibrohr, Griffel	yazı aleti, yazı kalemi
GI.DÙG.GA 30	'Süßrohr', Würzrohr	bir baharat
GI.DUR$_5$/DURU$_5$ 30	eine Art Schilf(rohr)	bir çeşit kamış
GI.GÍD 30	Flöte	flüt
GI.IZI.LÁ 30	Fackel	meşâle
GI$_6^{(KAM)}$ *s.* GE$_6^{(KAM)}$		
GIBIL 172	neu, erneuern	yeni, yenilemek
GÍD(.DA) 339	lang, Länge	uzun, uzunluk
GIDIM 52	Toter, Totengeist	ölü, ruh
$^{GIŠ/URUDU}$GIDRU 174	Stab, Zepter	asa, hükümdar asası
^{URU}GIDRU *s.* Geograph. Namen		
^{GIŠ}GIDRU.DINGIR^{LIM} 174	Stab der Gottheit	tanrının asası
GIG 269	Krankheit, krank, krank sein	hastalık; hasta, hasta olmak
$^{LÚ/MUNUS}$GIG 269	Kranke(r)	hasta
^{UZU}GIG$^{ḪI.A}$ 269	Abgeschnittenes	kesilmiş birşey
GIG.GAL 269	schwere Krankheit	ağır hastalık
GIG.TUR 269	leichte Krankheit	hafif rahatsızlık
GÍG$^{(KAM)}$ *s.* GE$_6^{(KAM)}$		
^{GIŠ}GIGIR 224	Wagen	araba
^{GIŠ}GÍGIR 180	Wagen	araba
GILIM 258	Kranz, bekränzen	çelenk, diadem, çelenk ile süslemek
^{LÚ}GILIM 258	Kranzflechter?, -binder?	çelenk bağlayan?

GILIM.GURUN 258	Fruchtkranz	meyva çelengi
GIM(*-an*) 165	wie, als; sowie, sobald	nasıl, olduğu zaman; olur olmaz
GIN *s.* DU		
GÍN oder GÍN.GÍN 209 (2)	Schekel	şekel (ağırlık ölçüsü)
$^{\text{(GIŠ/URUDU)}}$GÍR 6	Messer, Dolch	bıçak, hançer
$^{\text{(URUDU)}}$GÍR.GAL *s.* $^{\text{(URUDU)}}$UL$_4$.GAL		
GÍR.LÍL 6	Messer fürs Feld	kır bıçağı
GÍR.TAB 6	Skorpion	akrep
GÍR.TAB^{PU} 6	Skorpion	akrep
GÌR 301	Fuß	ayak
^{GIŠ}GÌR 301	Fuß (aus Holz)	(ağaçtan bir) ayak
GÌR×A.IGI *s.* ALIM		
GÌR×PA *s.* ANŠE		
GÌR×TAB *s.* ANŠE		
^{LÚ}GÌR.ARAD 301	Statthalter, Gouverneur	vâli
$^{\text{(DUG)}}$GÌR.GÁN 301	ein Gefäß	bir kab
^{GIŠ}GÌR.GUB 301	Fußbank, Schemel	ayaklık, tabure
$^{\text{(DUG)}}$GÌR.KIŠ 301	ein Gefäß (Mischkrug?)	bir kab
$^{\text{(UZU)}}$GÌR.PAD.DU 301	Knochen	kemik
^{LÚ}GÌR.SÌ.GA 301	ein Bediensteter	bir hizmetli
^{TÚG}GÌR.ZU$_9$ 301	ein Kleidungsstück	bir elbise parçası
GIR$_4$ 266	Brennofen, gebrannte Tonware, gebrannter Ton	pişirme ocağı; pişmiş topraktan eser; pişmiş toprak
GÌRI *s.* GÌR		
^{GIŠ}GÌRI *s.* ^{GIŠ}GÌR		
GISKIM 291	Zeichen, Vorzeichen	alâmet
GISKIM-*aḫ(ḫ)*- 291	ein (Vor)zeichen geben	bir alâmet vermek
GISSU 178	Schatten	gölge
GIŠ 178	Holz, Baum (auch Determinativ)	tahta, odun, ağaç; ağaç ve ağaçtan yapılmış eşya adları önüne gelen determinatif
GIŠ $^{\text{(D)}}$INANNA 178	Saiteninstrument	telli bir müzik aleti
GIŠ $^{\text{(D)}}$INANNA.GAL 178	großes Saiteninstrument	büyük bir telli müzik aleti
GIŠ $^{\text{(D)}}$INANNA.TUR 178	kleines Saiteninstrument	küçük bir telli müzik aleti
GIŠ $^{\text{(D)}}$INNIN *s.* GIŠ $^{\text{(D)}}$INANNA		
GIŠ.ÉRIN 178, 327	Waage	terazi
GIŠ.ÉRIN ("NUNUZ") 178, 328	Waage	terazi

(GIŠ.)ÉRIN ("NUNUZ") ZI.BA.NA 178, 328	Waage	terazi
GIŠ.ÉRIN ZI.BA.NA 178, 327	Waage	terazi
GIŠ.GÁ×NIR *s.* GIŠ.ÙR		
GIŠ.GUL$^{ḪI.A}$ *s.* ^{GIŠ}GUL$^{ḪI.A}$		
GIŠ.ḪUR 178	Holztafel, Vorlage$^{?}$, Plan$^{?}$, Entwurf$^{?}$	tahta tablet; örnek$^{?}$, plan$^{?}$, proje$^{?}$
GIŠ.KIN.TI 178	Handwerk, Werkzeug	zanaat, alet
GIŠ.KÍN 178	Baum(frucht)	ağaç (meyvası)
GIŠ.MAḪ 178	Balken	kiriş, direk
GIŠ.MI *s.* GISSU		
GIŠ.NÁ 314	Bett	yatak
GIŠ.NÚ *s.* GIŠ.NÁ		
GIŠ.RÍN 178, 327	Waage	terazi
GIŠ.RÍN ("NUNUZ") 178, 328	Waage	terazi
(GIŠ.)RÍN ("NUNUZ") ZI. BA.NA 178, 328	Waage	terazi
GIŠ.RÍN ZI.BA.NA 178, 327	Waage	terazi
GIŠ.ŠUB.BA 178	Los, Anteil	pay
GIŠ.Ú.SAR 178 A	erstes Grün u. ä. (im Frühling)	ilk yeşil (baharda)
GIŠ.ÙR 58, 178	Balken, Dachbalken	kiriş, direk; çatı kirişi
GÍŠ 356	sechzig	60 / altmış
$^{(GIŠ)}$GIŠIMMAR 70	Dattelpalme	hurma ağacı
^{UZU}GU.DU 304	After	anus
^{GIŠ}GU.ZA 304	Thron	taht
^{GIŠ}GU.ZA GÍD.DA 304	Chaiselongue, Ruhebett	şezlong, yatak
$^{(UZU)}$GÚ 201	Hals, Nacken	boyun
GÚ-*tar* 201	Schulter	omuz
GÚ.BAL 201	Ruinenhügel	harabe tepesi, ören yeri
^{LÚ}GÚ.BAR 201, vgl. 366 A	Jäger	avcı
GÚ.È(.A) 201	Gewand, Hemd$^{?}$, Mantel$^{?}$	elbise, gömlek$^{?}$, manto$^{?}$
GÚ.GAL 201	Erbse	bezelye
GÚ.GAL.GAL 201	große Erbse	büyük bir bezelye
GÚ.GAR(.GAR) 201	sich niederbeugen$^{?}$	yere eğilmek$^{?}$
GÚ.GILIM 201	kämpfend, Kämpfer	mücadele eden, savaşçı
GÚ.GÌR 201	Loch$^{?}$	delik$^{?}$
$^{(UZU)}$GÚ.ḪAL 201	Teil des Halses	boğazın bir kısmı
GÚ.ḪAŠ$^{?}$ *s.* GÚ.TAR		

GÚ.KI.ŠÈ 201	sich niederbeugen?	yere eğilmek?
GÚ.SES 201	Bittererbse	acı bir bezelye
GÚ.ŠEŠ *s.* GÚ.SES		
GÚ.ŠUB 201	hartnäckig?	inatçı?
GÚ.ŠUB.DA.A.RI 201	hartnäckig? (sein)	inatçı? (olmak)
GÚ.TÁL 201	Rückseite	arka yüz
GÚ.TAR (oder GÚ.ḪAŠ?) 201	Hinterkopf, Rückseite	başın arka tarafı; arka taraf
GÚ.TUR 201	kleine Erbse(nart)	küçük bir bezelye
GÚ.UN *s.* GUN		
GÚ.ZAL 201	Geheimnis	sır
GU_4 157	Rind (auch Determinativ)	sığır; boynuzlu hayvanlar önüne gelen determinatif
GU_4.APIN.LÁ 157	Pflugrind	çift sığırı
GU_4.GAZ 157	Rind zum Schlachten(?)	kesimlik bir sığır(?)
GU_4.MAḪ 156	Stier, Zuchtstier	boğa
GU_4.NIGA 157	fettes Rind, Mastrind	yağlı bir sığır, besili (semiz) bir sığır
GU_4.NÍTA 157	Rind, Bulle	sığır, boğa
$^{GIŠ}GU_4$.SI.AŠ 157	Rammbock, Mauerbrecher	koçbaşı (sur kapılarını kırmak için kullanılan)
$^{ITU}GU_4$.SI.SÁ 84	2. Monat	ikinci ay
GU_7 149	essen	yemek yemek
GUB 128	stehen, aufstehen	ayakta durmak, kalkmak
GUB-*aš* 128	im Stehen	ayakta duran
^{GIŠ}GUB ŠEN KÙ.BABBAR 128	Ständer? für einen Silberkessel	bir gümüş kazan için sehpa? (ayaklık?)
GUB.BA 128	stehend	ayakta duran
GÙB 49	linke Seite, linker	sol taraf; sol
GÙB(-*la*)-*az* 49	links	soldan
GUD *s.* GU_4		
GUD_8.DA *s.* LÚGUD.DA		
$^{LÚ}GUDU_{12}$ 337	Gesalbter (ein Priester)	melhemli rahip
^{NA_4}GUG 366	Karneol (o.ä.)	akik (veya buna benzer)
GÚG 220	eine Hülsenfrucht	bir bakliyat meyvası
^{UDU}GUKKAL?+KUN 210, 252	Fettschwanzschaf	kuyruğu büyük olan koyun
GUL 271	schlagen, zerschlagen	vurmak, dövmek, çalmak, parçalamak
^{GIŠ}GUL$^{ḪI.A}$ 271 A		
GUN 201	Talent (Gewichtseinheit); Last, Schwere	talent (bir ağırlık ölçüsü); ağır(lık)

GUN-*an* 201	Orakelterminus	kehanet terimi
GUN-*liš* 201	Orakelterminus	kehanet terimi
GÙN 83	bunt	renkli, rengârenk
GÙN.A 83	bunt	renkli, rengârenk
GUNNI 313	Herd	ocak
^{URUDU}GUNNI *s.* GUNNI		
^{D}GUNNI *s.* GUNNI		
^{URUDU}GUNNI.DU.DU 313	tragbarer (Kohle)ofen	taşınabilir bir kömür ocağı
GUR (1) 185	anderer	başka, diğer
GUR (2) 185	„Kor“ (Hohlmaß)	"kor" (sulu ve taneli maddelerin ölçülmesinde kullanılan ölçü birimi)
GUR$_4$.RA 179	dick	kalın, iri
$^{(KUŠ/TÚG)}$GURU$_{21}$ *s.* $^{(KUŠ/TÚG)}$E.ÍB		
GURUN 193	Frucht, Obst	meyva
^{LÚ}GURUŠ 196	Mann, Jüngling	erkek, delikanlı
$^{(LÚ)}$GURUŠ-*tar* 196	Mannhaftigkeit	erkeklik
GUŠKIN 69	Gold	altın
$^{LÚ.MEŠ}$GUŠKIN.DÍM.DÍM 69	Goldschmiede	kuyumcular
$^{(TÚG)}$GUZ.ZA 310	eine Art Tuch?, Decke?	bir çeşit kumaş?, örtü?

Ḫ

ḪA.A *s.* ZÁḪ		
ḪA.LA 367	Anteil, Teil	pay, parça
^{LÚ}ḪA.LA 367	Teilhaber	hissedar, ortak
^{UZU}ḪA.LA 367	Fleischanteil	et payı
ḪÁ *s.* ḪI.A		
^{DUG}ḪAB.ḪAB 179	Kanne	güğüm, testi
ḪÁD.DU(.A) 316	trocken	kuru
^{LÚ}ḪAL 2	Opferschauer, Seher	kâhin
ḪAR 333	Ring	halka
ḪAR.GÌR 333	Fußring, Fußspange	ayak halkası, halhal
ḪAR.GÚ 333	Halsring, Halsband	boğaz halkası, gerdanlık
$^{DUG/NA_4}$ḪAR.ḪAR *s.* $^{DUG/NA_4}$ARA$_5$		
ḪAR.ŠU 333	Armring, Armband	bilezik
^{DUG}ḪAR.ŠU.ŠA 333	ein Gefäß	bir kab
^{GIŠ}ḪAŠḪUR 219	Apfel(baum)	elma (ağacı)

$^{\text{(GIŠ)}}$ḪAŠḪUR.KUR.RA 219	Aprikose(nbaum) (?)	kayısı (ağacı) (?)
ḪI × ŠE *s.* BIR		
^{UZU}ḪI × ŠE *s.* ^{UZU}ÉLLAG		
ḪI.A 335	Pluralzeichen	çoğul işareti
ḪI.GÌR *s.* ḪUŠ		
ḪI.ḪI 335	Gewitter; Farbbezeichnung?	fırtına; aynı zamanda renk işareti olarakta
$^{\text{(GAD/TÚG)}}$ḪI.ḪI-*na-tar* 335	Tuchart, Kleidungsstück	bir çeşit kumaş, elbise parçası
ḪUB$^{\text{(ḪI.A)}}$ 50	(Ohr)ring(e)	küpe(ler), halka(lar)
ḪUB.BI 50	(Ohr)ring	küpe, halka
^{LÚ}ḪUB.BI 50	Kulttänzer, Akrobat	köçek (ayinlerde), akrobat
ḪUB.BÍ 50	(Ohr)ring	küpe, halka
^{LÚ}ḪUB.BÍ 50	Kulttänzer, Akrobat	köçek (ayinlerde), akrobat
ḪÚB$^{\text{(ḪI.A)}}$ 49	(Ohr)ring(e)	küpe(ler), halka(lar)
ḪÚB.BI 49	(Ohr)ring	küpe, halka
^{LÚ}ḪÚB.BI 49	Kulttänzer, Akrobat	köçek (ayinlerde), akrobat
ḪÚB.BÍ 49	(Ohr)ring	küpe, halka
^{LÚ}ḪÚB.BÍ 49	Kulttänzer, Akrobat	köçek (ayinlerde), akrobat
ḪUL 290	böse, schlecht; Böses	fena, kötü; fenalık
^{LÚ}ḪUL-*lu* 290	Schlecht (Name im Appu-Märchen)	fena (Appu-masalında isim)
ḪUR 333	dick?	kalın?
ḪUR.SAG 333	Berg (auch Determinativ)	dağ; dağ adları önüne gelen determinatif
ḪUŠ 348	fürchten?	korkmak?

I

^{GIŠ}I.LU *s.* ^{GIŠ}KUN$_4$		
Ì 72	Öl, ölen, salben; Fett	yağ, yağlamak, merhem sürmek; nebatî, hayvanî yağ
$^{\text{(UZU)}}$Ì 72	Fett	nebatî, hayvanî yağ
Ì.DÙG.GA 72, 335	Feinöl	güzel kokulu ince bir yağ
Ì.GAB 72	unbek. Bed. (Flüssigkeit)	anlamı bilinmeyen bir kelime (likit madde)
Ì.GAB ŠE 72	unbek. Bed.	anlamı bilinmeyen bir kelime
Ì.GÁL 72	er existiert, ist vorhanden	var, mevcut

Ì.GIŠ 72	(Sesam)öl, Fett	susam yağı, yağ
^{UZU}Ì.GU$_4$ 72	Rinderfett	içyağı
Ì.NUN 36, 72	Butterschmalz	eritilmiş tereyağı
Ì.NUN.NA 36, 72	Butterschmalz	eritilmiş tereyağı
Ì.SAG DÙG.GA 72	bestes Feinöl	en iyi kokulu ince yağ
Ì.ŠAḪ 72	Schweineschmalz	domuz yağı
$^{(UZU)}$Ì.UDU 72	(Schaf)fett, Talg	koyun yağı, içyağı
I$_7$ *s.* ÍD		
IÁ 371	fünf	5 / beş
$^{(UZU)}$IÀ *s.* $^{(UZU)}$Ì		
IA$_4$ *s.* NA$_4$		
^{TÚG}ÍB.LÁ 125	Gürtel, leichtes Gewand	kemer; hafif bir elbise
ÍB.TAG$_4$ 125, 227	Rest	bakiye
ÍD 216, 365	Fluß (auch Determinativ)	nehir, ırmak; nehir isimleri önüne gelen determinatif
ÍD.TUR 365	kleiner Fluß	küçük nehir
^{ÍD}IDIGNA 253	Tigris	Dicle
^{GIŠ}IG 67	Tür	kapı
IGI 288	sehen, schauen	görmek, bakmak
IGI-*an-da* 288[10]	gegenüber	karşı
IGI-*u-en* 288	wir sahen	gördük
IGI-*zi* 288	er sieht	görüyor
IGI-*zi-* 288	vorderer, erster	öncü, birinci
^{LÚ}IGI-*zi-i̯a-* 288	Erster (Funktionär)	birinci (görevli bir adam)
IGI$^{(ḪI.A)}$ 288	Auge(n)	göz(ler)
IGI-*UL* 288	er blickte hin	baktı
IGI.BAR 288	Leberteil	karaciğer parçası
^{LÚ}IGI.DU[288	Vorangehender	önde giden adam
^{LÚ}IGI.DÙ 288	Vogelschauer, Augur	kuş bakıcı, kâhin
^{LÚ}IGI.DÙ.A 288	wohl für ^{LÚ}IGI.DU$_8$.A (*s.* dort)	
IGI.DU$_8$$^{ḪI.A}$ 288	Abgaben	vergi ve harçlar
^{LÚ}IGI.DU$_8$(.A) 288	Angehöriger einer bestimmten sozialen Klasse (?) oder Lieferant (?)	belirli bir sosyal sınıfa ait kişi (?) veya taahhütdünü yerine getiren kişi (?)
IGI.DU$_8$.(LIŠ.)A 288	hervorragend, vorzüglich; Geschenk?, Abgabe(n)?	mükemmel, nefis; hediye?, vergi ve harçlar (?)
IGI.DUB *s.* GISKIM		
^{LÚ}IGI.DUB *s.* ^{LÚ}AGRIG		

10) = heth. *menaḫḫanda.*

IGI.ERIM *s.* SIG$_5$		
$^{(GIŠ)}$IGI.GAG *s.* $^{(GIŠ)}$ŠUKUR		
IGI.GÁL 288	Weiser, Weisheit	bilge, bilgelik
IGI.LÁ 288	Beobachtung$^?$	gözetleme$^?$
^{LÚ}IGI.MUŠEN 288	Vogelschauer, Augur	kuş bakıcı, kâhin
IGI.NU.DU$_8$ 288	blind	kör, âmâ
$^{(LÚ)}$IGI.NU.GÁL 288	blind, Blinder	kör, âmâ
^{KUŠ}IGI.TAB.ANŠE 288	Scheuklappe des Esels	eşeğin meşin göz siperliği, at gözlüğü
IKU 61	Feld, auch Flächen- und Längenmaß	tarla, kır; satıh ve uzunluk ölçüleri
IKU-*li* 61	im Umfang von einem IKU	IKU kapsamında
ÍL 161	unbek. Bed.	anlamı bilinmeyen bir kelime
^{GIŠ}ÍLDAG 364	ein Baum (Pappel$^?$)	bir ağaç (kavak ağacı$^?$)
ILIMMU 375	neun	9 / dokuz
^{D}ILLAT *s.* ^{D}KASKAL.KUR		
IM (1) 337	Lehm, Ton (auch Determinativ)	balçık, kil; balçık veya kilden yapılmış eşya önlerine gelen determinatif
IM (2) 337	Wind	rüzgâr
^{D}IM 337	Wettergott	Fırtına tanrısı
$^{(NA_4)}$IM.BABBAR 337	Gips	alçı
IM.GAL 337	großer Wind	fırtına
IM.GÍD.DA 337	längliche Tontafel(?)	uzun kil tablet(?)
IM.GÚ.A *s.* IM."KUN"		
IM."KUN" 337	Sediment, Ablagerung, Schlamm	tortu, çamur
IM.KUR.RA 337	Ostwind, Osten	doğu rüzgârı, doğu
IM.MAR.TU 337	Westwind, Westen	batı rüzgârı, batı
IM.NUN.DIN.A *s.* IM."KUN"		
IM.SAḪAR.KUR.RA 337	Alaun$^?$	şap$^?$
IM.SI.SÁ 337	Nordwind, Norden	kuzey rüzgârı, kuzey
$^{(DUG)}$IM.ŠU.(NÍG.)RIN.NA 337	Ofen	fırın, ocak
IM.U$_{19}$.LU 337	Südwind, Süden	güney rüzgârı, güney
IMIN 373	sieben	7 / yedi
^{D}IMIN.IMIN.BI 373	Plejaden (Siebengottheit)	Süreyya yıldızı (Yedi tanrı)
IN.NU(.DA) 354	Stroh	saman
IN.SAR 353, 354	er schrieb	yazdı

INIM 133	Wort, Sache, Ding	söz, kelime, nesne
INIM.IZI 133	wörtl.: Angelegenheit des Feuers	kelime kelime: ateşin işi
IR 77	bitten, verlangen; durch Orakel ermitteln	rica etmek, istemek, talep etmek; kehanet aracılığı ile tahkik etmek
IR$^{TAM/TUM}$ 77	Orakel(anfrage)	kehanet (sorusu)
ÌR s. ARAD		
ISKIM s. GISKIM		
^{LÚ}IŠ s. ^{LÚ}KUŠ$_7$		
^{LÚ}IŠIB.SAG 357	ein Reinigungspriester	bir afsuncu, büyücü
^{D}IŠKUR s. ^{D}IM		
ITI$^{(KAM)}$ s. ITU$^{(KAM)}$		
ITU$^{(KAM)}$ 84	Monat, (Mond) (auch Determinativ)	ay; ay isimleri önüne gelen determinatif
ITU I$^{(KAM)}$, II$^{(KAM)}$ 84	1., 2. Monat usw.	birinci, ikinci ay vs.
ITU GIBIL 84	Neulicht, Neumond, Monatserster	ilk ay, yeni ay
IZI 169	Feuer	ateş
$^{(DUG)}$IZI.GAR 169	Lampe	lamba
IZKIM s. GISKIM		

K

^{UZU}KA 133	Mund	ağız
KA×A s. NAG		
^{UZU}KA×ÀŠ 150	Körperteilbezeichnung?	bir vücut parçası?
KA×BAR s. UKKIN		
$^{(UZU)}$KA×GAG s. $^{(UZU)}$KIR$_{14}$		
KA×GAR s. GU$_7$		
^{GIŠ}KA×GIŠ 139	ein Behälter aus Holz	tahtadan bir kab
KA×IM s. BÚN		
^{LÚ}KA×LI s. ^{LÚ}MU$_7$		
KA×LUM 142	unbek. Bed.	anlamı bilinmeyen bir kelime
KA×ME s. EME		
KA×NÍG s. GU$_7$		
KA×NUN s. NUNDUM/NUNDUN		
^{URUDU}KA×PA 138	Gerät?, Behälter? aus Kupfer	bakırdan bir alet veya kab?
KA×SA s. SU$_6$		

KA×ŠE *s.* TÚKUR		
$^{(UZU)}$KA×U 141	Mund	ağız
$^{(UZU)}$KA×UD *s.* $^{(UZU)}$ZU$_9$		
KA×UD.È.A.DI 143 A	spielen	oynamak
^{GIŠ}KA×ÚR 137	unbek. Bed. (Gegenstand aus Holz)	anlamı bilinmeyen bir kelime; tahtadan bir nesne
^{GIŠ}KA.BAL 133	Luftloch, Luke	hava deliği, çatı deliği
^{UZU}KA.DU 133	Körperteilbezeichnung (^{UZU}GÙ.DU "After"?)	bir vücut parçası (^{UZU}GÙ.DU anus?)
KA.DÙ(.A) *s.* KA.GAG(.A)		
KA.GAG(.A) 133	(Gefäß mit) geringe(r) Bierart	kalitesiz bir bira (ile dolu kab)
^{NA_4}KA.GI.NA 133	Hämatit	hematit
KA.GÌR 133	Weg, Pfad	yol, dar yol
^{UZU}KA.NE (^{UZU}KA.ŠEG$_6$) 133	gebratenes Fleisch	kızartılmış et
$^{(KUŠ)}$KA.TAB *s.* $^{(KUŠ)}$KIR$_4$.TAB		
^{KUŠ}KA.TAB.ANŠE *s.* ^{KUŠ}KIR$_4$.TAB.ANŠE		
KÁ 167	Tor, Tür	kapı
^{NA_4}KÁ.DINGIR.RA 167	Babylonstein	babil taşı
^{URU}KÁ.DINGIR.RA 167	Babylon	Babil
^{URU}KÁ.DINGIR.RA-*li* 167	in babylonischer Sprache	babil dilinde
^{LÚ}KÁ.E *s.* ^{LÚ}KAŠ$_4$.E		
KÁ.GAL 167	porta hepatis (in Leberomina)	porta hepatis (karaciğer falında)
$^{(GIŠ)}$KÁ.GAL 167	(großes) Tor, Stadttor	(büyük) kapı, şehir kapısı
$^{LÚ.MEŠ}$KÁ(.GAL) UR.GI$_7$ 167	Hundetor-Leute	köpekli kapının adamları
^{NA_4}KÁ.GI.NA 167	Hämatit	hematit
^{GIŠ}KÁ.GIŠ 167	Mörser	havan
KÀ.GÌR.KASKAL 159	Wegabzweigung	yol ayrımı
KÀ.SÚM 159, 300	Becher	bardak, kadeh
KA$_5$.A 351	Fuchs	tilki
^{DUG}KAB.KA.DÙ 49	ein Gefäß	bir kab
KAB?.KA.GA 49 A	ein Gefäß	bir kab
$^{LÚ/MUNUS}$KAB.ZU.ZU *s.* $^{LÚ/MUNUS}$GÁB.ZU.ZU		
^{GIŠ}KAK *s.* ^{GIŠ}GAG		
KAL 196	stark, erstarken	kuvvetli, kuvvetlenmek
KALA *s.* KAL		

KALA.GA 196	stark, erstarken	kuvvetli, kuvvetlenmek
KALAG *s.* KAL		
^{LÚ}KALAG.GA 196	Starker?	kuvvetli bir adam?
^{UZU}KÁLAM *s.* ^{UZU}ÉLLAG		
-KAM 355	eine Art Determinativ nach Zahlen und Zeitbegriffen	sayılardan sonra bir çeşit determinatif, özellikle sıra sayılarından sonra
KAR 250	finden, treffen, erreichen	bulmak, rastlamak, yetişmek
^{MUNUS}KAR.KID 250	Prostituierte (im Kult)	genel kadın, fahişe
$^{(TÚG)}$KAR.ZI 250	(Spitz)mütze, Turban	(sivri uçlu) şapka, kavuk, sarık
KARAŠ 313	Feldlager, Heer	ordugâh, ordu
^{D}KARAŠ *s.* KARAŠ		
KASKAL 259	Weg, Reise; Mal	yol, yolculuk; kere, defa
KASKAL-(*šii̯*)*aḫḫ*- 259	auf den Weg bringen; befördern	yola getirmek, nakletmek
KASKAL.BU *s.* DANNA		
KASKAL.GAL 259	Hauptstraße	ana cadde
KASKAL.GÍD.DA 259	weiter Weg, lange Straße	uzun yol, uzun cadde
KASKAL.IM.U$_{19}$.LU 259	Straße des Südens, südliche Straße	güney istikâmetinde cadde
^{D}KASKAL.KUR 259	unterird. Wasserlauf?, Quellbecken?	yeraltı suyolu?, kaynak yeri?
KAŠ 153	Bier	bira
KAŠ.GEŠTIN 153	eine besondere Art Bier	özel bir bira çeşiti
KAŠ.LÀL 153	honighaltiges Bier	ballı bira
KAŠ$_4$ 129	laufen	koşmak, yürümek
^{LÚ}KAŠ$_4$.E 129	Läufer, Kurier	koşucu, kurye
KÉŠ *s.* KEŠDA		
KEŠDA 106	binden, knüpfen	bağlamak, düğümlemek
KI 313	Erde, Ort, Stelle (auch Postdeterminativ)	toprak, yer, durak; bazı Sumerce/Akadça memleket ve yer isimlerinden sonra gelen determinatif
KI.BAL 313	Aufstand	isyan, ihtilâl
KI.GAG *s.* SUR$_7$		
KI.GAL 313	Sockel, Thron?	kaide, taht?
KI.GUB 313	Standort (Lebermarkierung)	yer, mevki (karaciğerde bir nokta)
KI.KAL.BAD *s.* KARAŠ		
KI.LÁ 313	Gewicht	ağırlık

KI.LÁ NA$_4$ 313	Steingewicht	taştan bir ağırlık
KI.LÁ TI$_8$^{MUŠEN} 313	Adlergewicht	kartal şeklinde bir ağırlık
KI.LÁ.BI 313	sein Gewicht	onun ağırlığı
KI.LÁ.BI-*ŠU/ŠÚ* 313	sein Gewicht	onun ağırlığı
KI.LAM 313	Markt(platz, -wert), Kaufpreis; Torbau?, Torhaus?	pazar (yeri), piyasa fiyatı, fiyat; kapı yapısı?, ev kapısı?
KI.^{KUŠ}LU⟨.ÚB⟩.GAR 313 A	Heer	ordu
KI.MIN 313, 361	desgleichen (Wiederholungszeichen)	keza, aynı şekilde (tekrarlama işareti)
KI.NE *s.* GUNNI		
KI.SÁ 313	Stützmauer	koruma duvarı
^{MUNUS}KI.SIKIL 313	junge Frau, Mädchen	genç kadın, kız
^{TÚG}KI.ŠU.DA[313 A	ein Kleidungsstück	bir elbise parçası
KI.UD *s.* KISLAḪ		
KI.III, KI.IV usw. 313	desgleichen	keza, aynı şekilde
KIN 47	Werk, (Arbeits)leistung, Dienstleistung, Opferzurüstung, Ornat, (Los-)Orakel; etwas ausführen, herstellen (heth. *aniur, aniian, aniiatt-, aniia-*)	eser, yapıt, icraat, kehanet; icra etmek, yapmak
KIN-*ti* 47	Ornat, Ausrüstung (heth. *aniiatti*)	dinî merasim elbisesi, icra
KIN$^{(ḪI.A)}$-*ta* 47	Ornat, Ausrüstung (heth. *aniiatta*)	dinî merasim elbisesi, icra
KIN.DUG$_4$.GA 49 A	ein Gefäß	bir kab
$^{(URUDU)}$KIN(.GAL) 47	(große) Sichel	(büyük) orak
KIN.GAL ZABAR 47	große Sichel aus Bronze	tunçdan büyük orak
^{LÚ}KIN.GI$_4$.A 47	Bote	haberci
^{ITU}KIN.^{D}INANNA/^{D}INNIN 84	6. Monat	altıncı ay
^{UZU}KIR$_4$ 133	Nase	burun
$^{(KUŠ)}$KIR$_4$.TAB 133	Halfter, Zügel	yular, dizgin
^{KUŠ}KIR$_4$.TAB.ANŠE 133	Eselhalfter	eşek yuları
^{UZU}KIR$_{14}$ 140	Nase	burun
^{GIŠ}KIRI$_6$ 353	Garten	bahçe
^{GIŠ}KIRI$_6$ ^{GIŠ}*SE*$_{20}$*-ER-DUM* 353	Ölbaumgarten	zeytinlik
^{GIŠ}KIRI$_6$.GEŠTIN 353	Weingarten	bağ
^{GIŠ}KIRI$_6$.SAR *s.* ^{GIŠ}MÚ.SAR		
^{LÚ}KISAL.LUḪ 198, 228	Vorhofreiniger	dış avlu temizleyicisi

KISIM₅ 278	ein Kraut	bir ot
KISIM₅ × A.MAŠ s. E!.KISIM₅ × A.MAŠ		
KISIM₅ × GA s. (DUG/UZU)UBUR		
KISIM₅ × GU₄ s. NAM.UTUL₅		
KISIM₅ × LA s. (DUG/URUDU)LAḪTA		
KISIM₅ × Ú.MAŠ s. AMA.UZU. E!.KISIM₅ × Ú.MAŠ		
KISLAḪ 313	Dreschplatz, Tenne	harman yeri
KIŠ 273	Gesamtheit, Welt	bütünlük, dünya
KIŠI₁₆.ḪAB s. GIŠÚ.GÍR.LAGAB		
NA₄KIŠIB 99	Siegel	mühür
DUGKU!.U.GAG s. DUGMUD₄		
KÚ s. GU₇		
KÙ 69	rein, glänzend; reinigen	temiz, parlak; temizlemek
KÙ.BABBAR 69	Silber	gümüş
URUKÙ.BABBAR 69	Ḫattuša	
URUKÙ.BABBAR-TI 69	ḪATTI	
LÚ.MEŠKÙ.BABBAR. DÍM.DÍM 69	Silberschmiede	gümüşçüler
LÚKÙ.DÍM 69	Gold-, Silberschmied	kuyumcu, gümüşçü
KÙ.GA 69	rein	temiz
KÙ.GI s. GUŠKIN		
KÙ.SI₂₂ s. GUŠKIN		
KÙ.SIG₁₇ s. GUŠKIN		
KU₅ s. TAR		
KU₆ 367	Fisch (auch Postdeterminativ)	balık; balık isimlerinden sonra gelen determinatif
KU₇ 184	süß	tatlı, şekerli
KU₇.KU₇ 184	süß	tatlı, şekerli
KUD s. TAR		
KUG s. KÙ		
KUG.AN s. AZAG		
KUG.GI s. GUŠKIN		
KUM × ŠE s. GAZ		
(UZU)KUN 35	Schwanz	kuyruk
GIŠKUN₄ 217	Treppe, Leiter, Steinplatte, Schwelle	merdiven, el merdiveni; döşeme, eşik

$^{(GIŠ)}$KUN$_5$ 237	Treppe	merdiven
KUR 329	Land, Berg (auch Determinativ)	memleket, dağ; memleket isimleri önüne gelen determinatif
KUR AN.TA 329	Oberes Land	yukarıdaki memleket
KUR ^{URU}*A-ŠUR*$_4$ 362, 363, 364	Aššur	Aššur ülkesi
(KUR) ^{URU}*Aš-šur* 1	Aššur	Aššur ülkesi
KUR ELAM^{KI} 74	Elam	Elam (ülkesi)
KUR $^{(URU)}$ELAM.MA$^{(KI)}$ 74	Elam	Elam (ülkesi)
KUR ^{LÚ}KÚR 329	Feindesland, feindliches Land	düşman memleketi
KUR $^{(URU)}$MAR.TU 191	Amurru, Westland	Amurru ülkesi, batı memleket
KUR MAR.TU^{KI} 191	Amurru, Westland	Amurru ülkesi, batı memleket
KUR $^{(URU)}$UGU$^{(TI)}$ 272, 329	Oberes Land, Hochland	yukarı memleket, dağlık arazi
KUR UGU$^{TIM/TI}$ 272, 329	Oberes Land, Hochland	yukarı memleket, dağlık arazi
KUR URI 246	Akkad	Akkad ülkesi
KUR.URU 329	Land (und Haupt-)Stadt	ülke (ve baş)şehir
^{LÚ}KÚR (^{LÚ}KÚR.KÚR) 256	Feind	düşman
KUR$_4$.RA *s.* GUR$_4$.RA		
$^{LÚ/MUNUS}$KÚRUN.NA 330	Wirt, Wirtin, Bierbrauer	şarapçı, meyhaneci (kadın), bira imalâtçısı
KUŠ 213	Haut, Fell (auch Determinativ)	cilt, deri; deriden yapılmış eşya önüne gelen determinatif
KUŠ.LÁ 213	(Wasser)schlauch	tulum
KUŠ.UZ$_6$ BABBAR/GE$_6$ 23	weißes/schwarzes Ziegenfell	beyaz/siyah keçi derisi
KÙŠ 195	Elle	endaze
^{LÚ}KUŠ$_7$ 151	Wagenlenker, Knappe, Diener	arabacı, iç oğlan, hizmetçi
^{LÚ}KUŠ$_7$.ANŠE.KUR.RA 151	Pferdeknecht?	seyis?
^{LÚ}KUŠ$_7$.DINGIR^{LIM} 151	Diener der Gottheit	tanrının hizmetçisi
^{LÚ}KUŠ$_7$.GUŠKIN 151	Goldknappe	altın saray oğlanı

L

LÁ-*zi* (= heth. *u̯akšii̯azi*) 358 A

LAGAB × A *s.* SUG

^{GIŠ}LAGAB × A *s.* ^{GIŠ}BUGIN

^{GIŠ}LAGAB × BAD *s.* ^{GIŠ}GIGIR		
^{GIŠ}LAGAB × NÍG *s.* ^{GIŠ}BÚGIN		
LAGAB × U *s.* PÚ		
^{GIŠ}LAGAB × U *s.* ^{GIŠ}GÍGIR		
LÀḪ *s.* LUḪ		
$^{\text{(DUG/URUDU)}}$LAḪTA 232	ein Gefäß (Bier-, Waschgefäß)	bir kab (bira kabı, çamaşır kazanı)
LAL (1) 358	binden, gebunden	bağlamak
LAL (2) 358	(er)blicken	bakmak, görmek
LAL (3) 358	Zacken?	diş?, uç?, çatal?
LÁL *s.* LA$_5$		
LÀL 170	Honig	bal
^{GIŠ}LAM 306	Verschreibung für ^{GIŠ}LAM.GAL?	^{GIŠ}LAM.GAL için yanlış yazılış?
^{GIŠ}LAM.GAL 306	Pistazie, Terebinthe	şamfıstığı, antepfıstığı, terebantin sakız ağacı
^{GIŠ}LAM.ḪAL 306	eine Pistazienart	bir fıstık çeşiti
^{D}LAMMA 196	Schutzgottheit	Koruyucu tanrı
^{D}LAMMA LÍL 196	Schutzgottheit der (Wild)flur	Kırın Korucu tanrısı
^{GIŠ}LE.U$_5$ (= *lē'u*) 343	hölzerne Schreibtafel	tahta tablet
$^{\text{(UZU)}}$LI.DUR 343	Nabel	göbek
^{GIŠ}LI.DUR.ZU 343	eine Pflanze (?)	bir bitki (?)
LI.TAR *s.* ÈN.TAR		
LIBIR.RA 265	alt	eski
^{LÚ}LIL 127	Narr, Idiot	budala, deli, çılgın
LÍL 194	Feld, Flur, Steppe	tarla, kır, step
LIMMU 370	vier	4 / dört
^{D}LIŠ 286	Schreibung für ^{D}*IŠTAR*	Tanrıça *IŠTAR* için yazılış tarzı
LU.LIM 210	Hirsch	geyik
LÚ 78	Mann (auch Determinativ)	erkek, adam; meslek adları önüne gelen determinatif
LÚ-*na-tar* 78	Mannheit, Männlichkeit, Heldentat	erkeklik, kahramanlık
LÚ-*ni-li* 78	nach Art eines Mannes	erkekçe, erkek gibi
LÚ-*tar* 78	Mannheit, Männlichkeit, Heldentat	erkeklik, kahramanlık
LÚ^{MEŠ} 78	Leute	insanlar, halk (örneğin yer ve memleket adları önünde)

LÚ A *ŠA* KUŠ(.LÁ) *s.* ^{LÚ}A.ÍL(.LÁ)		
LÚ ^{NA_4}ARA$_5$ 333	Müller	değirmenci
LÚ ^{GIŠ}BANŠUR 229	Tischmann (wörtl.), Bediensteter bei Tisch	sofracı
LÚ É.ŠÀ 78	Kammerherr	mabeyinci
LÚ GÉŠPU 68	Kämpfer, Athlet, Ringer	savaşçı, atlet, pehlivan
LÚ ^{GIŠ}GIDRU 174	Stabträger, Herold	asa taşıyıcı, münadi
LÚ GÍR 78	Messerschlucker (wörtlich: Mann des Messers/Dolches)	hançer yutan adam (kelime kelime: bıçağın adamı, hançerin adamı)
LÚ ^{GIŠ}IG 67	Türsteher	kapıcı
LÚ *IL-KI* 78	Lehensmann	tımar sahibi
LÚ *IL*$_5$*-KI* 78	Lehensmann	tımar sahibi
LÚ ^{D}IM 78	Mann/Priester des Wettergottes	Fırtına tanrısının adamı/rahibi
LÚ KASKAL 259	Reisender?	yolcu?
LÚ^{MEŠ} KI.LAM[313	Leute des KI.LAM	KI.LAM'ın kişileri/görevlileri
LÚ KIN 78	Handwerker, Arbeiter, Pionier	zanaatkâr, işçi, istihkâmcı
LÚ ^{GIŠ}MÁ[87	Schiffer	gemici
LÚ MÁŠ 38	Familienangehöriger?, Verwandter?	akraba?
LÚ MÁŠ.GAL 38	Kleinviehbesitzer	davar (küçükbaş hayvan sahibi)
LÚ^{MEŠ} *NA-RA-RI* 78	Hilfstruppen	yardımcı kıtalar (askerler)
LÚ NÍG.GAL.GAL 78	Übertreiber, Aufschneider	tıraşçı
LÚ NIM.LÀL 74	Imker	arıcı
LÚ NINDA 369	Brotbesorger?	ekmek tedarik eden (?)
LÚ PA$_5$ 78, 256	Kanalinspektor	suyolu müfettişi
LÚ ^{GIŠ}PAN 118	Bogenschütze	okçu
(LÚ) SAG *s.* $^{(LÚ)}$SAG		
LÚ ŠAḪ *s.* ^{LÚ}ŠAḪ		
LÚ $^{(GIŠ)}$ŠUKUR 288	Mann des Speeres	mızrak adamı
LÚ $^{(GIŠ)}$ŠUKUR.GUŠKIN 288	Mann des Goldspeeres	altın mızrak adamı
LÚ ŠUKUR.ZABAR 288	Mann des Bronzespeeres	bronz mızrak adamı
LÚ TU$_6$ 146A	Mann der Beschwörung (wörtl.)	büyücü
LÚ TU$_7$ *s.* EN TU$_7$		
LÚ ^{GIŠ}TUKUL GÍD.DA 206	Bauer?	köylü?, çiftçi?
LÚ ^{D}U *s.* LÚ ^{D}IM		

LÚ UR *s.* ^{LÚ}UR		
LÚ UR.GI$_7$ *s.* ^{LÚ}UR.GI$_7$		
LÚ^{MEŠ} ZA.LAM.GAR 366	(wörtl.:) Zeltleute	kelime kelime: çadır insanları
LÚ *ZI-IT-TI* 78	Teilhaber	hissedar, ortak
LÚ *ZI-IT-TI$_4$* 78	Teilhaber	hissedar, ortak
LÚ ZU.A 209 A	Wissender, Kluger	akıllı adam
LÚ.NAM.U$_{19}$.LU 78	Mensch(enkind)	insan(oğlu)
LÚ.U$_{19}$.LU 78	Mensch	insan, adam
LUGAL 115	König	kral
LUGAL.GAL 115	Großkönig	büyük kral
LÚGUD.DA 179	kurz	kısa
LUḪ 198	waschen	yıkamak
$^{\text{(TÚG)}}$LUM.ZA *s.* $^{\text{(TÚG)}}$GUZ.ZA		
^{LÚ}LUNGA 154	(Bier-)Brauer	bira imalâtçısı

M

MA 208	Abkürzung für MA.NA	MA.NA için kısaltma
^{GIŠ}MA *s.* ^{GIŠ}PÈŠ		
MA.MÚ 208	Traum	rüya
MA.NA 208	Mine	bir ağırlık ölçüsü
^{GIŠ}MA.NU 208	Kornelkirschbaum?	kızılcık ağacı (?)
$^{\text{GI/GIŠ}}$MA.SÁ.AB 208	Korb	sepet
$^{\text{(GIŠ)}}$MÁ 87	Schiff	gemi
^{GIŠ}MÁ.TUR 87	kleines Boot	küçük kayık, sandal
$^{\text{(GIŠ/KUŠ)}}$MÁ.URU.URU$_5$ 87	Köcher	okluk
MÁ.URU$_5$.TUR 87	kleiner Köcher	küçük okluk
MAḪ 10	hervorragend, groß, erhaben	mükemmel, büyük, yüce
$^{\text{(GIŠ/URUDU)}}$MAR 191	Spaten	bel, (kürek)
^{GIŠ}MAR.GÍD.DA 191	Lastwagen (auch Sternbild des Großen Wagens)	yük arabası; (takımyıldız: büyükayı)
MAŠ (oder/veya 1/2) 20	Hälfte	yarı
MAŠ$^{\text{ḪI.A}}$ 20	Hälften	(bir bütünün) yarımları
^{LÚ}MAŠ.EN.GAG *s.* ^{LÚ}MÁŠDA		
^{UZU}MAŠ.GIM 20	Leistengegend?, Hüfte?	kalça?
^{UZU}MAŠ.SÌL 20	Hüfte	kalça
^{UZU}MAŠ.SÌLA 20	Hüfte	kalça
MAŠ.TAB.BA 20	Zwilling	ikiz
MÁŠ (Ziege) *s.* UZ$_6$		

MÁŠ 38	Familie	aile
ŠA MÁŠ 38	Verwandter	akraba
MÁŠ LÚ 38	Verwandtschaft männlicherseits	erkek tarafından akraba
MÁŠ MUNUS^{TI} 38	Verwandtschaft weiblicherseits	kadın tarafından akraba, hısım
MÁŠ.ANŠE 38	Tier, Tierwelt, Vieh	fauna, hayvanlar âlemi
MÁŠ.GAL 38	(Ziegen)bock	teke, erkek keçi
MÁŠ.GAL.NÍTA 38	Ziegenbock	teke, erkek keçi
MÁŠ.GAL.ŠIR 38	Ziegenbock	teke, erkek keçi
MÁŠ.ḪUL.DÚB.BA 38, 130	Sündenbock, Sühnezicklein	kefaret kurbanı tekesi, kefaret kurbanı keçisi
MÁŠ.LUGAL 38	Königsfamilie	kral ailesi
MÁŠ.ŠIR 38	Ziegenbock	teke, erkek keçi
MÁŠ.TAR 38 A	unbek. Bed.	anlamı bilinmeyen bir kelime
MÁŠ.TUR 38	Zicklein	keçi yavrusu, oğlak
^{LÚ}MÁŠDA 20	Armer	fakir
^{LÚ}MAŠKIM 176	Kommissär, Beauftragter	komiser, vazifedar
$^{(LÚ)}$MAŠKIM.URU^{KI} 176	Stadtkommissär	şehir komiseri
^{LÚ}MAŠKIM.URU^{LIM} 176	Stadtkommissär	şehir komiseri
ME (immer/daima: I ME) (1) 357	einhundert	100 / yüz
ME (2) 357	setzen, legen, stellen; nehmen	koymak, yerleştirmek; almak
ME.EŠ = MEŠ 360	Pluralzeichen	çoğul işareti
ME.LÁM 357	Helligkeit, Glanz	aydınlık, parlaklık
^{LÚ}ME.SAG *s.* ^{LÚ}IŠIB.SAG		
MÈ 82	Schlacht	savaş
MEŠ 360	Pluralzeichen	çoğul işareti
MEŠ ḪÁ *s.* MEŠ ḪI.A		
MEŠ ḪI.A 360	Pluralzeichen	çoğul işareti
MI.NUNUZ *s.* GIG		
MÍ *s.* MUNUS		
MIN 361	zwei	2 / iki
^{LÚ}MIŠ (= ^{LÚ}AZU) 112 A		
MU 17	Name	ad, isim
MU$^{(KAM)}$ 17	Jahr	yıl
MU$^{(KAM)\ ḪI.A}$ GÍD.DA 17	lange Jahre	uzun yıllar
MU^{KAM} SAG.DU 17	Jahresanfang	yıl başı
^{GIŠ}MU.AN 17	ein Gerät	bir alet
MU.IM.MA 17	im vergangenen Jahr	geçen senede
MU.IM.MA-*an-ni* 17	im kommenden Jahr	gelecek senede

^{GIŠ}MÚ.SAR 353	Garten, Gemüsegarten	bahçe, bostan
^{LÚ}MU$_7$ 146[11]	Beschwörer	büyücü
MUD 26	Blut	kan
^{DUG}MUD$_4$ 207	Bierkrug	bira testisi
MUG 22	Werg	kıtık
$^{LÚ/MUNUS}$MUḪALDIM 17	Koch, Köchin	ahçı, ahçı kadın
$^{(D)}$MUL 101	Stern (auch Determinativ)	yıldız; yıldız isimleri önüne gelen determinatif
^{NA_4}MUL 101	sternförmiger Stein?	yıldız şeklinde bir taş (?)
MUL.GAL 101	großer Stern	büyük yıldız
MUN 18	Salz, salzen	tuz, tuzlamak
MUNU$_8$ *s.* DIM$_4$		
MUNUS 297	Frau (auch Determinativ)	kadın; kadın meslek isimleri önüne gelen determinatif
MUNUS ^{NA_4}ARA$_5$ 333	Müllerin	değirmenci kadın
MUNUS ^{GIŠ}PAN 118	Bogenschützin	kadın okçu
MUNUS.AL(.LÁ) 297	weiblich (bei Tierbezeichnungen)	dişi (hayvan)
MUNUS.GABA 297	weiblicher Säugling	kız süt çocuğu
MUNUS.ḪÚB.NUN.N[A 297	D/Tilmun	
MUNUS.KU *s.* NIN$_9$ (NIN)		
MUNUS.KUR *s.* GÉME		
MUNUS.LUGAL 297	Königin	kraliçe
MUNUS.TÚG *s.* NIN		
MUNUS.UŠ *s.* NÌTA		
^{UZU}MUR 333	Lunge	akciğer
$^{(UZU)}$MUR$_7$.GÚ 311	Schulter	omuz
$^{(UZU)}$MURGU^{GÚ} 311	Schulter	omuz
MÚRU 110	Mitte, mittlerer	orta, ortalama
MURUB$_4$ 110	Mitte, mittlerer	orta, ortalama
MUŠ 342	Schlange (auch Determinativ)	yılan; yılan isimleri önüne gelen determinatif
MUŠ *ŠUM* LUGAL 342	Schlange des Königsnamens	kral adının yılanı
MUŠ.DÍM.KUR.RA 342	Gecko (als Droge)	geko (tıbbî ecza olarak)
MUŠ.GAL 342	eine große Schlange	büyük bir yılan
^{NA_4}MUŠ.GÍR 342	ein Stein	bir taş
MUŠ.GUNNI 342	Herdschlange	ocak yılanı
^{LÚ}MUŠ.LAḪ$_4$ 236, 342	Schlangenbeschwörer	yılan oynatan
MUŠ.ŠÀ.TÙR 342	Giftschlange	zehirli yılan

[11]) Eigentlich ^{LÚ}MU$_7$.MU$_7$; vgl. R. Borger, ABZ Nr. 16, doch s. auch HZL Nr. 146 Anm.

MUŠ.ŠU.LÚ 342	eine Schlange	bir yılan
MUŠEN 24	Vogel (auch Determinativ)	kuş; kuş isimlerinden sonra gelen determinatif
MUŠEN *ḪUR-RI* 24	Steinhuhn$^?$, Höhlenente$^?$, Brandente$^?$	kırmızı keklik (?), kuşaklı ördek (?)
^{LÚ}MUŠEN.DÙ 24	Vogelfänger, Vogelflugdeuter, Augur	kuş yakalayıcı, kuş uçuşunu izleyen (fal esnasında), kâhin
$^{\text{LÚ.MEŠ}}$MUŠEN.DÙ.A *s.* ^{LÚ}MUŠEN.DÙ		
MUŠEN.GAL 24	großer Vogel (Gans$^?$, Ente$^?$)	büyük bir kuş (kaz$^?$, ördek$^?$)
MUŠEN.TUR 24	kleiner Vogel	küçük bir kuş

N

^{LÚ}NA.GAD 15	Hirt	çoban
$^{\text{NA}_4}$NA.RÚ 15	Stele	mezar taşı
^{GIŠ}NÁ *s.* GIŠ.NÁ		
NA$_4$ 73	Stein (auch Determinativ)	taş; taş isimleri önüne gelen determinatif
NAG 148	trinken, Getränk	içmek, içecek, içki
$^{\text{(URUDU)}}$NAG 148	(Trink)gefäß	içki kabı
^{GIŠ}NAG.NAG 148	ein Behälter	bir kab
^{LÚ}NAGAR 308	Holzarbeiter, Tischler, Zimmermann	oduncu, marangoz, doğramacı
^{LÚ}NAGAR NA$_4$ 308	Steinmetz	taşçı
^{LÚ}NAGAR ^{GIŠ}PAN 308	Bogenhersteller	okçu
^{LÚ}NAGAR GIŠ^{ṢÍ} (*IṢ-ṢÍ*) 308	Holzhauer, Tischler	oduncu, marangoz
NAGGA 8	Zinn	kalay
NAM 39	Distrikt	saha, bölge
NAM^{MUŠEN} *s.* SIM^{MUŠEN}		
^{LÚ}NAM 39	Verwalter, Statthalter	idareci
NAM.E$^!$.KISIM$_5$ × GU$_4$ *s.* NAM.UTUL$_5$		
NAM.ÉRIM 39	Eid	yemin
NAM.LÚ.U$_{19}$.LU 39	Menschheit	insanlık
NAM.NE.RU *s.* NAM.ÉRIM		
NAM.NUN.NA 39	Fürstentum, Herrschaft	prenslik, hükümdarlık
NAM.RA 39	Beute	yağma, ganimet
$^{\text{(LÚ)}}$NAM.RA 39	Gefangener, Höriger	esir (harp esiri), bir kimseye bağımlı olan (köle)
NAM.RI 39	Beute	yağma, ganimet
NAM.RU 39	Beute	yağma, ganimet

NAM.TAR 39	Schicksal	talih
^{GIŠ}NAM.TAR 39	Mandragora, Alraunwurzel	adamotu (bir bitki) veya kan kurutan
NAM.TÚL 39	Bekleidungsstück?	giyecek parçası (?)
NAM.UTUL$_5$ 39, 188	Oberhirtenstellung	çobanların başı
$^{LÚ/MUNUS}$NAR 19	Musiker(in), Sänger(in)	müzisiyen, şarkıcı
^{LÚ}NAR.GAL 19	Obermusiker	baş müzisiyen
NE 169	Orakelterminus	kehanet terimi
$^{[URU]}$NE.MA^{KI} 169	Elam	Elam (ülkesi)
^{ITU}NE.NE.GAR 84	5. Monat	beşinci ay
NE.ZA.ZA *s.* BIL.ZA.ZA		
^{D}NÈ.ERI$_{11}$.GAL 301	Nergal	
NEŠ *s.* NIŠ		
^{LÚ}NI.DUḪ 72	Pförtner, Türhüter	kapıcı
NI.UD *s.* NA$_4$		
NÍ.TE 337	Körper (Pl. auch Glieder), Leib, Selbst, Person	vücut (çoğul: uzuvlar), şahıs, kişi
IŠ-TU NÍ.TE-*I̭A* 337	aus eigener Kraft, von mir aus	kendi kuvvetiyle, kendimden
^{LÚ}NÍ.ZU 337	Dieb, Späher, Spion	hırsız, gözcü, casus
NIB 94	Leopard	leopar
^{D}NIDABA 345	Getreidegottheit	Tahıl tanrısı
^{D}NÍDABA 352	Getreidegottheit	Tahıl tanrısı
NÍG 369	Sache?, Ding?	şey?, nesne?
NÍG.ÀR.RA 369	Feinmehl, Graupen?	ince un, bulgur?
NÍG.BA 369	Geschenk, Gabe	hediye, armağan
^{KUŠ}NÍG.BÀR 369	Fell, Decke, Vorhang	deri, örtü, perde
NÍG.BÚN.NA$^{(KU_6)}$ 369	Schildkröte	kaplumbağa
NÍG.DU 369	Mahlzeit	yemek
^{LÚ}NÍG.ÉRIM 369	unbek. Bed.	anlamı bilinmeyen bir kelime
NÍG.GA 369	Besitz, Gut, Eigentum	mal, mülk, mülkiyet
^{UZU}NÍG.GI$_4$.A 369	unbek. Bed.	anlamı bilinmeyen bir kelime
NÍG.GÍD.DA 369	eine Art Lanze?, Speer?, Barren	bir çeşit mızrak?, cirit?, külçe
NÍG.GIG 369 A	Verbotenes, Tabu	yasak, tabu
^{UZU}NÍG.GIG 369	Leber	karaciğer
^{GIŠ}NÍG.GU$_7$ 369	ein Eßgefäß	bir yemek kabı
^{GIŠ}NÍG.GUL 369	hammerähnliches Werkzeug (Dechsel)	çekice benzer bir alet

NÍG.LÁ 369	(Pferde-)Geschirr	(at) koşum takımı
NÍG.LA$_5$ 369	(Pferde-)Geschirr	(at) koşum takımı
NÍG.LAM(.GAR) 369	unbek. Bed.	anlamı bilinmeyen bir kelime
^{TÚG}NÍG.LÁM 369	kostbares Gewand, Prachtgewand	gösterişli bir kıyafet
NÍG.MÍ/MUNUS.ÚS(.SÁ) 369	Hochzeitsgeschenk, Brautpreis	düğün hediyesi, başlık parası
^{DUG}NÍG.NA 369	Räucherbecken	tütsü kabı, buhurdanlık
^{LÚ}NÍG.NE.RU *s.* ^{LÚ}NÍG.ÉRIM		
NÍG.SI.SÁ 369	Gerechtigkeit, recht, gerecht	adalet, âdil, doğru
^{LÚ}NÍG.SI.SÁ 369	Gerechter (auch Name im Appu-Märchen)	adaletçi, doğruluk timsali (isim olarak Appu-masalında geçer)
^{GIŠ}NÍG.ŠID 369	Rechenholz	abak, hesap aleti
$^{\text{(URUDU)}}$NÍG.ŠU.LUḪ(.ḪA) 369	Waschbecken	küvet, banyo kabı
NÍG.TUKU 369	Reichtum, reich, sich bereichern	zenginlik, zengin, zenginleşmek
^{LÚ}NÍG.TUKU 369	Reicher	zengin adam
NÍG.ÚR.LÍMMU 369	Vieh	hayvanlar âlemi
NIGA 338	fett, gemästet	yağlı, besili
NIGU 338	fett, gemästet	yağlı, besili
^{GIŠ}NIM *s.* ^{GIŠ}DÌḪ		
NIM × KÁR *s.* TÙM		
NIM.LÀL 74	Biene	arı, bal arısı
^{LÚ}NIMGIR 222	Ausrufer, Herold	münadi
$^{\text{(LÚ)}}$NIMGIR.ÉRIN^{MEŠ} 222	Truppenaufseher, Herold des Heeres	ordu komutanı, ordunun münadisi
NIMIN 335	vierzig	40 / kırk
NIN 299	Schwester	kız kardeş
NIN.DINGIR 299	Gottesherrin (eine Priesterin)	bir rahibe
NIN.GABA^{MEŠ} 299	Milchschwestern?, Gespann?	sütkardeşler?, çift koşum?
NIN$_5$ 335	vierzig	40 / kırk
NIN$_9$ *s.* NIN		
NINDA 369	Brot (auch Determinativ)	ekmek; ekmek isimleri önüne gelen determinatif
NINDA ^{GIŠ}BANŠUR 369	Tischbrot	masa ekmeği
NINDA *EM-ṢÚ* 369	saures Brot	ekşi ekmek

NINDA GIBIL 369	frisches? Brot	taze? ekmek
NINDA *LA-AB-KU* 369	feuchtes?/weiches? Brot	nemli?/yumuşak? bir ekmek
NINDA LIBIR.RA 369	altes Brot	bayat ekmek
NINDA *MAR-RU* 369	bitteres Brot	acı bir ekmek
NINDA.A.GÚG 220, 369	eine Brotsorte	bir çeşit ekmek
NINDA.AMAR × KU$_6$ 276, 369	eine Brotsorte	bir çeşit ekmek
NINDA.BA.BA.ZA 369	Brot aus Gerstenbrei	arpa ezmesinden yapılmış bir ekmek
NINDA.BABBAR 369	Weißbrot	beyaz ekmek
NINDA.BURU$_{14}$ 369	eine Brotsorte (BURU$_{14}$ „Ernte(zeit)“)	bir çeşit ekmek (BURU$_{14}$ "hasat zamanı")
^{LÚ}NINDA.DÙ.DÙ 369	Bäcker	fırıncı, ekmekçi
NINDA.ÉRIN^{MEŠ} 369	Soldatenbrot	asker ekmeği
NINDA.GÚ.GAL 369	Brot aus/mit Erbsen	bezelyeden yapılmış bir ekmek, bezelyeli ekmek
NINDA.GÚG 220, 369 (vgl. 110)	eine Brotsorte (GÚG eine Hülsenfrucht)	bir çeşit ekmek (GÚG bir baklagil tohumu)
NINDA.GÚG.A 220	eine Brotsorte	bir çeşit ekmek
NINDA.GUR$_4$.RA 179, 369	dickes Brot	kalın bir ekmek
^{LÚ}NINDA.GUR$_4$.RA 369	Brotopferer, Besorger von N.	kurban ekmeği veren
NINDA.GUR$_4$.RA.A *s.* NINDA.GUR$_4$.RA		
NINDA.Ì 369	Fettbrot?	yağlı bir ekmek (?)
NINDA.Ì.E.DÉ.A 369	Rührkuchen, fetthaltiger Kuchen (o. ä.)	bir nevi yağlı ekmek, helva?
NINDA.KASKAL 369	Reiseproviant	yolluk (ekmek)
NINDA.KAŠ 369	Bierbrot?	bira ekmeği (?)
NINDA.KU$_7$ 369	süßes Brot	tatlı ekmek
NINDA.LÀL 369	Honigbrot, Honigkuchen	ballı ekmek, ballı çörek
NINDA.SIG 369	dünnes, flaches Brot, Fladenbrot	ince/düz bir ekmek; pide?
NINDA.ŠE 369	Brot aus Gerste	arpa ekmeği
NINDA.ŠE.GIŠ.Ì 369	Sesambrot	susam ekmeği, susamlı ekmek
NINDA.TU$_7$ 369	Brotpudding?	ekmek puding (?)
NINDA.ÚKUŠ 369	Gurkenbrot	hıyar ekmeği
NINDA.UMBIN 369	eine Brotsorte (UMBIN „Rad“)	bir çeşit ekmek (UMBIN "tekerlek")
NINDA.ZI.ḪAR.ḪAR 369	eine Brotsorte	bir çeşit ekmek

NINDA.ZU$_9$ 369	eine Brotsorte (ZU$_9$ „Zahn“)	bir çeşit ekmek (ZU$_9$ "diş")
NÍNDA×AN *s.* ŠÀM		
NÍNDA×NE *s.* ÁG		
^{LÚ}NÍNDA×NUN *s.* ^{LÚ}AZU		
NÍNDA×ŠE.A.AN *s.* ŠÀM		
NÍNDA.AN *s.* ŠÀM		
NINNU	fünfzig	50 / elli
NIR.GÁL 204	stark, mächtig	kuvvetli, kudretli
^{NA_4}NÍR 223, 366	ein wertvoller Stein	kıymetli bir taş
^{D}NISABA 345	Getreidegottheit	Tahıl tanrısı
^{D}NÍSABA 352	Getreidegottheit	Tahıl tanrısı
NIŠ 296	zwanzig	20 / yirmi
NITA 132	Mann, männlich	erkek, adam, erkekçe
NÍTA 16	männlich (in Bezug auf Tiere)	erkek (hayvan)
NÌTA 297	Gattin	karı, eş
NITAḪ *s.* NITA		
NÍTAḪ *s.* NÍTA		
NU 11	nicht	değil (Sumerce olumsuzluk edatı)
NU *QA-TI* 11	nicht fertig, nicht beendet	hazır değil, tamam değil, bitmemiş
NU.AL.TIL 11	ist nicht vollständig, ist nicht zu Ende	tamam değil, tamamlanmamış, bitmemiş
NU.DUMU 11	Unsohn, mißratener Sohn	hayırsız oğul
NU.GÁL 11	nicht (vorhanden)	değil (yok)
^{LÚ}NU.GIŠ.SAR *s.* ^{LÚ}NU.^{GIŠ}KIRI$_6$		
NU.Ì.GÁL 11	ist nicht (vorhanden)	değil (yok)
NU.KIN 11	keine Entscheidung	karar vermeme
^{LÚ}NU.^{GIŠ}KIRI$_6$ 11	Gärtner	bahçıvan
$^{(Ú)}$NU.LUḪ.ḪA$^{(SAR)}$ 11, 198	Stinkasant	asa foetida (lat.), şeytan tersi (bir çeşit bitki)
NU.SIG$_5$ 11	nicht günstig, ungünstig	müsait değil, müsait olmayan
NU.ŠE 11	nicht günstig, ungünstig	müsait değil, müsait olmayan
NU.TIL 11	ist nicht vollständig, nicht zu Ende	tamam değil, tamamlanmamış, bitmemiş
NU.TUKU 11, 53	nicht (vorhanden)	değil (yok)
NU.Ù.TU 11	nicht gebären, gebiert nicht	doğurmamak, dünyaya getirmemek

^{GIŠ}NU.ÚR.MA 11	Granatapfel(baum)	nar (ağacı)
^{GIŠ}NÚ *s.* GIŠ.NÁ		
NUMUN 12	Samen, Saat, Nachkommenschaft	tohum, insan tohumu, tohum ekme, nesil
^{Ú}NÚMUN 195 A	Halfa-Gras	halfa otu
$^{(LÚ)}$NUN 36 A, 39 A	Fürst	prens, hükümdar
NUNDUM 135	Lippe, Rand, Ufer	dudak, kenar, kıyı
NUNDUN 135	Lippe, Rand, Ufer	dudak, kenar, kıyı
$^{(NA_4)}$NUNUZ 328	eiförmiger (Schmuck)-stein, Perle?	yumurta biçiminde (süs) taşı, boncuk?

P

$^{GIŠ/URUDU}$PA *s.* $^{GIŠ/URUDU}$GIDRU		
PA *IṢ-ṢÍ* 174 A	Laub, Gezweig des Baumes	ağaç yaprakları
PA.GAM 174 A	Zepter	hükümdar asası
PA.ḪAL 174 A	Zepter	hükümdar asası
PA.IB *s.* ŠAB		
^{LÚ}PA.KAŠ$_4$ *s.* ^{LÚ}MAŠKIM		
PA$_5$ 256	Kanal	su yolu, kanal
PAB 256	schützen	korumak
PAB.E *s.* PA$_5$		
PAD 295	Brocken, Stück, (Metall)barren	topak, parça, (maden) külçesi
^{TÚG}PAD 295	ein Kleidungsstück	bir elbise parçası
^{URUDU}PAD *s.* URUDU.PAD		
^{GIŠ}PAN 118	Bogen	ok yayı
PAP *s.* PAB		
PÉŠ 3	Maus	fare
PÉŠ.TUR 3	kleine Maus (vgl. ^{m}PÉŠ.TUR-*ṷa* = ^{m}*Masḫuiluwa*)	küçük fare (^{m}PÉŠ.TUR-*ṷa* = ^{m}*Masḫuiluwa* şahıs adında da)
^{GIŠ}PÈŠ 208	Feige(nbaum)	incir (ağacı)
PIRIG × KAL *s.* NIB		
PÌRIG.TUR 93	Leopard, Panther	leopar, panter
^{LÚ}PÌRIG.TUR 93	Leoparden-Mann (im Kult)	leopar adamı (ayinlerde)
^{GI}PISAN 56	Korb, Behälter	sepet, kab
^{GIŠ}PISAN 56	Kasten, Kiste, Behälter	kutu, sandık, kab
^{GIŠ}PISAN AD.KID 56	Kasten aus Rohrgeflecht	hasırdan bir kutu
$^{GI/GIŠ}$PISAN DUḪ.ŠÚ.A 56	lederner Behälter	deriden bir kab

^{GI}PISAN SA$_5$ 56	roter Korb	kırmızı sepet
$^{GI/GIŠ}$PISAN.NINDA 56	Brotkasten, Brotbehälter	ekmek kutusu, ekmek sepeti/kabı
$^{GI/GIŠ}$PISAN.TÚG$^{(ḪI.A)}$ 56	Kleiderkorb, Kleiderkasten	elbise sepeti, elbise sandığı
PÌSAN *s.* ŠEN		
PÍŠ *s.* PÉŠ		
PÚ 180	Quelle, Brunnen (auch Determinativ)	çeşme, pınar, kaynak; kaynak isimleri önüne gelen determinatif

R

RA 233	schlagen	vurmak, dövmek
RA^{IṢ} 233	geschlagen	vurulmuş
 ^{GIŠ}RA 233	Gegenstand aus Holz	tahtadan bir nesne
RA.RA 233 A (=heth. *zaḫi*)		
RÁ *s.* DU		
RI.RI.GA 32	Sturz	düşme
RI$_6$ *s.* DU		
^{GIŠ}RÍN *s.* GIŠ.RÍN		
^{GIŠ}RÍN ("NUNUZ") *s.* GIŠ.RÍN ("NUNUZ")		

S

^{UZU}SA 200	Sehne, Muskel	sinir, adale
^{UZU}SA.DU 200	Körperteilbezeichnung?	bir vücut parçasının adı (?)
^{LÚ}SA.GAZ 200	Freibeuter, Fremdling	korsan, yabancı
^{UZU}SA.SAL 200	Rücken	sırt
SA$_5$ 89	rot	kırmızı
SAG 192	Kopf	baş
$^{(LÚ)}$SAG oder/veya (LÚ) SAG 192	Palastbeamter, Vorsteher?, Eunuch	saray memuru, reis?, hadım
$^{(UZU)}$SAG.DU 192, 262	Kopf	baş
SAG.DU.KI (=SAG.KI ?) 192		belki SAG.KI gibi aynı anlamda
SAG.DÙ.A^{MUŠEN} *s.* SUR$_{14}$.DÙ.A^{MUŠEN}		
$^{(TÚG)}$SAG.DUL 192	eine Kopfbedeckung	bir başlık
SAG.GE$_6$(.GA.A) 192	Dunkelköpfige, Menschen	siyah başlılar, insanlar
SAG.GÉME.ARAD$^{(MEŠ)}$ 192	Gesinde	hizmetçiler

$^{(GIŠ)}$SAG.GUL 192	eine Keule	bir topuz
SAG.ÍL.LÁ 192	Wasserträger	saka (su taşıyıcısı)
SAG(.KAL) 192	erster	birinci
SAG.KI 192	Vorderseite, Stirn, Gesicht	ön taraf, alın, yüz
$^{(GIŠ)}$SAG.KUL 192	Riegel	sürgü
SAG.ME 192	Teil der Orakelleber	kehanet ciğerinin parçası
SAG.PA.LAGAB *s.* ZARAḪ		
SAG.UŠ 192	regelmäßig, beständig	muntazam, dayanıklı
^{LÚ}SAGI 21	Mundschenk	sâki
^{LÚ}SAGI.A 21	Mundschenk	sâki
^{LÚ}SAGI.LIŠ.A 21	Mundschenk	sâki
SAḪAR 151	Erde, Staub, Schmutz, Asche	toprak, toz, pislik, kül
SAḪAR.ŠUB.BA 43, 151	Aussatz	cüzam, lepra (bir hastalık)
SAL *s.* MUNUS		
SALIM *s.* SILIM		
^{LÚ}SANGA 231	Priester	rahip
^{MUNUS}SANGA 231	Priesterin	rahibe
^{LÚ}SANGA GIBIL 231	neuer Priester	yeni rahip
SAR (1) 353	Pflanze (auch Postdeterminativ)	bitki; bitki isimlerinden sonra gelen determinatif
SAR (2) 353	schreiben	yazmak
^{GIŠ}SAR *s.* ^{GIŠ}KIRI$_6$		
^{TÚG}SAR.GADA.TAR 353	ein Kleidungsstück	bir elbise parçası
SE$_{24}$ *s.* SÈD		
SÈD (1) 27	Winter, überwintern	kış, kışı bir yerde geçirmek, kışlamak
SÈD (2) 27	ruhen, zufrieden sein	dinlenmek, istirahat etmek, huzur içinde olmak
SÈD-*nu*- 27	befriedigen	memnun etmek, hoşnut etmek, tatmin etmek
SES 79	bitter	acı
SI 86	Horn (auch Determinativ)	boynuz; boynuz veya boynuzdan yapılmış eşya önüne gelen determinatif
^{LÚ}SI 86A	Hornist	kornocu
SI×SÁ 28	ordnen, fügen, festsetzen, (durch Orakel) feststellen	sıralamak, düzenlemek, tespit/tayin etmek, (kehanet ile) tahkik/teşhis etmek, (kehanet ile) bulmak
SI KA×IM 144A	unbek. Bed.	anlamı bilinmeyen bir kelime

^{GIŠ}SI.GAR 86	(Hals)band, Kette	boyunluk, kolye, zincir
SI.GAR KÙ.BABBAR 86	(Hals)band, Kette aus Silber	kolye, boyunluk, gümüşden bir zincir
SI.NAG 86	Trinkhorn$^?$	içki boynuzu (?)
SI.UZ$_6$ 86	Ziegenhorn	keçi boynuzu
SÌ *s.* SUM		
SIG 255	dünn, flach, schmal	ince, zayıf, düz, dar
SIG.KÙŠ 255	Halbelle$^?$, Spanne$^?$	yarım endaze$^?$, karış$^?$
SÍG 65	Wolle (auch Determinativ)	yün; kumaş veya iplik önüne gelen determinatif
^{GIŠ}SÍG.LAM *s.* ^{GIŠ}ŠÉŠ		
^{GIŠ}SÍG.NUN *s.* ^{GIŠ}ERIN		
SÍG.SÁ = SÍG.SA$_5$ (?)	rote$^?$ Wolle	kırmızı$^?$ yün
SÍG.UZ$_6$ BABBAR/GE$_6$ 23	weißes/schwarzes Ziegenhaar	beyaz/siyah tiftik
SIG$_4$ 311	(luftgetrockneter) Lehmziegel	(kurutulmuş) kerpiç tuğla
^{ITU}SIG$_4$.A 84	3. Monat	üçüncü ay
SIG$_5$ 293	gut, günstig, Heil(ssymbol), in Ordnung bringen, gut, gesund, günstig werden	iyi, müsait, selâmet sembolu, düzenlemek, sıhhatli, sağlam, müsait olmak
^{LÚ}SIG$_5$ 293	(niederer) Offizier, Vorgesetzter	rütbe bakımında subaydan küçük rütbeli kişi, ast subay, şef
SIG$_5$-*in* 293	gut, wohl	iyi, sağ
SIG$_5$-*ru* 293	soll günstig sein/werden	müsait olsun
SIG$_5$-*rù* 293	soll günstig sein/werden	müsait olsun
SIG$_5$-*tar* 293	Gunst, Huld; Güte, Qualität	iltifat, ihsan; kalite
SIG$_5$-*u-tar* 293	Gunst, Huld	iltifat, ihsan
SIG$_5$-*zi-i̭a-mi* 293	ich bringe in Ordnung	düzenliyorum
SIG$_7$ 239	zehntausend	10000 / on bin
SIG$_7$(.SIG$_7$) 239	grün-gelb	yeşil – sarı
SÍK *s.* SÍG		
SIKI *s.* SÍG		
SÍLA *s.* SILA$_4$		
^{LÚ}SÌLA.ŠU.DUḪ̮ *s.* ^{LÚ}SAGI		
^{LÚ}SÌLA.ŠU.DUḪ̮.A *s.* ^{LÚ}SAGI.A		
^{LÚ}SÌLA.ŠU.DUḪ̮.LIŠ.A *s.* ^{LÚ}SAGI.LIŠ.A		
SILA$_4$ 54	Lamm	kuzu

SILA$_4$.NÍTA 54	Lamm (männl.)	erkek kuzu
SILA$_4$."SÍG+MUNUS" 66	Lamm (weibl.)	dişi kuzu
SILIM 312	Heil, Wohlergehen; heil	selâmet, sıhhat
SILIM-*li* 312	zum Heil, gut	sağlığa, iyi
SILIM.BI 312	gut, wohl	iyi, sağ
SIM^{MUŠEN} 39	Schwalbe	kırlangıç
^{LÚ}SIMUG(.A) 187	Schmied	demirci
$^{(LÚ)}$SIPA 177	Hirt	çoban
^{LÚ}SIPA DINGIR^{LIM} 177	Hirt der Gottheit	tanrının çobanı
^{LÚ}SIPA É.GAL 177	Hirt des Palastes	sarayın çobanı
^{LÚ}SIPA.ANŠE.KUR.RA 177	Pferdehirt	at çobanı
^{LÚ}SIPA.GU$_4$$^{(ḪI.A)}$ 177	Rinderhirt	sığır çobanı
^{LÚ}SIPA.GU$_4$ DINGIR^{LIM} 177	Rinderhirt der Gottheit	tanrının sığır çobanı
^{LÚ}SIPA.ŠAḪ 177	Schweinehirt	domuz çobanı
^{LÚ}SIPA.UDU 177	Schafhirt	koyun çobanı
^{LÚ}SIPA.UDU DINGIR^{LIM} 177	Schafhirt der Gottheit	tanrının koyun çobanı
^{LÚ}SIPA.UZ$_6$ 177	Ziegenhirt	keçi çobanı
$^{(LÚ)}$SIPAD *s.* $^{(LÚ)}$SIPA		
SÌR 106	singen, Lied, Gesang(sstück); Epos	şarkı söylemek, ilâhi, bir müzik parçası; destan, epope
^{LÚ}SÌR 106	Sänger	şarkıcı, ilâhi söyleyen
^{MUNUS}SÌR 106	Sängerin	kadın şarkıcı, kadın ilâhici
SÌR^{RU} 106	sie singen	şarkı söylüyorlar, ilâhi söylüyorlar
SIR$_4$ *s.* ŠIR		
SISKUR 156	Opfer, Ritual	kurban, ayin
SISKUR.SISKUR *s.* SÍSKUR		
SÍSKUR 156	Opfer, Ritual	kurban, ayin
SIZKUR *s.* SISKUR		
SU^{MEŠ} 213	(Fleisch-)Vorzeichen, Eingeweide-Omina	et alâmeti, iç organlar alâmeti
SU×A *s.* ŠEN		
SU$_6$ 136	Bart	sakal
SUD 341	ziehen	çekmek
SUD-*li* 341	Orakelterminus	kehanet terimi
SUD-*li*$_{12}$ 341	Orakelterminus	kehanet terimi
SUG 182	Röhricht, Sumpf	sazlık, bataklık
SUḪUR 349	Haarschopf	saç demeti
^{MUNUS}SUḪUR.LÁ 349	(Kammer-)Zofe, Dienerin	oda hizmetçisi, hizmetçi kadın

^{MUNUS}SUḪUR.LA$_5$ 349	(Kammer-)Zofe, Dienerin	oda hizmetçisi, hizmetçi kadın
^{LÚ}SUKKAL (^{LÚ}SUKAL) 198	Wesir, Minister, Bote	vezir, vekil, haberci
^{Ú}SULLIM 274	Bockshornklee	yonca, tirfil
SUM 350	geben	vermek
SUM^{SAR} 350	Zwiebel?	soğan?
SUM.SIKIL^{SAR} 350	eine Art Zwiebel oder Knoblauch	bir soğan veya sarmısak çeşidi
SUMU *s.* SUM		
SUMUN 13	alt	eski
SUN *s.* SUMUN		
SUR 42	Sockel (der Gallenblase; Orakelterminus)	(safra kesesinin konulduğu) kaide (kehanet terimi)
SUR$_7$ 313	Anhöhe	yükseklik, tepe(cik), yokuş
SUR$_{14}$.DÙ.A^{MUŠEN} 192	Falke	şahin

Š

$^{(UZU)}$ŠÀ 294	Herz, Mitte, Inneres	kalb, orta, iç
ŠÀ^{BI} 294	hinein, drin	içerisine, içine, içinde
ŠÀ *DIR* (^{ŠÀ}*DIR*) 294	Darmwindung(en)	bağırsak bükümü, bağırsak bükümleri
ŠÀ *TIR* (^{ŠÀ}*TIR*) 294	Darmwindung(en)	bağırsak bükümü, bağırsak bükümleri
^{GIŠ}ŠÀ.A.TAR *s.* ^{GIŠ}TIBULA		
^{MUNUS}ŠÀ.AB.ZU 294	Hebamme?	ebe?
ŠÀ(.BA) 294	darin, davon	içinde, bundan, ondan
$^{(UZU)}$ŠÀ.BA 294	Leibesinneres, Leibesfrucht, Herz?	vücudun içi, cenin, kalb?
ŠÀ.BAL.BAL 294	Nachkomme	nesil
ŠÀ.BAL(.LÁ) 294	Nachkomme	nesil
^{TÚG}ŠÀ.GA.(AN.)DÙ 294	Tuchgürtel	kumaştan bir kemer
^{TÚG}ŠÀ.GA.TU$_4$ 294	Tuchgürtel	kumaştan bir kemer
ŠÀ.GAL 294	Nahrung, Viehfutter	gıda, yiyecek; hayvan yemi
ŠÀ.GAR 294	Hunger	açlık
^{TÚG}ŠÀ.KA.DÙ 294	Tuchgürtel	kumaştan bir kemer
^{GIŠ}ŠÀ.KAL 294	eine Weidenart	bir çeşit söğüt ağacı
ŠÀ.MÁŠ 294	Verwandter, Familienangehöriger	akraba, aile efradı

^{TÚG}ŠÀ.NÁ 294	Schlafgewand?, Bett-Tuch?	gecelik kıyafeti?, yatak çarşafı?
$^{LÚ.MEŠ}$ŠÀ.NE.ŠA$_4$ 294	Klagemänner	ağıt söyleyen adamlar
^{LÚ}ŠÀ.TAM 294	Verwalter, Kämmerer	idareci, mabeyinci
ŠÀ.ZI.GA 294	geschlechtliche Begierde	libido
^{MUNUS}ŠÀ.ZU 294	Hebamme	ebe
ŠAB 175	Napf	kâse
$^{(UZU)}$ŠAG$_4$ *s.* $^{(UZU)}$ŠÀ		
$^{(LÚ)}$ŠAGAN.LÁ 270	Lehrling	çırak
ŠAḪ 309	Schwein	domuz
^{LÚ}ŠAḪ (oder LÚ ŠAḪ) 309	Schweinehirt	domuz çobanı
ŠAḪ MUNUS.AL.LÁ 309	Sau	dişi domuz
ŠAḪ.GIŠ^{ŠÍ} *s.* ŠAḪ.GIŠ.GI		
ŠAḪ.GIŠ.GI 309	Wildschwein	yaban domuzu
ŠAḪ.MUNUS 309	Sau, Mutterschwein	dişi domuz
ŠAḪ.NIGA 309	Mastschwein	besili domuz
ŠAḪ.NIGA NÍTA 309	männl. Mastschwein	besili erkek domuz
ŠAḪ.NÍTA 309	Eber	erkek domuz
ŠAḪ.TUR 309	Ferkel	domuz yavrusu
ŠAḪ.TUR MUNUS 309	weibl. Ferkel	domuz yavrusunun dişisi
ŠAḪ.TUR NÍTA 309	männl. Ferkel	domuz yavrusunun erkeği
ŠÁM 123	Kaufpreis, kaufen	fiyat, satın almak
ŠÀM 103	Kaufpreis, kaufen	fiyat, satın almak
$^{(LÚ)}$ŠÁMAN.LÁ 270	Lehrling	çırak
ŠE (1) 338	Gerste, Getreide	arpa, tahıl
ŠE (2) 338	günstig (in Orakeltexten)	müsait (kehanet metinlerinde)
ŠE-*ri* 338	ist günstig, wird günstig sein	müsaittir, müsait olacak
ŠE-*ru* 338	soll günstig sein	müsait olsun
ŠE-*rù* 338	soll günstig sein	müsait olsun
ŠE.GIŠ.Ì 338	Sesam	susam
ŠE.GUR 338	(ein) Kor Gerste/Getreide	(bir) "kor" arpa/tahıl (ölçü birimi)
^{LÚ}ŠE.GUR$_{10}$.KU$_5$ *s.* ^{LÚ}ŠE.KIN.KUD		
^{LÚ}ŠE.KIN.KUD 338	Erntearbeiter	hasad işçisi
^{ITU}ŠE.KIN.KUD 84	12. Monat	onikinci ay
$^{(Ú)}$ŠE.LÚ^{SAR} 338	Koriander	kişniş
ŠE.NAGA 345	Seifenkraut, alkalihaltige Pflanze; waschen, reinigen	sabun otu, alkalik bir bitki; yıkamak, temizlemek
^{URUDU}ŠE.NAGA 345	Badekübel (aus Kupfer)	(bakırdan) banyo kabı

ŠÈ 212	nach, zu	-a, -e (akadça *ana*)
ŠE$_{12}$ *s.* SÈD		
ŠE$_{12}$-*nu-* *s.* SÈD-*nu-*		
ŠED$_{9}$ *s.* SÈD		
ŠEG$_{9}$.BAR *s.* DÀRA.MAŠ		
ŠEM *s.* ŠIM		
DUG/URUDUŠEN 230	Kessel	kazan
GIŠŠEN 230	Behälter (auch Libationsgefäß), (Wasser-/Abfluß-)Rohr, Rinne, (Dach-)Traufe	kab (kült kabı olarakta), su borusu, künk, oluk, su yolu, yağmur suyu oluğu
GIŠŠEN KÙ.BABBAR GAR.RA 230	mit Silber besetztes Wasserrohr	gümüşle kaplanmış su borusu
ŠEN URUDU 230	Kessel aus Kupfer	bakırdan kazan
ŠEN ZABAR 230	Kessel aus Bronze	tunçdan kazan
ŠEN.GAL 230	großer Kessel	büyük kazan
(URUDU)ŠEN.TUR 230	kleiner Kessel	küçük kazan
GIŠŠENNUR 260	Mispel?	muşmula?
(URUDU)ŠÈR.ŠÈR 106	Kette, Knoten, Band	zincir, düğüm, bant
ŠEŠ (1) 79	Bruder	erkek kardeş
ŠEŠ (2) 79	bitter	acı
ŠEŠ-*aš* ŠEŠ-*an* 79	der eine (Bruder) den anderen (Bruder)	biri... diğerini, bir birader... biraderini
ŠEŠ-*tar* 79	Bruderschaft	kardeşlik
ŠEŠ.DÙG.GA-*IA* 79, 335	mein lieber Bruder	sevgili kardeşim (mektup üslubunda)
GIŠŠÉŠ 63	Süßholz, Lakritze	meyankökü, ayıkulağı
ŠI.KIŠ 288 A	ein Gefäß?	bir kab?
ŠID 231	Zahl, Zählung, zählen, (be)lohnen	sayı, sayım, saymak, birini mükâfatlandırmak
ŠID-*eš-na-za* 231	Abl. zu heth. *kappueššar* Zählung	hit. *kappueššar* sayım (Abl.)
ŠID-*eš-ni* 231	Dat.-Lok. Sg. zu heth. *kappueššar* Zählung	hit. *kappueššar* sayım (Dat.-Lok. tekil)
ŠID TÚG 231 A		
ŠIM 154	wohlriechende Pflanze, Duft	güzel kokulu bir bitki, güzel koku
ŠIM × NÍG *s.* BAPPIR		
ŠIMBIRIDA *s.* Ú.KUR.RA		
GIŠŠINIG 85	Tamariske	ılgın ağacı
ŠIR 5	Hoden	haya
ŠÌR *s.* SÌR		

ŠIT *s.* ŠID		
ŠITA$_5$ *s.* ŠID		
ŠITI *s.* ŠID		
ŠU 68	Hand	el
ŠU.AN 68	Siegesdenkmal$^?$	zafer abidesi$^?$
^{LÚ}ŠU.[BAR.RA$^?$ 68 A	Subaräer (Hurriter)	Subarru'lu (Hurri'li)
ŠU.BÙLUG *s.* GÉŠB/PU		
^{LÚ}ŠU.DAB 68	Kriegsgefangener	savaş tutsağı
ŠU.DAB.BU 68	Kriegsgefangener	savaş tutsağı
^{LÚ}ŠU.DIB *s.* ^{LÚ}ŠU.DAB		
^{LÚ}ŠU.GÁL 68	Befehlshaber$^?$	komutan$^?$
ŠU.GÁN^{SAR} 68	eine (Garten-)Pflanze	bir (bahçe) bitki(si)
ŠU.GAR.GALGA 60 A		
^{LÚ}ŠU.GI 68	Greis, Ältester	ihtiyar adam, en yaşlı adam
^{MUNUS}ŠU.GI 68	Greisin, Magierin	ihtiyar kadın, büyücü kadın
^{GIŠ}ŠU.GU$_7$.GU$_7$ 68	Gefäß für Speise und/oder Trank	yemek ve/veya içki için bir kab
^{GIŠ}ŠU.GU$_7$.NAG 68	Gefäß für Speise und/oder Trank	yemek ve/veya içki için bir kab
ŠU.GUR 68	Ring	halka, yüzük
^{LÚ}ŠU.ḪA$_6$ 68	Fischer, Jäger	balıkçı, avcı
$^{(GIŠ)}$ŠU.I 68	Speer$^?$, Speerspitze$^?$	kargı$^?$, kargı ucu$^?$
^{LÚ}ŠU.I 68	Reiniger, Barbier$^?$	temizleyici, berber$^?$
$^{(URUDU)}$ŠU.KIN 68	Sichel	orak
ŠU.KIŠ^{SAR} 68	eine (Garten-)Pflanze, Brennessel$^?$	bir (bahçe) bitki(si), ısırgan$^?$
^{GIŠ}ŠU.NAG.GU$_7$ 68	Gefäß für Speise und/oder Trank	yemek ve/veya içki için bir kab
$^{(GIŠ)}$ŠU.NAG(.NAG) 68	Gefäß für Speise und/oder Trank	yemek ve/veya içki için bir kab
ŠU.NÍGIN 64, 68	Summe, insgesamt	yekûn, hepsi birden
ŠU.NÍGIN.GAL 68	Gesamtsumme	topyekûn
ŠU.NIR 68	Emblem	amblem
^{ITU}ŠU.NUMUN.NA/A 84	4. Monat	dördüncü ay
^{LÚ}ŠU.PIŠ *s.* ^{LÚ}ŠU.ḪA$_6$		
ŠU.RI.ÀM 68	Hälfte	yarı
1/2 ŠU.RI.ÀM *ṬUP-PÍ* 68	Halbtafel	yarım tablet
ŠU.SAR 68	Strick, Schnur	ip, kalın sicim
ŠU.SI 68	Finger, Fingerbreite	parmak, parmak kalınlığı
^{GIŠ}ŠU.ŠÙDUN/ŠÙDUL 68, 88	Joch	boyunduruk

ŠU.TAG.GA 68	schmücken$^{?}$	süslemek$^{?}$
$^{\text{(URUDU)}}$ŠU.TÚG.LÁ 68	Gegenstand (Gefäß$^{?}$) aus Metall	metalden bir nesne veya kab
$^{\text{(NA}_4\text{)}}$ŠU.U 68	ein Stein (Basalt$^{?}$)	bir taş, bazalt$^{?}$
^{GIŠ}ŠU.ÚR.MÌN 68, 296	Zypresse$^{?}$	selvi ağacı$^{?}$
$^{\text{(GIŠ)}}$ŠÚ.A 251	Stuhl, Thron; Schemel	sandalye, taht; tabure
$^{\text{(GIŠ)}}$ŠÚ.A ^{D}UTU 251	Sonnenuntergang, Westen	güneş batması, batı
ŠUB 43	Sturz, Fall, Niederlage	düşme, düşüş, yenilgi
^{GIŠ}ŠUDUN/ŠUDUL *s.* ^{GIŠ}ŠU.ŠÙDUN/ŠÙDUL		
^{GIŠ}ŠÙDUL *s.* ^{GIŠ}ŠÙDUN		
^{GIŠ}ŠÙDUN 88	Joch	boyunduruk
$^{\text{(GIŠ)}}$ŠUKUR 288	Speer, Lanze	kargı, mızrak
URUDU $^{\text{(GIŠ)}}$ŠUKUR 288	Speer, Lanze	kargı, mızrak
ŠÚM^{SAR} *s.* SUM^{SAR}		
ŠUR.AN 42	Regen des Himmels	göğün yağmuru
ŠUŠANA.IŠ *s.* GIDIM		

T

TA 160	aus, von, mit	-den, -dan, ile, beraber
-TA.ÀM 160	je	her, herbiri
TÁ *s.* DA		
^{LÚ}TABIRA *s.* ^{LÚ}TIBIRA		
^{LÚ}TAG$_4$.TAG$_4$ 227 A	unbek. Bed.	anlamı bilinmeyen bir kelime
TAR 7	(ab)schneiden, (ab)trennen	kesmek
TAR-*u-an* 7	Orakelterminus	kehanet terimi
TE 249	Backe, Wange	yanak
TE.A *s.* KAR		
TI 37	Leben, leben, lebend	hayat, yaşamak, canlı
$^{\text{NA}_4}$TI 37	ein Stein (Lebensstein)	bir taş (hayat taşı)
^{UZU}TI 37	Rippe	kaburga
TI$_8$^{MUŠEN} 215	Adler	kartal
^{MUL}TI$_8$^{MUŠEN} 101	Aquila (Sternbild)	takımyıldız
^{LÚ}TIBIRA 109	Metallarbeiter	maden işçisi
^{GIŠ}TIBULA 294	ein Musikinstrument (Laute$^{?}$)	bir müzik aleti (ut$^{?}$)
TIL (1) 13	vollständig, zu Ende gehen	tamamen, bitmek, sona ermek
TIL (2) *s.* SUMUN		
TIL.LA 13	vollständig	tamamen, büsbütün
TÌL *s.* TI		

$^{LÚ/MUNUS}$TIN.NA *s.* $^{LÚ/MUNUS}$KÚRUN.NA		
^{Ú}TIN.TIR *s.* ^{Ú}GAMUN		
^{GIŠ}TIR 344	Wald	orman
^{D}TIR.AN.NA 344	Regenbogen	gök kuşağı
TU.TUR^{MUŠEN} 346	kleine Taube	küçük güvercin
TU$_7$ 355	Suppe$^{?}$ (auch Determinativ)	çorba$^{?}$; çorba adları önüne gelen determinatif
^{UZU}TU$_7$ 355	Fleischsuppe$^{?}$, Fleischgericht$^{?}$	et çorbası$^{?}$, et yemeği$^{?}$
TU$_7$ A 355	Wassersuppe$^{?}$	sulu çorba$^{?}$
TU$_7$ A.UZU 355	Fleischbrühe	et suyu
TU$_7$ A.UZU.GU$_4$ 355	Rindfleischsuppe	sığır etli çorba
TU$_7$ BA.BA.ZA 355	Suppe aus Gerstenbrei	arpa ezmesinden bir çorba
TU$_7$ ÉRIN^{MEŠ} 355	Truppenverpflegung	asker yemeği
TU$_7$ GA 355	Milchsuppe	sütlü çorba
TU$_7$ GÚ.GAL 355	Erbsengericht	bezelye yemeği
TU$_7$ GÚ.GAL.GAL 355	Erbsengericht	bezelye yemeği
TU$_7$ GÚ.TUR 355	Erbsengericht	bezelye yemeği
TU$_7$ Ì 355	Fettbrühe	yağlı (yemek) su(yu)
TU$_7$ *ME*(-*E*) GA 355	Gericht aus Wasser und Milch	su ve sütten bir yemek
TU$_7$ *ME*(-*E*) UZU 355	Fleischbrühe	et suyu
TU$_7$ NÍG.ÀR.RA 355	Gericht aus Feinmehl	ince undan bir yemek
TU$_7$ SAR 355	Gemüse-, Kräutersuppe	sebze çorbası, ot çorbası
TU$_7$ UZU 355	Fleischgericht	et yemeği
TU$_9$ *s.* TÚG		
TÚG 212	Kleid, Gewand, (Woll-) Stoff (auch Determinativ)	elbise, giysi, kumaş; elbise isimleri önüne gelen determinatif
^{GIŠ}TÚG 212	Buchsbaum(holz)	şimşir ağacı
^{LÚ}TÚG *s.* ^{LÚ}ÁZLAG		
TÚG.GABA 212	ein Kleidungsstück	bir elbise parçası
TÚG.GAL 212	wörtl.: großes Gewand	kelime kelime: büyük bir elbise
TÚG.GÚ 212	Hemd$^{?}$	gömlek$^{?}$
$^{(GAD)}$TÚG.GÚ.È(.A) 212	Gewand, Hemd$^{?}$, Mantel$^{?}$	elbise, gömlek$^{?}$, palto$^{?}$
TÚG.GÚ(.È.A) *ḪUR-RI* 212	hurritisches Hemd$^{?}$	bir hurri gömleği$^{?}$
TÚG.GÚ.SIG 212	dünnes Hemd$^{?}$	ince bir gömlek$^{?}$
TÚG.ḪUR 212	dickes$^{?}$ Kleidungsstück	kalın$^{?}$ bir elbise parçası

TÚG.MUD 212	blutiges Tuch, Gewand	kanlı kumaş, elbise
TÚG.NÁ 212	Bett-Tuch	yatak çarşafı
TÚG.NÍ.D[UL.DUL] 212 A	ein Kleidungsstück	bir elbise parçası
GIŠTÚG.SI *s.* GIŠDAG.SI		
TUK(.TUK) *s.* TUKU(.TUKU)		
TUKU(.TUKU) 53	Zorn, zürnen, zornig	öfke, birisine darılmak, öfkeli
TUKU.TUKU-*eš-zi* 53	wird zornig	kızıyor
TUKU.TUKU-*nu-zi* 53	er erzürnt	kızdırıyor
GIŠTUKUL 206	Werkzeug, Waffe, auch als Orakelterminus	alet(ler), silâh; (ve fal terimi olarakta)
GIŠTUKUL GÍD.DA 206	wörtl.: langes Werkzeug	kelime kelime: uzun alet(ler)
TÚKUR 145	Stille, Ruhe	sükûn, sessizlik
TÚL *s.* PÚ		
TÙM 279	unbek. Bed.	anlamı bilinmeyen bir kelime
TUR 237	klein, jung; Kind	küçük, genç; çocuk
(GIŠ)TUR.TÚG *s.* (GIŠ)KUN$_5$		
TÙR 34, 186	Viehhof	hayvan çiftliği
TUŠ 206	sitzen	oturmak
TUŠ-*aš* 206	im Sitzen	oturur (vaziyette)

U

DU 261	Wettergott	Fırtına tanrısı
DU.DAR *s.* D*IŠTAR*		
U.GAG *s.* UḪ$_7$		
(LÚ)U.GAN.LÁ *s.* (LÚ)ŠAGAN.LÁ		
U.KA *s.* UGU		
Ú 195	Pflanze; Gras, Kraut (auch Determinativ)	bitki, nebat, çimen, ot; bitki ve ot isimleri önüne gelen determinatif
Ú.BAR$_8$ 195	Frühling, Frühjahr	ilkbahar
Ú.BURU$_{14}$ *s.* Ú.BAR$_8$		
Ú.EBUR *s.* Ú.BAR$_8$		
GIŠÚ.GÍR.LAGAB (= KIŠI$_{16}$.ḪAB?) 195	eine Akazienart	bir nevi akasya
LÚÚ.ḪUB 195	tauber Mann, Tauber, taub	sağır adam, sağır
LÚÚ.ḪÚB 195	tauber Mann, Tauber, taub	sağır adam, sağır
Ú.KUR.RA (= ŠIMBIRIDA?) 195	Ammi, Zahnstocherdolde	şifa bitkisi, (lat.) ammi visnaga
Ú.SAL 195	Wiese	çayır

^{LÚ}Ú.SIG$_5$ 195	unbek. Bed.	anlamı bilinmeyen bir kelime
$^{\text{GI/GIŠ}}$Ú.TAG.GA 195	Pfeil	ok
Ú.^{TE}TÈ.GA^{MUŠEN} *s.* UGA^{MUŠEN}		
Ù 265	Schlaf, Traum, träumen, im Traum erscheinen	uyku, rüya, rüyada görünmek
Ù$^{\textit{TUM}}$ 265	Schlaf, Traum	uyku, rüya
Ù NUN 265 A, vgl. 36 A	Traum?	rüya?
U$_4$$^{\text{(KAM)}}$ *s.* UD$^{\text{(KAM)}}$		
^{GIŠ}U$_4$.ḪI.IN 316	unreife Dattel	ham hurma
U$_4$.SAKAR 316	Mondsichel, auch Gegenstand aus Metall	ay şeklinde metalden bir nesne
^{URUDU}U$_4$.SAKAR 316	Mondsichel (aus Kupfer)	ay şeklinde bakırdan bir nesne
^{DUG}UBUR 189	Gefäß in Brustform	göğüs şeklinde bir kab
$^{\text{(UZU)}}$UBUR 189	weibliche Brust	meme
UD$^{\text{(KAM)}}$ 316	Tag	gün
^{D}UD$^{\text{(KAM)}}$ 316	(vergöttlichter) Tag	(ilâhi anlamda) gün, "Gün tanrısı"
UD I^{KAM} / II^{KAM} 316	erster, zweiter Tag usw.	birinci gün, ikinci gün (ve saire)
UD$^{\textit{UM}}$ *ŠI-IM-TI* 316	Tag des Geschickes, Todestag	talih günü, ölüm günü
UD.DU(.A) *s.* È(.A)		
^{D}UD.GE$_6$ 316	schwarzer Tag	kara gün
UD.KA.BAR *s.* ZABAR		
$^{\text{(GIŠ)}}$UD.MUNUS.ḪÚB 316	eine große Kanne	büyük bir testi
^{TÚG}UD.SAR 316 A	ein Kleidungsstück	bir elbise parçası
^{D}UD^{KAM}.SIG$_5$ 316	günstiger Tag	uygun bir gün
$^{\text{(D)}}$UD.SIG$_5$(.GA) 316	günstiger Tag	uygun bir gün
^{Ú}UD.TIR BABBAR 316	eine Gewürzpflanze weißer Art (weißer Kümmel)	baharat cinsinden (beyaz) bir bitki (beyaz kimyon)
^{Ú}UD.TIR GE$_6$ 316	eine Gewürzpflanze schwarzer Art (schwarzer Kümmel)	baharat cinsinden (siyah) bir bitki (siyah kimyon)
$^{\text{(MUL)}}$UD.ZAL.LE 101, 316	Morgenstern; Dämmerung, auch Gegenstand aus Metall	sabah yıldızı, çobanyıldızı; şafak, metalden bir nesne
UDU 210	Schaf (auch Determinativ)	koyun; koyun isimleri önüne gelen determinatif
UDU.A.LUM 210	Widder	koç
UDU.ÁŠ.MUNUS.GÀR 210, 241	(weibliches) Jungschaf	dişi genç koyun

UDU.KUR.RA 210	Bergschaf	dağ koyunu
UDU.MUNUS.ÁŠ.GÀR 210, 241	(weibliches) Jungschaf	dişi genç koyun
UDU.NIGA 210	fettes Schaf	yağlı bir koyun, besili bir koyun
UDU.NITA 210	männliches Schaf, Widder	erkek koyun, koç
UDU.NÍTA 210	männliches Schaf, Widder	erkek koyun, koç
UDU."SÍG+MUNUS" 66, 210	(weibliches) Schaf	dişi koyun
UDU.ŠIR 210	Schafbock	koç
UDUN 264	Ofen	ocak, fırın
UG 93	Tiger?	kaplan?
UG.TUR *s.* PÌRIG.TUR		
ÙG *s.* UN		
UG$_6$ *s.* ÚŠ		
UGA^{MUŠEN} 195	Rabe, Krähe	karga
UGNIM *s.* KI.^{KUŠ}LU⟨.ÚB⟩.GAR		
UGU (1) 272	oben, hinauf, oberer	yukarıda, üstte, yukarıya, üst, yukarı
UGU (2) 272	Oberseite	üst taraf
UGU^{NU} 272	oberhalb, oben	üst tarafında, yukarısında, yukarıda, üstte
UGULA 174	Aufseher, Anführer	gözcü, baş komutan
$^{\text{(LÚ)}}$UGULA *LI-IM* 174	Anführer von Tausend (Mann)	binbaşı
$^{\text{(LÚ)}}$UGULA *LI-IM-TI* 174	Anführer von Tausend	binbaşı
$^{\text{(LÚ)}}$UGULA *LI-IM-TIM* 174	Anführer von Tausend	binbaşı
$^{\text{(LÚ)}}$UGULA *LI-IM ṢE-RI* 174	Anführer der Tausend des Feldes	kırın binbaşısı
UGULA $^{\text{(LÚ.MEŠ)}}$NIMGIR.ÉRIN^{MEŠ} 222	Anführer der Truppenaufseher	baş komutan
UGULA UKU.UŠ.(SÁ.)E.NE 174	Aufseher der Schwerbewaffneten	ağır silâhlının gözcüsü
UḪ.ŠE 332	ein Getreideschädling	hububata zarar veren haşare
UḪ$_7$ 261	Zauber, behexen	sihir, büyü; büyü yapmak
UKKIN 134	Versammlung	toplantı
$^{\text{(LÚ)}}$UKU.UŠ 96	Soldat, Schwerbewaffneter	asker, ağır silâhlı
UKU.UŠ.(SÁ.)E.NE 96, 187	Plural zu UKU.UŠ	UKU.UŠ'un çoğulu
ÙKU *s.* UN		
ÚKUŠ 254	Gurke	hıyar
$^{\text{(URUDU)}}$UL$_4$.GAL 6	Schwert	kılıç

^{GIŠ}'UM.MIŠ' *s.* ^{GIŠ}DUB.ŠEN		
UMBIN 166	Fingernagel	tırnak
^{GIŠ}UMBIN 166	Rad	tekerlek
UMBIN ZABAR 166	Stift, Haarspange (o. ä.) aus Bronze	tunçtan saç tokası, bir nevi çivi vazifesi gören kama
UMMAN *s.* KI.^{KUŠ}LU⟨.ÚB⟩.GAR		
$^{\text{LÚ/MUNUS}}$ÙMMEDA 109	Wärter(in)	bekçi, kadın bekçi
^{LÚ}ÙMMEDA ANŠE.KUR.RA$^{\text{HI.A}}$ 109	Pferdewärter	tavlacı (at bakıcısı)
UN 197	Mensch	insan, adam
UN$^{\text{HI.A/MEŠ}}$-*tar* 197	Menschheit, Bevölkerung	insanlık, halk
UNKIN *s.* UKKIN		
UNU$^{\text{(KI)}}$ 111	Uruk	Uruk (ülkesi)
UNUG$^{\text{(KI)}}$ *s.* UNU$^{\text{(KI)}}$		
UR 51	Hund	köpek
^{LÚ}UR (oder/veya LÚ UR) 51	Hundemann (im Kult), Jäger	köpek adamı (ayinlerde), avcı
UR.BAR.RA 51	Wolf	kurt
^{LÚ}UR.BAR.RA 51	Wolfsmann (im Kult)	kurt adamı (ayinlerde)
UR.BI 51	zusammen	beraber
UR.GI$_7$ 51, 212	Hund	köpek
^{LÚ}UR.GI$_7$ (oder/veya LÚ UR.GI$_7$) 51	Hundemann (im Kult), Jäger	köpek adamı (ayinlerde), avcı
UR.GUG$_4$ 93 A	Tiger	kaplan
UR.MAH 51	Löwe	aslan
^{LÚ}UR.MAH 51	Löwenmann (im Kult)	aslan adamı (ayinlerde)
UR.SAG 51	Held	kahraman
UR.SAG-*tar* 51	Heldenhaftigkeit	kahramanlık
UR.TUR 51	junger Hund, Welpe	köpek yavrusu
$^{\text{(UZU)}}$ÚR 124	Glied, Penis, Schoß, Lende, Oberschenkel	uzuv, penis; kucak, bel, kalça, uyluk
]ÚR.GÌR 124	Fußballen?	başparmak?
^{UZU}ÚR.MUNUS 124	weiblicher Geschlechtsteil	kadın tenasül uzvu
^{GIŠ}ÙR *s.* GIŠ.ÙR		
UR$_5$.GIM 333	so	böyle
URU$^{\text{(KI)}}$ 229	Stadt (auch Determinativ)	şehir; şehir isimleri önüne gelen determinatif
URU.BÀD 229	befestigte Stadt	müstahkem mevki
^{GIŠ}URU.URUDU *s.* ^{GIŠ}BANŠUR		
URUDU 109	Kupfer (bzw. eine Kupferlegierung) (auch Determinativ)	bakır; metalden yapılmış eşya önüne gelen determinatif

$^{\text{LÚ/MUNUS}}$URUDU.DA *s.* $^{\text{LÚ/MUNUS}}$ÙMMEDA		
$^{\text{LÚ.MEŠ}}$URUDU.DÍM.DÍM 109	Kupferschmiede	bakırcılar
URUDU.NAG (oder/veya ^{URUDU}NAG) 109	(Trink)gefäß	içki kabı
^{LÚ}URUDU.NAGAR *s.* ^{LÚ}TIBIRA		
URUDU.PAD (oder/veya ^{URUDU}PAD) 109	Kupferbarren	bakır külçesi
USDUḪA 45	Schafe und Ziegen	koyun ve keçiler
USSU 374	acht	8 / sekiz
$^{\text{LÚ/MUNUS}}$UŠ.BAR 132	Weber(in)	dokumacı, kadın dokumacı
^{LÚ}UŠ.KU *s.* ^{LÚ}GALA		
ÚŠ.KÚ(.KÚ) 149 A		
ÚŠ 13	sterben; Tod, Seuche, Vernichtung	ölmek; ölüm, salgın, mahv
ÚŠ-*tar* 13	Tod	ölüm, vefat
ÙŠU 331	dreißig	30 / otuz
^{D}UTU 316	Sonne(ngottheit)	güneş, Güneş tanrısı
^{D}UTU$^{\check{S}I}$ 316	Meine Sonne (Königstitel)	güneşim (kralın unvanı)
$^{\text{DUG/URUDU}}$ÚTUL 355	Topf	çömlek, tencere
^{DUG}ÚTUL TU$_7$.SAR 355	Topf (mit) Gemüsesuppe	sebze çorbalı çanak
UTUL$_5$ 188	Rinderhirt	sığır çobanı
UZ$_6$ 23	Ziege	keçi
UZ$_6$.KUR.RA 23	Bergziege	dağ keçisi
UZU 203	Fleisch (auch Determinativ)	et; vücut (uzuv) parçası, et yemekleri önüne gelen determinatif
UZU AM.SÌLA.BUR.NA *s.* UZU EDIN.NA		
UZU EDIN.NA 203	Hasenfleisch	tavşan eti
^{LÚ}ÚZU *s.* ^{LÚ}AZU		

Z

ZA 366	Mann	erkek, adam
ZA A.BA 366	Schreiber	katip
$^{\text{NA}_4}$ZA.GÍN *s.* $^{\text{NA}_4}$NÍR		
$^{(\text{NA}_4)}$ZA.GÌN 366	Lapislazuli; blau	lâcivert taşı; lâcivert
$^{\text{NA}_4}$ZA.GÌN.DURU$_5$ 366	eine Art Lapislazuli	bir lapislazuli çeşidi

^{NA_4}ZA.GUL *s.* ^{NA_4}GUG		
$^{(DUG)}$ZA.ḪUM 366	Kanne?	güğüm?, ibrik?
^{TÚG}ZA.ḪUM 366	ein Kleidungsstück	bir elbise parçası
$^{(GIŠ)}$ZA.LAM.GAR 366	Zelt	çadır
^{NA_4}ZA.TÙN *s.* ^{NA_4}NÍR		
ZÁ *s.* NA_4		
ZÀ.AḪ.LI$^{(SAR)}$ 238	Kresse?, auch im Sinne von Unkraut	tere?, yabanî ot anlamında da
ZÀ.AḪ.LI ḪÁD.DU.A$^{(SAR)}$ 238	trockene Kresse (?)	kuru tere (?)
ZABAR 316	Bronze	tunç
^{LÚ}ZABAR.DAB 316	Bronze(schalen)halter (ein Beamter)	bronzdan bir çanak tutan adam (bir memur)
ZAG (1) 238	Grenze, (Pl.:) Gebiet	sınır, (çoğul:) bölge
ZAG (2) 238	rechte Seite, rechter, günstig	sağ taraf, sağ, müsait
^{UZU}ZAG 238	Schulter	omuz
ZAG(*-na*)*-tar* 238	Richtigkeit, Vorteilhaftigkeit	doğruluk, faydalı olma
ZAG(*-na*)*-az* 238	rechts	sağdan
$^{(GIŠ)}$ZAG.GAR.RA 238	Opfertisch, Altar, Postament	kurban kesilen yer, sunak, kaide
ZAG.TAR 238	Eigenschaft eines Kleidungsstückes/Gürtels?	bir elbise parçasının/kemerin? özelliği
^{UZU}ZAG.UDU 238	Schulter	omuz
ZÁḪ 367	zugrunde gehen/richten; Vernichtung	mahvolmak, mahvetmek; imha, mahv
ZALAG.GA 316	hell, Licht, Erleuchtung	aydın, ışık, tenvir
ZALAG.GA*-nu-* 316	erhellen, erleuchten	aydınlatmak
^{NA_4}ZÁLAG 327	eine Steinart	bir çeşit taş
ZÁLAG.GA 327	Licht	ışık
ZARAḪ 192	Wehklage, Unruhe	inilti, huzursuzluk
$^{(UZU)}$ZÉ *s.* $^{(UZU)}$ZÍ		
ZI (1) 33	Seele, Leben, Selbst (ZI auch als Gegenstand)	ruh, hayat, arzu, nefes (ZI bir obje olarakta)
ZI (2) 33	Galle(nblase)	safra (kesesi)
ZI.BA.NA *s.* (GIŠ.)ÉRIN ZI.BA.NA		
ZI.GA 33	Erhebung, Angriff	isyan, ihtilâl, hücum
^{UZU}ZI.IN.GI 33	Knöchel	ayak bileği kemiği
^{NA_4}ZI.KIN[12] 33	Kultmal?, Kultstein?	kült taşı (?)

[12]) = heth. ^{NA_4}*ḫuu̯aši-*.

$^{(URUDU)}$ZI.KIN.BAR 33	Spange?, Nadel?	toka?, iğne?
$^{(UZU)}$ZÍ 108	Galle(nblase)	safra (kesesi)
ZÌ 212	Mehl	un
ZÌ.DA 212	Mehl	un
ZÌ.DA DUR$_5$ 212	feuchtes Mehl	nemli un
ZÌ.DA ḪÁD.DU.A 212	trockenes Mehl	kuru un
ZÌ.DA ŠE 212	Mehl aus Gerste	arpa unu
ZÌ.DA ZÍZ 212	Mehl aus Emmer	kızılca buğdaydan yapılan un
ZÌ.DA ZÍZ DUR$_5$ 212	feuchtes Mehl aus Emmer	kızılca buğdaydan yapılan nemli un
ZÌ.EŠA 212	eine Art Mehl	bir çeşit un
ZÍD *s.* ZÌ		
ZÍD.DA *s.* ZÌ.DA		
ZÍZ 241	Emmer	kızılca buğday
ZÍZ-*tar* 241	Emmer	kızılca buğday
^{ITU}ZÍZ.A 84	11. Monat	onbirinci ay
^{LÚ}ZU.A *s.* LÚ ZU.A		
ZÚ 133	Zahn	diş
^{NA_4}ZÚ 133	Obsidian, Feuerstein	obsidien, çakmak taşı
ZÚ.GUZ 142 A	Zähne wetzen	dişleri gıcırdatmak
$^{(GIŠ)}$ZÚ.LUM 133	Dattel	hurma
$^{(UZU)}$ZU$_9$ 143	Zahn	diş
^{GIŠ}ZU$_9$ 143	Zahn (als Nachbildung)	diş (kopya olarak)
ZU$_9$ AM.SI 143, 168	Elfenbein	fildişi
ZU$_9$ SI 143	Abkürzung für ZU$_9$ AM.SI	ZU$_9$ AM.SI için kısaltma
^{D}ZUEN *s.* ^{D}*SÎN*		
^{D}XXX *s.* ^{D}*SÎN*		

3. Akkadogramme / Akkadogrammverbindungen
Akkadogramlar / Akkadogram birleşimleri

A

AB-NI 97	ich baute	inşa ettim
AD-DIN 105	ich gab	verdim
AK-RU-UB 81	ich gelobte	vaat ettim
AM-QUT 168	ich fiel nieder	reverans yaptım
A-NA (bzw. *ANA*) 356, 364	nach, zu	ismin "-e" hali ve direktif halinin işaretidir
AQ-BI 81	ich sprach	konuştum, söyledim
AS-KUT 92	ich schwieg	sustum
A-ŠAR 364	Ort, Stelle, Platz	yer, durak
AŠ-ŠUM 1	wegen, um ... willen	-den, -dan dolayı, uğruna
AŠ-ŠUM ^{LÚ}SANGA-*UT-TI/TIM* 231	um des Priestertums willen, zum Priestertum	rahiplik dolayısiyle

B

BE-EL 13	Herr	bey
BE-EL MAD-GAL$_9$*-TI*[13] 13	Herr der Grenzwache, Provinzgouverneur, Distriktaufseher, Distriktverwalter	gözetleme yeri komutanı, askerî vâli, sınır kent yöneticisi

D

DAN-NU s. GA *DAN-NU*		
DI-NI s. EN *DI-NI*		
^{ŠÀ}*DIR* s. ŠÀ *DIR*		
^{UZU}*DIR* 89	Abkürzung für akkad. *tīrānu* „Darmwindung(en)"	akadça *tīrānu* "barsak bükümü" için kısaltma
DI$_{12}$*-ŠI* s. EZEN$_4$ *DI*$_{12}$*-ŠI*		

[13]) = heth. *aurii̯aš išḫa-*.

E

EL-LU 307	frei	hür
EL-LUM 307	frei	hür
EL-QÉ	ich nahm	aldım
EL-TÙ-ḪU s. *IL*₅*-TÙ-ḪU*		
EL-ṬUR s. *IL*₅*-ṬUR*		
EM-ṢA (Akkus.) 337	sauer, Lab	ekşi, yoğurt mayası
EM-ṢÚ 209, 337	sauer, Lab	ekşi, yoğurt mayası
LÚ/MUNUS*E-PIŠ* 187	Verfertiger(in)	imalâtçı
LÚ*E-PIŠ* KUŠE.SIR 187	Schuhmacher	kunduracı
LÚ*E-PIŠ* GADA 187	Tuchmacher, Weber	dokumacı
LÚ*E-PIŠ* MUN 187	Salzhersteller	tuzla işçisi

G

GÁM-RU 355	vollständig, ganz	tamamen, büsbütün

Ḫ

ḪA-ṢAR-TUM 181, 367	grün	yeşil
ḪA-ŠÁR-TUM 367, vgl. 335 A	grün	yeşil
ḪUR-RI s. MUŠEN *Ḫ.* bzw. TÚG.GÚ(.È.A) *Ḫ.*		

I

I-GAZ 217	er tötet, schlägt	öldürüyor, vuruyor
I-IGI 217	er blickte hin	baktı, gördü
I-ZÁḪ 217	er geht zugrunde	mahvoluyor, mahvolur
IB-NI 44	er baute	inşa etti
I-DE 217	ich/er weiß, er wußte	biliyorum, biliyor, biliyordu
ID-DIN 215	er gab	verdi
IK-RU-UB 67	er gelobte	vaat etti
*IL/IL*₅*-KI* s. LÚ *I.*		
*IL*₅*-QÉ* 307	er nahm	aldı
IL-QÈ 117	er nahm	aldı

IL-QÉ-E 117	er nahm	aldı
IL₅-TÙ-ḪU 307	Peitsche	kamçı, kırbaç
IL₅-ṬUR (= *IŠ-ṬUR*) 307	er schrieb	yazdı
I-MUR 217	er sah	gördü
I-NA (bzw. *INA*) 1, 217	in, an; aus	-da -de, -dan -den
I-NA ŠÀ*BI* (bzw. *LÌB-BI*) 294	hinein	içerisine, içine
GIŠ*IN-BU* 354	Frucht, Obst	meyva
IQ-BI 67	er sprach	söyledi, konuştu, dedi
IŠ-ME 151	er hörte	işitti, duydu
IŠ-PUR 151	er sandte, schickte, schrieb	yolladı, gönderdi; yazdı
D*IŠTAR* 263	Name einer Göttin	bir tanrıça adı
D*IŠTAR* LÍL 263	Ištar des Feldes	Kırın Ištar'ı
D*IŠTAR* *ṢE-(E-)RI* 263	Ištar des Feldes	Kırın Ištar'ı
IŠ-TU 151	mit, aus, von	ile, -den, -dan
IŠ-TU NÍ.TE-*ÂA* 337	aus eigener Kraft, von mir aus	kendi kuvvetiyle, kendimden
IŠ-TU ŠÀ*BI* (bzw. *LÌB-BI*) 294	aus, heraus	-den, -dan, dışarı(-ya)
IŠ-ṬUR 151	er schrieb	yazdı
IŠ-ṬÚ-UR 151	er schrieb	yazdı
IT-TI 215	mit, zu, bei, gegen	ile, -e, -a, -de, -da, yanında
IT-TUM 215 A	(Kenn)zeichen	(tanıtma) işaret(i)

Î

K

KAP-PÍ E-NI 49	Augenlid	gözkapağı
KÀ-RA-A-AN s. (GIŠ)GEŠTIN *K.*		
KI-LI s. É *K.*		
(DUG)*KU-KU-UB* 206	Kanne? (ein Opfergefäß)	güğüm?, ibrik? (bir kurban kabı)
(DUG)*KU-KU-BU* 206	Kanne? (ein Opfergefäß)	güğüm?, ibrik? (bir kurban kabı)

-*KU-NU* 206	euer (2. Pl. m.)	sizin
^{TÚG}*KU-UŠ* 206	Abkürzung für ^{TÚG}*KUŠŠA-TU/I*	^{TÚG}*KUŠŠATU/I* için kısaltma

L

LA-AB-KU s. NINDA *L.*		
^{GIŠ}*LE-U*$_5$ 25, 343	hölzerne Schreibtafel	tahta tablet
LI (I *LI*) 343	Abkürzung für I *LI-IM*	I *LI-IM* için kısaltma
^{LÚ}*LI* 343	Geisel, Gefangener; Abkürzung für ^{LÚ}*LĪṬŪTU/I*	rehine, esir; ^{LÚ}*LĪṬŪTU/I* için kısaltma
LI-IM (I *LI-IM*) 343	eintausend, Abkürzung I *LI*	bin; I *LI*'in kısaltması
LI-IM-ti-li 343	zu tausenden, tausendfach	binlerce, bin kat

M

MAD-GAL$_9$*-TI* s. *BE-EL M.* bzw. EN *M.*		
MA-ḪI-IṢ 208	geschlagen	vurulmuş
MA-LI 208	ist voll	dolmuştur, doludur
MA-LU-Ú 208	sind voll	dolmuşlar, doludurlar
MA-MIT 208	Eid	yemin
MAR-RU s. NINDA *M.*		
^{LÚ}*MA-ṢA-AR* É.DINGIR^{LIM} 208	Tempelwächter	mâbet nöbetçisi
MAŠ-LU 20	besetzt, bestickt	kaplanmış, süslenmiş
ME(-*E*) 357	einhundert	100 / yüz
ME-E 357	Wasser	su
ME-E QA-TI 357	Handwaschwasser	el yıkama suyu
^{LÚ}*ME-ŠE-DI* 357	Leibwächter	saray muhafızı
MI-I-ŠI 267	wasche!	yıka!
MU-RU s. ANŠE.KUR.RA *M.*		

N

NAP-ṬÁ-RI s. É *N.*		
^{MUNUS}*NAP-ṬAR-TI* 100	Nebenfrau	kuma
^{MUNUS}*NAP-ṬIR*$_5$*-TI* 100	Nebenfrau	kuma

NA-RA-RI s. ÉRIN^{MEŠ} N. bzw. LÚ^{MEŠ} N.		
^{LÚ}NA-ŠI ṢÍ-DI-TI$_4$ 15	Proviantträger	erzak taşıyıcı
-NI 72	unser (1. Pl.)	bizim
NI-ID-DI-IN 72	wir gaben	verdik
NI-IL-QÉ 72	wir nahmen	aldık
NI-MUR 72	wir sahen	gördük, baktık
NÌ-MUR 369	wir sahen	gördük, baktık
NI-IŠ-KU-UN 72	wir legten	koyduk
NI-IŠ-ME 72	wir hörten	işittik, duyduk

P

PA 174	Abkürzung für PARĪSU/I	PARĪSU/I için kısaltma
PA-AN 174	vor	önünde
PA-NI 174	vor	önünde
PÁT-TÍ 335 A	Gebiet	bölge
^{LÚ}PÉT-ḪAL-LUM/LI 13	berittener Bote, Kavallerist	atlı haberci, süvari (eri)
$^{(DUG)}$PUR-SÍ-TUM 245	Opferschale	kurban çanağı

Q

QA-DU 21	zusammen mit	beraber, birlikte
QA-DU$_4$ 21	zusammen mit	beraber, birlikte
QA-AS-SÚ 21	seine Hand	eli
QA-AT (stat. constr.) 21	Hand	el
QA-TAM (Akkus.) 21	Hand	el
QA-TAM-MA 21	ebenso	keza, aynı
QA-TI (1) 21	fertig, beendet	bitmiş, tamam
QA-TI (2) (Gen.) 21	der Hand	elin
^{UZU}QA-TÙ 21	Hand	el
QA-A-TÙ 21	Hand	el
QA-TUM 21	Hand	el
QÉ-RU-UB 313	nahe	yakın
QÈ-RU-UB 30	nahe	yakın
QÍ-BI 313	sprich!	konuş! söyle!
QÍ-BÍ 313	sprich!	konuş! söyle!
QIR-BU 244	nahe	yakın

R

RE-E-ET UDU 32	Schafweide	koyun otlağı
RI-QÚ 32	leer	boş
RI-QU(M) 32	leer	boş
RI-IT GU$_4$$^{\text{ḪI.A}}$ 32	Rinderweide	sığır otlağı
RI-I-TI ANŠE.KUR.RA 32	Pferdeweide	at otlağı

S

^{GIŠ}*SE$_{20}$-ER-DUM* 108	Ölbaum	zeytin ağacı
^{LÚ}*SÍ-BU-Ú* 33	Bierbrauer, Schankwirt	bira imalâtçısı, şarapçı
^{D}*SÎN* 331	Mond(gott)	ay, Ay tanrısı
^{GIŠ}*SI$_{20}$-IR-DUM* s. ^{GIŠ}*SE$_{20}$-ER-DUM*		
-SÚ s. *-ZU*		
-SÚ-NU s. *-ZU-NU*		

Ṣ

$^{\text{(LÚ)}}$*ṢA-(A-)I-DU* 366	Jäger	avcı
ṢE-(E-)RI 108	des Feldes (vgl. ^{D}*IŠTAR ṢĒRI*)	kırın (bk. ^{D}*IŠTAR ṢĒRI*)
ṢE-E-ET ^{D}UTU-*aš* 108	Sonnenaufgang, Osten	güneşin doğması, doğu
ṢÉ-E-TI s. GA *Ṣ*.		

Š

ŠA 158	Zeichen des Genetivs	-in halinin (genetif) işareti
ŠA-A s. *ŠA*		
ŠÁ (= *ŠA*) 369	Zeichen des Genetivs	-in halinin (genetif) işareti
^{LÚ}*ŠÁ-KÍN* 369	ein Beamtentitel	memur unvanı
ŠA-PAL 158	Unterseite, unter	alt taraf, altında
ŠI-IM-TI s. UD^{UM} *Š*.		
ŠI-IP-RI s. DUMU *Š*.		
ŠI-I-TI 288	trinke!	iç!
-ŠU 68	sein, ihr (für *-ŠA*), auch zur Bildung von Zahladverbien: I-*ŠU*, II-*ŠU* usw.	onun; sayı adverblerinin teşkilinde defa anlamına gelmekte (I-*ŠU*, II-*ŠU* vs.)
-ŠÚ s. *-ŠU*		
ŠUL-MU 46	Heil, Wohlergehen, Gesundheit, Unversehrtheit	selâmet, sağlık, masun, salim

$^{\text{(GI/GIŠ)}}$*ŠUL-PÁT* 46	(Trink-)Halm, Röhrchen	içki kamışı
ŠUM (stat. constr.) 91	Name; nennen, befehlen	ad, isim; ad koymak, isim vermek, emretmek
ŠUM-MI 91	Name	ad, isim
ŠUM-ŠU 91	sein/ihr(!) Name	adı
-ŠU-NU 68	ihr (3. Pl. m.), auch statt *-ŠI-NA* (3. Pl. f.) gebraucht	onların
-ŠÚ-NU s. *-ŠU-NU*		
ŠU-PUR 68	schreibe! sende!	yaz! yolla!
ŠU-ÚR E-NI 68	Augenbraue	kaş
ŠU-ŠI 68	sechzig	altmış
ŠU-TI s. ÉRIN^{MEŠ} *Š.*		

T

TÀŠ-PUR 241	du sandtest, schicktest, schriebst	yolladın, gönderdin, yazdın
TE^{MEŠ} 249	Abkürzung für akkad. *têrēte*^{MEŠ} (Orakelterminus)	*têrēte*^{MEŠ} için kısaltma (kehanet terimi)
TI-BI IM 37	Erhebung des Windes (Terminus der Leberschau)	fırtına başlangıcı (karaciğer falı terimi)
^{ŠÀ}*TIR* s. ŠÀ *TIR*		
^{UZU}*TIR* 344	Abkürzung für akkad. *tīrānu* Darmwindung(en)	*tīrānu* "barsak bükümü" için kısaltma

Ṭ

^{LÚ}*ṬE*$_4$*-MU* 249	Bote	haberci
ṬUP-PA$^{\text{ḪI.A}}$ 99	Tafeln, (auch kollektivisch:) Tafel(werk)	tabletler, (kolektif olarakta:) tablet (eser)
ṬUP-PÍ s. GI É *Ṭ.* bzw. ŠU.RI.ÀM *Ṭ.*		
ṬUP-PU 99	(Ton-)Tafel, Urkunde	(kil) tablet, belge
ṬUP-PU RI-KIL-TI 99	Vertragstafel, Vertragsurkunde	antlaşma tableti, antlaşma belgesi
ṬUR-RU (bzw. DUR^{RU}) 202	Band, Riemen, Strang (einer Halskette)	bant, kayış

U

Ù	und, auch	ve, da, de
Ú-ZÁH̬ 195	er richtet zugrunde	mahvediyor
MUNUS*Ú-BAR-TUM* 195A	(Orts-)Fremde	yabancı
LÚ*Ú-BA-RU* 195	Schutzbürger?, Gast?, Fremder?	biri(si)nin himayesi altında bulunan (?), misafir?, yabancı?
LÚ*Ú-BA-RÙ/RUM* 195	Schutzbürger?, Gast?, Fremder?	biri(si)nin himayesi altında bulunan (?), misafir?, yabancı?
LÚ*UB-RU* s. LÚ*Ú-BA-RU*		
UL 275	nicht	değil (negation edatı)
Ú-UL 195	nicht	değil (negation edatı)
UM-MA 98	folgendermaßen	şöyle
Ú-NU-UT 195	Gerät	alet
Ú-NU-UT BÁH̬AR 162	Töpferware	çanak çömlek
UP-NI (Gen.) 152	Handvoll	avuç dolusu
UP-NU 152	Handvoll	avuç dolusu
Ú-RA-KI 195	Barren	külçe
ÚR-RA-AM ŠE-RA-AM 124	in Zukunft	gelecekte, ilerde
UŠ-GI-EN 132	er/sie wirft sich nieder	reverans yapar
UŠ-GI-EN-NU 132	sie werfen sich nieder	reverans yaparlar
UŠ-KI-EN 132	er/sie wirft sich nieder	reverans yapar
UŠ-KI-EN-NU 132	sie werfen sich nieder	reverans yaparlar
UŠ-MI-IT 132	er/sie tötete	öldürdü
(*ŠA*) *UŠ-PA-AH̬-H̬U* 132	(wer) vertauscht	(kim) değişiyor
U-ṬÌ (Gen.) 261	Halbelle, Spanne	karış
U-ṬÚ 261	Halbelle, Spanne	karış

Z

ZI-IT-TI/TI$_4$ s. LÚ *Z.*		
-*ZU* 209	sein, ihr	onun
-*ZU-NU* 209	ihr (3. Pl.)	onların

4. Götternamen* – Tanrı adları

A-A (*A-a*) 364
A.AB.BA 364
A.GILIM 364
A.MAL (Marduk) 56, 364
A.NUN.NA.KE$_4$ 364
AB 97
AB.BA.A 97
AMAR.UTU (Marduk) 155
ANŠE.KUR.RA 302
BU-NE-NE 339
DAG 243
DALḪAMUN$_4$ 352
DAM-KI-NA 298
DÌM.NUN.ME (Lamaštu) 116
É-A 199
EN.GURUN 40
EN.KI 40
EN.LÍL 40
EN.ZU *s.* ZUEN, *SÎN*
EREŠ.KI.GAL 299
GAL *s.* DINGIR.GAL (Sumerogramme)
GAL.ZU 242
GAŠAN 336
GAZ.BA(.A) 122
GAZ(.ZA).BA.A.A 122
GE$_6$ *s.* DINGIR.GE$_6$ (Sumerogramme)
GIBIL$_6$ 169
GÌR 301
GÌRA 169
GIŠ.GIM.MAŠ (Gilgamesch) 178
GU$_4$ 157
GUNNI 313
GURUN-*ši-iš* 193
Ḫé-pát 113
I$_7$ 365
IB 44
ÍD 365
ÌL-A-BA$_4$ 364 A
ILLAT *s.* KASKAL.KUR
IM (Wettergott) 337 (vgl. 233 A)
IM DU$_6$ 211
IMIN.IMIN.BI (Plejaden) 373
IN.KAR.R[A.AK$^?$] 354
INANNA (Ištar) 41
INNIN (Ištar) 41
IŠKUR *s.* IM
IŠTAR 263
IŠTAR-ga/ka (Šausg/ka) 263
IŠTAR-li 263
IŠTAR LÍL 263
IŠTAR ṢE-(E-)RI 263 (vgl. Nr. 108)
Ja-riš 192
KA.ZAL 133
KAL *s.* LAMMA
KARAŠ 313
KASKAL.KUR 259
Kuišḫa-DINGIR^{LIM}-*ni* (Dat.) 8
LAMMA 196
LAMMA LÍL 196
LAMMA *ṢĒRI* 108
LIŠ (= *IŠTAR*) 286
LUGAL-*ma* (Šarruma) 115

* Auf die Setzung des Gottheitsdeterminativs wurde in dieser Liste der besseren Übersicht wegen verzichtet.

LUGAL-*ma-an-ni* (Šarrumanni) 115
LUGAL.ÌR.RA 115
LUGAL.TÙR.NA[115
MUL (Stern) 101
MUNUS.LUGAL 297
NÁ 314
NAM 39
NAM^{RÙ} 39 (1) A
NAM.TAR 39
NE.GI *s.* *GIBIL*$_6$
NÈ.ERI$_{11}$.GAL (Nergal) 111, 301
NIDABA 345
NÍDABA 352
NIN.É.GAL 299
NIN.É.MU.UN.DÙ 299
NIN.GAL 299
NIN.GI$_5$.ZI.DA 299
NIN.KAR(.RA) 299
NIN.KUR 299 A
NIN.LÍL(.LA) 299
NIN.MAḪ 299
NIN.ME.ŠÁR.RA 299
NIN.ŠEN.ŠEN 299
NIN.TU 299
NIN.URTA 299
NISABA 345
NÍSABA 352
NUSKA 174
PA.TÚG *s.* NUSKA
PÚ 180
SAG.GA.RA 192
SÎN 40, 331
SUKKAL 198 A
SUMUQAN 301
ŠE.NAGA *s.* NIDABA/NISABA
"ŠIR" 5
ŠU.GI 68
TI$_8$^{MUŠEN} 215
TIR.AN.NA (Regenbogen) 344
U (Wettergott) 261
U-*ub* (Teššub) 261
U Á.TAḪ 261
U $^{(URU)}$DU$_6$ 211
U ḪI.ḪI(-*aš-ši-iš*) 335
U.GUR (Nergal) 261
U.KAR 261
U$_4$-*aš* SAKAR-*za* (Abl.) 316 A
UD$^{(KAM)}$ 316
UD$^{(M)AM}$ (*U*$_4$-*MA-AM*) 316
UD^{MI} (*U*$_4$-*MI*) 316
UD-*aš* SAR-*za* (Abl.) 316 A
UD.GE$_6$ 316
UD^{KAM}.SIG$_5$ 316
UD.SIG$_5$(.GA) 316
U$_4$-*MA-AM* (UD$^{(M)AM}$) 316
UMBIN 166
U$_4$-*MI* (UD^{MI}) 316
UR.MAḪ 51
URAŠ 44
URTA 44 A
UTU Sonne(ngottheit) 316
UTU^{ŠI} (Königstitel) 316
UTU ^{URU}PÚ-*na* 180
ZA-BA$_4$-*BA*$_4$ 56, 366
ZA.LAM.GAR 366
ZUEN Mond(gott) 40

VII.VII.BI *s.* IMIN.IMIN.BI
X *s.* U
XXX *s.* *SÎN*

5. Personennamen – Şahıs adları

^{m}KI-^{D}UTU 313
^{m}KISLAḪ-LÚ 313
^{m}KÙ.BABBAR-^{D}LAMMA 69
^{m}KÙ.(GA.)PÚ-*ma* 69
^{m}*Kur* (Kurunta?) 329 A
$^{m\,D}$LAMMA 196
^{m}LAMMA.DINGIR^{LIM} 196
$^{m\,D}$LAMMA-LÚ 196
$^{m\,D}$LAMMA-SUM 196
^{m}*Li-la*-PÌRIG 93
^{m}*Lila*-UR.MAḪ 51
^{m}LI-KASKAL-*iš* 343
$^{m\,D}$LIŠ-^{D}LAMMA 286
$^{m\,D}$LIŠ-SUM 286
^{m}LÚ 78
^{m}LUGAL-*gi-na-* 115
^{m}LUGAL-^{D}LAMMA 115
^{m}LUGAL-^{D}*SÎN* 115
^{f}*Ma-an-ni*-^{D}NISABA 345
^{m}MAḪ-DINGIR^{MEŠ}-*na* 10
^{m}MAR.TU-*a-ša-ri-š*(*a*) 191
^{m}MI-ŠEŠ 267
^{m}*Mur-ši*-DINGIR^{LIM} (Muršili) 8, 333
^{m}NÍG.BA-^{D}U 369
^{f}NÍG.GA.GUŠKIN 369
$^{f\,D}$NIN.GAL-*ú-uz-zi* 299
^{m}NIR.GÁL (Muwattalli) 204
^{m}NU.^{GIŠ}KIRI$_6$ 11
^{m}PAB-^{D}LUGAL-*ma* 256
^{m}PÉŠ.TUR-*u̯a* 3
^{m}PÚ 180
^{m}SA$_5$-*pa-la* 89 A
^{m}SAG 192
^{m}SAG.KA.BI (^{m}*Šak-ka-pí*?) 192 A
$^{m\,D}$SILIM-PAB 312
$^{m\,D}$SILIM-SAG.KAL 312
$^{m\,D}$SILIM-UR.MAḪ 312
$^{f\,D}$*SÎN-u̯i$_5$-i̯a* 331
$^{m\,D}$*SÎN*-EN 331
$^{f\,D}$*SÎN*-IR 331
$^{m\,D}$*SÎN*-LÚ 331
$^{m\,D}$*SÎN*-LUGAL 331
$^{m\,D}$*SÎN*-SUM 331
$^{m\,D}$*SÎN*-^{D}U 331
^{m}SUM-*i̯a* 350
^{m}SUM-(*ma-*)^{D}LAMMA 350
^{m}*Šaq-qa-pí* 192 A
^{m}*Šat*$^{?}$*-ti-ú-az-za* 329
^{m}ŠEŠ-*an-za* 79
^{m}ŠEŠ-*zi-iš* 79
^{m}ŠEŠ.DU 79
^{m}ŠUKUR-*an-za* 288
$^{m\,D}$*ŠÙL-MA-NU*-SAG 312
^{m}*Te-ḫub*-ŠEŠ 79
^{m}TI$_8$^{MUŠEN}-LÚ 215
^{m}TI$_8$^{MUŠEN}-ZA 215
^{m}*Tu* (Tutḫalija) 346
^{m}*Tu-ut* (Tutḫalija) 346
^{m}*Tù-ku-ul-ti*-^{D}IB 44
$^{m\,GIŠ}$TUKUL-*ti*-^{D}IB 206
$^{m\,D}$U-*ni-ra-ri* 261
$^{m\,D}$U-*ub*-Á.TAḪ 261
$^{m\,D}$U-*BE-LÍ* 261
$^{f\,D}$U-IR 261
$^{m\,D}$U-LÚ 261
$^{m\,D}$U-PAB 261
$^{m\,D}$U-SIG$_5$ 261
$^{m\,D}$U(-*ta*)-SUM 261
$^{m\,D}$U-ŠEŠ 261
$^{m\,D}$U-ZA 261
^{m}UR.MAḪ 51
^{m}UR.MAḪ-LÚ 51
^{m}UR.SAG-*i-* 51
^{m}ÚR-^{D}U 124
$^{m\,D}$UTU-*li-i̯a* 316
$^{m\,D}$UTU.AN$^{?}$ 316
$^{m\,D}$UTU-LÚ 316
$^{m\,D}$UTU-^{D}U 316
^{m}]ZA.ḪUM-ZA 366
^{m}ZAG-A.A 238
^{m}ZAG-ŠEŠ 238
^{f}*Zi* (Ziplantawija) 33

6. Geographische Namen – Coğrafya adları

^{URU}A (Awarna) 364
^{URU}*A-ga-dè* (Akkad) 364
^{URU}Á.ŠÉŠ 63, 215
^{URU}*At* (Atrija) 105
^{URU}*Az*⟨*-zi*⟩ 92 A
^{ÍD}BURANUN.ME (Euphrat) 316
^{ÍD}BURANUN.NA^{KI} (Euphrat) 316
$^{(URU)}$DU$_6$ 211
^{URU}GIDRU-*ši* (Ḫattuši) 174
$^{(URU)}$GIDRU-*ti* (*Ḫatti* bzw. ḪATTI) 174
^{URU}GÚ(.DU$_8$).ŠÚ.A (Kutha?) 201
$^{ḪUR.SAG}$*Ḫa-ḫar-ṷa* 329 A
ÍD.SA$_5$ 365
^{ÍD}IDIGNA (Tigris) 253
^{URU}KÁ.DINGIR.RA (Babylon) 167
^{URU}KÁ.DINGIR.RA-*li* 167
^{URU}*Kar-ga-miš* 112
^{URU}KÙ.BABBAR (Ḫattuša) 69
^{URU}KÙ.BABBAR-*ti* (*Ḫatti* bzw. ḪATTI) 69
KUR AN.TA 329
KUR ^{URU}A-ŠUR$_4$ (Aššur) 362, 363, 364
(KUR) ^{URU}*Aš-šur* 1
KUR ELAM^{KI} (Elam) 74
KUR $^{(URU)}$ELAM.MA$^{(KI)}$ (Elam) 74
KUR $^{(URU)}$MAR.TU (Amurru) 191
KUR MAR.TU^{KI} (Amurru) 191
KUR NIM^{KI} (Elam) 74 A
KUR NIM.MI (Elam) 74 A
KUR ŠAP(-LI-TI) 175
KUR $^{URU\ D}$U-*ta-aš-ša* 261
KUR $^{(URU)}$UGU$^{(TI)}$ 272, 329
KUR UGU$^{TIM/TI}$ 272, 329
KUR URI (Akkad) 246
$^{UR]U}$NE.MA^{KI} (Elam) 169
^{URU}*Pà-da-ma* 292
^{URU}*Pí* (Pina) 153
^{URU}PÚ-*na* (Arinna) 180
^{ÍD}SA$_5$ *s.* ÍD.SA$_5$
^{ÍD}SÍG (Ḫulana) 65
SU^{KI} (?) 213 A
^{URU}*Šam-lu-uš-na* 195 A
^{URU}*Ta-ni* (Tanizila) 160
^{URU}*U* (Utima) 261
^{URU}*U/Ú-lu-uš-na* 195 A
^{ÍD}UD.KIB.NUN *s.* ^{ÍD}BURANUN
^{URU}UD.KIB.NUN.ME *s.* ^{URU}ZIMBIR.ME
UNU$^{(KI)}$ (Uruk) 111
UNUG$^{(KI)}$ (Uruk) 111
URI^{KI} (Akkad) 246
^{URU}*Ús-sa*$^{(KI)}$ 200
^{URU}*Zi* (Zip(pa)landa) 33
^{URU}ZIMBIR.ME (Sippar) 316

7. Abkürzungen – Kısaltmalar

^{URU}*A* = ^{URU}*Au̯arna* 364
am = *ambašši(n)* 168
am-ši = *ambašši(n)* 168
am-ši-in = *ambaššin* 168
^{URU}*At* = ^{URU}*Atrii̯a* 105
da = *dananiš* 214, vgl. 160
da ZI = *dapi* ZI-*ni* 214
da-an = *dapian* 214
da-na = *dapiann=a* 214
^{UZU}*DIR* = ^{UZU}*TĪRĀNU* 89, vgl. 344
gi = *gipeššar* 30
ḫi-li$_{8}$ = *ḫilipšiman* 335
ḫi-li$_{13}$ = *ḫilipšiman* 172, 335
in-tar = *innarau̯atar* 354
ir-liš = *irkipelliš* 77
ka = *kapunu* 133
^{m}*Kán-iš* = ^{m}*Kantuzziliš* 61
^{LÚ}*kán-la* = ^{LÚ}*kanqatitalla* 61
^{m}*Kán-li* = ^{m}*Kantuzzili* 61
ki = *keldi* 313
ki-i̯a = *keldii̯a* 313
ki-iš = *keldiš* 313
^{m}*Kur* = ^{m}*Kurunta*(?) 329 A
KUR *ŠAP* = KUR *ŠAPLĪTI* 175
^{TÚG}*ku-ši* = ^{TÚG}*kušiši* 206
ku-uš = *kuštai̯ati* 206
^{TÚG}*KU-UŠ* = ^{TÚG}*KUŠŠATU/I* 206
LI (I *LI*) = I *LI-IM* 343
^{LÚ}*LI* = ^{LÚ}*LĪṬŪTU/I* 343
MA = MA.NA 208
ma-zé = *mazeri/eš* 208
ma-zé-eš = *mazereš* 208

ni = *nipašuriš* 72
ni-eš = *nipašureš* 72
ni-iš = *nipašuriš* 72
PA = *PARĪSU/I* 174
pa-i = *pangau̯i* 174
pa-an = *parii̯an* 174
pa-u-i = *pangau̯i* 174 A
pa-za = *pankuš=za* 174
pí = *piran* 153
^{URU}*Pí* = ^{URU}*Pina* 153
ŠAP s. KUR *ŠAP*
ši(-iš) = *šintaḫiš* 288
^{LÚ}*ši-la* = ^{LÚ}*šizišalla*/^{LÚ}IGI-*zišalla* 288
^{LÚ}*ši-zi* = ^{LÚ}*šizišalla*/^{LÚ}IGI-*zišalla* 288
ta = *tananiš* 160, vgl. 214
^{URU}*Ta-ni* = ^{URU}*Tanizila* 160
tar-lì-an = *taru̯alli(i̯)an* 7
tar-liš = *tarui̯alliš* 7
tar(-u̯a)-li$_{12}$*-an* = *taru̯alli(i̯)an* 7
TE^{MEŠ} = *TÊRĒTE*^{MEŠ} 249
^{UZU}*TIR*/^{UZU}*DIR* = ^{UZU}*TĪRĀNU* 89, 344
^{m}*Tu* = ^{m}*Tutḫalii̯a* 346
^{m}*Tu-ut* = ^{m}*Tutḫalii̯a* 346
^{URU}*U* = ^{URU}*Utima* 261
u̯a = *u̯akšur* 317
^{NINDA}*u̯a* = ^{NINDA}*u̯ageššar* 317
zi = *zizaḫiš* 33
^{f}*Zi* = ^{f}*Ziplantau̯ii̯a* 33
^{URU}*Zi* = ^{URU}*Zip(pa)landa* 33
zi-an = *zilau̯an* 33
ZU$_{9}$ SI = ZU$_{9}$ AM.SI 143

8. Zahlen* – Sayılar

1	356, T	9	375, T	100	357, T
1^{EN}	40, 356	10	261, T	200	T
$1^{NU\text{-}TI}$	356	11	287	300	T
$1^{NU\text{-}TUM}$	356	12	287	465	T
1-*šu*	68	13	287, T	796	T
1-*šú*	251	14	287	1000	343, T
2	361, T	20	296, T	2000	T
2-*šu*	68	30	331, T	3000	T
2-*šú*	251	40	335, T	3653	T
3	368, T	50	347, T	7169	T
4	370, T	56	T	10000	239, T
5	371, T	60	68, 356, T	15500	T
6	372, T	70	356 A, 359, T	20000	T
7	373, T	80	356 A, 359, T	30000	T
8	374, T	90	356 A, 359, 360, T	190000	T

---

* A = Anmerkung

T = Zahlentabelle des Anhangs, unten S. 388

Zu KI.II (KI.MIN), KI.III, KI.IV usw. *s. Nr.* 313, zu ITU I$^{(KAM)}$, ITU II$^{(KAM)}$ usw. *s. Nr.* 84, zu UD I^{KAM}, UD II^{KAM} usw. *s. Nr.* 316.

Anhang

1. Silbenzeichen der Struktur KV

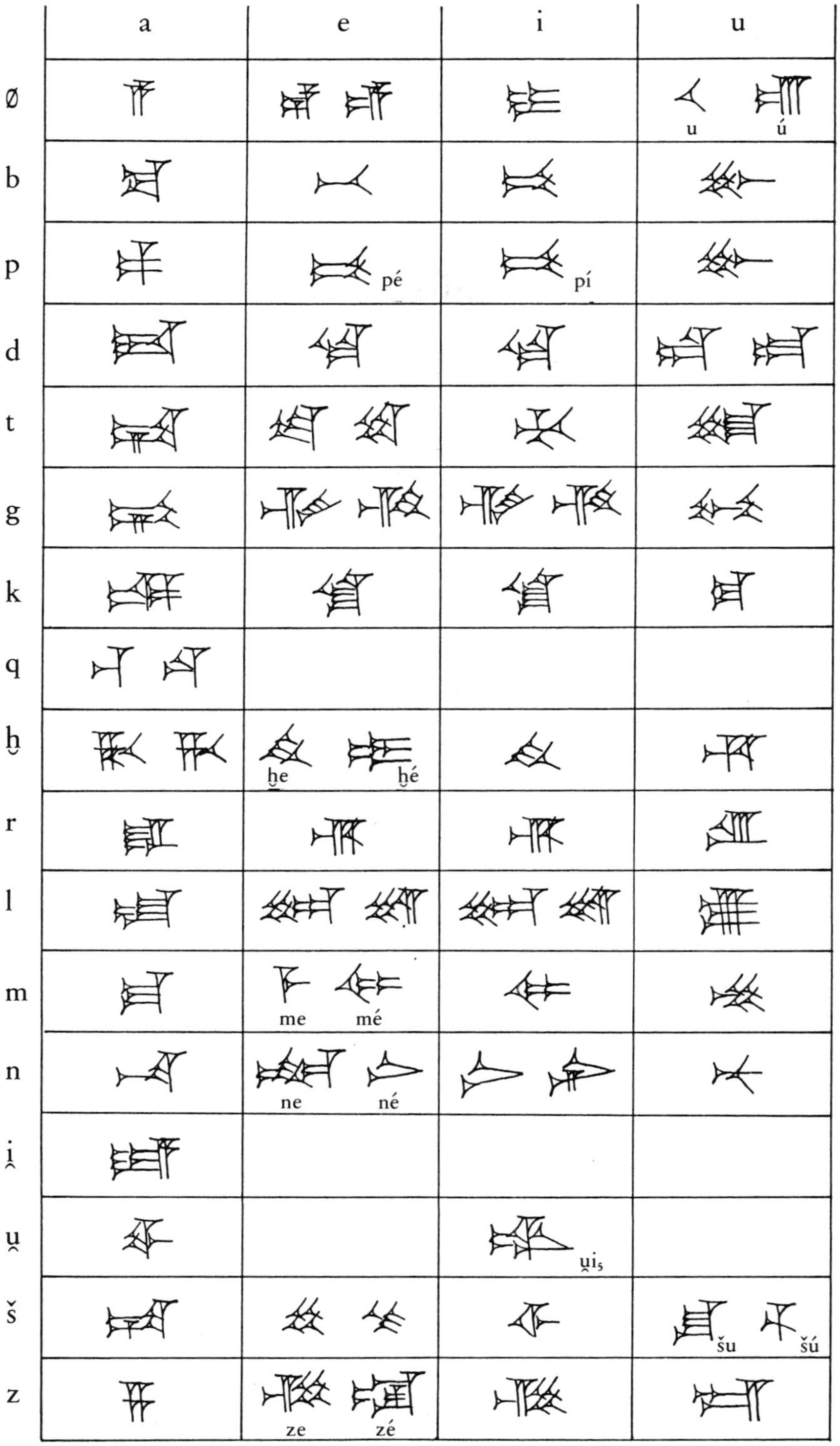

a
e
i
u
ø
u
ú
b
p
pé
pí
d
t
g
k
q
ḫ
ḫe
ḫé
r
l
m
me
mé
n
ne
né
i̯
u̯
u̯i₅
š
šu
šú
z
ze
zé

2. Silbenzeichen der Struktur VK

a	e	i	u	
			ₐu ₑú	∅
				b
				p
				d
				t
				g
				k
				q
				ḫ
			ur úr	r
				l
				m
				n
				i̯
				u̯
				š
				z

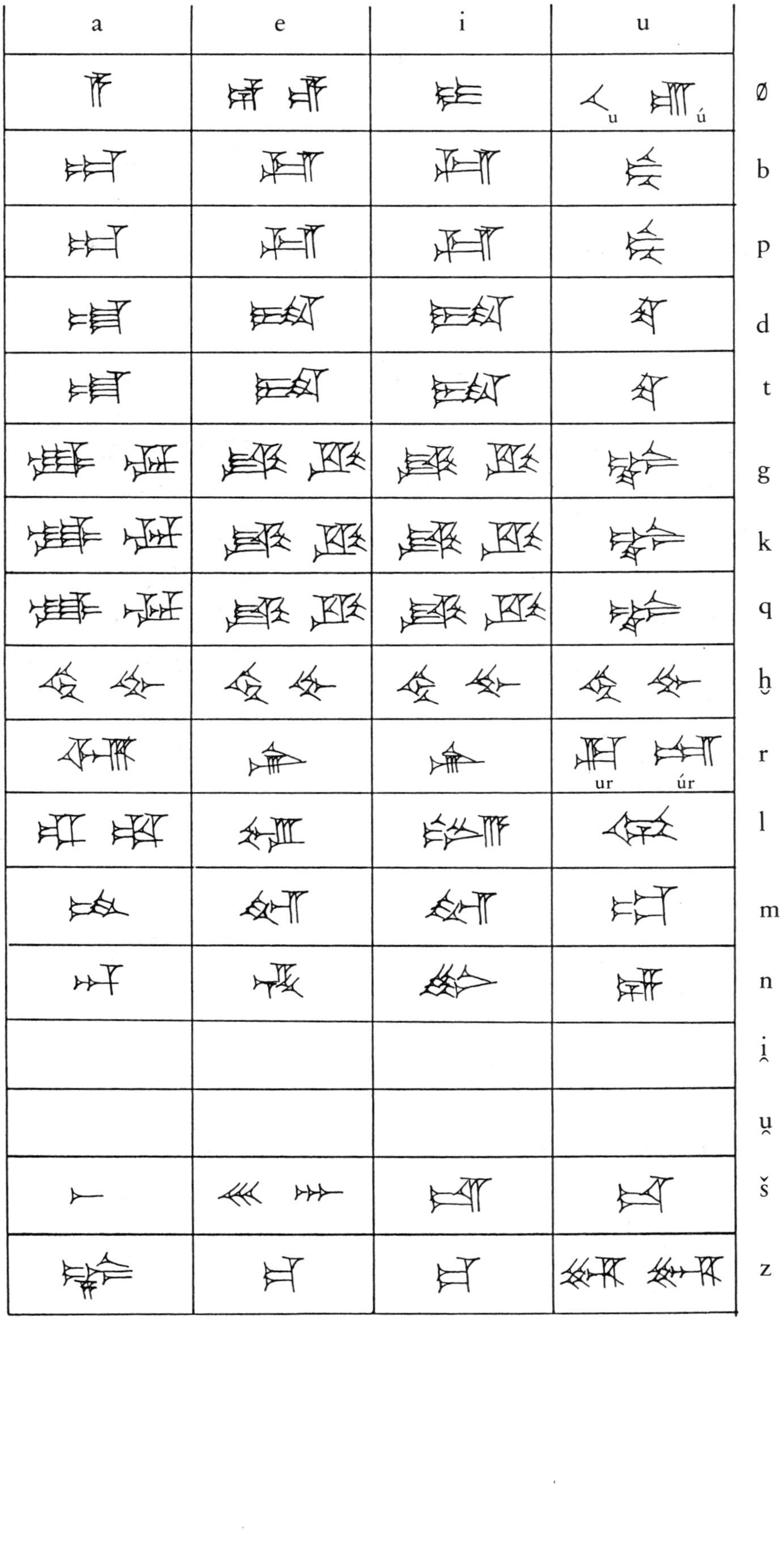

3. Silbenzeichen der Struktur KVK

Ḫ

ḫal 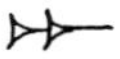
ḫab/p 
ḫar 
ḫaš 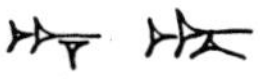
ḫad/t 
ḫul 
ḫub/p 
ḫur 

K/G

gal 
kal, gal_9 
kam, gám 
kán, gán 
kab/p, gáb/p 
kar 
kaš, gaš 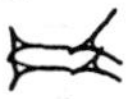
kad/t, gad/t 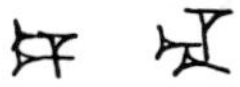
gaz 
kib/p 
kir, gir 
kiš 
kid/t_9 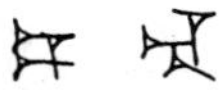
kul 
kúl, gul 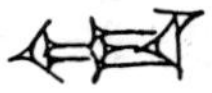
kum, gum 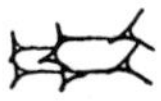
kur 
kùr, gur 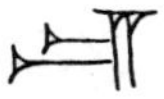

L

lal 
lam 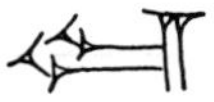
lig/k/q 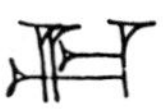
liš 
luḫ 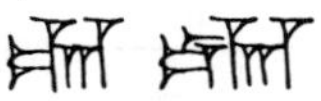
lum 

M

maḫ 
man 
mar 
maš 
meš 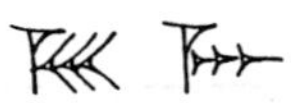
miš 
mur 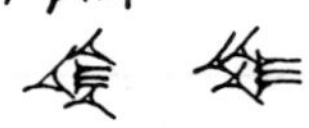

N

nam 
nab/p 
nir 
níš 

P/B

pal, bal 
pár, bar 
paš 
pád/t 
píl, bíl 
pir 
piš, biš 
píd/t 
pur, bur 
pùš 

R

rad/t 
riš 

Š

šaḫ 
šag/k/q 
šal 
šam 
šàm 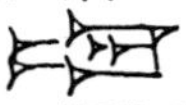
šab/p 
šar 
šìp 
šir 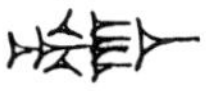
šum 
šur 

T/D

taḫ, daḫ 
tág/k/q, dag/k/q 
tal, dal 
tám, dam 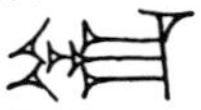
tan, dan 
tab/p, dáb/p 
tar 
táš, dáš 
tàš 
tén 

tim, dim 

tin 

dir 

tir 

tiš, diš 

tíš 

túḫ 

túl 

tum, dum 

tub/p, dub/p 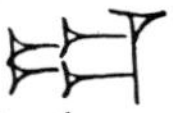

túr, dur 

Z

zul 

zum 

4. Determinative

a. vorangestellt

 DINGIR $^{(D)}$ „Gott(heit)“, vor Götternamen

 GI „Rohr“, vor Gegenständen aus Rohr

 SÍG „Wolle“, vor Wollstoffen bzw. -fäden

 NA$_4$ „Stein“, vor Steinnamen

 LÚ „Mann“, vor männlichen Berufs- und Funktionärsbezeichnungen

 ITU „Monat“, vor Monatsnamen

 SI „Horn“, vor Gegenständen aus Horn bzw. vor hornähnlichem Blasinstrument

 MUL „Stern“, vor Sternnamen

 URUDU „Kupfer“, vor Gegenständen aus Metall

 GU$_4$ „Rind“, vor Boviden

 DUG „Gefäß“, vor Gefäßnamen

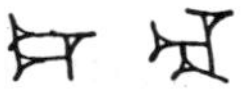 GADA „Leinen, Tuch“, vor Leinengewändern

 GIŠ „Holz“, vor Holz-, Baum- und Gerätenamen

 PÚ „Quelle“, vor Namen von Quellen

 Ú „Pflanze“, vor Pflanzennamen

 É „Haus“, vor Gebäudebezeichnungen

 UZU „Fleisch“, vor Körperteilnamen, Fleischgerichten u. ä.

 UDU „Schaf“, vor Oviden

 TÚG, TU$_9$ „Kleid“, vor Kleidungsstücken

 KUŠ „Haut, Fell“, vor Gegenständen aus Fell oder Leder

 URU „Stadt“, vor Ortsnamen

 MUNUS, MÍ „Frau“, vor weiblichen Berufs- und Funktionärsbezeichnungen

 ^{f}, vor weiblichen Personennamen

 KUR „Land“, vor Ländernamen

 ḪUR.SAG „Berg“, vor Bergnamen

 IM „Lehm, Ton“, vor Gegenständen aus Lehm, Ton

 MUŠ „Schlange“, vor Schlangennamen

 TU$_7$ „Suppe“, vor Suppen und Eintopfgerichten

 ^{m} oder ^{I}, vor männlichen Personennamen

 ÍD, I$_7$ „Fluß“, vor Flußnamen

 NINDA „Brot“, vor Gebäckarten, Getreidegerichten u. ä.

b. nachgestellt

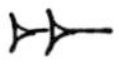 DIDLI Plural-, Kollektivzeichen

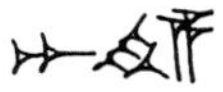 DIDLI ḪI.A, DIDLI ḪÁ Pluralzeichen

 MUŠEN „Vogel“, nach Vogelnamen*

 KI „Ort“, nach einigen akkadischen Länder- und Ortsnamen

 ḪI.A, ḪÁ Pluralzeichen

 SAR „Pflanze“, nach Pflanzenbezeichnungen

 KAM nach Zahlen und Zeitbegriffen

 MEŠ Pluralzeichen

 MEŠ ḪI.A, MEŠ ḪÁ Pluralzeichen

 KU$_6$ „Fisch“, nach Fischnamen und anderen Bezeichnungen für Wassertiere (darunter auch Schildkröte)

* Gelegentlich wird MUŠEN auch vorangestellt, s. StBoT 8, 1969, 55 m. Anm. 21.

5. Keilschriftzeichen nach ihrer typologischen Struktur

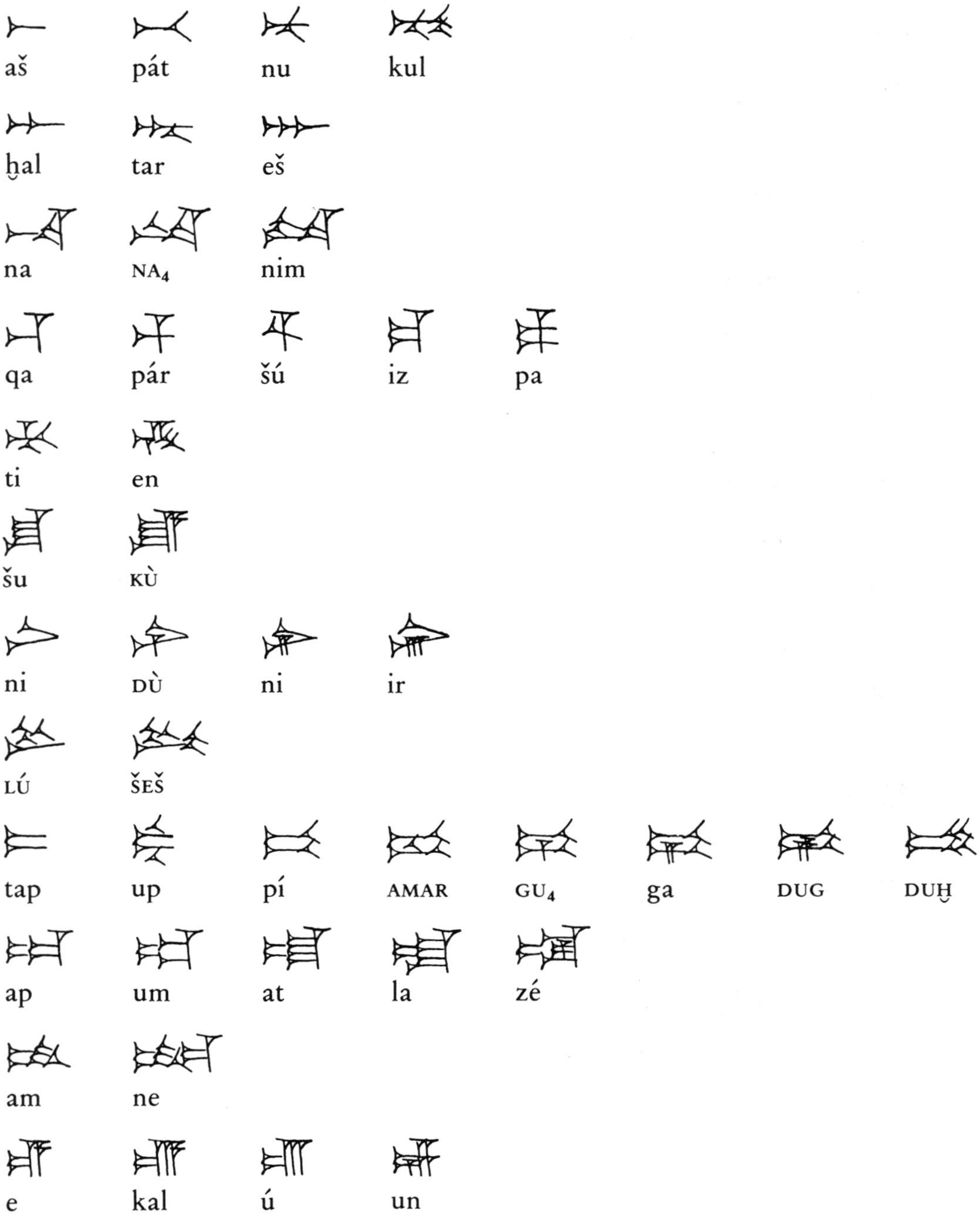
aš pát nu kul
ḫal tar eš
na NA$_4$ nim
qa pár šú iz pa
ti en
šu KÙ
ni DÙ ni ir
LÚ ŠEŠ
tap up pí AMAR GU$_4$ ga DUG DUḪ
ap um at la zé
am ne
e kal ú un

ma ku ba URU zu

i i̯a

GAM tén ḫi im

te kar

u man eš

šal gu GÉME

aḫ ḫar

še pu uz

tu li

te li

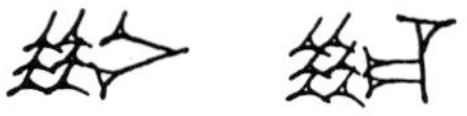

in šar

diš lal me meš

a za ḫa ḫa

6. Leicht verwechselbare Keilschriftzeichen

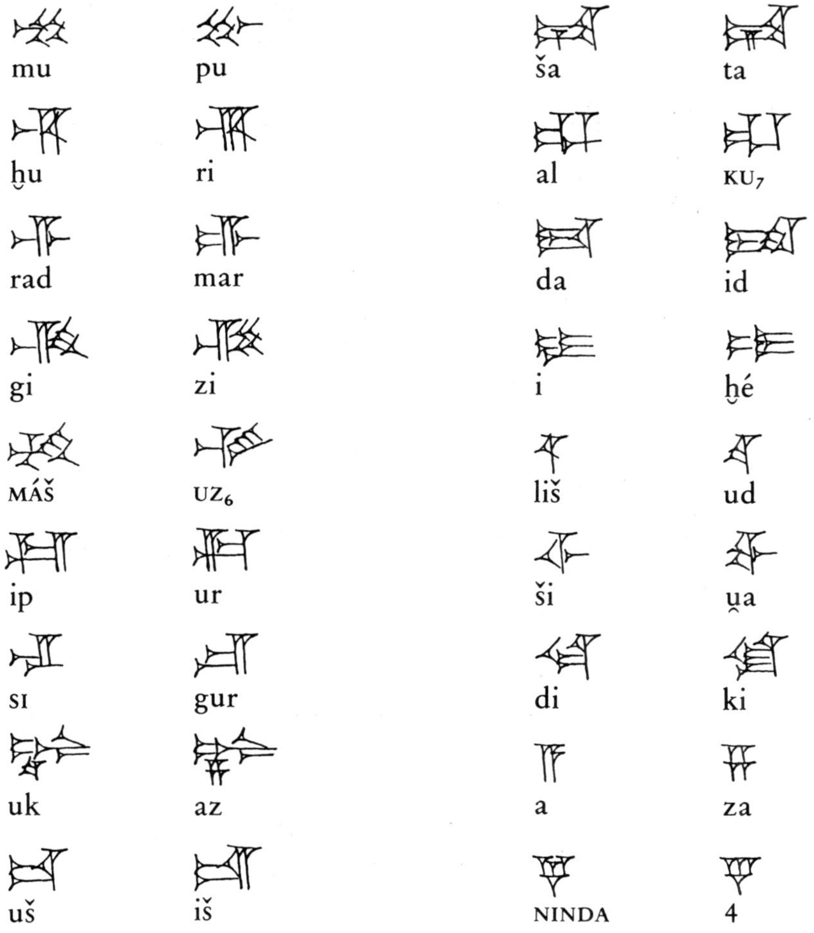
mu pu
ḫu ri
rad mar
gi zi
MÁŠ UZ$_6$
ip ur
SI gur
uk az
uš iš
ša ta
al KU$_7$
da id
i ḫé
liš ud
ši u̯a
di ki
a za
NINDA 4

7. Zahlentabelle

1		10		100		1000		10 000	
2		20		200		2000		20 000	
3		30		300		3000		30 000	
4		40		usw.		usw.		usw.	
5		50							
6		60							
7		70							
8		80							
9		90							

Beispiele für kombinierte Zahlen

13		3 653	
56		7 169	
465		15 500	
796		190 000	